전쟁의 물리학

전쟁의 물리학

화살에서 핵폭탄까지, 무기와 과학의 역사

배리 파커 지음 | 김은영 옮김

북로드

전쟁의 물리학

초판 1쇄 발행 2015년 1월 10일
초판 7쇄 발행 2024년 2월 16일

지은이 배리 파커 | **옮긴이** 김은영 | **펴낸이** 신경렬

상무 강용구
기획편집부 최장욱 송규인
마케팅 박진경
디자인 박현경
경영지원 김정숙 김윤하

펴낸곳 (주)더난콘텐츠그룹
출판등록 2011년 6월 2일 제2011-000158호
주소 04043 서울시 마포구 양화로12길 16, 7층(서교동, 더난빌딩)
전화 (02)325-2525 | **팩스** (02)325-9007
이메일 book@thenanbiz.com | **홈페이지** www.thenanbiz.com

ISBN 979-11-85051-87-1 03900

물리학이 전쟁과 무슨 상관인데?

친구에게 전쟁의 물리학에 대한 책을 쓰는 중이라고 말했더니 친구가 대꾸했다. "물리학이 전쟁과 무슨 상관인데? 아, 원자폭탄이 있었지!" 하긴 사람들도 물리학이 원자폭탄과 관련이 있다는 건 안다. 하지만 따지고 보면 물리학은 원자폭탄뿐만 아니라 전쟁의 여러 면에 기여해왔다고는 해도 물리학이 오로지 파괴와 비극을 부르는 공격적인 무기만 만들어온 것은 아니다.

물리학은 방어에도 도움을 많이 주었다. 가장 좋은 예가 제2차 세계대전 직전에 발명된 레이더이다. 레이더 덕분에 영국인들은 독일 공군기가 다가오는 것을 감지하고 방어 행동을 취할 수 있었다. 레이더의 발명이 제2차 세계대전 당시 영국 본토의 공중전에서 영국인 수천 명의 생명을 살렸다. 뢴트겐(Röntgen)이 발명한 X선 역시 전쟁에서 큰 역할을 했으며, 이 기술 또한 수많은 목숨을 살린 것이 분명하다.

물리학 원리에 바탕을 두고 개발된 것이 비단 현대적 무기만은 아니다. 비록 아주 기초 물리학을 알았을 뿐이지만 이집트, 아시리아, 그리스, 로마 같은 초기 문명 사람들도 무기를 고안하는 데 물리학을 이용했다. 역사 속 어느 시대에도 물리학은 무기를 개발하는 데 중요한 역할을 해왔다.

갈릴레오(Galileo), 뉴턴(Newton), 하위헌스(Huygens), 아인슈타인(Einstein) 등 여러 학자들이 물리학의 기본 원리들을 찾아내는 동안, 과학은 탄탄한 바탕 위에 다져진 공고한 학문으로 발전했다. 그러나 이와 동시에 물리학은 보통 사람들이 이해하기에는 점점 더 복잡하고 어려운 학문이 돼갔다. 과학자가 아닌 보통 사람들도 과학의 세계가 어떻게 돌아가고 있는지는 어느 정도 이해하는 것이 중요하므로, 그런 면에서 이 책이 도움이 되면 좋겠다는 것이 나의 바람이다. 물리학이 전쟁에 기여한 막대한 공헌도 언급하고 싶었지만, 또한 인류에게 더 나은 삶을 가져다준 사례들도 캐내고 싶었다.

읽기 쉽고 재미있는 이야기 형식으로 이 책을 쓰기 위해 최대한 노력했다. 하지만 몇 가지 공식은 언급하지 않을 수 없었다. 이런 공식들이 독자들을 두렵게 만들지 않으면 좋겠다. 공식을 곁들인 이유는, 무기 뒤에 숨은 물리학의 세세한 부분에 특히 더 관심이 많은 독자들을 위해서였다. 그 공식들을 무시해도 이 책을 이해하는 데에는 큰 무리가 없다.

마지막으로 이 책에 삽화를 멋지게 그려준 로리 비어(Lori Beer)에게 감사의 말을 전한다. 이 그림들이 독자들에게 도움을 주리라 믿는다.

배리 파커

| C O N T E N T S |

1

들어가며

THE PHYSICS
OF WAR

1. 들어가며

세계 역사에 기록된 첫 번째 전투는 오늘날 시리아(Syria)와 가까운 도시 메기도(Megiddo)의 에스드라엘론(Esdraelon) 평야에서 일어났다. 대개 메기도 전투(Battle of Megiddo)라 알려진 전투다. 메기도는 팔레스티나와 시리아 지역의 몇몇 도시들과 함께 카데시(Kadesh) 왕자의 지배 아래 연합하고 있었는데, 이집트의 영향에서 벗어나려 했다. 이집트의 파라오 투트모세 3세(Thutmose III)는 이 반란을 제압하고자 나섰다. 보병, 궁수, 기병을 포함해 군사 1만~1만 5,000명을 이끌고 메기도를 향해 떠난 투트모세 3세는 4월에 반란군에게서 몇 킬로미터 떨어진 거리에 다다랐다. 그리고 야함(Yaham)이라 불리는 궁전에 진을 친 뒤 장군들과 회의를 했다.

야함에서 메기도에 이르는 길은 세 갈래였다. 그중 둘은 상대적으로 쉬운 길이었고 나머지 하나는 산을 넘어 곧바로 들어갈 수 있지만 상당히 험난했다. 이 길에는 도중에 병사들이 일렬로 지나가야 할 정도로 아주 좁은 길목이 있었다. 기병들도 말에서 내려 말을 끌고 지나가야 했다. 이 길을 가기 위해 일렬로 늘어서서 진군하다가는 카데시 왕자의 공격에 노출되기 십상이었다. 투트모세 3세 휘하의 장군들은 쉬운 길을 권했다. 그러나 투트모세 3세는 한참을 생각한 뒤, 카데시 왕자의 군대는 적이 어렵고 위험한 길로 진군할 것이라고는 기대하지 않을 것이라는 결론을 내렸다. 다른 두 길목 어딘가에서 기다리고 있을 것이 뻔했다. 투트모세 3세는 장군들의 걱정에도 불구하고 산을 넘어가는 길을 택했다.[1]

투트모세 3세의 예측은 맞아떨어졌다. 카데시 왕자의 군대는 쉬운 두 길목 끝에서 기다리고 있었다. 왕자는 군대를 둘로 나누어 절반은 남쪽에, 나머지 절반은 북쪽에 포진시켰다. 게다가 메기도를 수비할 군사는 거의 남겨두지 않은 채였다.

다음 날, 병사들을 이끌고 아슬아슬한 길을 빠져나온 투트모세 3세는 텅 빈 것이나 다름없는 메기도와 마주쳤다. 그러나 투트모세 3세는 당장 메기도를 공격하고 싶지 않았다. 그는 카데시 왕자의 군대를 굴복시키고 싶었다. 저녁 늦은 시간이었으므로, 그는 그곳에서 밤을 보내고 다음 날 아침 전투를 시작하기 위해 준비하기로 했다. 투트모세 3세는 군대를 3진으로 나누어 신속하게 이동시킨 뒤 카데시 왕자의 군대를 양측에서 공격했다. 예기치 못한 방향에서 기습을 당한 카데시 왕자의 군대는 대열이 흩어지면서 달아나기에 바빴다. 병

사들은 대부분 안전한 성 안으로 달아났다.[2]

도주하는 적을 추격하던 투트모세 3세는 메기도의 성 앞에 이르러 카데시 왕자의 병사들 대부분이 오도 가도 못 하는 신세가 된 것을 발견했다. 메기도를 수비하던 병사들은 도망해오는 병사들을 보고 성문을 열었지만, 투트모세 3세의 군대가 쫓아오는 것을 발견하자마자 다시 닫아 버렸다. 그러자 성 안에 있던 시민들이 재빨리 행동에 나섰다. 옷을 찢어 밧줄을 만든 뒤 성벽 밖으로 내려 병사들이 성벽을 넘어오도록 도운 것이다.

투트모세 3세는 성을 공격하려 했으나, 이미 병사들은 적진을 유린하고 닥치는 대로 약탈하느라 바빴다. 투트모세 3세가 병사들을 재정비했을 즈음, 카데시 왕자를 포함한 적들은 대부분 높고 견고한 성벽으로 둘러싸인 성 안에 안전하게 피신한 다음이었다. 투트모세 3세는 곧바로 성을 공격하는 것은 자살행위나 다름없다고 판단하고 포위 공격으로 나가기로 했다. 그의 군대는 보급품이 충분했을 뿐만 아니라 인근 지역에서 필요한 것을 구해올 수도 있었다. 그러나 성 안 사람들은 바깥 세계와 단절됐으므로 먹을 것과 생필품을 구하기 위해 밖으로 나오는 것은 시간문제였다. 포위는 7개월이나 계속됐고, 결국 성 안의 시민과 남은 병사 들은 항복했다. 하지만 이번에도 카데시 왕자는 탈출하고 말았다.

비록 예상보다는 훨씬 오래 걸렸지만 투트모세 3세는 카데시 왕자의 군대를 굴복시키고 메기도를 함락시키는 데 성공했다.

전쟁에 나가는 모든 통치자나 장군이 그러하듯이, 투트모세 3세도 유리한 고지에 서게 해줄 무언가를 궁리했고 결국 찾아냈다. 그의 경우에는 기습 전술이었다. 역사의 어느 시점을 보더라도, 심지어는 오늘날에도 전쟁을 고려하거나 실전에 임하는 군사 지도자들은 적을 능가할 어떤 것을 찾아 고심한다. 투트모세 3세는 기습 작전을 이용했지만, 역사적으로 보면 많은 군사 지도자들이 새로운 '비밀 병기', 즉 적은 갖지 못한 비밀스러운 무기를 탐구했다. 이 책에서 보게 되겠지만, 이렇게 신무기로 가는 길은 대개 물리학을 거쳤다. 물리학과 과학은 일반적으로 군사 지도자들에게는 말할 수 없이 중요한 가치를 지닌 것이었다. 이 두 가지를 통해 이들은 탄도학을 이해했고, 따라서 적을 더 정확하게 겨냥할 수 있었다. 물리학과 과학을 통해 탄생한 레이더는 적이 아군을 포착하기 전에 먼저 적을 감지하게 해주었다. 전자기 스펙트럼을 이해해 복사 에너지를 군사적으로 다양하게 응용할 수 있었다. 로켓 공학과 제트 엔진을 이해하게 됐고, 원자에 대한 비밀을 더 깊이 파헤침으로써 슈퍼 폭탄도 만들 수 있었다.

이 책은 물리학의 거의 모든 갈래를 다루면서 군사적으로 어떻게 응용됐는가를 보여준다. 또한 인간이 처음 만든 활과 화살부터 전차를 거쳐 원자폭탄과 수소폭탄에 이르기까지 전쟁의 역사를 개괄한다. 2장은 이집트와 아시리아, 초기 그리스 이야기로 시작한다. 노포(ballista), 투석기(onager), 공성 투석기(trebuchet) 등 흥미로운 무기들이 등장하는데 이 무기들은 모두 기초 물리학의 원리를 응용한 것이었다.

4장에서는 당시까지 존재한 여러 나라 중에서 가장 강력한 군사대국인 로마 제국의 흥망을 들여다본다. 초기 영국과 프랑스 사이에서 벌어진 여러 전투도 다루는데, 그중 가장 유명한 전투가 바로 아쟁쿠르 전투(Battle of Agincourt)다. 이 전투에서 영국군은 훨씬 크고 강한 프랑스군을 능가하기 위해 장궁(longbow)을 쓰기 시작했다. 장궁은 영국군의 비밀 명기였다.

5장에서는 전쟁의 성격을 완전히 바꾸어놓은 신기술들을 살펴본다. 바로 화약과 대포였다. 대포는 효과가 실로 막강해 한번 시작한 전쟁이 100년이 넘도록 끝나지 않게 할 정도였다. 그러나 아직 이 단계에서는 물리학이 전쟁술(art of war)에 커다란 공헌을 했다고 말할 수 없다. 물리학이 아직 확립되지 못한 상태였기 때문이다. 그러나 갈릴레오를 포함해 6장에 등장하는 과학자 셋이 물리학을 발전시키고 확립해 중요한 공헌을 했다는 것을 알게 될 것이다.

물리학을 비롯한 여러 학문의 발전과 함께 전쟁은 유럽 전역에서 점점 더 멀리, 넓게 확산됐다. 라이플(rifle)은 화승식 발화장치(matchlock)로 시작해 몇 년 만에 부싯돌 방식 발화장치(flintlock)로 크게 개선됐다. 또한 배는 점점 더 커졌고 대포까지 장착하게 됐다. 더 나아가, 윌리엄 길버트(William Gilbert)의 자기장 발견은 바다 항해를 더욱 잘 이해하는 계기가 됐다. 덕분에 선원들은 이제 항로를 잃을 걱정 없이 미지의 목적지를 향해 나아갈 수 있게 됐다.

아이작 뉴턴(Isaac Newton)의 위대한 발견들이 그 뒤를 이었고, 물리학은 새롭게 부상했다. 뉴턴의 발견에 대해서는 7장에서 다룬다. 그 뒤로 이어진 산업혁명은 8장에서 언급한다. 100년도 안 되는 기간 동안 문명 세계는 눈에 띄는 변화를 이루었다. 특히 대량 생산 같은 새로운 기술들은 전쟁을 훨씬 더 파괴적인 양상으로 바꾸어놓았다.

9장에서는 나폴레옹(Napoleon)의 무기와 전술을 살펴본다. 나폴레옹이 역사상 가장 위대한 군사 전략가임은 의심할 바가 없으나, 이상하게도 그는 당시 혁신적인 신무기들을 그다지 많이 도입하지 않았다. 이즈음 물리학에 또 다른 혁명이 일어나고 있었고, 이 혁명은 전쟁의 양상에 크나큰 변화를 가져왔다. 이 혁명은 '전류'가 파일(pile)이라는 간단한 장치에 의해 생성될 수 있음을 발견한 데서부터 시작됐다. 얼마 안 가 이 새로운 현상은 유럽 전체에서 대유행을 일으켰고, 외르스테드(Oersted), 옴(Ohm), 앙페르(Ampere), 패러데이(Faraday) 등 당대의 뛰어난 물리학자들로부터 관심을 끌었다. 발전기, 모터 등 전기 장치들이 뒤를 이어 줄줄이 등장했고, 이런 장치들은 곧 전쟁의 중심이 됐다.

10장에서는 미국 남북전쟁을 다루는데, 이 전쟁은 미국 본토에서 벌어진 가장 파괴적인 전쟁이었다. 당시에는 이미 격발 뇌관(percussion cap) 같은 장치들을 포함해 무기에 있어 많은 발전이 이루어져 있었다. 뇌관은 소총의 정확도를 급격히 끌어올렸고, 이 밖에도 잠수함, 열기구, 전신 등이 전쟁에 처음으로 이용되기 시작했다.

12장에서는 비행기에 대해 이야기한다. 제1차 세계대전이 일어난 것은 라이트(Wright) 형제가 최초의 비행에 성공한 지 겨우 10년 후의 일이었다. '공중전'이라는 말은 곧 일상어가 됐고 비행기는 이때부터 전쟁에서 중심 역할을 하게 됐다. 제1차 세계대전에서는 이외에도 많은 신무기들이 발명됐다. 거대한 대포, 최초의 탱크, 독가스, 화염방사기 등이 바로 이때의 신무기들이다.

제1차 세계대전 직후 레이더가 개발됐고, 레이더는 이내 전쟁에서 중심적인 역할을 하게 됐다. 레이더와 함께 잠수함과 음파탐지 기술에 큰 발전이 이루어졌다. 잠수함은 제1차 세계대전이 끝날 무렵과 제2차 세계대전이 시작될 무렵 독일군에게 매우 효과적인 무기였다.

1939년, 제1차 세계대전보다 더 광범위한 제2차 세계대전이 발발했고, 이 전쟁은 또다시 놀라운 무기들을 탄생시켰다. 레이더는 한층더 발전했고, 최초의 제트기, 최초의 로켓, 최초의 대형 컴퓨터, 그리고 원자폭탄이 등장했다. 이 무기들 역시 모두 이야기할 것이다.

마지막 장에서는 수소폭탄과 미래에 등장할 만한 새로운 무기들을 살펴보기로 한다.

2

고대의 전쟁과
물리학의 탄생

2. 고대의 전쟁과 물리학의 탄생

이 책에서 꾸준히 보게 되겠지만, 어느 시대에나 '경이로운 신무기'가 있었고 그중 가장 먼저 언급할 만한 것이 바로 전차(chariot)다. 말 두세 마리가 끄는 전차는 전사들을 굉장한 속도로 달리게 해주었다. 전차는 대개 말을 모는 기수(騎手)와 화살을 지닌 궁수 2인 1조로 운영됐다. 신속하게 움직이는 전차는 적의 보병 대열 속으로 돌진해 들어가고 궁수는 활을 쏘았다. 전차는 그야말로 공포의 대상이었다. 오늘날의 탱크처럼, 전차는 당시 군대에서 주력 무기가 됐다. 전차 수천 대가 당시 전쟁에 동원됐다.

카데시 전투

●   가장 큰 전차전은 기원전 1274년, 오늘날의 시리아에 있는 카데시 근처에서 벌어졌다. 이 전투에는 전차가 5,000대 이상 동원됐다. 대규모 이집트 군대를 이끄는 지도자는 스물다섯 살 난 람세스 2세(Ramses II)였다. 람세스 2세는 맹렬하고 자신만만했지만 전투 경험은 부족했다. 그에게 맞설 상대는 히타이트의 무와탈리스 2세(Muwatallis II)였다. 람세스 2세와 달리 무와탈리스 2세는 수없이 전투 경험을 쌓은 베테랑이었다. 람세스 2세는 군사 3만 5,000명을 이끌고 출정했는데, 그중에는 전차 2,000대와 궁수가 다수 포함됐다. 히타이트의 군대는 병사 2만 7,000명과 3,500대에 달하는 전차로 구성됐다. 이집트군의 전차는 2인승이었으며 3인승인 히타이트군의 전차보다 빠르고 가벼워 기동력이 뛰어났다.

람세스 2세는 군대를 4개 군단으로 나누고 각각 아문(Amun), 레(Re), 세트(Seth), 프타(Ptah) 등 이집트가 섬기는 신의 이름을 붙였다. 또한 네아린(Ne'arin)이라는 용병 군단을 따로 두었다. 람세스 2세가 이끄는 이집트군은 카데시를 향해 먼 길을 진군했다. 카데시를 11킬로미터 정도 앞둔 지점에서 이집트군은 베두인족으로 보이는 유목민 두 명을 사로잡았다. 이들은 히타이트군에 징집됐으나 탈영해 도망가는 중이라고 했다. 람세스 2세는 이들을 심문해 무와탈리스 2세의 군대가 그곳으로부터 220킬로미터나 떨어진 알레포(Aleppo)에 있다는 정보를 듣고 흡족해 했다. 게다가 이들은 무와탈리스 2세가 람세스 2세와 이집트군을 두려워하고 있다고 털어놓았다.

이 말을 들은 람세스 2세는 더욱 더 자신만만해졌다. 히타이트군과 싸울 필요도 없이 카데시를 함락시킬 수 있으리라고 생각했기 때문이다. 사로잡힌 베두인족의 말을 재차 확인해보지도 않고 그는 서둘러 진격했다. 지나치게 서두른 나머지 람세스 2세와 그를 경호하는 경비대는 나머지 군대보다 너무 많이 앞서고 말았다. 목적지와 가까운 곳에 오론테스(Orontes) 강이 있었다. 이 강은 어느 지점에서든 도강이 쉽지 않았지만, 건너기만 한다면 카데시가 코앞이었다. 람세스 2세와 소규모의 경비대는 어렵사리 강을 건너고 숲을 지나 너른 공터에 이르렀다. 그 공터에서는 카데시가 훤히 보였다. 람세스 2세는 그 자리에 주둔하기로 결정했다. 곧이어 아문 군단이 도착해 야영을 위한 막사를 쳤지만 나머지 군단은 아직도 멀리 떨어져 있었다.

병사들이 막사를 치는 동안, 람세스 2세의 경비대가 히타이트 병사 두 명을 생포해 그의 앞으로 끌고 왔다. 람세스 2세는 이들을 심문했는데 포로들은 굳게 다문 입을 열지 않았다. 고문을 당한 뒤에야 비로소 입을 연 이들의 말을 듣고 람세스 2세는 깜짝 놀라고 말았다. 포로들의 말은 보병과 전차군단으로 이루어진 히타이트군이 카데시의 옛 성 뒤에 진을 치고 있으며 이들의 숫자가 해변의 모래알만큼이나 많다는 것이었다.

람세스 2세는 귀를 의심했다. 앞서 사로잡은 베두인족 두 사람이 한 말은 거짓이었던 것이다. 사실 이들을 무와탈리스 2세가 람세스 2세를 함정에 빠뜨리기 위해 보낸 첩자들이었다. 람세스 2세는 카데시에서 불과 몇 킬로미터 떨어진 위치에 있었고, 당장 동원할 수 있는 군사는 애초에 출정한 군사의 절반에 불과했다. 반면에 히타이트 군은 당장이라도 공격할 준비가 됐을 것이 분명했다. 그러나 람세스 2세는 프타 군단이 멀지 않은 곳에 있으니 이들이 도착하면 전군의 4분의 3이 집결하는 셈이라 크게 걱정할 일이 아니라고 위안했다.

한편, 무와탈리스 2세는 군대를 주력군단 둘로 나누었다. 첫 번째 군단은 이집트군의 후방을 공격하고, 무와탈리스 2세가 직접 속한 나머지 군단은 전차 1,000대와 대규모 임시 보병단과 함께 측면을 공격해 이집트군의 퇴로를 차단한다는 계획이었다.

히타이트의 전차 군단은 진을 펼치면서 공격을 시작했다. 본진으로부터 뒤처졌던 이집트의 레 군단이 마침 숲에서 빠져나와 이집트군의 주둔지인 공터로 들어서고 있었다. 히타이트 전차 2,500대가 이들을 뚫고 돌진했다. 이집트군은 누구로부터 공격을 당하는지도 모를 만큼 다급했다. 히타이트군이 레 군단의 병사 대부분을 학살하는 동안 살아남은 병사들은 공포와 혼돈으로 우왕좌왕했다. 살아남은 레 군단 병사들은 이집트군 본진으로 피신했지만 히타이트군은 공격을 중단하지 않았다. 히타이트의 전차병들은 람세스 2세를 향해 달려들었으나, 평소 잘 훈련된 경비대는 순식간에 전차병들을 무찌르면서 무적의 경비대임을 입증했다.

람세스는 장교들을 꾸짖느라 바쁜 상태에서 적의 공격을 맞긴 했지만, 이내 통제권을 장악하고 남은 군대를 재정비해 반격에 나섰다. 람세스에게는 몇 가지 유리한 조건이 있었다. 이집트군의 전차는 히타이트군 전차보다 빨라 기동성에 있어서는 이들을 쉽게 앞설 수 있었다. 더욱이 이집트 궁수들은 상대적으로 힘이 강한 합성궁(composite bow)을 썼기 때문에, 단시간에 히타이트군에게 심각한 타격을 입힐 수 있었다.

그런데 이해할 수 없는 일이 벌어졌다. 너무 일찍 승리를 단정 지은 히타이트의 보병들이 전투를 멈추고 이집트군의 진영을 약탈하는 데 골몰한 것이다. 결과적으로 히타이트의 보병들은 이집트군의 반격에 쉬운 목표가 돼 버렸다. 히타이트군은 순식간에 오합지졸이 됐고, 대부분 들판에 시체로 버려졌다. 무와탈리스 2세의 살육전으로 시작된 전투는 이제 이집트군의 승리로 굳어가고 있었다. 그럼에도 불구하고 무와탈리스 2세는 다시 한 번 공격을 명령했다. 그 사이 람세스 2세의 네아린 군단이 도착했고, 이제 거의 전군이 합류하게 된 이집트군은 전력을 다해 반격에 나섰다. 얼마 지나지 않아 히타이트군은 열세에 놓였고, 병사들이 카데시를 향해 퇴각했다.

무와탈리스 2세는 포기하지 않았다. 히타이트군의 전차는 대부분 오론테스 강 건너에 있었다. 전차로 이집트군을 공격하려면 강을 건너야 했다. 상황을 눈여겨보던 람세스 2세는 전차 부대가 공격을 하도록 놓아두기로 했다. 다른 계획이 있었기 때문이다. 람세스 2세는 히타이트의 전차 부대가 강을 건너는 것을 두고 보기만 했다. 강을 건넌 전차들이 이집트군의 주둔지로 오려면 가파른 강둑을 기어오르듯이 느릿느릿 전진해야 한다는 것을 알기 때문이었다. 히타이트의 전차들이 그 지점을 지나는 순간에 람세스 2세는 이집트 전차 군단에 공격을 명령했다. 뒤로 밀린 히타이트의 전차들은 심각한 손실을 입고 다시 강으로 되돌아갔다.

무와탈리스 2세는 다시 공격을 명령했지만 이번에도 더 큰 손실을 입고 퇴각해야만 했다. 그 뒤 세 시간 동안 무와탈리스는 똑같은 전술을 반복했다. 그동안 그의 장교들은 거의 죽었고 전차병도 많은 수가 전사하거나 익사했다. 결국, 이집트군의 마지막 군단인 프타 군단이 도착하자 무와탈리스 2세는 더 이상 가망이 없음을 깨달았다. 그가 전군에 퇴각을 명령하자 일부는 카데시로, 일부는 알레포로 피했다.

람세스 2세 역시 병사들을 많이 잃은 뒤였다. 그는 더 이상 카데시를 공격하지 않고 이집트로 돌아가기로 결정했다. 양측 지도자들은 서로 전투에서 승리했다고 주장했다. 사실 람세스 2세는 히타이트군을 유린했지만 카데시 함락이라는 목표는 달성하지 못했다. 한편 무와탈리스는 자신이 이집트군을 막아냈다고 주장했는데 그 말도 틀린 말은 아니었다.[1]

경이로운 신무기

● 　　　　　카데시 전투에서 전차가 커다란 역할을 한 것은 분명하다. 그 후로도 오랫동안 전차는 전쟁에서 주요 무기로 활용됐다. 처음 전투에 투입됐을 때 적들의 공포를 불러일으켰으리라는 것도 충분히 짐작할 수 있다. 초기 전차는 대부분 2인승이었지만, 3인승이나 4인승 전차도 있었다.

사람들은 찰턴 헤스턴(Charlton Heston)이 출연한 영화 《벤허》(Ben

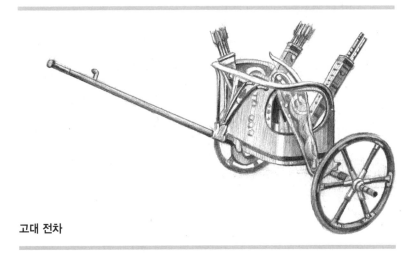

고대 전차

Hur)에서 전차를 보았을 것이다. 이 영화에서 9분 동안 긴장감 넘치는 전차 경주 장면이 이어지는데, 이 장면은 영화 역사상 가장 유명한 장면 가운데 하나로, 전차를 타는 것이 어떤 기분일지를 충분히 느끼게 해준다.

전차는 처음에 분명 경이로운 신무기였지만, 군대가 대부분 전차를 갖게 되기까지는 그리 오래 걸리지 않았다. 그러자 또 다른 획기적인 신무기 탐색이 시작됐다. 그 당시 무기 설계자들은 과학에 의존할 수 없었다. 과학이란 것이 아예 존재하지도 않았기 때문이다. 그럼에도 불구하고 적을 놀라게 하고 가공할 공포를 줄 새로운 무기를 찾기 위한 탐색은 계속됐다. 실상 이 과정은 끝없이 이어지는 순환고리였다.

구리 · 청동 · 철

● 사실 경이로운 신무기는 이미 등장해 있었다. 최초의 무기는 나무로 만든 창과 돌에 날을 세워 만든 돌칼이었다. 그러나 기원전 5,000년경, 페르시아와 지금의 아프가니스탄 지역에 살던 사람들은 망치로 두드리면 여러 가지 모양으로 만들 수 있는 신기한 돌덩어리를 발견했다. 이들은 이 물질이 상대적으로 낮은 온도에서 녹기도 한다는 것을 곧 알아냈다. 이것이 바로 구리이며, 구리는 곧 당시 사람들의 삶에서 중요한 역할을 차지하게 됐다.

구리는 틀에 부어 일정한 모양으로 만드는 주물 기법을 이용해 다양한 모양의 물건을 만들 수 있었다. 하지만 구리는 너무 물러서 구리로 만든 칼은 날카롭게 세운 날을 오래 유지할 수 없었다. 구리보다 더 단단한 물질이 필요해진 이들은, 우연인지 아니면 끈질긴 실험의 결과였는지는 알 수 없지만, 구리보다 더 무른 주석을 둘 다 녹인 상태에서 혼합하면 새로운 물질, 즉 청동이 만들어진다는 것을 발견했다. 청동은 구리나 주석을 따로 쓸 때보다 훨씬 단단했다. 청동은 곧 칼, 창 등 예리한 날이 필요한 무기에 쓰였다.[2]

금속 과학, 또는 야금학은 곧 중요한 학문이 됐다. 도끼, 단검, 방패, 심지어 투구까지 청동으로 만들게 됐고 이들은 전쟁터에서 경이로운 신무기가 됐다. 그러나 오랜 세월이 흐르면서 사람들은 지표면 근처에서 적갈색 광물질을 발견했고, 이 광물을 캐서 녹이면 새로운 금속인 철이 된다는 것을 알아냈다.

철기 시대가 언제 시작됐는지는 분명하게 말하기 어렵다. 철은 기원전 3000년부터 인간 생활에 등장한 것으로 보인다. 그러나 철을 녹이기에 충분한 제련 기술이 개발된 것은 기원전 1200년에 이르러서였다. 철 제련은 구리 제련보다 훨씬 어려웠다. 철의 녹는점이 구리의 녹는점보다 훨씬 높기 때문이었다. 순수한 철 형태로는 청동보다 그다지 단단하지 않았지만, 철에 탄소를 혼합하면 더 단단해진다는 사실이 알려졌다.

청동보다 좋은 금속을 찾기 위해 계속 노력해야 했던 이유는 주석이 상대적으로 귀한 금속이라 늘 부족하기 때문이었다. 또 다른 이유는 전차를 수천 대씩 만들고 유지할 여유가 없는 나라에서는 전차의 강점에 버금가는 무기를 개발해야 했기 때문이다. 보병은 전차병에 대적할 수 없었다. 그러나 일부 지도자들은 적절한 무기만 갖춘다면 보병으로도 전차 부대를 상대할 수 있다고 믿기 시작했다. 야금학자들이 철에 대해 점점 더 많은 것을 알아내면 알아낼수록, 탄소와 어떻게 결합시켜야 더 단단한 철이 만들어지는지 알아낼수록 칼은 점점 더 길어졌고 창은 화살이 뚫을 수 없는 방패와 짝을 이루게 됐다. 이런 무기를 갖춘 보병들은 전차 부대와도 맞설 수 있었다. 화살을 피할 수 있는 방패와 머리를 보호해주는 투구를 갖춘 보병들은 철로 만든 긴 칼과 창으로 전차 부대도 공격할 수 있었다.

아시리아인들

●   전차는 오랜 세월 동안 치명적인 무기로 활용

됐으나, 말을 탄 전사들이 등장해 전차를 쫓으면서 정말로 획기적인 변화가 찾아왔다. 아시리아(Assyria) 사람들을 위협하던 중요한 적은 북쪽 지역의 유목민과 야만인들이었다. 이들의 삶은 말을 중심으로 이루어졌고, 아주 어린나이부터 말타기를 배운 탓에 말을 자유자재로 부렸다. 활이나 칼을 들고 말을 탄 전사는 전차에 비해 우월하다는 것이 곧 드러났다. 말을 탄 전사는 기동성이 뛰어나 전차를 쉽게 압도할 수 있었기 때문이다. 말을 탄 전사는 지면에서 높은 곳에서 내려다보며 싸울 수 있었고, 병사를 태우고 있는 말 자체도 무시무시한 힘을 발휘했다. 더욱이 말을 탄 전사들은 추격에 있어서 전차도 따라갈 수 없을 정도로 빨랐다.[3]

지금은 말을 탄 군인을 기병이라 부르지만, 이때까지 마상 전사는 아직 기병이라 부를 만한 조직이 못됐다. 그럼에도 불구하고 이들은 매우 효율적이었다. 고대의 마상 전사들은 안장을 사용하지 않았지만, 안장 없이도 아주 편하고 안정적으로 말을 탔다. 등자는 안장보다 훨씬 나중에야 등장했다.

북쪽에서 온 마상 전사들은 아시리아인을 자주 공격했고, 이들의 공격은 아주 효과적이었다. 그러나 이들의 강점은 오래가지 못했다. 아시리아인들도 이내 마상 전사들을 양성했기 때문이다. 해당 지역에서 가장 강력한 제국을 건설한 아시리아는 티그리스(Tigris) 강 상류, 오늘날의 이라크 근처에서 번성해 기원전 2100년까지 존재한 아카디아 제국(Akkadian Empire)의 후예였다. 아카디아 제국은 둘로 분리됐는데, 아시리아는 북쪽을, 바빌로니아(Babylonia)가 남쪽을 차지했다. 먼저 패권을 차지한 것은 아시리아였다.

아시리아가 일어선 초기는 청동기 시대가 절정에 달한 무렵이었고, 무기는 대부분 청동으로 제작됐다. 오랜 세월 동안 아시리아의 지역 패권은 크게 요동쳤다. 그러나 특히 강한 권력이 유지된 두 시기가 있었다. 초기 권력과 제국은 기원전 1365년부터 1076년까지 유지됐다. 이 기간 동안 아시리아 군대는 이집트, 바빌로니아, 페르시아, 페니키아, 아라비아, 이스라엘에 이르기까지 주변 나라 대부분을 정복했다. 그러나 기원전 1076년 이후 아시리아의 힘은 점점 약해지기 시작했다. 아시리아 제국은 인류 역사상 당시까지 존재한 모든 나라 중에서 군사력이 가장 강력했다. 제국은 티글라트-필레세르 3세(Tiglath-pileser III)가 왕위에 오른 기원전 745년부터 부활하기 시작됐다.

티글라트-필레세르 3세는 왕위에 오르자마자 급격하게 변화를 일으켰다. 먼저 행정부의 효율을 크게 높였다. 그다음에는 세월과 함께 크게 약해진 군사력에 눈을 돌렸다. 이 무렵 아시리아의 군대는 수적으로도 보잘 것 없었다. 군사가 많이 필요해지면 그때마다 징병관을 파견해 농부를 비롯해 눈에 띄는 대로 징병했고, 이렇게 끌려온 군사들은 최소한의 훈련만 받을 뿐이었다. 티글라트-필레세르 3세는 대규모 정규군을 편성했다. 이는 역사상 최초의 사례였다. 그리고 병사들에게 제복과 함께 당시로서는 최고의 무기를 지급했다. 또한 아시리아 제국 전체에 걸쳐 도로망을 대대적으로 정비했다.

전차는 여전히 중요한 무기였지만, 티글라트-필레세르 3세는 기

아시리아의 전사

병의 강점을 알아보고 기병 군단을 대규모로 양성했다. 아시리아인 들은 말을 다룬 경험이 많지 않았고, 처음에는 북쪽의 야만인들만큼 말을 잘 다루지도 못했다. 그러나 훈련을 거쳐 기병의 실력은 점점 나아졌다. 초기 아시리아 기병들은 말을 부리는 병사와 활을 쏘는 궁수 2인 1조로 편성됐다. 그러나 얼마 지나지 않아 전사 한 명이 창과 말을 동시에 다루게 됐다. 기병은 아시리아 군대에서 점점 더 중심적인 위치에 서게 됐고, 그 숫자도 수천 명에 이르렀다. 물론 이를 위해 말이 많이 필요했다. 티글라트-필레세르 3세는 마구간을 대량 지어 말을 기르고 관리함으로써 이 문제를 해결했다.

아시리아가 처음부터 전쟁 국가였다는 데는 의심의 여지가 없다. 사실 아시리아는 패권을 쥔 시기의 대부분을 전쟁으로 보냈다. 티글라트-필레세르 3세 치하에서도 아시리아는 나라를 하나하나 정복해 가는 전쟁의 길을 택하고 있었다. 티글라트-필레세르 3세는 기병을 창설한 것만이 아니었다. 그는 보병 편제도 크게 개선시켰다. 티글라트-필레세르 3세의 보병은 궁수, 방패수, 투석 전사, 창병으로 조직됐다. 돌을 던지는 투석 전사는 주로 적을 교란시키는 임무를 띠었다. 대형 방패는 거의 모든 나라에서 화살로부터 자국의 군대를 보호하기 위해 활용됐다. 화살은 대개 높은 위치에서 쏘기 때문에 적을 향해 내리꽂혔다. 따라서 방패수는 방패를 머리 위로 높이 들고 보병들을 보호했다. 티글라트-필레세르 3세는 투석 전사들이 적을 향해 돌을 던진 다음, 곧바로 방패를 낮춰 몸을 보호하게 했다. 이어 궁수들이 머리 위로 활을 쏘아 방패가 화살의 진로에 방해되지 않게 했다. 또한 창병도 도입했다. 창병은 아주 긴 창을 든 전사였다. 창은 검보다 훨씬 길었기 때문에 공격 때 훨씬 효율적이었다.[4]

그러나 아시리아군에게는 심각한 문제가 있었다. 당시에는 많은 나라가 전쟁을 치르고 있었기 때문에 도시와 마을이 침입에 무방비 상태였다. 다른 나라의 침입을 받을 수도 있지만 이웃 도시나 마을로부터 침입을 당하는 경우도 많았다. 따라서 이들도 방어할 필요가 있었다. 자존심 강하고 공격적인 왕과 지배자들은 언제나 이웃 나라나 이웃 도시의 부와 자원에 군침을 흘렸다. 가진 것에 만족하는 왕이나 지배자는 없었다고 해도 과언이 아니다. 전쟁은 자연스러운 결과였다. 이들은 새로운 땅을 정복하기 위해서만이 아니라 창고를 채우기 위해서라도 전쟁에 나서야 했다.

아시리아인들도 이 문제에 있어서는 떳떳하지 못했다. 주변 국가들은 아시리아를 매우 잔인한 적국으로 인식했다. 아시리아인들은 정복지의 주민을 남김없이 도륙했고, 남녀노소를 가리지도 않았다. 또한 공포를 조장하기 위해 대량으로 추방시키기도 했다. 정복한 나라에서 조금이라도 반란의 기미가 보이면 주민 수천 명을 다른 지역으로 강제 이주시켜 버렸다. 티글라트-필레세르 3세 역시 이런 방법을 자주 썼다. 예를 들면, 기원전 774년에는 주민 3만 5,000명을 이란에서 아시리아와 바빌로니아의 국경 지대로 강제 이주시켰고, 기원전 742년에는 3만 명을 시리아에서 오늘날 이란의 자그로스(Zagros) 산맥으로 이주시켰다.

사정이 이러했으므로 사람들은 마을과 도시를 보호하기 위해 거대한 성벽을 쌓는 데 공을 들였다. 이런 성벽은 대개 두께가 1미터가 넘고 높이는 최소한 6미터에 달했다. 쌓는 데 몇 년은 족히 걸렸다. 초기 성벽들은 진흙에 여러 물질을 섞어서 쌓았다. 방어에 어느 정도 효과적인 것은 사실이었으나, 얼마 지나지 않아 취약점이 드러났다. 진흙은 그다지 강하지 못했다. 그럼에도 불구하고 적들은 성벽이 너무 두껍거나 높을 경우 종종 우회해서 침입했다. 성벽은 적들에게 아주 큰 골칫거리였다.

그러나 아시리아인들에게는 간단한 문제일 뿐이었다. 이들은 성벽에 가로막혀도 중단하지 않았고, 곧 성벽을 무너뜨릴 공성기(siege engine)를 설계하고 만들기 시작했다. 사실 아시리아군의 공성기는 나무로 만든 거대한 타격용 망치에 불과했다. 여러 측면에서 이 무기는 어마어마하게 큰, 바퀴 달린 탱크와 비슷했다. 보통 바퀴 네 개가 있는데, 나중에 만들어진 것은 바퀴가 여섯 개인 것도 있었다. 이 공성기는 너무나 크고 무거워서 한번 옮기려면 병사 수천 명을 동원해야 했다.

보기만 해도 무시무시한 공성기 앞에서, 방어하는 측은 사력을 다해 싸웠다. 공성기는 벽 가장자리에 기대 세워야 했는데, 이동시키는 동안 밖에서 미는 사람이나 안에 탄 사람 모두에게 보호 장치가 필요하다는 것이 곧 분명해졌다. 방어하는 쪽에서 활을 쏘거나 돌을 던졌기 때문이다. 심지어는 공성기를 벽에 세우는 동안 불을 놓기도 했다. 아시리아인들은 공성기 맨 위에 궁수가 타는 작은 탑을 만들었다. 이 궁수들은 공성기가 전진하는 동안 적을 향해 응사하는 것이 임무였다.

건물 몇 층 높이에 해당하는 공성 탑이 성벽에 닿으면, 철(또는 청동) 돌기가 튀어나온 거대한 타격 망치로 성벽을 반복해서 때렸다. 이 기계를 움직이는 동력은 대규모 임시군 병사들로부터 나왔다. 천천히 성벽이 부서져나가는 동안 아시리아군과 방어군 사이에는 치열한 전투가 벌어졌다. 화공(火攻)은 방어군의 주요 무기였다. 따라서 아시리아군은 공성기를 화공으로부터 보호하기 위해 물에 적신 거대한 동물 가죽으로 덮어야 했다.

시간이 흐르면서 성벽은 점점 더 두터워졌고, 결국은 돌을 다듬어 성벽을 쌓기 시작했다. 그러나 아시리아군 역시 점점 더 효율적인 금속 돌기를 갖춘, 점점 더 큰 공성기를 만들었다. 성벽 건축에 돌이 널리 쓰이기 시작하자 공성기로 그 성벽을 무너뜨리기는 점점 더 어려워졌다. 그럼에도 불구하고 아시리아군의 공성기는 어느 정도 성공적이었다. 고대 공성기 중에서 가장 큰 것은 그리스의 헬레폴리스(helepolis)였는데, 높이가 30미터에 이르렀음에도 불구하고 매우 안정적이어서 넘어뜨릴 수도 없었다. 헬레폴리스는 아시리아군이 가진 공성 무기의 규모를 능가했다.

세월이 흐르면서 아시리아 제국도 내리막길에 접어들었고, 기원전 610년에 이르러 완전히 붕괴되고 말았다.

그리스인들과 물리학의 태동

● 아시리아 제국은 저물어갔지만 주변 다른 나라들은 번성하기 시작했다. 바빌로니아를 비롯해 기원전 330년까지 유지된 페르시아 제국, 기원전 539년까지 존재한 해상국가 페니키아 등이 그러했다. 그러나 물리학에 가장 큰 영향을 끼친 고대 문명은 여러 도시 국가로 구성돼 기원전 800년경에 패권을 잡은 그리스였다. 그리스 이전에는 물리학이라 부를 만한 것이 없었고, 딱히 과학이라 할 것도 없었다. 또한 최초의 과학자들은 과학자라고 불리지도 않았다. 철학자라고 일컬어졌을 뿐이다. 그러나 이들의 주요 목적은 자기를 둘러싼 세계를 이해하는 것이었다. 이들은 특히 운동과 물

질에 관심을 보였다. 사물은 왜 아래로 떨어지는 걸까? 공기, 물, 불, 그리고 발을 딛고 선 땅(흙)의 역할은 정확히 무엇일까? 시간이란 무엇일까? 이들의 호기심은 해, 달, 별까지 확대됐다. 해와 달과 별은 얼마나 멀리 떨어진 걸까? 크기는? 해와 달과 별은 왜 움직이는 것처럼 보이는 걸까?

최초의 과학이 물리학의 형태를 띠었다는 것도 분명하다. 당시 물리학을 오늘날 우리가 아는 물리학과 같다고 할 수는 없지만, 품고 있는 주제의 상당 부분이 닮아 있었다. 물리학은 천문학, 역학, 광학, 기하학 같은 수학 분야로부터 생겨났다. 고대 그리스 철학자들은 지구와 우주라고 알려진 것의 신비를 이해하는 데서 연구를 시작했다. 이들이 도착한 곳은 오늘날 우리들에게는 다소 엉뚱한 곳이었지만, 그러나 중요한 발전을 이루었다. 이들이 이룬 가장 큰 발전은 관찰한 현상을 신화적으로 해석하는 것으로부터 독립했다는 것이었다. 이들은 논리학을 발전시켰고, 합리적인 설명을 추구하도록 배웠다.

이러한 철학자 중 최초의 인물이 탈레스(Thales, 기원전 624~기원전 546)였다. 탈레스는 이성에 바탕을 둔 해석의 중요성을 처음 강조한 철학자였고, 특히 현상의 원인에 관심을 가졌다. 과학에 공헌한 바가 크기 때문에 그를 종종 과학의 아버지라 일컫기도 한다. 탈레스가 기원전 585년 5월 28일에 일식을 예측했다는 설도 있지만, 이 설에 대해서는 논란이 있다. 현대 천문학자들은 대부분 당시 기술로는 일식을 예측하는 것이 불가능했다고 보기 때문이다. 그러나 탈레스의 가장 중요한 공헌에 대해서는 논쟁의 여지가 없다. 당시 그리스의 뱃사람들은 항해에 나서면 언제나 육지가 보이는 곳으로만 다녔다. 육지가 보이지 않으면 어떻게 뱃길을 잡아야 할지 알지 못했기 때문이다. 탈레스는 항해에 북극성을 활용하는 방법을 보여주었다. 또한 자기장과 정전기와 관련된 기현상도 연구했고, 시간에 대한 현상과 물질의 기본적인 성질에도 진지하게 관심을 가졌다.

탈레스의 뒤를 이은 철학자 소크라테스(Socrates)와 플라톤(Platon)은 합리적인 사고의 대가였지만 이들의 관심은 주로 논리학과 철학, 수학에 집중됐다. 소크라테스는 당대 인물 중에서 가장 현명한 사람으로 꼽히지만, 과학은 그의 사고의 중심에서 벗어나 있었다. 소크라테스의 제자였던 플라톤은 아테네 학당을 설립한 것으로 유명하다.

기원전 384년, 우리에게 가장 잘 알려진 고대 철학자 한 사람이 태어났다. 바로 아리스토텔레스(Aristoteles)였다. 그는 당대에 지대한 영향을 미쳤으며 오늘날에도 여전히 그의 영향은 남아 있다. 아리스토텔레스는 과학에 큰 관심을 갖고 기여하기도 했으나 그의 영향력이 오랜 세월 너무나 막강해, 오히려 과학 발전을 가로막은 인물로 간주되기도 한다. 그럼에도 불구하고, 그의 목표는 경탄할 만하다. 본인이 저서에서 밝혔듯이, 아리스토텔레스의 주된 목표는 변화를 기술하는 것이 아니라 변화의 원인과 원리를 발견하는 것이었다. 그러나 그가 내린 결론 중 다수에는 오류가 있었다. 그의 중요한 가설 가운데 하나가 세상에는 흙, 물, 공기, 불이라는 네 가지 원소가 있다는 것이었다. 세상 만물은 여러 가지 방법으로 이 네 원소가 조합돼 만들어졌다고 가정했다. 아리스토텔레스는 운동 현상에도 깊은 관심을 보였는데, 운동을 '자연스러운 것'과 '격렬한 것'으로 나누었다. 물체의 낙하는 자연스러운 운동이었고, 물체를 던지는 것은 격렬한 운동이었다. 그는 또한 흙 이외에 태양, 달, 별 등 모든 것이 '에테르' (ether)[5]라는 제5원소로 이루어져 있다고 믿었다.

이 시대의 그리스 과학자 여러 명도 중요한 공헌을 했다. 에라토스테네스(Eratosthenes)는 지구의 위도와 경도 체계를 고안했다. 또한 여러 곳에 설치한 막대의 그림자를 이용해 지구의 둘레를 계산하는 데 성공했다. 특히 그는, 만약 지구가 평평하다면 태양이 수직으로 바로 위에 떠 있을 경우 서로 다른 위치에 설치한 수직 막대의 그림자가 동시에 없어야 하지만, 실제로는 막대 하나만 그림자가 없을 수 있다는 사실을 지적했다. 그는 또한 대략적인 계산이기는 하지만, 태양과 달의 거리를 최초로 계산해냈다.

그리스 과학자 가운데 또 중요한 사람은 히파르쿠스(Hipparchus)로, 기원전 175년에 태어난 그는 태양과 달 사이의 거리를 에라토스테네스보다 더 정확하게 계산했으며, 육안으로 볼 수 있는 별 목록을 처음 작성한 인물이다.

최초의 물리학은 이런 철학자들의 연구와 사색의 결과물이었다. 그러나 이들의 공헌은 거의 전적으로 사고(思考)를 통해 이루어졌다는 점에 주목할 필요가 있다. 당시에는 실험물리학이 따로 존재하지 않았고, 고대의 철학자들은 이론을 증명하려는 의도로 실험을 해볼 생각은 하지 않았다. 그럼에도 불구하고, 이들도 소위 '순수물리학'

과 '응용물리학' 사이의 차이에 대해서는 인지하고 있었다. 순수물리학은 대개 공간, 시간, 물질, 운동 등에 대한 기본적인 원칙처럼, 세상과 우주의 물리적 측면에 대한 지식 축적이라 간주됐다. 이 지식이 어떻게 응용될 수 있는가에 대해서는 고려하지 않은 것이었다. 반면에 응용물리학은 이 지식을 어떤 방식으로든 사회에 도움이 되도록 응용하는 것이었다. 당시에 물리학이 주로 응용된 분야는 전쟁 무기 설계와 제조였다. 소크라테스, 플라톤, 아리스토텔레스 같은 고대 철학자들은 과학이 반드시 어디엔가, 특히 전쟁에 응용돼야 한다는 목표를 가질 필요는 없다고 주장했다. 지식은 그 자체를 목적으로 축적돼야 했다.

지식을 전쟁에 이용해서는 안 된다는 주장들이 있었음에도 불구하고, 얼마 지나지 않아 물리학의 새로운 발견들은 새로운 무기를 만드는 데 쓰이게 됐다. 그리스인들이 제작한 고대의 첨단 무기들 대부분은 물리학에서 '비틀림'(torsion)이라 불리는 중요한 개념에 바탕을 둔 것이었다. 이 '비틀림'이란 힘에 의해 물체가 비틀리는 것을 말한다. 이렇게 비트는 힘을 '토크(torque)'라 한다. 비틀림은 곧 기계, 또는 엔진이라 불리는 가공할 신무기의 바탕이 됐다.

놀라운 장치들

● 　　　　　반드시 그리스인이 만든 것은 아닐지라도, 그리스의 물리학으로부터 탄생한 가장 공통적인 신무기는 노포, 대형

투석기, 공성 투석기, 그 밖에 다양한 사출(射出) 무기가 있었다. 앞에서 성벽을 파괴하는 공성 기계에 대해 이야기했는데, 위에서 말한 무기들 중 일부도 나중에 공성 기계로 쓰였다. 이제 이 무기들을 차례차례 살펴보기로 하자.

노포는 그리스인들이 발명했는데, 훗날 로마에서 더욱 강력하게 개조됐다. 노포는 커다란 석궁과 비슷한데, 비틀린 실타래에 축적된 에너지를 이용했다. 나무로 만든 두 팔이 실타래를 비트는 데 쓰이고, 밧줄이 두 팔 끝에 연결된다. 이 밧줄은 뒤쪽에 투사체를 담는 주머니까지 당겨진다. 밧줄을 잡아당기는 데에는 권양기(捲揚機)가 쓰

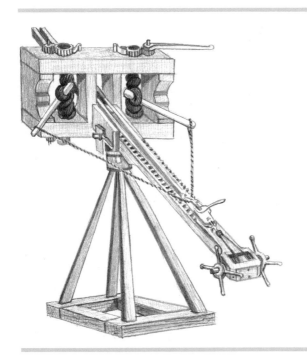

노포

대형 투석기를 조준하는 병사들

인다. 권양기에는 방아쇠가 달려 있어서, 발사 준비가 끝나면 방아쇠를 당기는 것이다. 투사체로는 여러 물체들이 쓰였다. 돌, 투창, 목적에 맞춰 깎은 장대, 심지어는 인체의 일부도 쓰였다. 노포는 이런 투사체를 수백 미터까지 날려 보냈다.[6]

얼마 지나지 않아 로마인들은 노포를 개량해 대형 투석기로 사용했다. 이 무기 역시 비틀림을 이용한 것이었지만 기본적으로는 사출 장치의 일종이었다. 대형 투석기는 땅바닥에 놓이는 거대한 틀로 구성됐다. 수직으로 세우는 목재 틀이 단단하게 고정되는데, 이 수직 틀에는 밖으로 뻗은 살(spoke), 또는 팔이 달린 축이 달려 있었다. 살에 비틀 수 있는 밧줄이나 스프링을 연결하고, 밧줄에 축적되는 비틀림 에너지의 반대 방향으로 팔을 잡아당기는 것이다. 이 투석기에도 핀 같은 장치가 있어서, 이 장치를 망치로 쳐 이탈시키면 투사체가 목표물을 향해 발사되는 방식이었다. 주로 커다란 돌을 쏘았다.

세 번째 신무기는 공성 투석기인데, 이 세 가지 무기 중에서 가장 강력한 힘을 발휘했다. 로마인들이 고안한 공성 투석기에는 중요한 특징이 세 가지 있었다.

- 비틀림 에너지에 의해 작동한다. 이 무기의 힘은 평형추에 작용하는 중력으로부터 나온다.
- 이 무기는 지렛대 원리를 이용한다. 지레는 한쪽 팔이 다른 팔보다 훨씬 길다. 투사에 쓰는 팔은 평형추의 팔보다 4~6배 정도 길다.
- 투석용 주머니가 투사용 팔 끝에 달려 투사체의 속도를 증가시킨다.

이 장치는 대개 아주 무거운 돌을 투사체로 썼다. 무거운 돌을 주머니에 장전한 뒤 평형추의 반대 방향으로 잡아당긴다. 발사 준비가 갖추어질 때까지 투사용 팔을 묶어두었다가 발사하면, 약 140킬로그램인 돌을 수백 미터 먼 곳까지 날려 보냈다. 하지만 정확도는 노포나 대형 투석기에 미치지 못했다.[7]

공성 투석기나 대형 투석기는 모두 사출장치 형태였다. 사출장치는 어떤 힘의 반대 방향으로 잡아당겼다가 놓아주는 장치다. 다른 형태의 사출장치도 몇 가지 쓰였지만, 가장 중요한 것이 이 두 가지였다. 위에 설명된 장치들에 대한 물리학적 설명은 다음 장에서 다루기로 한다.

알렉산드로스 대왕

● 　　　　　　알렉산드로스(Alexandros) 대왕은 이런 신무기들을 다양하게 활용한 사람이다. 기원전 356년, 마케도니아의 수도 펠라(Pella)에서 태어난 알렉산드로스 대왕은 당대 최고의 군사 지도자로 성장해 당시 알려진 세계를 거의 다 정복했다. 열여섯 살부터 아리스토텔레스의 가르침을 받은 알렉산드로스 대왕은 과학과 물리학에 강한 흥미를 갖고 성장했다. 열아홉 살이 되면서 아버지인 필리포스 2세를 따라 정복 전쟁에 참전했는데, 얼마 지나지 않아 필리포스 2세가 암살되고 말았다. 알렉산드로스는 필리포스 2세가 거느린 여러 후궁의 아들 중 하나에 불과했기 때문에 왕위에 오르리라는 기대는 할 수 없었다. 하지만 왕위에 오르리라고 굳게 결심한 그는 방해 되는 사람들을 제거하고 결국 뜻을 이뤘다.[8]

왕위에 오르자마자 알렉산드로스 대왕은 연이어 정복 전쟁에 나섰고, 거의 10년에 가까운 세월을 전쟁터에서 보냈다. 결국 그는 이집트, 메소포타미아, 페르시아, 중앙아시아를 거쳐 인도까지 정복했다. 서른 살에 그는 역사상 가장 위대한 군사 지도자가 돼 있었다.

아리스토텔레스는 그에게 지식 이상의 것을 가르쳤고, 알렉산드로스는 왕이 된 뒤에도 그 가르침을 간직했다. 그리하여 알렉산드로스는 역사상 가장 큰 배움의 터전을 만들었다. 이집트를 정복한 뒤인 기원전 331년, 알렉산드로스는 알렉산드리아에 과학연구소를 세웠다. 알렉산드로스 대왕이 알렉산드리아에 머문 기간은 고작 며칠이 었지만, 완성하고자 하는 일들의 개요를 총독으로 임명된 프톨레마이오스(Ptolemaios)에게 맡기고 떠났다.[9] 알렉산드리아에는 공학, 천문학, 항해술, 물리학, 전쟁 기계의 연구를 위한 무세이온(Museion)이 설립됐다. 이집트와 주변 나라에서 제일가는 과학자들을 이곳에서 연구하도록 초청했는데, 그중에는 에라토스테네스와 히파르쿠스도 있었다.

알렉산드리아에 새로 세워진 무세이온의 가장 큰 자랑거리는 도서관이었다. 필사본 70만 권을 소장한 이 도서관은 세상에서 가장 큰 도서관이 됐다. 그러나 이 필사본은 대부분 화재로 소실됐다.

아르키메데스

● 　　　　　　　알렉산드리아에서 연구한 과학자 중에는 기원전 87년, 시칠리아의 시라쿠사(Siracusa)에서 태어난 아르키메데스(Archimedes)도 있었다. 아르키메데스는 물리학에도 아주 커다란 공헌을 했는데, 그중 가장 중요한 것이 '아르키메데스의 원리'다. 아르키메데스의 원리는 '유체에 담긴 물체는 그 물체가 밀어낸 유체의 무게와 동일한 부력을 받는다'는 내용이다. 아르키메데스는 또한 오늘날 '아르키메데스의 나사'라고 불리는 기계도 고안했다. 전해오는 이

야기에 따르면 시라쿠사의 왕은 아르키메데스에게 커다란 배를 설계하라고 명령했는데, 이 배의 선체 안으로 물이 많이 스며든다는 사실이 발견됐다. 아르키메데스는 원통 안에서 나사 모양 날개가 회전하는 기계를 고안했다. 이 기계를 돌리면 선체에 들어온 물을 밖으로 퍼낼 수 있었다.[10]

아르키메데스는 또한 지렛대 원리를 최초로 설명한 사람 가운데 하나였다. 기원전 14년, 시라쿠사가 외적의 침입을 받았을 때 시라쿠사를 도운 것으로도 알려져 있다. 침략해 들어오는 적선을 향해 태양광선을 반사시키는 거대한 곡면경을 설치해 불이 붙게 했다고 하는데, 현대 과학자들은 대부분 당시 기술로 가능한 일이었는지 의심하고 있다.

3

기초 물리학을 응용한
고대의 무기

———

THE PHYSICS
OF WAR

3. 기초 물리학을 응용한 고대의 무기

물리학은 후대의 복잡한 무기들 못지않게 고대 전쟁 무기들과도 관련이 깊다. 지금까지는 주로 전차, 마상 병사, 활과 화살, 창, 노포, 투석기, 대형 투석기, 공성 투석기 등에 대해 이야기했다. 물리학은 이 모든 무기와 연관이 있지만, 어떻게 연관되는지는 다루지 않았다. 이번 장에서 그 이야기를 해보자. 먼저 물리학의 기본 개념부터 설명하는데, 가장 기본 개념인 속력과 가속도로 시작해, 에너지나 운동량처럼 좀 더 복잡한 개념으로 나아간다.

속도와 가속도

● 　　　　　허공에 대고 활을 쏘면 화살이 어느 점까지는 상승 운동을 하다가 지면을 향해 떨어진다는 것을 누구나 알고 있다. 또 화살이 활시위를 떠나는 순간의 속력(speed)은 활시위가 화살을 얼마나 세게 밀어주느냐에 달렸다는 것도 안다. 화살이 활시위를 떠나 땅에 떨어지기까지 전 과정에서 속력이 일정하게 유지되지 않는다는 것도 쉽게 알 수 있다. 화살을 수직으로 쏘아 올리면, 화살은 어느 점에서 멈추었다가 땅으로 떨어지기 시작한다.

그러나 지상에서의 운동과 관련해서는 문제가 좀 있다. 운동하는 모든 물체는 공기를 통과해야 하는데, 이 공기는 물체가 지나가는 경로뿐만 아니라 속력에도 영향을 미친다. 그러나 공기의 효과를 세세하게 다루는 것은 매우 복잡하므로 여기서는 일단 무시하기로 한다.

운동 중인 물체에 대해 가장 먼저 이야기할 수 있는 것은 그 물체가 지표면에 대해 상대속력을 갖는다는 것이다. 속력은 유용한 개념이지만, 물리학에 관한 한 속도(velocity)가 더 유용하다. 속력은 단위 시간, 즉 1초, 또는 한 시간 동안 이동한 거리다. 예를 들어 화살은 초당 15미터 속력으로 날아갈 수 있다. 이 개념의 문제는 화살이 움직이는 방향에 대해 아무 정보도 주지 않는다는 것이다. 속력과 방향을 함께 기술할 때 속도라는 개념을 사용한다. 예를 들어 위 화살의 속도는 북쪽으로 초당 15미터인 속도, 즉 15m/s라고 말한다.

그러나 좀 더 자세히 들여다보면 화살이 일정한 속도로 움직이지 않는다는 것을 알 수 있다. 화살의 속도는 계속해서 변하고, 속도의 변화가 가장 크게 일어나는 경우는 화살을 수직 상방으로 쏘았을 때일 것이다. 물론 최고점에 도달하면 화살은 정지한다. 속도에서 일어나는 이러한 변화를 우리는 가속도(acceleration)라고 정의한다. 화살은 초속 15미터로 활시위를 떠나지만, 몇 초 뒤 이 화살의 속도는 초당 3미터밖에 안 될 것이다. 가속도는 속도와 다르기 때문에 단위도 달라져야 한다. 가속도의 단위는 m/s^2을 사용한다. 속도와 가속도는 아주 간단한 공식으로 서로 연관된다. 속도(v)는 가속도(a)와 시간(t)을 곱한 것이다. 더 간단히 표현하면 v=at이다.[1]

힘과 관성

● 　　　　　힘(force)은 물리학에서 속도와 가속도에 밀접하게 연관된 또 다른 중요 개념이다. 화살이 속력을 얻기 위해서는, 즉 가속하기 위해서는 앞에서 언급했듯이 힘을 받아야 하는데, 화살에 힘을 가하는 것은 활시위다. 힘은 간단하게 미는 힘과 당기는 힘으로 정의할 수 있다. 힘은 속도와 마찬가지로 크기와 방향을 갖는다 (이러한 물리량을 벡터(vector)라고 일컫는다).[2]

힘을 가속도와 관련시켜 설명할 수 있지만, 그 전에 먼저 또 하나의 중요 개념을 소개하기로 한다. '무게'를 모르는 사람은 없다. 초콜릿을 너무 많이 먹고 몸무게를 걱정하는 사람이 많은 것만 봐도 안다. 우리가 관심을 갖는 것은 바로 이 무게와 밀접한 관계가 있지만, 완전히 똑같지는 않다. 우리는 이것을 질량(mass)이라 부르고, 줄여서 m으로 표시한다. 어떤 물체의 질량은 무게를 중력가속도로 나눈 값이다. 중력가속도는 보통 g로 줄여 표시한다. 우리가 왜 무게 대신 질량을 사용하는지는 뒤에 다시 설명하기로 하겠다.

힘과 가속도의 관계는 영국의 물리학자 아이작 뉴턴(Issac Newton)이 규명했다. 뉴턴은 1687년에 출판된 《프린키피아》(Principia)에서 운동의 법칙 세 가지를 설명했다. 그는 어떤 힘에 의해 물체에 생성되는 가속도는 그 힘의 크기에 비례하고, 물체의 질량에 반비례한다고 설명했다. 이 내용을 수학적으로는 $a=F/m$이라고 기술한다. 이 공식에 따라 실제 계산을 할 때는 길이 단위로 피트, 마일을 사용하는 영국식 시스템보다는 미터법을 따르는 것이 편리하다. 그러나 미터법에도 두 가지 시스템이 있는데, 단위로 센티미터 · 그램 · 초를 쓰는 cgs 시스템과, 미터 · 킬로미터 · 초를 단위로 쓰는 mks 시스템이다. mks 시스템에 따르면 가속도는 m/s^2, 질량은 kg, 힘은 뉴턴(Newton; N)으로 측정된다. cgs 시스템에서 가속도는 cm/s^2, 질량은 g, 힘의 단위는 다인(dyne)으로 측정된다. 여기서 1다인은 1g인 물체에 가속도를 $1cm/s^2$ 일으키는 데 필요한 힘을 말한다.

위 공식은 보통 $F=ma$라고 쓴다. 따라서 어떤 물체에 가해진 힘은 질량과 가속도를 곱한 값이 된다. 예를 들어 질량이 0.01kg인 화살에 가속도를 $25km/s^2$ 일으키려면 힘은 $25 \times 0.01 = 0.25N$이 필요하다.

힘과 밀접하게 관련된 또 다른 물리학 개념이 바로 관성(inertia)이다. 우리도 매일 관성과 마주친다. 어떤 물체를 들어 올리거나 밀려고 할 때, 그렇게 하기 위해서는 힘을 가해야 한다. 한 물체가 움직이지 않고 있으면, 다시 말해 제자리에 그대로 있으면 그 물체는 운동에 저항한다. 그렇기 때문에 물체를 움직이려면 힘이 필요하다. 물체가 무거울수록 필요한 힘은 더 커진다. 운동의 변화에 대한 저항이 바로 관성이고, 뉴턴은 이것을 운동의 제1법칙으로 기술했다.

- **운동의 제1법칙:** 물체는 힘을 가하지 않는 한, 정지 상태 또는 등속 직선 운동을 유지하려 한다.

  → 이 법칙은 정지한 물체뿐만 아니라 등속 운동을 하는 물체에도 적용된다는 점에 유의하자. 우리가 관성을 극복하려면 힘이 필요하다는 의미이며, 또한 위 공식에 따르면 이 힘은 가속도를 일으킨다. 더 나아가, 힘은 언제나 두 물체와 연관된다. 한 물체가 밀리려면 또 한 물체는 그 물체를 밀어야 한다. 바닥에 정지 상태로 놓인 물체도 마찬가지다. 이 물체의 무게가 바닥을 누르고 있기 때문이다. 그러나 뉴턴에 따르면 바닥도 그 물체의 무게와 똑같은 힘으로 반대 방향을 향해 밀고 있다. 뉴턴은 이러한 현상을 운동의 제3법칙으로 정리했다.

- **운동의 제3법칙:** 한 물체가 다른 물체에 힘을 가할 때, 다른 물체도 그 물체가 가하는 것과 똑같은 크기의 힘을 가한다.

  → 두 물체가 가하는 힘은 크기는 같고 방향은 서로 반대다. 이 힘들을 흔히 '작용'과 '반작용'이라 부른다. 물이 뿜어 나오는 호

스를 들고 서 있을 때 좋은 예를 경험하게 된다. 호스에서 물이 뿜어 나오면, 그 호스를 잡은 손은 뒤로 밀리는 느낌이 든다. 이 힘이 바로 반작용으로, 로켓이 작동하는 원리이기도 하다. 폭발성 기체가 로켓 뒷부분에서 분출되면서 로켓을 앞으로 밀어내는 것이다.

운동량과 충격량

● 또 한 가지 알아두어야 할 중요한 개념이 운동량(momentum)이다. 운동량은 질량과 속도를 곱(m×v)한 것이다. 이는 한 물체가 다른 물체와 충돌할 때 특히 중요하다. 누구나 알고 있듯이, 크고 무거운 물체가 작고 가벼운 물체와 충돌하면 더 큰 충격을 받는 것은 작고 가벼운 쪽이다. 이 현상을 더 완전히 설명하려면 충격량(impulse) 개념을 도입해야 한다. 한 병사가 검으로 다른 병사의 방패를 가격했다 치자. 이 병사는 당연히 힘을 가했겠지만, 그 힘은 아주 짧은 시간 동안만 작용한다. 이 힘과 시간을 곱한 것이 바로 충격량이다. 더 생각해보면 이 충격량은 방패를 일정한 속도로 움직이게 하고, 이 속도는 방패의 질량에 따라 달라진다. 따라서 충격량 역시 운동량과 연관된다. 실제로는 충격량이 운동량을 만들어내고, 더 정확히 말하면 방패의 운동량은 충격 이전에는 0이었으므로 그 충격이 운동량에 변화를 일으킨 것이다. 따라서 충격량은 '운동량의 변화'와 같다.[3]

자, 이제 두 물체의 충돌 이야기로 돌아가보자. 이 충돌에서 특히 중요한 것이 '운동량 보존의 법칙'이다. 이 법칙은 독립된 계의 총운동량은 일정하게 유지된다는 것을 설명한다. 즉 외부의 영향이 없다면 충돌 이전의 총운동량은 충돌 이후의 총운동량과 같다는 뜻이다. 두 물체가 정면으로 충돌한다면, 두 물체는 똑같은 크기의 (그러나 방향은 반대인) 운동량을 갖는다. 두 물체가 정지할 것은 보지 않아도 명백하다. 언뜻 보면 이 두 물체의 운동량이 사라진 것처럼 보인다. 그러나 그렇지 않다. 충돌 전에 두 물체는 크기가 같지만 방향이 반대인 운동량을 갖고 있었고, 크기가 같고 방향이 다른 두 수의 합은 0이었다. 충돌 이후에도 그 합은 여전히 0이다. 충돌이 일어나는 동안 두 물체는 서로에게 충격량을 전달했지만, 그 충격량은 크기가 같고 방향이 반대이기 때문에 결국 정지한 것이다.

만약 첫 번째 물체의 운동량이 두 번째 물체가 가진 운동량보다 더 컸다면, 두 번째 물체에 가해진 충격량이 더 컸을 것이다. 또한 이 두 물체가 충돌하면서 서로 들러붙었다면, 들러붙은 물체는 운동량이 더 큰 물체가 진행하던 방향을 따라 어떤 속도를 가지고 운동을 계속했을 것이다.

중력의 효과

● 사람이 일정한 각도로 위를 향해 화살을 쏜다 하더라도, 이 화살이 직선 경로를 따라 나아가지 않는다는 것은 누구

나 알 것이다. 이 화살은 한동안 위를 향해 날아가지만 나중에는 지면을 향해 방향을 바꾸었다가 결국 바닥에 떨어진다. 이것은 지구의 중력이 화살을 잡아당기기 때문이다. 사실 화살과 지구는 서로를 잡아당긴다. 그러나 화살에 비하면 지구는 대단히 크기 때문에 지구가 화살을 잡아당기는 것처럼 보이는 것이다. 이 현상에 대해 설명한 사람도 뉴턴이다. 뉴턴은 우주에 존재하는 모든 물체가 서로 잡아당긴다고 가정했다. 심지어는 두 물체 사이에서 이렇게 잡아당기는 힘을 산출하는 공식도 찾아냈다.

지표면 위 어느 거리에서 누군가가 들고 있는 돌을 상상해보자. 지구는 이 돌을 잡아당긴다. 들고 있던 사람이 그 돌을 놓으면, 돌은 땅바닥과 충돌할 때까지 아래를 향해 가속된다. 상당히 간단한 기구만으로도 이 가속도를 측정할 수 있는데, 측정한 바에 따르면 이 가속도는 $9.8m/s^2$이다.

전쟁과 관련해서 중력이 특히 중요한 이유는 모든 물체, 이를테면 화살, 포탄, 총탄 등이 이 힘의 영향을 받기 때문이다. 이러한 발사체들은 질량, 속도, 공기압 등 몇 가지 요인에 따라 조금씩 다른 궤도를 그린다(궤도에 대해서는 나중에 다시 자세히 다루기로 한다).

그러나 중력가속도가 모든 장소에서 똑같은 것은 아니다. 중력가속도는 어떤 물체, 또는 사람이 위치한 행성의 질량에 따라 달라진다. 따라서 우리가 화성이나 목성으로 여행을 떠난다면, 그곳의 중력가속도는 지구에서의 중력가속도와 다르다. 결과적으로 우리 몸무게 역시 다르게 측정된다. 예를 들어 목성에서는 지구에서 잰 몸무게보다 2.34배 무거워진다. 일정하게 나타나는 것은 질량이다. 질량은 우리가 위치한 중력장과 무관하다. 이 때문에 기초적인 물리학 방정식에서 대부분 질량을 사용하는 것이다. 질량(m)과 무게(W)의 관계는 W=mg로 나타낸다(여기서 g는 중력가속도를 나타낸다).

에너지와 힘

● 누가 어떤 물체를 일정한 거리만큼 위로 들어올린다면, 그 사람은 일을 한 것이다. 이렇게 일을 하기 위해서는 에너지가 필요하다. 또한 우리가 알고 있듯이 에너지는 여러 가지 형태로 존재한다. 그중 가장 흔한 것이 운동과 관련된 에너지, 그리고 위치와 관련된 에너지다. 운동과 관련된 에너지를 운동 에너지(kinetic-energy)라고 한다. 이는 운동과 관련이 있지만 또한 속도에 따라서도 달라진다. 더 살펴보면 질량이 큰 물체는 질량이 작은 물체보다 운동에너지가 더 크다. 운동 에너지는 질량에도 의존하는 것이다. '운동에너지=$\frac{1}{2}mv^2$'으로 정의된다. 여기서 m은 질량, v는 속도를 나타낸다. 에너지의 단위는 mks 시스템에서 뉴턴-미터(Nm)로 표시한다.

위치 에너지(potential energy)도 일을 할 능력이 있다. 지상의 일정한 높이에서 떨어뜨린 돌을 생각해보자. 돌을 떨어뜨리면, 이 돌은 땅과 충돌할 때 땅에 대해 일을 한다. 돌과 충돌하는 순간 땅은 압축되고 잠깐 동안이지만 열도 발생한다. 우리는 이것을 위치 에너지라고 부르며, '위치 에너지=mgh'로 기술한다. 여기서 m은 질량, g는

중력가속도, h는 돌을 떨어뜨릴 때의 지상에서의 높이다.[4]

운동량과 마찬가지로 에너지도 보존된다. 간단하게 말해, 에너지가 보존된다는 것은 없던 에너지가 생성되지 않으며 있던 에너지가 소멸되지도 않는다는 뜻이다. 다만 한 가지 형태로부터 다른 형태의 에너지로 변환될 뿐이다. 공을 위로 던져보면 아주 간단하고 명확하게 알 수 있다. 공을 던지면 공은 높은 속도로 출발하는데, 이때 공이 지닌 에너지는 거의 대부분 운동 에너지이다. 그러나 공이 올라가는 동안 속도는 점점 떨어진다. 중력이 잡아당기기 때문이다. 결국 공은 어떤 점에서 정지하고, 이 점에서 속도는 0이 된다. 따라서 운동 에너지도 0이 되는 것이다. 핵심을 짚어보자면 이 공의 운동 에너지는 모두 위치 에너지로 변환됐고, 따라서 이 점에서 공은 오직 위치 에너지만 갖게 된다. 그러나 이 공이 다시 떨어지기 시작하면서 속도는 점점 증가하고 운동 에너지 역시 증가한다. 동시에 위치 에너지는 감소한다. 이렇게 해서 공이 지면과 충돌하는 순간에는 위치 에너지가 다시 모두 운동 에너지로 변환된다.

위에서 말한 두 형태가 에너지가 갖는 형태의 전부는 아니다. 변형 에너지, 열 에너지, 소리 에너지, 전기 에너지, 화학 에너지, 원자력 에너지 등이 대표적이다. 예를 들면, 공이 땅에 부딪칠 때 운동 에너지는 어떻게 되는지 보자. 공의 운동 에너지는 사라지는 것처럼 보이지만 그렇지 않다. 변형 에너지와 열 에너지로 변환됐을 뿐이다.

여러 가지 경우에 우리는 이미 수행된 일(또는 에너지)에는 관심을 두지 않는다. 대신 일의 비율(rate of work) 또는 단위 시간당 수행된

일의 양에 관심을 갖는다. 이것을 우리는 일률(power)이라고 일컫는다. mks 단위로 표시하면 일은 초당 줄(joule)로 측정되는데, 1joule/s를 1와트(watt)로 정의한다.

각운동량과 토크

●　　　　　전쟁과 무기에서 중요한 또 한 가지 운동 형태는 회전 운동이다. 바퀴나 축을 중심으로 도는 모든 물체는 각운동, 또는 회전 운동을 하는 것이다. 직선속도(linear velocity)와 직선가속도(linear acceleration)가 있듯이, 각운동에는 각속도(angular velocity)와 각가속도(angular acceleration)가 있다. 각속도는 단위 시간당 회전수로 측정된다. 단위 시간당 라디안(radian) 수로 표시되는 단위도 흔히 볼 수 있는 단위다. 여기서 라디안은 $360/2\pi \approx 57.3$도(360도는 원 전체의 각도이고 π는 원의 둘레를 직경으로 나눈 원주율, 즉 3.1416)이다. 각속도도 각가속도에 의해 변할 수 있다. 각가속도의 단위는 rev/s^2이다.[5]

같은 방식으로 힘에 대해서도 이와 유사한 개념을 설명할 수 있다. 회전 운동을 일으키는 힘인데, 이것을 토크라고 한다. 회전을 일으키기 위해서는 회전축으로부터 일정 거리 떨어진 점에서 힘을 가해야 하고, 따라서 토크를 계산하기 위해서는 거리가 도입돼야 한다. 토크는 힘과 거리의 곱($f \times r$)으로 나타낸다. 렌치를 사용하거나 여닫이문을 열 때에는 항상 토크가 작용한다는 것을 알아두자.

앞에서 병진(竝進; translational), 또는 선형 운동의 운동량 개념을 설명했다. 마찬가지로 각운동에서는 각운동량을 갖는다. 각운동량의 공식을 확립하기 위해서는 질량(m)과 속도(v)를 각운동에 맞는 물리량으로 바꾸어야 한다. 속도 그 자체는 문제가 없고, 다만 각속도(ω)로 대체한다. 그러나 m은 좀 더 복잡하다. 질량이 작은 물체를 다수 다루어야 하기 때문이다. 축에서 멀어지는 점 각각을 말하는 것이다. 이 작은 질량들이 기여하는 부분들을 모두 합하면 관성 모멘트(moment/inertial)라 부르는 것을 결정할 수 있다. 관성 모멘트는 I로, 각운동량은 Iω로 표시한다.

기계

●　　　　　　　고대 무기 대다수는 우리가 물리학적 기계라고 부르는 것들이었다. 기계란 일을 더 쉽게 하게 해주는 장치다. 기계의 간단한 예가, 사람이 들기 힘들 정도로 무거운 물체를 들어 올릴 때 쓰는 긴 판자다. 판자 위의 한쪽 끝(작용점)에 물체를 놓고, 물체에서 약간 떨어진 위치의 판자 아래쪽에 지레의 받침점인 블록을 놓는다. 그리고 판자의 반대쪽 끝(힘점)에서 아래로 향하는 힘을 가하면 무거운 상자를 쉽게 들어 올릴 수 있다. 이런 일이 가능한 것은 일이 힘과 거리(일=힘×거리)이기 때문이다. 힘을 가했을 때 물체가 움직이는 거리는 힘점이 움직인 거리보다 짧다. 그러나 사실 우리는 더 큰 힘을 얻기 위해 그보다 더 긴 거리를 이용한다. 수행된 일은 똑

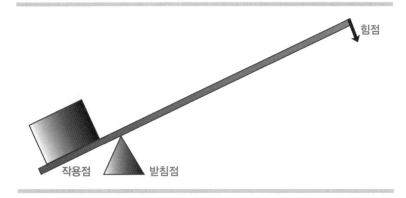

같지만, 그 상자를 직접 들어 올린다고 했을 때 가해야 하는 힘의 일부분만 썼기 때문에 일을 더 쉽게 한 것이다. 이것이 모든 기계의 기본이다.[6]

다양한 기계가 존재하고, 기계 각각에 연관된 법칙은 고대의 다양한 무기에도 사용된 것들이다. 흔히 쓰인 기계의 예를 들어보자.

- **도르래:** 무거운 물체를 적은 힘으로 들어 올려준다. 물체가 움직인 것보다 훨씬 긴 거리만큼 줄을 잡아당기면 된다.
- **바퀴와 축:** 바퀴축에서 테두리까지 거리가 멀수록 바퀴가 돌아가는 힘은 커지고, 테두리가 축에 가까울수록 운동은 짧아진다.
- **나사:** 반경이 크지만 작용하기 쉬운 회전력으로 반경이 작은 전진 운동을 일으킨다.

활과 화살의 물리학

● 고대 전쟁에서 활과 화살은 매우 중요한 무기였다. 궁수는 어린 나이부터 훈련을 받았다. 궁수들은 방패를 들고 걸어서 적진을 향해 다가가기도 했지만, 전차를 타고 돌진하기도 했다. 앞에서 보았듯이 전차에는 대개 기수와 궁수가 동승했고, 전차가 적진에 충분히 접근하면 궁수는 최대한 신속하게 활을 쏘았다.

본질적으로 활은 한 에너지를 다른 에너지 형태로 바꿔주는 간단한 기계다. 궁수가 화살을 높은 속도로 날려 보내게 해주는 것이다. 속도를 높이기 위해 빠르고 강력한 화살의 움직임이 필요한데, 물론 사람의 근육으로도 그 두 가지를 할 수 있지만 동시에 할 수는 없다. 활과 화살의 물리학을 이해하기 위해 활시위에 화살을 메겨 천천히 시위를 당기는 궁수를 상상해보자. 이때 궁수는 팔 근육을 사용한다. 궁수는 최대 장력으로 시위를 잡아당기고, 그 과정에서 활이 휘어진다. 궁수의 근육이 수축되면서 생긴 에너지는 휘어지는 활에 저장된다. 이 에너지는 위치 에너지다. 궁수가 활시위를 놓으면, 시위는 빠른 속도로 정상적인 정지 위치로 돌아간다. 이 과정에서 활시위는 활의 에너지를 화살에 전달한다. 낙하하는 공처럼 위치 에너지가 운동 에너지로 변환된 것이다. 이러한 에너지 변환은 매우 빠르게 일어나고, 따라서 화살은 높은 속도를 갖게 된다. 처음에 궁수가 일정한 에너지량을 생성했다는 것을 기억하자. 에너지 보존의 법칙에 따라 이 에너지는 변함없이 남아 있어야 한다. 그러나 활은 사람의 팔로는 할 수 없는, 동시에 큰 힘과 높은 속도로 움직일 수 있다. 활은 에너지를 저장하는 기계다. 근육의 힘은 이 기계에 낮은 속도로 에너지를 실어주고, 이 기계는 그 에너지를 높은 속도로 방출한다. 사실 화살의 질량, 시위가 당겨진 거리, 가해진 힘 등과 같은 변수들을 모두 안다면, 위치 에너지와 운동 에너지의 방정식을 세워 화살이 얼마나 빠른 속도로 활을 떠날지 계산할 수 있다. 더 나아가 화살을 겨누는 각도를 안다면(공기의 압력은 무시하고), 얼마나 멀리 갈지도 계산할 수 있다.[7]

시간이 흐르면서 활과 화살은 꾸준히 개선됐다. 활이 얼마나 강해질 수 있는지와 관련된 몇 가지 요소가 있다. 그중 가장 중요한 세 가지는 길이, 형태, 그리고 활을 이루는 요소들의 구성이다. 일반적으로 활의 길이가 길면 길수록 힘은 더 강해지지만, 다른 요소들도 중요한 역할을 한다. 영국인들이 매우 효율적인 장궁을 개발해 프랑스를 상대로 대대적인 승리를 거둔 것을 곧 보게 될 것이다.

활의 전체적인 형태 역시 중요하다. 고대의 활은 간단하게 구부러진 형태였으며 나무로 만들어졌다. 그러나 나중에는 활 끝을 궁수의 몸과 반대쪽으로 휘어주면 화살이 더 멀리 날아간다는 사실을 알아냈다. 이렇게 활 끝을 밖으로 휘어줌으로써 활과 정지된 시위 사이의 거리가 가까워지고, 결과적으로 활시위는 화살을 발사하기 위해 정지하기 직전까지 훨씬 멀리 뒤로 당겨지기 때문이다.

활의 소재도 중요하다. 활을 만들 때 사용된 나무, 또는 소재의 유형은 그 활이 갖게 될 힘에 막대한 영향을 준다. 또한 활의 밀도, 탄성, 그리고 인장 강도(부러지기 전까지 감당할 수 있는 스트레스의 크기)는 그 활이 에너지를 어느 정도 저장할 수 있는지, 화살을 발사한 뒤 얼마나 빨리 원래 형태로 복원될지를 결정한다.

일찍부터 나무로만 활을 만드는 것보다는 여러 소재로 만드는 것이 더 효과적이라는 사실이 알려졌다. 합성궁(composite bow)은 대개 나무, 동물의 뿔, 힘줄 등으로 만들어졌다. 얇게 켠 동물의 뿔을 궁수와 활의 배에서 마주보는 쪽에 붙인다. 영양, 물소, 때로는 양이나 염소의 뿔도 활을 만드는 데 쓰였다. 뿔을 붙인 활은 에너지를 더 많이 저장할 수 있다. 접착제는 생선 기름으로 만들었다. 동물의 힘줄 역시 활의 뒤쪽에 붙여 에너지를 더 많이 저장할 수 있게 했다. 반대쪽으로 휜 활 끄트머리 역시 동물의 뼈를 사용해 강도를 높였다.[8]

화살도 끊임없이 개선됐다. 가장 중요한 것은 무게였다. 화살이 가벼우면 공기의 움직임으로부터 영향을 받아 제 경로대로 날아가지 못했다. 반대로 무거우면 공기의 저항을 받아 일찍 떨어졌다. 가장 이상적인 무게는 그 사이 어딘가에 있었다. 화살의 양옆에 깃털을 붙이면 화살의 안정성을 높여주고, 깃털의 길이와 높이는 화살의 사정거리와 안정적인 비행에 영향을 준다는 사실도 알아냈다.

보통 활과 화살을 변형한 것이 석궁(crossbow)인데, 고대 그리스에서도 쓰였다고 알려져 있다. 석궁은 굵은 강철 화살을 발사하는 무기로, 처음에는 궁수가 직접 시위를 당겨 정해진 위치에 고정시켰다가 방아쇠를 당겨 화살을 발사했다. 석궁은 발사 속도가 느리고 시위를 당기는 데 힘이 많이 필요하다는 단점이 있었다. 그러나 결국 기계적인 크랭크가 도입되면서 화살을 시위에 메기는 속도가 빨라졌고, 시위에는 훨씬 큰 장력을 걸 수 있게 됐다. 결과적으로 강철 화살

은 궁수가 쏘는 활보다 훨씬 빠르게 발사됐고 따라서 사정거리도 더
멀어졌다. 석궁은 화살을 500미터 정도 거리까지 날려 보낼 수 있었
다. 그러나 여전히 문제를 안고 있었다. 강철 화살은 공기역학적으
로 적합하지 않은 발사체였고, 따라서 명중률이 높지 않았다. 게다가
보통 활보다 화살을 시위에 메기는 것도 어렵고 느렸다. 아무리 빨
라도 석궁은 분당 두 번밖에 발사할 수 없었지만, 노련한 궁수는 분
당 12~15번까지 발사할 수 있었다. 그러나 처음부터 석궁은 보통 활
에 비해 뛰어난 장점을 가지고 있었다. 석궁으로 발사하는 강철 화살

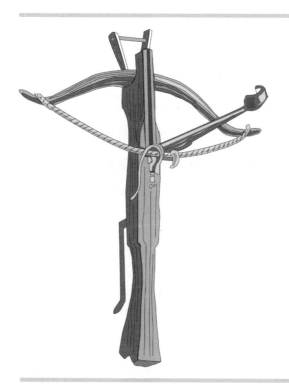

석궁

은 적을 감싸고 있는 강철 갑옷을 뚫을 수 있었던 것이다. 더 나아가 말까지 쉽게 죽일 수 있었다. 그러나 나중에 영국인들은 갑옷을 뚫을 수 있을 만큼 힘이 센 장궁을 발명했다.

고대 전쟁에는 쓰이지 않았지만 활에는 커다란 발전이 있었다. 물론 활은 시위를 당기기가 어렵다. 그러나 시위를 당기는 데 쓰는 에너지가 클수록 화살에 전달되는 변환 에너지도 커진다. 또한 여기서도 구원의 기계가 나타났다. 궁수가 적은 힘으로 활에 더 많은 일을 할 수 있게(또한 위치 에너지를 더 많이 만들어낼 수 있게) 도와주는 도르래가 나타난 것이다. 합성궁은 궁수가 큰 스트레스나 피로감 없이 활시위에 화살을 메겨 조준한 상태로 더 오래 버티게 해주었다.

다른 고대 무기들의 물리학

● 고대 무기들은 대부분 화살이나 돌을 쏘는 장치였다. 사실상 대부분이 무언가를 발사하게 돼 있었다. 이미 다뤘듯이 가장 잘 알려진 무기 세 가지가 바로 노포, 공성 투석기, 대형 투석기였다. 노포는 비틀린 스프링으로, 비틀어진 실타래의 고리 여러 개에 에너지를 저장했다. 노포는 쇠로 만든 창살이나 크고 작은 돌 등 무거운 발사체를 발사했다. 나무를 얇게 판 골이나 홈에 창살을 놓고 시위를 창살 뒤에 건다. 그다음 크랭크를 돌려 시위를 당긴나. 그러면 창살을 메긴 나무판이 창살과 함께 딸려서 뒤로 당겨진다. 그

와 동시에 실타래를 비틀어준다(활시위는 각각 비틀린 실타래가 달린 두 팔과 연결된다). 미늘톱니바퀴와 장부촉이 시위가 풀리는 것을 막아준다. 활시위가 당겨진 뒤에는 방아쇠로 발사한다. 여기서도 비틀린 실타래에 비틀림 위치 에너지를 저장했다가, 방아쇠를 당기는 순간 이 에너지를 운동 에너지로 변환해 창살에 전달하는 것이다.

최초의 노포는 기원전 400년에 개발됐다. 가장 성능 좋은 노포의 사정거리가 약 450미터 정도였다. 당시 사람들은 후대에 비해 가벼운 것만 발사했기 때문에 타격하는 힘이 크지 않았다. 그러나 명중률은 비교적 높았다.

공성 투석기는 훨씬 강력했고, 활과는 작동 원리가 완전히 다른 무기였다. 때로는 '평형추 투석기'라고도 불렸는데, 투사체를 던지는 데 필요한 에너지를 평형추로부터 얻었기 때문이다. 공성 투석기는 12세기 무렵 프랑스 사람들이 가장 먼저 썼다고 알려져 있는데, 앞에서 설명한 지렛대 원리를 이용한 것이었다. 중요한 부분은 한쪽 끝을 바닥에 고정한 긴 팔이다. 긴 팔의 반대쪽 끝에는 투석용 줄과 주머니가 달려 있어서 투사체(주로 커다란 돌)가 이 주머니에 자리 잡는다. 에너지는 짧은 팔의 끝에 놓인 무거운 물체로부터 나온다. 이 물체를 높이 들어 올린 다음, 발사 준비가 완료될 때까지 그 상태로 유지한다. 이 무기 역시 위치 에너지를 투사체의 운동 에너지로 바꾸는 장치이다. 방아쇠를 당기면, 투석줄을 따라 투사체 주머니가 크게 원을 그리며 올라가고 긴 팔은 수직으로 세워진다. 이 시점에서 투사체 주머니가 열리면서 투사체가 엄청난 속도로 전방을 향해 날아간다.

사실 이 장치는 중력으로부터 힘을 얻는 것이다.

공성 투석기의 장점은 100킬로그램에 달하는 무거운 돌도 던질 수 있다는 점이다. 이렇게 무거운 돌은 성벽 윗부분에 큰 타격을 줄 수 있었다. 사정거리는 약 300미터에 이르렀다. 이 장치에서는 투석줄이 중요한 역할을 한다는 데 주목할 필요가 있다. 투석줄은 공성 투석기의 힘을 배가 시키면서 투석줄 없는 투석기에 비해 사정거리를 두 배나 연장시킨다.

대형 투석기(onager)라고 불리는 세 번째 발사기는 꼬인 밧줄의 비틀림 압력을 이용한다는 점에서 노포와 유사하다. 대형 투석기는 지면에 설치된 거대한 틀과 거기 딸린 수직 틀로 이루어진다. 수직 틀을 관통하는 긴 축에 살, 또는 팔이 달려 있다. 우묵한 그릇(버킷)을 이 팔의 끝에 달고, 투사체를 이 안에 놓는다. 기계를 장전할 때는 꼬인 실타래에 의해 생긴 장력에 저항해 이 팔을 뒤로 잡아당긴다. 방아쇠를 당기면 팔이 크게 반원을 그리며 위로 올라가 투사체가 최고 높이에 달했을 때 발사한다. 다른 장치들과 마찬가지로, 이 장치도 주로 큰 돌을 쏘았다. 대형 투석기의 사정거리는 대략 110미터 정도였다.

4

로마 제국의 흥망과
영불 전쟁의 시작

THE PHYSICS
OF WAR

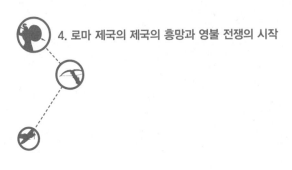

　로마 제국은 당시까지 존재했던 모든 국가 중에서 군사력의 규모
가 가장 컸다. 그 덕분에 거의 1,000년 동안 서구 세계를 지배했다.
세계 지배를 향한 로마군의 행진은 기원전 264년에 발발한 포에니
전쟁과 함께 시작됐다. 포에니 전쟁은 지중해에서 중요한 힘을 가진
또 다른 나라 카르타고와 로마 사이에 세 차례에 걸쳐 벌어진 전쟁
이다. 1차 전쟁은 해전이 중심이 됐는데, 오랜 전투 끝에 로마는 살
아남았다. 그러나 2차 포에니 전쟁(기원전 218년~기원전 201년)에서
로마군은 카르타고의 장군 한니발(Hannibal)과 마주하게 됐다. 한니
발은 전투마다 로마군을 무찔렀다. 그가 승리를 거둘 수 있었던 것은
로마군의 의표를 찔렀기 때문이다. 승리감에 도취해 자만한 로마군
은 쉽게 함정에 빠졌고, 그 결과 17년이나 이어진 전쟁 기간 동안 수

십만 병사들이 목숨을 잃었다. 그러나 로마의 장군들도 거듭되는 패배로부터 교훈을 얻었고, 결국 한니발을 굴복시켰다.

로마군과 무기

● 　　　　　　카르타고를 무찌른 뒤 로마군은 정복전쟁을 계속해 지중해 주변 국가들과 그리스, 중동 대부분과 독일, 북아프리카, 영국까지 정복했다. 당시 문명화된 지역 대부분이 로마 제국의 손아귀에 들어갔고, 그 과정에서 역사상 가장 강력한 군대가 탄생했다. 로마군이 당시에 알려진 최고의 무기와 전술을 활용했기에 가능한 일이었다. 로마군은 수없이 많은 판을 겹쳐 이어붙인 갑옷으로 몸을 보호했다. 갑옷과 무기는 대부분 청동이나 철로 만들었다. 당시는 주로 철이 사용된 시기였다. 로마군은 글래디어스(gladius, '검'이라는 뜻)라 불리는, 다소 짧지만 아주 효과적인 검을 사용했다. 글래디어스는 주로 찌르는 무기였다. 또 활과 화살, 투창(javelin), 창(spear) 그리고 스큐텀(scutum)이라 불리는 방패도 로마군의 중요한 무기였다. 스큐텀은 길이 1미터, 폭 75센티미터 정도에 살짝 굽은 형태였다.

공성전에서는 노포, 대형 투석기 외에도 다양한 스프링을 응용해 여러 가지 발사 장치를 활용했다. 적과 마주쳤을 때 로마군은 방패를 양옆으로 나란히 이어 앞세우고 전진하는 것이 전술이었다. 이렇게 하면 적의 화살 공격을 피할 수 있었다. 최전방 방패 대열은 15분마다 다른 대열과 위치를 교대했다. 병사가 지치지 않게 하기 위해서였다. 병사들은 혹독하고 고된 훈련을 받았고, 규율은 매우 엄격했다.

노포와 대형 투석기 외에도 그리스군이 쓰는 무기까지 가져다 썼지만, 로마군은 무기를 발전시키려는 노력은 하지 않았다. 사실상 로마군은 무기에 관한 한 새로운 것을 발명하거나 발전시킨 적이 없었다. 그러나 적이 뭔가 혁신적이고 새로운 것을 들고 나타나면 로마군은 재빨리 그 무기를 가져다 썼다. 로마인은 과학에는 관심이 없는 듯이 보였다. 과학 그 자체에 대해서뿐만 아니라 과학을 이용해 새로운 무기를 개발하는 데에도 무관심했다. 대체로 로마인들은 과학을 경시했다. 그리스와 알렉산드리아를 정복했을 때도 과학 문헌 수십만 권을 얻었지만, 로마인들은 이를 번역하지도 않았고 유용하게 쓰지도 않았다. 전쟁에 이기기 위해 필요한 것은 이미 모두 갖추고 있다는 것이 로마인들의 시각이었다.[1]

하지만 과학을 경시했음에도 불구하고, 로마인들은 공학에 있어서는 놀라울 정도로 뛰어났다. 세계를 지배한 수백 년 동안, 로마인들은 유럽 전역에 걸쳐 수천, 수만 킬로미터에 달하는 도로를 놓았다. 그중 일부는 당시까지 유럽에 놓인 도로 중 최고라는 찬사를 받았다. 더욱이 로마인들은 영토 전역에 물을 공급하는 수도관과 함께 댐을 다수 쌓았다. 또한 당시로서는 가장 크고 가장 웅장한 건축물도 지었다. 이들이 지은 건축물들은 대부분 아치를 기반으로 한 것이었다. 로마인들은 또한 탁월한 교량 건설가들이었다. 이들의 물리학 지식은 빈약했고 관심도 거의 없었지만, 실제로는 물리학의 기초 원리들을 훌륭하게 활용하고 있었다. 공학적 기술을 그 정도 갖고 있었다면

힘, 무게, 압력(stress)과 변형(strain)에 대해서도 분명 이해하고 있었을 것이다.[2]

로마 제국은 기원전 753년부터 기원후 486년까지 이어졌다. 로마 제국의 절정기는 당시 문명 세계를 거의 대부분 정복한 기원전 250년경이었다. 그러나 너무나 방대해진 영토가 오히려 제국에 불안을 가져왔다. 바다 건너 멀리 떨어진 정복지와 그 주민들을 효과적으로 지배하기는 매우 어려웠다. 게다가 국내에서도 분란이 일어났다. 군사 지도자들 사이에 권력 투쟁이 일어났고, 그 결과 여러 차례에 걸쳐 내전이 벌어졌다. 카이사르(Caesar)가 암살당한 뒤 옥타비우스(Octavius)와 마르쿠스 안토니우스(Marcus Antonius)가 카이사르의 암살자들에 맞서 내전을 벌였으나, 결국은 그 둘 사이에 싸움이 벌어지고 말았다. 게다가 제국의 영토가 너무나 넓다 보니 정복지에서 병사들을 충원하고 용병까지 동원하게 됐다. 나중에는 이런 병사들이 로마 군대에서 상당 부분을 차지하게 됐다. 이러한 상황은 군대 내부에 무시할 수 없는 변화를 가져왔다. 병사들은 더 이상 혹독하게 훈련을 하지도, 엄격하게 규율을 지키지도 않았다. 로마에 대한 충성심도 옅어졌다.

하지만 로마 제국의 유일한 적은 제국의 경계 안에 있을 뿐이었고, 그 적은 조직적인 군대도, 공성 기계도, 갑옷도 알지 못하는 야만인들이었다. 로마 제국에 이들은 위협이 되지 못했다.

그러나 로마의 군대가 쇠약해지는 동안 이 야만인들은 자기들에게 유리한 새로운 것을 찾고 있었다. 앞에서 이미 보았듯이 그 답은 바로 말을 탄 전사였다. 야만인들은 대부분 이른 나이에 말 타기를 배웠다. 가장 큰 문제는 말을 탄 채로 전투를 수행할 수 있느냐 하는 것이었다. 특히 활을 쏘고 검과 창을 휘두르면서도 떨어지지 않고 말을 제어하는 것이 문제였다. 첫 번째 타개책은 안장이었다. 최초의 안장은 동유럽의 스키타이족이 고안했다. 이때 안장은 말털로 짠 조잡한 물건으로, 기수의 앞과 뒤에 놓는 일종의 쿠션이었다. 그다음에는 기수의 발을 안전하게 고정하기 위해 직물로 만든 고리가 등장했다. 그리고 말을 훨씬 쉽게 제어하게 해주는 마구가 고안됐다. 마지막으로 직물로 만든 고리 대신 쇠로 만든 등자가 나왔다. 등자는 전투 중에 기수가 말 위에서 안정적으로 중심을 잡는 데 큰 도움을 주었다. 그러나 376년 이전에 등자가 사용됐느냐에 대해서는 아직도 논란의 여지가 있다.

아드리아노플(Adrianople) 전투는 376년에 시작됐다. 야만족 가운데 하나로 오늘날 터키 지역에 자리 잡고 있던 고트족(Goth)은 로마 제국에 사신을 보내 다뉴브 강 근처에 있는 로마 제국 점령지의 일부를 자기들이 점유해도 좋은지 물었다. 고트족을 병사로 영입하면 좋을 것이라고 판단한 로마의 장군들은 점유를 허락했다. 그러나 이는 큰 실수였다. 이 지역에서 고트족과 로마인들 사이에 싸움이 일어났고, 그 뒤 몇 년에 걸쳐 여러 차례 전투가 벌어졌다.[3]

분노한 로마 황제 발렌스(Valens)는 확실히 문제를 해결하고 싶어 했다. 378년, 황제는 몸소 병사 3만 명을 이끌고 아드리아노플로 출정, 8월 초에 아드리아노플 근처에 도착했다. 황제는 병사 1만 명을 내세운 고트 족장 프리티게른(Fritigern)이 아드리아노플을 향해 다가오고 있으며 약 32킬로미터 앞까지 와 있다는 첩보를 입수했다. 발렌스 황제는 아드리아노플을 향해 계속 진군해 프리티게른을 맞기 위해 요새 주둔지를 설치했다. 지원군이 도우러 오고 있다는 소식을 들었지만, 황제는 장군들의 충고에도 불구하고 지원군을 기다리지 않았다. 황제는 강력한 로마 군대가 야만족 군대쯤이야 쉽게 무찌를 것이라고 자신했다.

프리티게른은 발렌스 황제에게 사자를 보내 로마 영토 일부분과 교환하는 조건으로 평화와 동맹 협정을 맺자고 제안했다. 승리를 확신한 황제는 고트 족장의 제안을 거절하고 공격 채비를 갖추었다. 그러나 프리티게른의 제안은 시간을 벌려는 작전에 불과했다. 고트 족장은 고도의 훈련을 받은 기병대 5,000명이 도착하기를 기다리고 있었던 것이다. 황제의 공격을 늦추기 위해 프리티게른은 병사를 보내 로마군과 고트족 군대 사이의 들판에 불을 놓기도 하고, 인질 교환 협상을 제안하기도 했다. 이런 전략은 로마군의 공격을 지연시키는 데에도 주효했지만, 발렌스 황제를 조급하게 만드는 데에도 성공했다. 몸이 달아오른 로마군의 분견대가 상관의 명령도 없이 고트족 진영을 공격한 것이다. 프리티게른의 병사들은 이들을 손쉽게 후퇴시켰다. 그러나 이때는 이미 돌이킬 수 없는 상황이었다. 또 다른 분견대가 고트족이 둥글게 원을 그리며 세워놓은 마차 벽을 뚫고 들어갔다. 그러나 고도의 훈련을 받은 기병 5,000명이 이미 사방에서 로마군을 포위하고 있었다. 기병들은 크고 강인한 말을 타고 있었고, 매우 효과적인 창을 들고 있었다. 창을 휘두르는 것만으로도 위협적인데, 육중한 말과 창의 조합은 치명적이었다. 로마군의 방패는 도움이 되지 않았다. 로마군에도 기병이 있었으나 고트족 기병과는 비교가 되지 않았다. 도망친 로마 기병은 부지기수였다.

로마군 진영은 순식간에 흐트러졌다. 몇 시간 동안 고트족은 로마군을 학살했다. 이 전투는 로마군이 경험한 최악의 패배였고, 로마 제국 전체를 흔들어놓을 만큼 충격적이었다. 로마 제국을 빛내던 자존심의 중추가 파괴됐다. 가장 큰 충격은 로마군이 더 이상 천하무적이 아니라는 현실이었다.

더욱이 로마군의 요직을 차지한 장군들이 대부분 이 전투에서 전사했다. 발렌스 황제의 운명이 어찌 됐는지는 정확하게 기록된 바가 없지만, 일설에 의하면 황제는 근위병 몇 명과 함께 가까스로 전투에서 빠져나와 어느 농가에 숨어들었다고 한다. 프리티게른의 병사들이 이 농가를 공격하자 황제의 근위병들은 활을 쏘며 저항했다. 그러나 고트족 병사들은 아예 농가에 불을 질렀고 발렌스 황제는 화염 속에서 죽어갔다고 한다.

흔히 이 전투를 로마 제국 붕괴의 신호탄이었다고 보는데, 사실 이 전투가 심각한 영향을 미쳤다는 데는 의심의 여지가 없다. 이 전투로 인해 로마군도 천하무적이 아님이 드러났다. 그럼에도 불구하고 제국은 또 수백 년간 이어졌다. 그러나 그 세월 동안 영토는 계속 줄어들었다. 제국 말기에 있던 공격은 대부분 또 다른 야만족인 훈족(Hun)으로부터 시작됐다. 이들의 전술도 고트족의 전술과 똑같았다.

초기 영불 전쟁

●   서기 476년에 로마가 멸망한 뒤 세계는 암흑 시대로 진입했다. 이 시기에는 과학적으로 거의 발전이 없었다. 또한 역사적인 기록이나 문헌도 다른 시기에 비해 남은 양이 많지 않다. 암흑시대는 476년부터 약 1500년대까지를 일컫는다. 이 기간 동안 몽골, 훈, 북쪽 바이킹(Viking)까지 야만족들이 유럽을 휩쓸었다. 물리학이나 과학은 오랫동안 거의 정체되다시피 했다. 그러나 그 가운데 단 한 분야, 야금학만은 번성했다. 말을 탄 전사는 이제 흔히 볼 수 있었고, 곧 이들도 갑옷을 입게 됐다. 기병은 금속 고리를 겹쳐 이은 사슬 갑옷으로 완전히 몸을 가렸다. 훗날 궁수가 쏜 화살이 기병을 태운 말을 쏘아 쓰러뜨리는 일이 빈번해지자 나중에는 말에게도 갑옷을 입혔다. 결과적으로 병사와 말을 더 잘 보호해줄 금속을 찾기 위해 연구가 계속됐다. 화살이 기병의 갑옷을 뚫자 이번에는 철판 갑옷이 탄생했다.

오랜 세월 동안, 전투가 벌어지면 진격의 선두에는 갑옷을 갖추고 긴 창과 검을 가진 기사들이 앞장섰다. 이런 기사들이 전투에 효과적인 측면도 있었지만, 이들의 존재는 적에게 충격을 주기도 했다. 달려드는 기사 앞에 섰을 때 웬만한 보병은 기가 질리지 않을 수 없었다. 더욱이 말이 달리는 속도는 사람이 발로 뛰는 속도를 훨씬 능가했다. 그러니 보병들은 도망 갈 곳도 없었다. 천둥같이 울리는 말발굽 소리와 함께 달려드는 기사들은 심리적으로도 엄청난 파괴력 갖고 있었다.

기사를 양성하는 데 가장 큰 걸림돌은 비용이었다. 기사의 갑옷은 제작비가 매우 비쌌고, 사슬 갑옷이 화살에 뚫린다는 약점이 드러나자 야금학자들은 연구에 매달려야 했다. 곧 강철이 개발됐고, 작은 강철판을 사슬 갑옷 위에 덧댔다. 그러나 이 강철판도 석궁과 나중에 등장한 장궁에는 취약했다.

석궁은 강철 화살을 발사했다. 초기 석궁의 가장 큰 문제점은 장전하는 데 엄청난 힘이 필요하다는 점이었다. 이 때문에 발사 속도가 느렸다. 그러나 11세기에 들어서자 기계적인 크랭크 시스템이 덧붙으면서 장전의 문제점이 해결됐다. 크랭크는 궁수가 시위에 더 큰 장력을 걸 수 있게 해주었고, 따라서 석궁의 강철 화살은 이전보다 훨씬 큰 운동 에너지와 속도를 갖게 됐다. 석궁의 약점은 이 강철 화살이 공기역학적으로 화살만큼 효율적이지 않고 따라서 명중률이 떨어진다는 점이었다. 그럼에도 불구하고 석궁은 사슬 갑옷만 입은 기사에게는 큰 위협이었다.

당시 중요한 전투 중 하나인 1066년 헤이스팅스(Hastings) 전투는, 국왕 해럴드 2세의 지휘를 받은 영국과 공작 윌리엄 2세의 지휘를 받던 노르만 사이에 벌어진 전투였다. 이 전투는 영국의 헤이스팅스로부터 약 10킬로미터 떨어진 곳에서 시작됐다.[4]

윌리엄 2세의 전술은 해럴드 왕의 전술보다 여러 면에서 훨씬 효과적이었다. 윌리엄 2세는 궁수 · 기병 · 보병 연합 전술을 펼쳤는데, 해럴드의 군대는 거의 전적으로 보병에만 의존하고 있었다. 병력 규모는 양쪽 모두 약 2만 명으로 거의 같았다. 대부분 보병인 영국군은 원뿔 모양 투구와 금속으로 만든 가슴 갑옷, 방패로 몸을 보호했고, 주요 무기는 도끼였으나 검을 든 병사도 일부 있었다.

윌리엄 2세의 병사들이 일제히 화살을 발사하며 선공에 나섰다. 그러나 화살은 대부분 영국군의 방패에 맞고 떨어지면서 효과를 내지 못했다. 일제 사격으로 영국군을 약화시켰다고 믿은 윌리엄 2세는 진격을 명령했다. 그러나 영국군은 손에 잡히는 대로 마구 던지면서 저항했을 뿐만 아니라 육박전에서도 영국군은 노르만군에게 큰 타격을 주었다.

심각하게 사상자를 낸 노르만군은 퇴각했다. 영국군은 대열을 깨며 적을 추격했고, 전투는 치열한 혼전으로 내달았다. 윌리엄 2세의 말이 죽으면서 공작은 땅에 떨어졌으나 죽지는 않았다. 가까스로 대열을 정비해 반격에 나섰으나, 윌리엄 2세는 처음에 있었던 일제 사격이 별 효과가 없었음을 깨닫고 궁수들에게 영국군의 선두에서 방패를 들고 있는 병사들 너머로 활을 쏘도록 명령했다. 방패병 뒤에서 무방비 상태로 있는 병사들을 노리는 것이었다. 이번 사격은 크게 효과를 거두었다. 해럴드 왕도 눈에 화살을 맞았다.

영국군은 병력 손실이 컸고, 방패 벽 뒤에서 대오가 무너지기 시작했다. 윌리엄 2세는 다시 한 번 공격을 명령했고 이번에는 노르만군이 방어벽을 뚫고 진격해 해럴드 왕을 제거했다. 최고 지휘관을 잃은 영국군 병사들은 무기를 버리고 도주했다. 곧 전투는 끝났고 영국에는 새로운 왕이 탄생했다. 윌리엄 2세는 1066년 크리스마스에 웨스트민스터 사원에서 왕관을 썼다.

이 전투가 시사하는 것이 궁수의 효과였다. 노르만군은 궁수 8,000명을 보유하고 있었다.

영국과 프랑스의 불화는 오랜 세월 계속됐다. 영국에서 새 국왕으로 등극한 윌리엄 2세가 노르망디 대공의 지위를 유지한 것도 중요한 문제 가운데 하나였다. 따라서 영국 국왕은 프랑스 국왕에게 신하로서 충성을 맹세할 의무가 있었다. 그러나 1337년, 영국 국왕 에드워드 3세는 프랑스 국왕 필리프 6세에게 충성 맹세를 거부했다. 이사건으로 100년간(1337~1456년) 계속될 새로운 전쟁이 시작됐다. 백년전쟁이라 알려진 이 전쟁 기간 동안, 무기 역사상 가장 큰 발전 중하나가 이루어졌다. 1346년 크레시(Crécy) 전투에서 처음 등장한 장궁이었다.

영국군은 에드워드 3세가, 프랑스군은 필리프 6세가 이끌었다. 병력 규모로 보면 프랑스군이 영국군의 2배였다. 영국군은 보병 궁수 5,000명, 기병 궁수 3,250명, 기타 병사 3,500명으로 구성됐다. 프랑스군은 석궁수 6,000명이 포함된 대규모 보병이었다. 전투는 크레시의 숲 근처에서 시작됐다.[5]

필리프 국왕은 최전선에 석궁수를 배치하고 기병을 뒤에 배치했다. 웬일인지 이들은 유일한 방어 무기인 나무 방패를 대열 뒤쪽 수레에 가득 싣고 있었다. 전투는 프랑스군의 석궁 일제 사격으로 시작됐는데, 이 공격은 영국군에게 그다지 큰 피해를 입히지 못했다. 영국군은 신무기인 장궁을 가지고 있었다. 프랑스의 석궁수가 분당 1~2회밖에 발사하지 못하는 반면, 장궁수들은 분당 5~6회나 화살을 쏠 수 있었다. 게다가 장궁은 사정거리가 훨씬 길고 가공할 관통력을 지니고 있었다. 설상가상으로 전투 전에 내린 폭풍우 때문에 석궁의 스프링이 약해져 있었다. 장궁수들은 시위를 풀어 빗물로부터 보호할 수 있었다.

비처럼 쏟아진 석궁 창살은 목표물에 미치지 못하고 땅에 떨어졌지만, 그 뒤를 이어 영국군이 발사한 장궁 화살들은 그렇지 않았다. 영국군의 화살은 제몫을 다했다. 일제 사격은 연이어졌고, 이 때문에 석궁수들은 유효한 사정거리 안으로 진입할 수가 없었다. 상황을 파악한 석궁수들은 뒤를 지키는 프랑스 기사들의 전열을 통과해 퇴각하기 시작했다. 석궁수의 퇴각에 분노한 프랑스 기사들은 아군 석궁수들의 목을 베기 시작했다. 프랑스군 기사들은 자기들이 나설 차례라고 판단했다. 이들은 퇴각해 밀려오는 석궁수들을 짓밟으며 말을 몰아 나아갔다. 영국군의 장궁수들은 쉬지 않고 화살을 퍼부었고, 충격적이게도 영국군의 화살은 프랑스군의 갑옷을 뚫었다. 결국 기사 가운데 상당수가 말에서 떨어졌고, 떨어진 기사들이 뒤에서 달려오는 아군을 가로막는 꼴이 됐다. 시체 위에 시체가 산처럼 쌓여갔다.

전투가 끝나자 프랑스군의 사상자는 막대했다. 추산에 의하면 프랑스군은 기사 4,000명, 궁수 2,000명이 전사했다. 반면 영국군 사상자는 미미했다. 기껏해야 300명 미만이었다. 이 전투의 승패를 가른 결정적인 요소는 장궁이었다. 장궁은 이후로도 100년 이상 전장에서 중요한 역할을 했다.

장궁은 1415년 10월, 아쟁쿠르(Agincourt)에서 벌어진 전투에서도

아쟁쿠르 전투에서 쓰인 장궁

결정적인 역할을 했다. 이즈음 장궁의 효율은 더욱 커졌다. 이 전투에서도 영국군과 프랑스군이 맞붙었다. 이번에는 헨리 5세가 병사 6,000명을 이끌었고, 프랑스군의 병력은 2만 5,000명이 넘었다. 전투는 아쟁쿠르 근처의 좁고 긴 평지에서 벌어졌다.[6]

4~5대 1이라는 수적 우세를 믿은 나머지, 프랑스군은 자만심에 빠져 있었다. 프랑스군은 중무장한 병사 8,000명을 보유하고 있었지만 이들은 육박전에만 유용했고, 따라서 적에게 가까이 접근해야 했다. 게다가 양쪽 진영 사이에는 쟁기로 갈아놓은 밭이 있었는데, 전투가 시작되기 전 며칠 동안 비가 심하게 내린 상태였다. 바닥은 진흙탕이었고, 중무장한 프랑스군에게는 매우 심각한 장애물이었다. 반면 영국군은 많은 병사가 병에 걸린 상태인 데다 여러 날에 걸친 행군으로 지칠 대로 지쳐 있었다.

영국군 궁수들은 땅을 파고 날카로운 끝이 프랑스군을 향하도록 긴 말뚝을 박았다. 이 말뚝은 프랑스군 기병들이 돌진해오는 것을 막아주었다. 프랑스군은 3진으로 나누어 제일 앞에는 무기를 든 중장보병(men-at-arms)을 세우고 그 뒤에는 궁수를, 마지막에 석궁수를 배치했다. 프랑스군은 영국군이 정면 공격을 시도할 것이라 예상했다. 그러나 이들의 예상은 빗나갔다. 영국군 장궁수들의 일제 사격으로 화살이 빗발처럼 쏟아졌다. 잘 훈련된 장궁수들은 분당 15발까지 화살을 쏠 수 있었다. 따라서 1분도 안 되는 시간 동안 화살 수천 발이 하늘을 뒤덮었다. 게다가 영국군의 화살은 프랑스군의 갑옷을 간단히 관통했다. 화살이 말의 등과 옆구리에 박혔고, 화살을 맞은 말들은 놀라 길길이 날뛰었다. 부상을 입은 말, 혼비백산한 말들이 진격하는 보병 쪽으로 날뛰며 짓밟기 시작했다.[7]

프랑스군 중장보병은 앞으로 전진하며 스스로를 보호하려 애썼다. 이들은 투구가 가장 취약했기 때문에 눈이나 헬멧의 숨구멍으로 화살을 맞지 않기 위해 고개를 푹 숙이고 움직여야 했다. 이런 자세로는 시야를 확보하기도 어려웠다. 이뿐만 아니라 무릎까지 푹푹 빠지는 들판을 건너야 했으니, 이리저리 넘어지고, 넘어진 아군 위로 자빠지는 병사가 부지기수였다. 쏟아지는 화살은 도무지 멈출 기미를 보이지 않았다. 얼마 안 가 프랑스군 병사들은 몸도 마음도 지치고 말았다. 게다가 육박전이 가능할 정도로 적에게 가까이 다가갈 수도 없었다.

설상가상으로 프랑스군 전사의 2진과 3진은 최전선에서 무슨 일이 벌어지고 있는지도 알지 못했다. 이들은 그저 전진할 뿐이었다.

곧이어 이들도 같은 운명을 맞고야 말았다. 전투는 세 시간 동안 계속됐는데, 프랑스군 사상자는 여러 추산에 의거하면 4,000~1만 명에 이르렀다. 반면 영국군의 인명 손실은 몇 백 명에 불과했다. 공작, 성주, 왕족 등 많은 엘리트가 목숨을 잃었다. 영국군의 장궁은 다시 한 번 결정적인 승리의 요인이 됐다.

장궁의 기원과 물리학

● 　　　　　　　장궁은 여러 나라에서 각기 독립적으로 개발됐다. 영국에서는 웨일스 사람들이 제일 처음 고안했다. 장궁은 과학적인 이론에 의해서가 아니라 수없이 만드는 과정에서 숱한 시행착오를 거치며 눈에 띄게 발전했다.[8]

영국인들은 웨일스인들의 장궁이 가진 효과를 일찍부터 알아보았다. 처음에는 매복전과 우발적인 작은 전투, 나중에는 큰 전투에서 웨일스가 영국에 대항하는 데 사용한 무기였다. 1402년 전투에서는 웨일스군이 영국군을 맞아 장궁의 덕을 톡톡히 보기도 했다. 물론 처음에는 영국군도 장궁을 크게 두려워했지만, 곧 호기심을 가지고 장궁을 바라보게 됐다. 영국군은 곧 웨일스군 장궁수를 보병에 편입시키고 기술을 배웠다.

영국군이 만든 최초의 장궁은 나무로만 만들어졌다. 주로 주목을 썼는데, 주목은 탄성과 내구성이 뛰어나기 때문이었다. 문제는 주목이 영국에서 흔히 볼 수 있는 나무가 아니라는 점이었다. 이 때문에 때로는 느릅나무나 물푸레나무로 만들기도 했다.

활대는 공들여 선택한 뒤 비교적 긴 생산 공정을 거쳤다. 기름과 왁스를 먹여 방수성을 높여서 물에 망가지지 않도록 했다. 이전 활의 활대에 비해 가늘었고, 길이는 궁수에게 맞춰 제작됐다. 가장 긴 것은 190센티미터, 짧은 것은 150센티미터 정도였다. 활 길이와 활이 내는 힘 사이에는 직접적인 상관관계가 있었으므로, 활은 길수록 좋았다. 가장 굵은 부분이 5센티미터 정도였고, 장력이 최대로 걸릴 때까지 시위를 당기려면 약 36~54킬로그램 정도의 힘이 필요했다. 시위가 궁수의 눈앞까지 당겨졌을 때가 화살을 쏘기에 가장 적당한 때라는 것도 밝혀졌다.

화살은 여러 종류의 나무로 만들었다. 사시나무, 포플러, 양딱총나무, 버드나무, 자작나무 등이 쓰였고, 화살의 평균 길이는 약 90센티미터 정도였다. 화살 양쪽에 깃털을 붙이면 안정적인 궤적을 그리며 날아간다는 것은 진작부터 알려져 있었다. 화살에 붙이는 깃털의 길이는 12~22센티미터까지 다양했고, 화살대에 접착제로 붙였다. 시위는 대개 대마 섬유로 만들었지만, 나중에는 아마와 명주실도 사용됐다.

장궁의 문제점 가운데 하나는 노련하게 다루기까지 훈련을 많이 해야 한다는 것이었다. 시위를 당기려면 큰 힘이 필요하고, 정확도를 높이기 위해 연습을 많이 해야만 했다. 결국 영국 소년들은 보통 일곱 살만 되면 활쏘기 연습을 시작했다. 소년들은 집중적으로 활쏘기 연습에 임했고, 최고 사수로 선택돼 군대에 가기 위해 마을마다 승자

진출전 형식으로 활쏘기 시합이 열렸다. 궁수는 우수 일원으로 간주됐기 때문에 궁수로 군에 복무하는 것은 크나큰 영예로 여겼다.

훈련받은 평균적인 영국 궁수들은 분당 최소한 12발을 쏠 수 있었고, 180미터 밖에서도 과녁을 명중시킬 수 있었다. 분당 10발을 발사하는 궁수도 실력이 없는 것으로 간주됐다.

전쟁의 물리학

● 　　　　　앞에서 활과 화살의 물리학을 간단히 살펴보았는데, 그 대부분은 장궁에도 그대로 적용된다. 그러나 앞으로 이 부분을 더 자세히 살펴보게 될 것이다. 물리학은 활의 역학적 측면과 화살의 비행에 대한 부분도 포함하고 있다. 흔히 보듯이, 궁수가 시위를 당기면 그가 한 일은 위치 에너지로 저장된다. 시위를 놓으면 위치 에너지는 화살의 운동 에너지로 변환된다. 실상을 따져보면, 위치 에너지의 일부는 활의 마지막 움직임(진동)으로 변환되기도 하지만 이는 아주 약간에 불과하다. 시위를 멀리 당기면 당길수록 저장되는 위치 에너지는 더욱 커진다는 것을 기억해야 한다. 장궁이 화살에 운동 에너지를 더 많이 전달할 수 있는 것도 바로 이 때문이다. 장궁은 시위가 길기 때문에 뒤로 더 멀리 당길 수 있는 것이다.[9]

화살이 날아가는 사정거리는 다음과 같은 요소에 따라 결정된다.

- 초기 속도
- 화살의 무게
- 화살의 발사각도
- 공기의 저항
- 바람의 영향

화살의 초기 속도는 시위가 당겨진 활의 위치 에너지($F \times d$)와 화살의 운동 에너지($\frac{1}{2}mv^2$: m은 화살 질량)의 방정식으로 계산할 수 있다. 활의 발사 각도는 화살의 궤도, 또는 경로와 사정거리에 크게 영향을 미친다. 공기의 저항과 바람의 영향을 무시한다면 화살의 사정거리가 가장 길게 나오는 발사 각도는 45도라는 것을 쉽게 보여줄 수 있다. 나중에 언급하겠지만 공기와 바람도 무시할 수 없는 요인이다. 이 두 가지 요소도 화살의 사정거리를 제한하기 때문이다.

화살 궤도는 포물선이다. 지면에 그려지는 자동차의 헤드라이트 불빛이 바로 포물선이다. 그러나 화살 궤도는 공기의 저항 때문에 약간 찌그러진 포물선이 된다. 공기 저항은 화살의 속도를 떨어뜨리는 힘으로 작용한다. 따라서 화살이 가진 운동량의 일부가 공기에 전달된다. 화살에 작용하는 저항에는 두 가지가 있다. 측면 저항과 형체 저항인데, 측면 저항은 화살이 허공을 날아가는 도중에 인접한 공기에 저항하기 때문에 생기는 것이다. 날아가는 화살을 아주 가까이서 관찰해보면, 공기층 여러 개가 화살을 둘러싸고 있다. 화살에 가장 가까운 공기층이 가장 큰 저항을 일으키고 그다음 층의 저항은 그보

다 작은 것을 알 수 있다. 측면 저항은 화살을 지나는 공기의 움직임 속도에 비례한다.[10]

형체 저항은 측면 저항이 뒤로 소용돌이 기류를 남기기 때문에 발생한다. 이 소용돌이 기류는 모터보트가 고속으로 수면을 달릴 때 뒤로 물결을 남기고 지나가는 것처럼, 화살 뒤로 난기류의 파동을 남긴다. 화살의 속도가 빠를수록 이 난기류도 커지고 형체 저항도 커진다. 수학적으로 형체 저항은 속도의 제곱(v^2)에 비례한다. 형체 저항은 화살이 진행하는 방향에 수직으로 작용하면서 화살을 옆으로 밀어내기 때문에 화살의 비행경로를 주기적으로 진동하는 파형으로 만든다.

또 화살은 발사되는 순간의 진행 방향과 수직을 이루는 방향으로 운동 에너지를 발생시킨다. 오른손잡이 궁수인 경우, 화살을 발사하는 순간 시위가 약간 왼쪽으로 움직이기 때문에 화살이 오른쪽으로 휘어나가게 된다. 시위가 다시 오른쪽으로 돌아오면 화살은 왼쪽으로 움직인다. 이런 움직임은 모두 화살과 시위가 완전히 분리되기 전까지 극히 짧은 시간 동안 일어난다. 그러나 화살이 시위를 떠나면, 이렇게 좌우로 진동하던 움직임은 비행경로 전체를 거쳐서 계속된다. 왼손잡이 궁수의 경우에는 이 진동이 반대로 일어난다.

이러한 진동의 크기는 화살이 얼마나 단단한가에 따라 달라진다. 화살이 너무 유연하면 진동도 커지고, 따라서 속도가 줄어들면서 목표물을 관통하는 힘도 줄어든다. 반면에 화살이 너무 단단하면 진동이 줄어들고 정확도에 영향을 미친다. 따라서 적당한 절충점을 찾아야 한다.

초기에 장궁의 유효사정거리는 대략 180미터 정도였는데, 이 정도 거리에서는 기사들이 대부분 입고 있던 사슬 갑옷을 쉽게 뚫을 수 있었다. 나중에 강철판으로 만든 갑옷이 등장하면서 기사의 몸을 훨씬 더 튼튼하게 보호하게 됐다. 그러나 사격 거리를 90미터로 줄이면 강철판 갑옷을 뚫는 것도 문제없었다. 장궁의 최대사정거리는 450미터였다. 전투가 시작되면 장궁수들은 허공에 대고 수많은 화살을 쏘아댔다. 달려오는 기사들을 향해 공중에서 화살이 떨어지게 하기 위해서였다. 그러다가 기사들이 가까이 접근해 오면 그때부터는 개별적인 목표를 향해 활을 쏘았다.

5

화약과 대포: 전쟁과 세상을 바꾼 발견

몽골의 지도자 칭기즈칸은 오랜 세월 중국에 눈독을 들이고 있었다. 중국은 번영을 구가하며 몽골에 부족한 것, 몽골이 필요로 하는 것들을 가지고 있었다. 1205년, 결국 칭기즈칸이 중국을 침략하기로 결정했다. 여느 습격에서 크게 벗어나지 않는 정도의 공격이었으나 중국은 화들짝 놀라 공포심을 갖기 시작했다. 잔인한 몽골군은 공포를 무기로 활용하는 것으로 유명했다. 몽골군은 포로를 남기지 않았고, 마을 전체를 완전히 쓸어버리는 경우도 다반사였다.[1]

중국은 무엇이든 해야 했고, 그것도 신속히 해야만 했다. 무엇보다 몽골군에 맞설 무기가 필요했는데, 실제로 그런 무기를 가질 만한 가공할 잠재력이 있었다. 이들이 불꽃놀이에 쓰던 흰 가루가 바로 그 잠재력이었다.

칭기즈칸은 1207년에 다시 쳐들어왔다. 더욱 더 큰 공포를 몰고 온 칭기즈칸의 공격은 중국인들로 하여금 서둘러 화염창을 만들게 했다. 화염창은 길이가 2~3자(60~90센티미터)에 이르는 대나무 대롱으로, 맨 아래 마디만 그대로 두고 나머지 마디를 뚫어 구멍을 내고 강도를 보강하기 위해 포장을 한 다음, 맨 아래 도화선을 연결하는 화구를 남겨둔 것이었다. 대롱 아래 부분에 화약을 채우고 그 위에 화살이나 다른 투사체를 장전했다. 화구를 통해 화약에 불이 붙으면, 화살이 엄청난 속도로 대롱을 빠져나갔다. 하지만 사정거리는 3미터 정도밖에 되지 않았다. 중국인들은 원시적인 화염방사기, 다양한 로켓, 발사기로 투척하는 폭탄, 지뢰 같은 무기도 개발했다.

1211년, 몽골은 전면전을 선포했고 말을 탄 병사 수천 명이 물밀듯이 쳐들어왔다. 그러나 중국인들은 할 수 있는 모든 것들을 동원하며 대담하게 맞서 싸웠다. 그로부터 2년이나 버텼으나 결국은 몽골이 중국을 꺾고 전쟁에서 승리했고, 이들은 중국이 새로이 개발한 무기들을 가지고 가 다른 나라들을 정복하는 데 썼다.

그 뒤 수십 년간 전쟁술은 큰 변화를 겪었다. 그러나 가히 혁명적인 변화였음에도 불구하고 당시에는 화약이 전쟁에서 얼마나 중요한 역할을 하게 될지 아무도 내다보지 못했다.

전체적인 맥락을 이야기하자면 일단 화약 성분이 발견된 시점으로 거슬러 올라가야 한다. 화약 성분 중에서 가장 중요한 것은 초석(硝石)이다. 초석은 질산칼륨인데, 몽골이 침략하던 당시 중국에서는 상당히 귀한 물질이었다. 초석이 발견되는 여러 장소들 가운데 하나가

칭기즈칸

동굴 벽이었는데, 벽을 긁으면 흰 결정 가루가 나오는 동굴이 있었다. 이 가루가 사람들의 관심을 끈 이유는 불 위에 뿌리면 불꽃이 타올랐기 때문이다. 나중에는 말을 보관하는 마구간 바닥에서도 이 가루가 발견됐다. 연금술사들은 이 가루가 말 오줌에서 나온다는 것을 보여주었다.

초기 형태의 초석이 가진 가장 큰 문제는 이것이 질산칼륨과 질산칼슘의 혼합물이라는 점이었다. 연금술사들은 오랜 세월에 걸쳐 이 물질의 순도를 높이는 기술을 개발했고, 나중에는 이것이 불멸의 영약일 수도 있다는 가능성에 관심을 가졌다. 그러나 800년대 초, 연금술사들은 초석에 다른 화학물질을 혼합하기 시작했다. 사람들의 관심을 끈 이 혼합물은 초석, 황 그리고 숯 형태인 탄소를 섞은 것이었다. 이 혼합물을 종이에 말아 불을 붙이면 엄청난 소리와 함께 폭발이 일어났다. 사람들은 이것을 축제는 물론, 사악한 잡귀들을 쫓는 데에 쓰기 시작했다.

중국의 연금술사들은 이 세 가지 물질을 1:1:1 비율로 혼합해 썼지만, 곧 초석 4:황 1:탄소 1 비율로 혼합하면 폭발력이 훨씬 좋다는 사실을 알아냈다. 초석이 공기가 없어도 폭발하는 산화제 역할을 하고 황과 탄소는 연료로 쓰인다는 것이 알려진 것이다. 이 세 성분의 혼합비율은 아주 중요해서, 그 비율을 달리하면 훨씬 큰 폭발력을 얻을 수 있다는 사실도 나중에 밝혀졌다. 그러나 화약 원료 세 가지는 변하지 않았다.

화약이 발견된 뒤 수백 년 동안 중국인들이 축제나 아이들의 장난감 외에 다른 용도로 화약을 사용했다는 증거는 없다. 그러나 몽골의 침략은 상황을 바꿔놓았다. 처음에는 북방 촌락 몇 개를 점령했을 뿐이지만, 나중에는 몽골이 중국 전체를 정복하고야 말았다. 그러나 몽골은 거기에서 그치지 않고 유럽 전체를 유린했으며, 결국에는 유럽 대륙 거의 대부분을 정복하기에 이르렀다. 이들은 새로운 무기를 사용했을 뿐만 아니라 다른 무기도 개발해 정복 전쟁의 기세를 높여나갔다.[2]

새로운 무기에 대한 소식은 빠르게 퍼져나갔다. 1250년 무렵, 아랍은 마드파(madfaa)라 부르던 간단한 '대포'에 화약을 사용했다. 우묵한 나무통이나 단지에 화약을 다져 넣고 그 위에 화살이나 돌 같은 발사체를 올려놓는 방식이었다. 도화선에 불을 붙이면 이 화살이

나 돌이 적을 향해 날아갔다. 이 대포의 명중률이 형편없었다는 건 말할 필요가 없다.[3]

로저 베이컨

●   신기하고 새로운 폭발물 소식은 1200년대 중반 무렵 영국까지 전해졌다. 영국의 철학자이자 프란체스코 수도회 수사인 로저 베이컨(Roger Bacon)도 이 소식을 전해 들었다. 무역상 또는 전도사가 그에게 중국 폭죽을 가져다주었다. 베이컨은 과학에 큰 관심을 갖고 있었다. 실제로 그는 광학, 천문학을 비롯해 과학과 수학의 여러 분야에 중대한 공헌을 했다. 더욱이 베이컨은 화학 지식도 많았다. 베이컨은 폭죽을 조심스럽게 분해해 안에 든 가루를 살펴보았다. 그 가루를 분석한 결과 초석, 황, 그리고 숯 혼합물이라는 것을 알아냈다. 그것이 전쟁에 아주 요긴하게 쓰일 수도 있는 화합물이라는 것을 베이컨이 깨닫기까지는 그다지 오래 걸리지 않았다. 화약에 대한 지식이 나쁜 뜻을 가진 사람의 손에 들어갈 수도 있다는 우려도 있었지만, 결국 베이컨은 몇 년 뒤 《기술과 자연의 신비로운 작업과 마술의 무가치함에 대해》(*Epistolae de Secretis Operibus Artis et Nature et de Nullitate Magiae*)에서 자기가 발견한 내용을 언급했다. 하지만 정확한 공식을 공개하기는 꺼렸다. 일설에 의하면 그 공식을 암호문으로 출판하기로 결정했다고 하는데, 이 이야기에는 많은 이들이 의문을 표시하고 있다.[4]

이 단계에서 화약이 가진지고 있던 문제점 중 하나는 초석에 결정적으로 의존한다는 점이었는데, 베이컨은 이 혼합물 안에 든 초석이 순수하지 못하다는 사실을 금방 발견했다. 그리고 베이컨은 초석에 대해 연구해 정제법을 찾아냈다.

베이컨이 이렇게 진전을 이루는 사이, 중국은 여전히 무기 개발에 열중하고 있었다. 몇 년 만에 중국에서는 조잡한 형태의 대포가 개발됐지만, 이 대포는 다루기 어렵고 발사할 때 위험도 많이 따랐다. 당연히 이 조잡한 대포의 명중률은 형편없었다. 그러나 중국인들은 폭발성 기체를 내화성·내폭발성 용기 안에 가둘 수 있다면, 그때 얻는 폭발력은 대단히 커지리라는 것을 간파했다.

중국인들이 화약 연구에 매달리고 있었다는 사실은 1280년에 있었던 대형 화약고 폭발사고를 보아도 알 수 있다. 이 사고의 폭발음이 수 킬로미터 떨어진 곳까지 들렸으며, 이 폭발로 경비병이 100명도 넘게 목숨을 잃었다고 한다. 화약고의 잔해가 3킬로미터나 떨어진 곳에서 발견되기도 했다.

대포 개발

●   초기 조잡한 대포는 중국, 아랍, 몽골 등에서 제작됐지만, 우리가 아는 형태의 대포가 처음 제작된 곳은 독일과 이탈리아인 것으로 보인다. 영어로 대포를 뜻하는 'cannon'은 대포의 특징적인 부분인 원통을 뜻하는 라틴어 'canna'에서 온 말이다. 라틴

초기 중국 수총(hand cannon)

어 'cannon'은 훗날 총(gun)을 의미하는 말로도 쓰였다.[5]

영국 최초의 대포는 1327년에 등장했다. 독일인 베르톨트 슈바르츠(Berthold Schwartz)가 화약 성분을 혼합해 간단한 대포를 만들었다는 주장도 있다. 전해 내려오는 이야기에 따르면 슈바르츠는 혼합물을 만들어 단지에 넣고 커다란 돌판으로 덮었는데, 어쩌다가 불똥이 옮겨 붙어 커다란 돌판이 공장의 지붕을 뚫고 날아갔다고 한다.[6]

1326년 월터 드 마일메트(Walter de Milemete)가 쓴 책에는 대포 설계도가 처음 등장했다. 1341년에는 장샨(張憲)이 〈철대포에 대하여〉(鐵砲行)라는 시를 썼다. 그는 대포에서 발사된 포탄이 '심장이나 복부를 뚫을 뿐만 아니라 여러 사람을 동시에 관통할 수도 있다'[7]고 썼다.

1340년대까지 유럽에 대포는 드물었고, 여전히 활과 포도탄(grapeshot)에만 의존했다. 때로는 화살에 불을 붙여 쏘기도 했다. 더욱이 초기 대포에 쓰인 화약은 입자가 매우 고운 분말이어서 폭발력이 대단했다. 이 때문에 화약이 아주 소량만 있어도 폭발이 일어났다. 청동이나 철로 아래가 막힌 원통을 만들어 화약을 채운 뒤 그 위에 포탄을 놓았다. 처음에는 포탄으로 커다란 돌이 쓰였지만, 나중에는 철구(鐵球)로 대체됐다. 공중을 날아가면서 빙글빙글 도는 움직임 때문에 포탄은 구 형태로 만들었다. 화약은 화구를 통해 점화했다. 어떤 의미에서는 이것이 도화선이었지만, 선이라기보다는 가느다랗게 흘러나온 화약이었다. 불이 붙으면 화약은 삽시간에 고체에서 기체로 변하고, 이때 부피가 약 4,000배 증가한다. 이 기체는 고도로 압축됐다가 팽창되면서 엄청난 힘을 만들어낸다. 이 힘이 포신을 따라 포탄을 밀어내는 것이다.

대포를 만들기 위해서는 다양한 과학 기술이 필요했다. 대포의 포신과 외피를 만들기 위해서는 야금학의 역할이 매우 중요했다. 좋은 화약을 만들고 그 화약을 대포에 얼마나 장약하느냐를 결정하기 위해서는 화학이 필요했다. 화약을 너무 적게 장약하면 포탄이 멀리 날아가지 않았다. 또 너무 많이 장약하면 대포가 폭발해 근처에 있던 사람들의 목숨을 빼앗았다. 실제로 대포가 처음 등장한 초기 시절에는 병사들이 대포를 쏘다가 폭발 사고로 죽은 경우가 많았다.

포병의 대포 발사 훈련은 대략 다음과 같이 이루어졌다.

① 화약의 양을 정확히 재 포신에 장약한 뒤 아래로 다져 넣는다.

② 그 위를 덮개나 마개로 덮는다.

③ 포탄을 장전하고 대포의 위치를 발사대에 단단히 잡는다.

④ 화구에 화약을 붓는다.

⑤ 화구에 불을 갖다 댄다.

백년전쟁

●   영국군은 1337년에 시작된 백년전쟁에서 대포를 사용했다. 1453년에야 종결된 백년전쟁은 영국과 프랑스 사이에서 전투와 소강상태를 반복하며 지루하게 계속됐다. 흔히 열일곱 살 농촌 소녀 잔 다르크(Jeanne d'Arc)가 나타나 프랑스군을 이끌면서 프랑스가 중요한 승리를 거두었고, 이후 잔 다르크가 열아홉 살에 산 채로 화형을 당한 역사로 이 전쟁을 기억한다.

전쟁 초기에 대포가 사용된 예는 극소수였다. 당시 대포는 성능 면에서 공성기에도 미치지 못했다. 대포로는 성벽을 뚫을 수도 없을 뿐만 아니라 문제점도 많았다. 그러나 1453년 가스코뉴(Gascogne)의 카스티야(Castile)에서 마지막 전투가 벌어졌을 즈음에는 대포도 크게 발전해 상당히 효과적인 무기임을 입증했다. 이 전투에서 대포는 모두 300대가 사용됐다.

바실리카와
콘스탄티노플 함락

● 　　　　　대포는 이 시기 가장 중요한 전투 중 한 곳에서도 결정적인 역할을 했다. 오랜 세월 동안 오스만 튀르크와 비잔틴 제국 사이에는 긴장이 흐르고 있었다. 그러던 중, 1451년에 술탄 메흐메드 2세(Mehmed II)가 오스만 튀르크의 권좌에 올랐다. 많은 사람들이 어린 술탄을 보며 크게 힘을 쓰지 못할 것이라고 경시했지만, 술탄은 그 생각이 틀렸다는 것을 곧 똑똑히 보여주었다. 권좌에 오른 지 2년 만에 메흐메드 2세는 대규모 병력을 갖추고 콘스탄티노플에 있는 기독교인들의 요새를 공격하기 위해 준비했다. 콘스탄티노플은 총 24킬로미터에 달하는 거대한 성벽이 보호하고 있어 난공불락이라 여겨지고 있었다.[8]

그러나 메흐메드 2세는 단호했다. 그의 명령에 따라 가장 큰 대포가 제작됐다. '바실리카'(Basilica)라 불린 이 대포는 우르반(Urban)이라

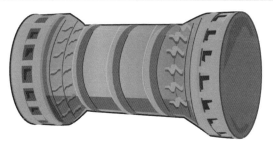

바실리카 대포의 포신

는 헝가리 공학자가 설계했다. 우르반에 대해서는 알려진 사실이 거의 없지만, 대포에 관한 한 상당히 많이 알던 사람이었던 것은 분명하다. 애초에 우르반은 콘스탄티노플의 콘스탄티누스 11세(Constantine XI) 곁에서 일하고자 했으나 황제는 그를 거절했다(우르반이 대우를 너무 비싸게 요구했다고 전한다). 이에 우르반은 메흐메드 2세에게 발길을 돌렸고, 오스만 튀르크에서는 그의 제안을 받아들였다.

바실리카 대포는 길이가 8미터에 이르러 당시 어떤 대포보다도 길었고, 270킬로그램짜리 돌을 1.6킬로미터까지 날려 보낼 수 있었다고 한다. 그러나 이 대포는 너무나 커서 한 번 발사를 하고 나서 다시 장전을 하는 데에만 세 시간씩이나 걸렸다. 분명한 것은 이 대포가 성벽을 부술 정도로 화력이 센 최초의 대포 가운데 하나라는 것이었다. 더구나 오스만 튀르크 제국이 가진 대포는 바실리카만이 아니었다. 콘스탄티노플 밖에는 대열을 정비한 대포 68대가 성벽을 조준하고 있었다. 이 대포들은 대부분 바실리카보다는 현격히 작았지만 수가 많다 보니 충분히 타격을 줄 수 있었다.

50일 동안 튀르크 군대는 콘스탄티노플을 향해 포사격을 퍼부었다. 수없이 날아오는 포탄 앞에서 철옹성 같던 성벽도 서서히 무너지기 시작했다. 대포 공격은 효과가 있었지만, 성 안에 있던 병사들이 성벽에 손상이 생길 때마다 재빨리 복구했다.

성 안에는 수비군이 7,000명 있었던 반면, 밖에 진을 치고 성벽이 무너지기만 기다리며 안으로 밀고 들어올 준비를 한 메흐메드 2세의 군사들은 10만~15만 명에 달했다. 그러므로 승운은 메흐메드 2

세 쪽으로 크게 기울어 있었다. 그러나 메흐메드 2세 앞에는 성벽이 가로막혀 있었다. 50일 동안이나 포사격을 멈추지 않던 메흐메드 2세는 이제 조급해지기 시작했다. 이미 충분히 타격을 입혔다고 판단한 메흐메드 2세는 선발대를 보내 가장 약해진 성벽의 일부를 부수고 들어갈 수 있는지 시험해보았다. 그러나 기독교인들은 맹렬히 맞서 싸웠고, 메흐메드 2세가 보낸 선발대 대부분은 전사했다.

아직도 뜻을 굽히지 않은 메흐메드 2세는 훨씬 더 조직적으로 공격력을 갖춘 두 번째 선발대를 보냈다. 이들은 성 안으로 진입하는 데는 성공했지만, 기독교인들은 이미 이러한 공격에 대비하고 있었다. 치열한 공방 끝에 살아남은 메흐메드 2세의 병사들은 다시 퇴각해야 했다.

드디어 5월 29일, 메흐메드 2세는 총공격을 명령했다. 부대 중에는 그가 가장 아끼는, 고도로 훈련받은 특수 부대도 있었다. 이 특수 부대 병사들은 공격에 나서면 할 수 있는 모든 것을 동원해 전투에 임했다. 그러나 이번에도 적에게 제압당할 듯이 보였다. 그런데 이때 뜻밖에 행운이 찾아왔다. 누군가가 성문 중 하나가 잠기지 않았다는 걸 간파한 것이었다. 병사 일부가 그 문으로 진입하는 데 성공했고, 이들이 연이어 다른 성문을 열었다. 메흐메드 2세의 병사들이 물밀 듯이 성 안으로 들이닥쳤다. 메흐메드 2세가 항구에 정박시켜 둔 배 안에도 병사들이 상당수 대기하고 있었다. 성내 진입에 성공했다는 소식을 들은 이 병사들도 공격에 합류했고, 전투는 곧 끝이 났다. 50일간 길고 고된 포위 공격 끝에 콘스탄티노플이 함락된 것이다. 메흐메드 2세는 이 도시를 이슬람에 바치고 이스탄불이라 개명했다. 그 뒤 몇 년에 걸쳐 그는 이스탄불에 사원과 모스크, 그리고 제단을 건설했다.

영국-스코틀랜드 전쟁에 등장한 대포

●   영국은 1327년에 스코틀랜드와 전쟁을 하면서 처음 대포를 썼고, 백년전쟁 때도 대포를 사용했다. 스코틀랜드는 1341년에 성을 방어하기 위해 처음 대포를 썼다. 스코틀랜드의 제임스 2세(James II)는 대포에 특히 관심이 많았다. 그는 1460년 록스버러(Roxburgh) 성을 공격할 때 대포를 활용했다. 록스버러 성은 영국이 점령하고 있던 마지막 성이었는데, 제임스 2세는 이 성을 탈환하려는 뜻이 확고했다.

공격에 나선 그는 '사자'(Lion)라는 별명을 단 대형 대포를 썼다. 그러나 제임스 2세는 이 대포 옆에 서 있다가 폭발로 사망하고 말았다. 그럼에도 불구하고 스코틀랜드는 포위 공격을 계속했고, 며칠 만에 영국을 물리치고 성을 되찾았다.

몽 메그(Mons Meg)는 스코틀랜드의 대포 중 가장 유명한 것이었다. 1457년에 제임스 2세에게 선물로 상납된 이 대포는 지금도 에든버러(Edinburgh) 성 안에 전시돼 있다. 길이 4미터, 포신의 내경이 60센티미터에 달하는 이 대포는 무게가 180킬로그램이나 되는 포탄을 발사했다. 한동안 이 대포는 세계에서 가장 큰 대포로 꼽혔다.

프랑스의 신무기 개발

● 　　　　　　　1415년 아쟁쿠르에서 영국에 패한 후로 프랑스는 영국군의 장궁에 대항할 방어 무기를 개발해야 했다. 샤를 7세 (Charles VII)는 왕위에 오른 직후 새로운 무기 개발에 착수하기로 마음먹었다. 샤를 7세는 프랑스 영토에서 영국을 몰아내겠다고 맹세했으나 여기에는 새로운 접근법이 필요하다는 것을 알고 있었다. 국왕은 전국에서 공학자와 물리학자를 중심으로 뛰어난 석학들을 불러들여 연구를 하게 했다. 대포는 분명 뛰어난 효과를 약속하는 무기였으나 문제도 많이 안고 있었다. 당시 대포는 크고 무거운 데다 이동하기가 어려웠다. 또한 대포의 성능을 개선하기 위해서는 무조건 더 크게 만드는 것 밖에 다른 방법이 없는 것처럼 보였다. 그러나 큰 대포라도 성벽을 무너뜨리는 데에는 그다지 효과적이지도 않았다. 샤를 7세는 연구진에게 이 문제를 해결하도록 명령했다.

당시 최고로 꼽히던 대포는 청동으로 제작한 것이었지만 비용이 매우 많이 들었다. 연구진은 주물과 여러 가지 철로 실험을 계속했다. 이들은 곧 폭발하는 가스의 팽창을 확실히 제어하기 위해서는 포신을 길게 해야 한다는 것을 깨달았다. 또한 대포의 구경보다 포탄의 지름을 약간 짧게 해 포구에 딱 맞는 한편, 안선을 위해 폭발 가스가 조금 새어나갈 정도로 여유를 두도록 포탄을 개선했다. 또한 포신의 굵기도 기단에서 포구로 올라가면서 살짝 가늘어지도록 설계했다.

반동 문제는 오래전부터 포병들을 괴롭혔지만, 아무도 이 문제를 해결할 방법을 찾지 못하고 있었다. 처음에는 포병들이 대포를 묶어서 고정시켜보기도 했으나 반동의 충격이 너무 커 어떤 족쇄도 부러지고 말았다. 물론 이 반동은 뉴턴의 제3법칙으로 설명할 수 있었지만, 당시 포병들이 뉴턴의 운동 법칙 같은 것을 알 리 없었다. 이들은 결국 바퀴가 최적의 해법이라는 것을 알아냈다. 반동으로 바퀴 달린 대포가 뒤로 밀려가게 두었다가 다시 앞으로 끌고 와 다음 포탄을 장전하면 되는 것이었다.

바퀴는 또 다른 문제도 해결해주었다. 바로 기동성이었다. 대포는 무게가 어마어마하기 때문에 이동시키기가 쉽지 않았다. 그러나 바퀴가 바로 이 문제를 해결해주었다. 한편, 대포는 성벽에 어느 정도 손상을 줄 수는 있었지만 완벽하게 효과적이지는 못했다. 어마어마하게 무거운 초대형 대포 정도라야 상당한 충격을 주는 정도였다. 운동량과 충격량이라는 물리학의 법칙들을 자세히는 몰랐지만, 샤를의 연구진은 결국 발사체의 무게가 중요한 게 아니라는 것을 깨닫게 됐다. 발사체가 성벽을 타격할 때의 속도가 결정적이었다. 속도가 빠를수록 효과도 좋았다. 그래서 이들은 더 효율적인 대포를 만들기 위해 화약을 가지고 실험했고, 드디어 과립형 화약이 더 효과적이라는 사실도 알아냈다.

마지막 남은 것은 투사체의 궤도 문제였다. 처음에는 포탄이 허공으로 치솟아 올랐다가 수직으로 낙하한다고 믿었다. 이 문제에 대해서는 어느 정도 직관이 있었으나 오랫동안 해결되지 않고 있었다. 또한 대포의 발사각도 매우 중요했다. 발사각은 포탄의 낙하지점을 결정하는 요소였다. 발사각이 다르면 사정거리가 달라졌다. 따라서 이들은 포이(砲耳; trunnion)를 고안했다. 로프, 쐐기, 그리고 여러 형태의 나사를 이용한 포이는 대포의 발사 각도를 조정하게 해주었다. 드디어 준비를 갖춘 샤를 7세는 영국인을 영토에서 몰아냈다.

샤를 8세와
나폴리에서의 승리

●　　　　　샤를 8세는 샤를 7세가 이루어놓은 여러 업적 위에서 출발했다. 1400년대 말, 샤를 8세는 대규모 병력을 소집해 이탈리아의 몇몇 도시를 공격하기로 결정했다. 1494년, 밀라노 공작과 여러 인사들이 샤를 8세에게 나폴리를 공격하도록 부추겼다. 샤를 8세는 군사 2만 5,000명을 이끌고 나폴리로 향했고, 1495년 2월에 나폴리 외곽에 당도했다. 샤를 8세와 나폴리 사이에는 몽 생 조반니(Monte San Giovanni) 요새가 가로놓여 있었다. 샤를 8세가 이 요새를 돌파할 수 있으리라고 본 사람은 아무도 없었다. 높이가 엄청난 데다 두께도 수십 센티미터나 됐다. 수백 년 동안 수없이 공격을 받았지만, 단 한 번도 침략을 허락하지 않은 요새였다.[9]

　샤를 8세는 새 대포를 성벽에서 90미터 거리에 세우고 45킬로그램짜리 포탄을 쏘아댔다. 방어하는 군사들은 그 작은 포탄으로는 몽

생 조반니의 성벽에 흠집도 내지 못할 것이라고 의기양양했다. 그러나 샤를 8세는 훨씬 지능적이었다. 자그마치 8시간 동안 포탄이 쉼 없이 성벽을 두들겨댔고, 결국 성벽은 무너졌다. 그로부터 몇 시간 만에 전투는 끝났고, 샤를 8세는 병사를 단 한 명도 잃지 않았다. 그렇게 해서 그는 나폴리로 무혈입성 하는 데 성공했다. 샤를 8세는 스스로 나폴리의 왕위에 즉위했다.[10]

나폴리 함락 소식은 순식간에 이탈리아 전체에 퍼졌고 이탈리아 반도는 큰 충격에 빠졌다. 여러 도시 국가의 지도자들은 서둘러 행동에 나서야 했다. 이들에게는 새로운 무기에 맞설 방어 대책이 필요했다. 성벽 뒤에 흙을 쌓으면 포탄이 쏟아져도 효과가 적고 손상도 적다는 사실이 곧 알려졌다.

그때부터 수년 동안 과학은 결정적인 요소가 됐고, 특히 물리학과 화학이 대두됐다. 그러나 현실적으로 전쟁을 제외하면 과학 자체는 그다지 주목받지 못했다. 천문학과 연금술이 여전히 사회에 깊숙이 뿌리박고 있었다. 국왕들은 점성술사와 연금술사를 궁정에 상주시켰지만, 과학자들은 그런 대접을 받지 못했다. 여전히 신비주의가 세상을 지배하고 있었다.

6

시대를 앞선 세 사람
다빈치·타르탈리아
·갈릴레오

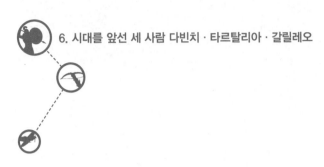

6. 시대를 앞선 세 사람 다빈치 · 타르탈리아 · 갈릴레오

　암흑시대는 1500년대까지 이어졌다. 그러나 1400년대 말엽에 이르자 군사기술뿐만 아니라 자연을 이해하는 데도 중요한 발전이 이루어졌다. 1452년부터 1519까지 산 레오나르도 다빈치(Leonardo da Vinci)는 자연의 기본적인 수수께끼들을 최초로 풀어낸 사람 가운데 하나다. 그러나 다빈치도 당대 과학에 지대한 영향을 미치지는 못했다. 그의 독창적인 발명품 대부분은 실제로 제작되지 못했고, 그가 남긴 기록과 도면 들도 살아생전에 출판되지 못했기 때문이다. 그럼에도 불구하고 지금은 역사상 가장 뛰어난 천재 가운데 하나로 간주되며, 다빈치의 아이디어 대부분이 그 시대보다 수십 년, 심지어 수백 년이나 앞선 것만은 부인할 수 없다. 오늘날 사람들은 다빈치를 화가로 알고 있다. 대표작 〈모나리자〉(Mona Lisa)와 〈최후의 만찬〉

(The Last Supper)을 모르는 사람이 거의 없을 정도다. 그러나 그는 뛰어난 기술자이자 발명가였고, 자연에 대해 믿을 수 없을 만큼 호기심을 보인 과학자였으며 비범하고 독창적인 상상력을 지닌 사람이었다. 실제로 그가 연구한 분야는 물리학, 천문학, 수학, 광학, 유체역학, 화학, 해부학 등 방대하기 이를 데 없었다.

다빈치는 이탈리아 플로렌스 지방의 작은 마을 빈치에서 부유한 공증인과 농부의 딸 사이에 사생아로 태어났다. 다섯 살까지 어머니와 살다가 아버지의 집으로 들어가 할아버지, 숙부와 함께 살았다. 아버지가 그의 지적 영역에 크게 영향을 준 것은 아니지만, 숙부와 할아버지의 영향은 지대했다. 다빈치의 숙부는 조카에게 자연과 과학에 대한 호기심을 가르쳤고, 할아버지는 자기 삶과 일상의 사건들을 일기로 기록했다. 다빈치는 할아버지로부터 이러한 습관을 물려받았고, 생각과 아이디어 등을 평생토록 일기에 꼼꼼히 기록했다.[1]

1466년, 열네 살 나이에 다빈치는 화가 베로키오(Verrocchio)의 도제로 들어갔다. 베로키오는 당시 이탈리아에서 가장 유명한 화가 가운데 한 사람이었다. 베로키오의 도제로 지내는 동안 다빈치는 많은 것을 배웠다. 1478년, 스물여섯 살이 된 다빈치는 베로키오의 화실을 떠났으나 아버지의 집으로 돌아가지 않고 홀로 삶을 꾸리기 시작했다. 이제 의젓하게 화가 조합으로부터 대가(master) 자격을 얻었지만, 화가로서 일하기는 쉽지 않았다. 다행히 그에게는 다른 재능이 있었다. 여러 해 동안 그는 일기에 새로운 부기를 스케치했다. 군사용 공학자가 필요한 시절이었으므로 그는 밀라노로 가 루도비코 스

포르차(Ludovico Sforza) 공작에게 일자리를 청했다. 그러나 스포르차 공작은 다빈치의 미래주의적이고 다소 몽상적인 스케치를 탐탁지 않게 여기고 거절했다. 다빈치는 1482년부터 1499년까지 밀라노에 머물면서 여러 가지 일을 했다. 이 시기에 그는 과학·공학 장치에 대한 연구를 계속했다.

1502년, 다빈치는 체사레 보르자(Cesare Borgia)의 밑에서 군 공학자로 일하게 됐다. 보르자는 다빈치에게 자기의 요새 주변 지도를 자세히 그리라고 명령했다. 당시에는 지도가 새로운 물건이어서, 지도라면 어떤 종류든 매우 귀했다. 다빈치는 열정적으로 이 일에 매달렸다. 직접 걷고 또 걸어 다니면서 지도를 그려나갔다. 그 지도를 본 보르자는 단숨에 다빈치를 수석 군사 공학자로 승진시킬 만큼 그의 지도에 감동했다.

　이 무렵, 다빈치에게는 제자와 도제, 추종자가 많이 따르고 있었다. 1506년에 다빈치는 이들 대부분을 이끌고 밀라노로 돌아갔다. 훗날 그는 로마의 바티칸으로 옮겨갔다.

다빈치와 물리학

●　　　　　　　　다빈치는 많은 것들을 매우 자세하게 기록했다. 그는 관찰과 탐구라는 접근법으로 자연과 과학을 연구했지만 언제나 상상이 큰 역할을 했다. 다빈치는 다양한 조건에서 물의 흐름을 연구하는 데 시간을 많이 보냈다. 다양한 장애물이 있을 때 어떻게 흘러가는지, 속도와 움직임은 어떻게 변하는지 기록했다. 특히 급류와 급류에 의해 생기는 움직임에 관심을 가졌다. 그러고는 알아낸 것으로부터 물의 힘을 이용하는 장치를 여러 가지 고안했다.

　다빈치는 또한 물체의 주변을 흐르는 공기에도 관심을 가졌으며, 공기의 흐름을 측정하는 풍속계도 발명했다. 비행은 평생토록 그를 매혹한 과제였다. 다빈치는 새가 날아가는 모습을 관찰하고 연구하는 데 수백 시간을 보냈다. 새는 어떻게 하늘에 떠 있을 수 있을까? 새는 어떻게 비상하며 어떻게 그토록 아름답게 방향을 바꾸는 걸까? 그는 그 비밀을 알아내고야 말겠다고 굳게 다짐했다.

　비록 갈릴레오나 뉴턴처럼 실험을 많이 하시는 않았지만, 다빈치는 관찰과 연구를 통해 많은 것을 알아냈다. 또한 당시 다른 학자들과 달리 그는 정식 교육을 거의 받지 않았고 대학에도 다니지 않았다. 기본적으로 그는 독학으로 연구했다. 그러다가 나중에는 수학자 루카 파치올리(Luca Pacioli) 밑에서 수학을 공부했다. 초기에 다빈치의 과학적 연구 주제 대부분은 예술과 회화에 대한 관심과 맞물려 있었다. 그는 빛의 성질에 대해서도 매우 자세히 연구했다. 또한 회화와 조각을 위해 근육 구조와 해부학도 자세하게 알아야 했다.

비록 실험을 하지는 않았지만, 다빈치는 관찰한 것들을 자세히 기록해나갔다. 그의 관찰은 정교한 묘사와 도면까지 곁들인 기록 1만 3,000장으로 남았다. 특히 군사용 발명품 설계도도 많이 남아 있다.

이러한 것들이 도용당하거나 악의를 가진 사람에게 넘어갈까 우려한 다빈치는 거울에 비친 반전 이미지로 일기를 썼다. 그래서 그의 일기는 거울에 비춰보아야만 똑바로 읽을 수 있었다. 결정적인 정보를 누락시키거나 다이어그램을 살짝 바꾸어놓은 경우도 많았다. 다빈치가 생전에 출판한 것은 극소수에 불과했다. 그러나 그가 남긴 기록들은 대부분 금방이라도 출판을 할 것처럼 부족함이 없는 형태였다.

그렇다면, 다빈치는 물리학을 얼마나 깊이 이해하고 있었을까? 당시는 기본적인 물리학 법칙들이 대부분 아직 완전히 알려지지 않은 때였다. 기본적인 법칙들은 훗날 갈릴레오, 뉴턴 등이 정리했지만, 다빈치가 물리학의 여러 법칙을 직관적으로 이해하고 있었다는 것만은 분명하다. 다빈치는 힘, 질량, 관성에 대해 확실히 이해하고 있었으며, 가속운동과 등속운동의 차이도 알고 있었다. 또한 그가 고안한 많은 장치들이 바퀴, 핸드 크랭크, 원형 디스크 등을 이용한 것이

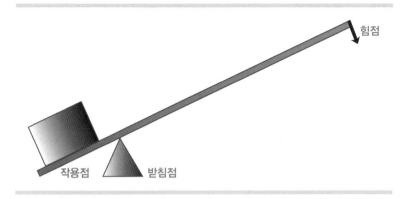

었으므로 각속도와 각운동에 대해서도 이해하고 있었다는 걸 알 수 있다.

특히 지렛대, 바퀴와 축, 톱니바퀴, 다양한 나사, 도르래, 빗면 등을 이용한 기계를 수없이 만들었다. 물리학에서 기계란 '일을 더 쉽게 하게 해주는 장치'로 정의한다. 기본적으로 기계는 힘을 한 점에서 그것이 필요한 다른 점으로 옮겨주는 것이다. 가장 간단한 기계가 바로 지레(받침점이 있는 판)다. 그림을 보면, 받침점에서 가까운 쪽(작용점)에 무거운 물건을 올려놓고 먼 쪽(힘점)에서 힘을 가하면 상대적으로 적은 힘으로 무거운 것을 들어 올릴 수 있다는 것을 쉽게 이해하게 된다.

다빈치의 군사적 발명품

● 여러 도시국가 사이에는 전쟁이 빈번히 벌어

졌고, 언제 어디서든 상대편보다 우월한 무언가를 갖고 있을 필요가 있었다. 그뿐만 아니라 다른 나라에서 공격해올 가능성이 늘 존재했다. 따라서 여기저기서 군사 공학자와 발명가를 필요로 했다.

다빈치는 군사 공학자로 자주 고용됐기 때문에 그의 발명품 가운데 상당수는 전쟁을 위한 기계들이었다. 그 발명품들을 차례차례 살펴보기로 하자.[2]

■ 기갑전차

다빈치는 스포르차를 위해 일할 때 기갑전차(tank) 설계를 제안한 적이 있다. 일련의 기어로 작동되고 바퀴를 돌리는 크랭크로 추진력을 얻는, 외피가 거북이같이 생긴 기계였다. 이 기계를 움직이는 데에는 남자 여덟 명이 필요했다. 측면 사방으로 총이 튀어나와, 최전선에서 이 기계가 돌격한다면 파괴적인 효과를 거둘 수 있었다. 방탄으로 설계돼 안에 있는 사람은 밖에서 불을 놓아도 다치지 않았다. 그러나 다빈치의 설계도에는 오류가 약간 있는데, 그가 일부러 남겨둔 오류라는 데 의심의 여지가 없다.

■ 자동 기관총

다빈치의 기관총은 삼각형 판에 구식 총 열한 개를 장치한 형태다. 장치된 총 전체가 돌아가면서 발사되기 때문에, 첫 번째 판이 다 발사되면 총신이 식도록 두고 두 번째 판을 발사한다. 그다음 재장전한 첫 번째 판을 발사할 동안 두 번째 판이 쉬는 식이다. 총신 하나로 탄

다빈치의 기관총(여러 정의 총을 나란히 배열한다)

환을 고속 발사하는 현대 기관총과는 사뭇 다르다.

■ 하늘을 나는 기계

하늘을 날고 싶다는 다빈치의 이상은 결국 전쟁터에서 쓰이게 됐다. 하지만 이 꿈을 꾸던 당시 그는 이것이 무기로 쓰이리라고는 생각지 못했다. 앞에서도 언급했듯이, 다빈치는 평생토록 사람이 하늘을 날 수 있을지에 호기심을 갖고 매혹돼 있었다. 그래서 새를 연구하느라 많은 시간을 보냈다. 결국 다빈치는 사람을 새처럼 하늘로 비상하게 해줄 바람을 담은 장치를 발명했다. 이 기계의 주요 장치는 크랭크로 작동하는 두 날개였다. 모형을 제작해 다빈치가 실제로 시험했다는 증거도 있다.

■ 낙하산

다빈치는 공중을 날아다니는 것뿐만 아니라 아주 높은 곳에서 도약한 뒤 허공을 날아 안전하게 땅에 내리는 데에도 관심을 두었다. 오늘날 우리가 아는 것과 같은 수준으로 중력을 이해하지는 못했지만, 다빈치는 중력의 존재를 느끼고 있었다. 또한 공기역학에 대해서도 기본적으로 이해하고 있었다. 높은 곳에서 도약을 하면 두 가지 힘을 받는다는 것을 지금은 누구나 안다. 중력은 사람을 $9.8m/s^2$의 속도로 잡아당긴다. 또한 낙하체가 공기를 가르는 동안 그 낙하체를 떠받치는 공기의 힘도 있다. 그 결과 낙하체의 속도는 언뜻 생각하듯이 무한정 증가하지는 않는다. 공기에 의해 위로 작용하는 힘은 낙하 속도를 감소시켜, 결국에는 종단 속도(terminal velocity)에 이르게 된다. 종단 속도는 낙하체의 무게, 형태 그리고 공기압에 따라 달라진다. 스카이다이버(낙하산을 펼치지 않고 등에 지고 뛰어내리는 다이버)의 경우에 종단 속도는 대략 시속 193킬로미터 정도가 된다. 사람이 이 속도로 땅에 부딪친다면 몸은 남아나지 않을 것이다. 따라서 살아남기 위해서는 땅에 떨어지기 전에 낙하속도를 줄여줄 무언가가 필요하다. 바로 여기서 낙하산이 제 역할을 발휘하는 것이다.

다빈치는 직물을 씌운 피라미드형 틀을 도면으로 남겼는데, 오늘날의 낙하산과 형태가 유사하다. 시험 결과에 따르면, 만약 당시에 이 낙하산을 실제 제작했다면 어느 정도 제 역할을 했을 것으로 짐작된다.

■ 헬리콥터

하늘을 날고 싶다는 꿈과 밀접하게 관련된 발명품이 바로 간단한 헬리콥터였다. 다빈치는 우연히 손에 넣은 중국 장난감으로부터 착안했다. 그가 상상한 기계는 나사처럼 생긴 거대한 팔랑개비였다. 다빈치는 회전하는 날개가 상승하는 힘을 만들어낸다는 것을 알 만큼 공기역학 지식을 지니고 있었다. 또한 그 힘은 날개 아래 쌓여 결국은 거기서 생긴 공기압이 기계를 공중으로 부양시킨다는 것도 알고 있었다.

다빈치가 설계한 모형은 날개를 돌리기 위해 몇 사람이 필요했다. 그러나 안타깝게도 다빈치는 뉴턴의 운동 제3법칙(모든 힘 작용에는 크기는 같고 방향은 반대인 반작용이 따른다)에 대해서는 알지 못했기 때문에 그의 아이디어는 현실화되지 못했다. 그럼에도 불구하고 당시에는 매우 독창적인 아이디어였다.

■ 잠수복

항구나 커다란 강을 낀 도시에서 수해는 가장 큰 위협이었다. 해안에 나타난 적의 배는 대포로 공격을 해도 그다지 효과적이지 못했다. 다빈치는 적선을 파괴할 다른 아이디어를 떠올렸다. 그는 사람이 물속에서 활동하게 해주는 잠수복을 그렸다. 그의 발상에 따르면 잠수복을 입은 사람이 적의 배에 접근해 배 바닥에 구멍을 내 침몰시킬 수도 있었다. 잠수부는 숨을 쉬기 위해 호스를 가지고 다니고 이 호스는 공기를 품은 커다란 종과 연결됐다. 다빈치는 잠수부가 물속에서 앞을 볼 수 있도록 유리 고글을 갖춘 마스크까지 설계했다. 다빈치의 이러한 아이디어는 오늘날 일상적으로 쓰이는 것들이다.

■ 대형 석궁

석궁은 이미 오래전부터 사용됐고 이제 구식 소총과 대포가 그 자리를 대체하기 시작했지만, 석궁은 여전히 무시무시한 무기였다. 다빈치의 대형 석궁은 주로 적을 위협하고 공포를 안겨주려는 목적으로 설계된 듯하다. 폭 2.5미터인 이 석궁에는 바퀴가 여섯 개 있었다. 이 석궁은 화살보다 큰 돌이나 불붙인 포탄을 발사하기 위한 것으로 보인다. 크랭크로 시위를 당겨 발사체를 장전하는 방식이었다.

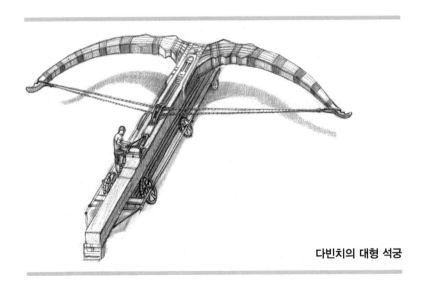

다빈치의 대형 석궁

■ 물과 유체역학을 이용한 발명품

물과 유체역학은 다빈치의 발명품에서 중요한 역할을 했다. 앞에 서도 언급했듯이 다빈치는 여러 해 동안 다양한 표면과 만나며 지나 가는 물의 움직임을 연구했다. 이 연구를 통해 그는 물의 힘을 이용 한 기계를 몇 가지 설계했다. 그가 발명한 몇몇 장치에는 외륜이 사 용됐다. 또한 군대가 강을 건너게끔 신속하게 가설할 수 있는 가벼운 가동교(可動橋)도 설계했다.

■ 볼 베어링

볼 베어링은 다빈치의 다른 발명품들에 비하면 덜 중요하게 여겨 질 수도 있다. 볼 베어링은 움직이는 표면 사이에서 부드럽게 돌아가 마찰을 줄여주는 구슬이다. 다빈치는 여러 발명품에서 그전까지 볼 수 없던 방법으로 볼 베어링을 이용했다. 오늘날에도 볼 베어링은 매 우 광범위하게 쓰인다. 예를 들어 구동축 같은 장치는 볼 베어링 없 이는 사용할 수 없을 것이다.

■ 최초의 자동차와 컴퓨터

다빈치는 프로그램이 가능한, 운전자 없이 움직이는 자동차를 설 계했다. 아마도 그는 이 장치를 장난감으로 고안했을 것이다. 본질적 으로는 소형 수레에 불과했지만, 초기의 시계에 사용된 것과 유사한 스프링으로부터 동력을 얻어, 스프링을 감아두면 혼자서 움직일 수 있었다. 특히 중요한 것은 서로 연계된 기어 여러 개를 이용해 일정한 경로를 움직인다는 것이다.

■ 볼록 렌즈 연삭기

다빈치가 망원경이나 현미경을 발명했다는 흔적은 없지만 볼록 렌즈를 만든 것은 확실하다. 볼록 렌즈를 만들 때 손으로 유리를 갈지는 않았다. 다빈치는 볼록 렌즈를 깎는 연삭기를 고안했으며 이 기계를 만들기 위해 자세한 설계도를 남겼다.

다빈치의 렌즈 연삭기에는 바퀴를 돌리는 손잡이가 있고, 이 바퀴는 축을 돌리는 기어를 작동시키고, 그 축은 다시 기어 달린 접시를 돌린다. 이 접시 위에 유리를 놓으면 볼록 렌즈로 깎이는 것이다.

■ 박격포와 대포

박격포와 대포의 커다란 문제점 중 하나는 날아가는 동안의 안정성이었다. 다빈치는 박격포탄에 날개를 붙이면 안정성이 개선된다는 것을 보여주었으며, 박격포와 관련된 여러 기술의 중대한 발전에도 이바지했다. 스포르차에게 쓴 편지에 '편리하고 쉽게 수송할 수 있는 박격포 설계안 몇 가지를 가지고 있습니다. …… 높이나 위치 때문에 포사격으로는 효과적으로 공격할 수 없는 곳에서도 어떤 요새든, 바위 위 성채라도 파괴할 수 있는 방법이 있습니다'라고 썼다.[3]

다빈치의 공책에는 작은 돌을 수없이 발사하면 목표물을 맞혔을 경우 연기가 상당히 짙게 난다는 기록이 있다. 또한 삼중 포신 대포와 증기 대포의 설계도도 있다.

■ 또 다른 발명품들

당시에 성벽을 넘기 위해 사용하던 조절 사다리는 매우 조잡했다. 다빈치는 높이를 조절할 수 있을 뿐만 아니라 매우 가벼운 사다리를 설계했다.

그가 남긴 설계도면 중에는 선체가 이중인 배도 있는데, 이중 선체는 배를 침몰로부터 상당히 보호해준다. 마지막으로 그가 남긴 발명 중 가장 놀랍고 혁신적인 구조물은 인간 로봇이다. 놀랍게도 그가 설계한 인간 로봇은 서거나 앉을 수 있고 머리를 움직일 수도 있었다. 팔을 올리거나 내리고, 입을 벌리거나 다물 수도 있었다. 도르래와 추, 기어를 이용해 제작된 이 인간 로봇은 스포르차의 여흥을 위해 만든 것이었다.

전쟁에 대한 다빈치의 생각

●　　　　　　사람을 살상하는 데 쓰이는 기관과 기계를 만드는 데 오랜 시간을 투자한 만큼, 다빈치가 전쟁을 우상화하거나 어쩌면 즐겼을지 모른다고 생각할 수도 있다. 그러나 사실은 반대였다. 다빈치는 어떤 이유든 살상을 저지르는 전쟁을 혐오했다. 사람을 죽이는 것뿐만 아니라 짐승을 죽이는 것도 싫어했다. 다빈치는 고기도 먹지 않았다. 평생 채식주의자였으며, 시장에 팔려가 곧 죽게 될 새들을 사 풀어주기도 했다. 자기가 하는 일을 혐오하고 죄책감을 느낀

다고 자주 말하곤 했지만, 안락한 삶을 위해서는 무기를 설계하는 것이 최선의 방법이었다.

자기가 설계한 무기들이 대부분 살아생전에 제작되지 못했다는 것을 다행스럽게 생각했다는 것은 의심의 여지가 없다. 다빈치가 발명한 기계와 설계도는 그가 세상을 떠난 뒤 165년이 지나서야 출판되었다.

니콜로 타르탈리아

● 대포는 계속 개량됐고 사정거리도 더 길어졌지만 심각한 문제는 여전히 남아 있었다. 바로 명중률이었다. 포탄이 대부분 적병의 머리 위로 떨어지거나 한참 못 미쳐 떨어졌다. 대포의 사정거리가 발사각에 따라 달라진다는 것은 당시 사람들도 알고 있었으나 이유는 정확히 알지 못했다. 이 문제를 부분적으로나마 해결한 사람이 바로 니콜로 타르탈리아(Niccolò Tartaglia)다.[4]

타르탈리아는 1499년에 이탈리아 북부의 작은 마을 브레시아(Brescia)에서 태어났다. 아버지는 우편배달부였는데, 타르탈리아가 겨우 여섯 살 때 살해당했다. 타르탈리아의 가족들은 극심한 가난에 시달렸다. 설상가상으로 타르탈리아가 열두 살 때 브레시아가 프랑스의 침입을 받았다. 강력한 프랑스 군대에게는 가소로웠겠지만, 브레시아의 군대는 7일이나 격렬하게 저항했다. 결국 브레시아 군대가 물러나자 프랑스군 지휘관은 그동안의 극렬한 저항에 분노한 나머지 복수로 마을의 모든 생존자들을 학살하라고 명령했다. 타르탈리아와 어머니, 누이는 동네 성당으로 숨어들었지만 결국 발각되고 말았다. 가여운 가족들을 찾아낸 프랑스군 병사는 타르탈리아의 얼굴과 턱을 검으로 그어 버렸다. 타르탈리아가 죽었다고 생각한 병사들은 성당을 떠났다. 프랑스 군대가 마을을 떠나자 타르탈리아의 어머니는 아들을 집으로 데리고 돌아가 지극정성으로 간병했다. 그러나 타르탈리아의 얼굴을 가로지른 끔찍한 흉터는 평생 사라지지 않았고, 평생 심한 말더듬이로 살아야 했다. '니콜로'라 불리던 그는 이때부터 '타르탈리아'라는 새 이름을 얻었다. 타르탈리아는 '말더듬이'라는 뜻이었다.[5]

타르탈리아도 어린 시절에는 교육을 받았지만, 거의 대부분 독학으로 깨우쳤다. 그는 수학을 매우 잘한다는 사실을 알고 몇 년 동안 수학 공부에 매진했다. 드디어 수학 교사가 될 수 있을 만큼 충분히 공부한 그는 베로나에서 교사 자리를 얻었지만 수입은 보잘 것 없었다. 1534년, 베니스로 옮긴 뒤에도 타르탈리아는 계속 수학을 가르쳤다. 나중에는 교수가 됐으며 수학적 재능과 지식으로 유명해졌다.

베네치아군의 포병 사관이 그를 찾아온 것도 이 즈음이었다. 포병 사관은 타르탈리아에게 대포의 정확성에 대해 조언을 구했다. 이야기를 들은 타르탈리아는 이 문제에 관심이 생겼다. 그가 가장 먼저 알아낸 것은 대포의 최대사정거리는 대포의 포신이 지면으로부터 45각도를 이룬 상태에서 발사할 때(공기 마찰을 무시할 경우)라는 것이었다. 이때 발사체는 어떤 궤적을 그리며 날아갈까? 대포의 포신을 떠난 뒤에는 무엇이 포탄을 움직이게 하는 걸까? 포병 사관은 이 질문에 대답하지 못했다. 이때는 타르탈리아가 아리스토텔레스 (Aristoteles)와 유클리드(Eucleides)의 초기 저서를 이탈리아어로 번역한 직후였기 때문에, 그는 발사체의 운동과 관련된 아리스토텔레스의 생각을 잘 알고 있었다. 아리스토텔레스에 따르면 이러한 유형의 운동은 모두 직선 운동을 하게 돼 있었다. 다시 말해 발사체는 직선으로 대포를 빠져나와 그 직선을 유지하며 날아가다가, 추진력이 떨어지는 순간 곧장 지면으로 추락한다는 것이었다.

타르탈리아는 포병 사관과 함께 여러 각도로 포탄을 발사해보는 시험발사 약속을 잡았다. 포병 사관은 이 문제가 대포 자체와 관련이 있거나 아니면 화약 문제일 것이라고 생각했다. 그러나 타르탈리아는 그것이 아니라는 것을 금방 파악했다. 문제는 훨씬 근본적인 것이었다. 사람들이 포병 사관처럼 생각하는 것은 포탄이 포신을 떠난 뒤 왜, 어떤 궤적을 그리는지 잘못 인식하고 있었기 때문이었다.

아리스토텔레스의 주장에 따라 타르탈리아는 운동을 두 가지 형태로 정의했다. '자연스러운 운동'과 '강제적인 운동'이었다. 자연스러운 운동은 높은 곳에서 떨어뜨린 돌처럼 자유낙하운동이었다. 아리스토텔레스는 균일하게 무거운 물건, 예를 들어 흙덩어리처럼 밀도가 높은 물질로 이루어지고 대체로 매끈한 원형이어서 공기 저항을 크게 받지 않는 물체는 자연스러운 운동을 한다고 기술했다. 그는 이러한 물체는 일정한 가속도를 갖고 땅을 향해 직선으로 떨어진다고 주장했다. 그러나 그 가속도의 크기는 확실히 알지 못했으며, 무엇이 그러한 가속도를 일으키는지도 알지 못했다.

반면에 발사체는 강제적인 운동을 한다고 주장했다. 당시 관점으로 보면 발사체는 포신을 떠나는 순간 가속됐다. 그러나 발사체의 속도가 너무 빨라 발사 순간을 정확히 볼 수 없으므로 아무도 사실인지 아닌지 확신할 수 없었다. 이러한 주장은 합리적으로 보였다. 하지만 타르탈리아는 이것이 사실이 아니라는 결론에 도달했다. 그는 발사체가 포신을 떠나는 순간부터 속도를 잃기 시작한다고 확신했다. 포신 안에서 가스 팽창으로 얻은 추진력이 더 이상 발사체에 영향을 주지 못하기 때문이었다.

타르탈리아가 애초에 갖고 있던 생각은 발사체가 세 단계를 거친다는 것이었다. 초기 단계는 포신의 방향으로부터 이어지는 직선이다. 그러나 어느 시점에 이르면 포탄은 '힘'을 잃기 시작하고 궤적이 곡선으로 변한다. 마지막으로 포탄이 '힘'을 모두 잃으면 땅을 향해 직선으로 떨어진다. 타르탈리아는 이런 생각을 1537년에 《신과학》(*New Science*)에 발표했다. 그러나 이 문제를 더 깊이 생각해본 결과 그는 자신의 생각이 틀렸다는 것을 깨달았고, 결국 발사체 비행의 초기 단계가 실제로는 살짝 굽은 곡선 궤적이라고 판단했다. 더 나아가 그는 이제 포탄이 허공으로 발사되는 순간 포탄에 어느 정도 힘이 작용했음을 확신하게 됐다. 그리고 이 힘이 소진되면 발사체의 강제적인 운동이 자연스러운 운동으로 바뀐다는 것이었다. 타르탈리아는 이 주제를 다룬 1546년의 두 번째 책을 수정했다. 그는 발사체의 궤적이 발사체의 속도와 발사체를 땅으로 끌어당기는 힘이 대결한 결과라고 주장했다. 또한 어떤 경우에는 물체 하나가 자연스러운 운동과 강제적인 운동을 동시에 할 수 있다고 보았다.

타르탈리아는 포병이 대포를 조준하는 데 도움을 주는 '포병 사분의'(gunner's quadrant)를 고안했다. 이 장치의 다리 하나를 포신에 집어넣고 무거운 추를 늘어뜨리면 포신의 앙각(仰角)을 읽을 수 있었다. 앙각을 읽은 뒤 타르탈리아가 만든 표와 대조하면, 여러 각도에서 사정거리가 어느 정도인지 알 수 있었다. 이 표는 아주 정확하지는 않았지만 오랫동안 쓰였다. 당시로서는 최선의 방법이었다. 그럼에도 불구하고 새로운 과학이 등장했고, 탄도학(彈道學; ballistics)이라 불리게 된 이 학문은 수년간 전쟁에서 점점 더 중요한 역할을 하게 됐다.

타르탈리아가 인간을 살상하는 데 기여했다는 것 때문에 매우 괴로워하고 후회했다는 점이 흥미롭다. 그는 어린 시절에 전쟁의 참상을 직접 겪었고 전쟁을 끔찍하게 여기고 있었다. 그는 신이 자기 연구를 어떻게 받아들일까 걱정했다. 너무나 괴로웠던 나머지 그는 탄도학과 관련된 모든 논문과 기록을 파괴하기로 결정했다.

그러나 얼마 안 가 프랑스가 오스만 튀르크와 연합을 맺고 함께 이탈리아를 침공했다. 조국이 다시 전쟁의 소용돌이에 빠질지도 모른다는 두려움에 마음이 약해진 타르탈리아는 이전의 연구 결과물을 모두 복원해 방어에 나서는 이탈리아군에 전달했다.

타르탈리아는 결정적인 공헌을 했지만, 여전히 수많은 의문이 풀리지 않은 채 남아 있었다. 그는 발사체를 땅으로 끌어당기는 '힘'이 무엇이며, 그 힘이 얼마나 강한지는 알지 못했다. 또한 오늘날 우리가 관성이라 부르는 것도 알지 못했다. 이 개념을 발견하고 이해하는 과제는 갈릴레오에게 넘어갔다.

갈릴레오 갈릴레이

타르탈리아는 발사체의 궤적을 이해하는 데 중요한 발전을 이루었지만 아직 해결되지 못한 문제들이 있었다. 중력과 함께 운동의 본질에 대해 더 자세히 이해해야 했다. 이 문제에 관해 처음으로 진정한 발전을 이룬 것은 갈릴레오 갈릴레이(Galileo Galilei)였다. 갈릴레이는 종종 '현대 물리학의 아버지'라 불린다. 그의 업적이 경이롭다는 점은 의심할 바 없다. 실제로 갈릴레이는 최초로 수백 년 동안 건재하던 아리스토텔레스 학설의 굴레에서 크게 벗어난 과학자였다. 갈릴레이도 모든 문제를 해결하지는 못했지만, 위대한 과학자 아이작 뉴턴에게 물려줄 무대는 훌륭하게 마련했다.

이탈리아의 피사(Pisa)에서 태어난 갈릴레이는 일곱 남매 가운데 맏이였다. 아버지는 음악가이자 작곡가였는데, 수학과 실험이 취미였다. 갈릴레이의 아버지도 물리학에서 중요한 업적을 남겼는데, 팽팽하게 잡아당긴 현(絃)의 음높이, 또는 진동수는 장력의 제곱에 비례한다는 사실을 발견한 것이다. 기존 권위에 냉소하는 갈릴레이의 태도는 아버지에게 물려받은 것 같다.[6]

갈릴레이의 아버지는 음악가나 수학자나 수입이 형편없기는 매한 가지라는 걸 잘 알고 있었다. 그래서 아들에게는 수입이 보장되는 의대 진학을 권했다. 아버지의 뜻대로 갈릴레이는 열일곱 살에 피사 대학에 입학해 의학을 공부했다. 그러나 그는 이내 지루해졌다. 수학 강의는 수학과 과학에 대한 흥미를 불러냈고, 결국 전공을 바꾸기로 결정했다. 아버지는 수학자의 수입이 음악가보다 나을 게 없다는 걸 알았기에 대단히 실망했지만, 결국은 아들의 뜻에 동의하고 말았다.[7]

갈릴레이는 1589년 피사 대학에서 강의를 시작했고, 1592년에 정식 교수로 임명됐다. 그 뒤 파두아 대학으로 옮긴 그는 1610년까지 파두아에 머물렀다.

■ 탄도학 문제

몇 년 만에 갈릴레이는 포병의 중요 관심사였던 발사체의 궤적 연구에 크게 기여했다. 그는 중력에 대한 관심으로부터 연구를 시작했다. 아리스토텔레스는 모든 물체가 땅을 향해 떨어지며, 물체의 무게에 따라 속도가 달라진다고 주장했다. 오랜 세월 동안 아리스토텔레스의 주장은 합리적으로 보였다. 아주 가벼운 깃털과 무거운 돌을 함께 떨어뜨리면 깃털이 나중에 떨어지는 것으로 알 수 있다. 그러나 갈릴레이는 냉소적이었다.

갈릴레이가 무게가 다른 공 여러 개를 피사의 탑 꼭대기에서 떨어뜨려 실험했다는 전설 같은 이야기가 있다. 공은 모두 동시에 땅바닥에 떨어졌다. 아리스토텔레스가 틀린 것이다. 갈릴레이가 진짜로 이 실험을 했다는 증거는 없지만, 흥미로운 이야기인 것만은 사실이다.[8]

갈릴레오는 여기서 더 나아갔다. 이제 그는 자유낙하한 공에 가속이 붙고, 따라서 위치가 달라지면서 속도도 달라진다는 것을 확신했다. 낙하 거리가 길면 길수록 속도가 커지는 것은 사실이었고, 갈릴레이는 그 가속도를 측정하고 싶었다. 그러나 낙하체의 속도가 너무 빨라서 직접적으로 실험을 하기는 어려웠다. 그래서 갈릴레이는 낙하체의 속도를 줄이는 방법을 택했다. 가장 좋은 방법은 경사면을 굴러 내려오는 물체를 이용하는 것이었다. 경사면에서도 중력은 작용하므로 굴러 내려오는 물체에도 가속이 붙게 마련이었다. 또한 갈릴레이는 경사면을 굴러 내려오는 공의 가속도는 공의 질량과 무관하다는 점에 주목했다. 다시 말해 공의 무게가 얼마든 상관없이 모두 동시에 바닥에 떨어졌다. 이 운동을 세부적으로 연구한 결과 갈릴레이는 중요한 결론을 몇 가지 얻었다.

그보다 앞서 갈릴레이는 진자 운동에서도 비슷한 현상을 발견했다. 교회에서 기다란 밧줄에 매달린 물건이 교회 내부의 공기의 흐름에 따라 흔들리는 것을 본 것이다. 당시에는 시계를 이용할 수 없었기 때문에 갈릴레이는 그 진자의 속도를 측정하는 데 자기 맥박을 이용했다. 그 결과, 움직인 거리(진폭)에 상관없이 한 번 왕복(진동)을 끝내는 시간이 똑같다는 것을 알아냈다. 여기서도 물체를 아래로 잡아당겨(기류에 따라) 물체를 진동하게 하는 것은 중력이었다. 갈릴레이가 중력가속도를 측정하는 것은 불가능했지만, 우리는 이제 그것이 $9.8m/s^2$이라는 것을 알고 있으며 지구상 모든 물체가 이 힘을 받고 있다는 것도 안다. 그러나 갈릴레이는 진자 주기의 제곱이 진자의 길이에 정비례한다는 것을 보여주었다.

중력과 관련된 발견을 계속해나가면서 갈릴레이는 발사체의 운동을 완전히 이해하기 위해 자세히 관찰하기 시작했다. 우선 갈릴레이는 공기의 저항이 없다고 가정했다. 발사체 주변 공기가 그 운동을 변화시킨다는 것을 알고 있었기 때문이다. 처음에는 공기의 저항을 무시하는 것이 가장 편했다. 둘째로, 갈릴레이는 발사체에 작용하는 힘을 생각했다. 대포의 포신으로부터 발사체를 밀어내는, 화약으로부터 팽창하는 기체가 첫 번째 힘이었다. 포탄이 포신 밖으로 발사되면 팽창하는 가스의 힘은 사라지고, 다른 힘이 작용하지 않는 한 발사체는 일정한 속도를 유지하게 된다. 이것을 기술하는 데 있어 갈릴레이는 오늘날 우리가 관성이라 부르는 새로운 개념을 상상하고 있었다. 운동하는 모든 물체에는 일정량의 관성이 있어서, 그 결과 외부의 다른 힘이 관성에 영향을 주지 않는 한 물체는 똑같은 속도로 운동을 계속하려고 한다. 포신을 떠난 뒤 발사체에 작용하는 외부의 힘은 중력이었고, 중력은 공중에서 잡고 있던 물체를 놓으면 그 물체가 자유낙하 하는 것과 똑같은 방법으로 발사체가 떨어지게 만든다. 이 경우 자유낙하 하는 물체와 차이가 있다면, 발사체는 수평 속도도 지닌다는 점이었다. 이 결과는 갈릴레이로 하여금 발사체의 운동을 더 잘 이해할 수 있게 해주었다. 관찰 결과, 갈릴레이는 다음의 결론에 도달했다.

- 떨어지는 물체는 등가속도를 갖는다(매질의 저항을 무시한다면).

- 운동 중인 물체는 외부의 힘이 작용하지 않는 한 그 운동을 유지한다.
- 가속도의 법칙: 정지 상태로부터 가속운동을 해 움직인 총 거리는 시간의 제곱에 비례한다.

갈릴레이의 이론이 이전까지 지배하던 이론을 가장 크게 반박한 부분은 발사체가 가속 중일 때만 힘이 존재한다는 주장이었다. 이 힘을 제거하면 물체는 더 이상 가속하지 않게 되고, 다른 힘이 작용하지 않는 한 등속운동을 계속한다는 것이었다. 이는 운동 중인 발사체는 일정한 힘의 작용 아래 놓인다, 즉 점점 소진되는 힘이 '저장'돼 있다는 아리스토텔레스의 주장에 대립하는 것이었다. 갈릴레이는 이 주장은 틀린 것이라고 지적했다.

갈릴레이는 이러한 조건에서 발사체가 그리는 가장 논리적인 궤적은 포물선이라고 판단했다. 포물선이 무엇일까? 포물선을 이해하려면 원뿔을 생각하면 된다. 다음 쪽의 그림처럼 바닥면과 평행으로 원뿔을 자르면 단면은 원이 되지만, 비스듬하게 바닥을 관통하도록 자르면 단면은 바로 포물선이 된다.

■ 군용 나침반

발사체의 운동을 연구한 결과, 갈릴레이는 '기하학적인 군용 나침반'을 고안했다. 이 장치는 포병을 위해 만든 타르탈리아의 장치에서 출발했지만 많은 부분을 개선한 것이었다. 이 장치는 포병들이 대

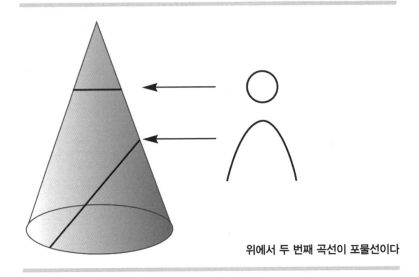

위에서 두 번째 곡선이 포물선이다

포를 더욱 정확하게 조준할 수 있도록 새롭고 안전한 방법으로 안내했다. 또한 눈금과 숫자가 있어서 포탄의 크기와 무게에 따라 화약을 얼마나 장약해야 하는지 알려주었다.

타르탈리아처럼 갈릴레오도 전쟁을 혐오했고 살상용 무기를 만드는 데 대한 죄책감을 가지고 있었지만, 그는 어쩔 수 없는 일이라고 받아들였다. 수학 교수의 수입은 형편없었지만, 무기를 개발하는 일은 수입이 좋았다. 갈릴레이는 포병의 나침반을 고안하기만 한 것이 아니라 직접 100여 개를 제작해서 팔았고 큰 수익을 남겼다. 또한 포병들에게 이 새로운 장치를 사용하는 방법을 가르치기도 했고, 책도 써서 판매했다. 흥미롭게도 갈릴레이가 만든 나침반은 나중에 약간 수정을 거쳐 측량에도 쓰였다.

■ 망원경

망원경은 전쟁에만 쓰이는 장치는 아니었지만 전장에서 더할 나위 없이 요긴하게 쓰였다. 최초의 망원경은 1604년, 네덜란드의 한스 리퍼르세이(Hans Lippershey)가 만들었다. 갈릴레이도 곧 그 소식을 들었고 그는 직접 망원경 제작에 들어갔다. 이미 렌즈 연마에 익숙했기 때문에 망원경도 금방 만들 수 있었다. 그는 1609년에 처음으로 망원경을 완성했는데, 이 망원경은 리퍼르세이의 망원경에서 크게 발전한 것이었다. 갈릴레이의 망원경은 배율이 3배였다. 얼마 뒤, 갈릴레이는 8배율인 강력한 망원경을 만들었고 이것을 1609년에 베니스의 입법가들에게 선물했다. 크게 놀란 이들은 이 장치가 공격, 특히 해안에서 벌어지는 공격에 크게 도움이 되리라는 것을 금방 깨달았다. 망원경으로 감시하면 적의 함대가 다가올 경우 육안으로 감시할 때보다 두 시간은 더 빨리 적선을 발견할 수 있었다. 망원경을 갖는다는 것은 큰 강점이었다. 망원경 추가 제작을 조건으로 갈릴레이는 연금을 받았다.

그러나 갈릴레이는 군사적인 목적에는 큰 관심이 없었다. 오히려 망원경이 보여주는 밤하늘에 더 호기심을 느꼈다. 그 후로 몇 년 동안 갈릴레이는 천문학에 혁신적인 변화를 가져왔다. 목성에 작은 달 네 개가 딸려 있다는 것을 발견했고, 금성은 가까이서 보면 우리 달처럼 모양이 변화한다는 것도 발견했다. 또한 토성은 이상한 고리를 두르고 있으며, 달 표면은 분화구로 덮여 있다는 것도 알아냈다. 심지어는 태양이 우리가 생각하는 것과 다르다는 것도 밝혀냈다. 태양은 당시 사람들이 상상하는 것처럼 순수하고 투명한 원반이 아니라, 지금 우리가 흑점이라고 부르는 어두운 점으로 덮여 있었다. 마지막으로 그는 은하수를 자세히 관찰해 별 수천 개, 어쩌면 수백만 개로 이루어져 있다는 것도 알아냈다. 매우 짧은 기간 동안 갈릴레이가 천문학에서 이뤄낸 발견들은 그 이전 수백 년 동안 이루어진 것보다 훨씬 의미가 컸다. 갈릴레이 이후에도 천문학에서 이렇게 집중적으로 많은 것이 발견된 적은 없었다.

갈릴레이는 망원경을 만드는 데서 끝나지 않았다. 그는 현미경도 제작했다. 현미경 역시 갈릴레이가 처음 만든 것은 아니지만, 당시로서는 그의 현미경이 가장 뛰어났다. 그는 곤충을 비롯해 아주 작은 물체를 관찰하는 데 현미경을 이용했다.

■ 또 다른 발명들

갈릴레이가 만든 장치는 망원경과 현미경만이 아니었다. 1593년, 그는 최초로 온도계를 제작했다. 이 온도계는 관에 물을 넣고 그 속에 든 공 속에서 공기가 팽창하거나 수축하는 현상을 이용한 것이었다. 갈릴레이는 이 온도계를 대중적으로 판매할 계획까지 세웠으나 성공을 거두지 못했다.

또한 갈릴레이는 소리와 관련해 진동수(또는 음높이)의 역할을 최초로 이해한 과학자였으며, 빛의 속도를 측정하고자 했지만 성공하지 못했다. 또한 금속이 물보다 얼마나 무거운지를 판별하는 장치도 발명했다.

갈릴레이는 당시를 지배하던 지구 중심 우주론에 반대한 것으로 가장 잘 알려져 있다. 그는 태양이 태양계의 중심이라 확신했고, 그 생각 때문에 교회에서 유죄 판결을 받았다.

7

초기 총에서
대량 파괴까지

THE PHYSICS
OF WAR

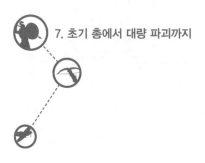

갈릴레이 사후 수십 년간은 전쟁이 끊이지 않았다. 1618년부터 1648년까지 이어진 30년 전쟁은 인명 손실 측면에서 세계 역사상 가장 큰 비용을 치른 전쟁이었다. 이 전쟁이 그토록 치명적이었던 것은 당시 새롭게 등장한 무기들 때문이었다.

총의 전쟁

●   대포를 처음 사용한 지 얼마 지나지 않아 사람들은 손으로 들고 다닐 정도로 작은 대포를 원하게 됐고, 곧 최초의 핸드 캐넌(hand cannon)이 등장했다. 핸드 캐넌이 등장한 것은 주로 강철 갑옷 문제에 따른 결과였다. 즉, 강철 갑옷은 알맞은 자리를

정확히 공격하지 않는 한 웬만한 장궁 공격도 막아냈고, 석궁의 강철 화살까지 효과적으로 막아냈다. 강철 갑옷을 뚫으려면 뭔가 새로운 것이 필요했다. 포탄이 적합하다고 여겨졌지만 대포는 너무 크고 다루기 어려웠다. 대포보다 작은 것이 필요했고, 그래서 나타난 것이 핸드 캐넌이었다. 핸드 캐넌이 처음 쓰인 것은 13세기, 중국에서였다. 그러나 중국의 핸드 캐넌은 정확성이 상당히 떨어졌고 사용하기 까다로웠다. 그럼에도 불구하고 핸드 캐넌의 탄환은 근접 사격을 할 경우 거의 대부분 갑옷을 관통했다.[1]

초기에 등장한 총의 총신은 길이가 1.2미터 정도였고, 연철이나 청동으로 제작됐다. 총신 끝에 나무로 만든 개머리판이 달려 있었다. 초기 총은 사용하기가 어려웠는데, 문제점 중 하나가 총 한 자루를 쏘기 위해 두 사람이 필요하다는 것이었다. 한 사람이 두 손으로 총신을 흔들리지 않게 잡고, 다른 한 사람은 불붙인 성냥을 화구에 대야 했기 때문이다. 사수가 총을 어딘가에 기대 조준해놓고 혼자서 점화까지 할 수도 있긴 했으나 이는 매우 어려운 일이었다. 최초의 핸드 캐넌들은 상당히 무거워서 9~11킬로그램이나 나갔다. 그러나 발사체를 90미터까지 날려 보낼 수 있었다.

이상한 것은, 이 핸드 캐넌의 명중률이 형편없었음에도 불구하고 발사할 때의 섬광과 굉음이 적군에게 심리적으로 강력한 영향을 미쳤다는 것이다. 특히 핸드 캐넌을 본 적 없는 적들은 혼비백산해서 달아나기 일쑤였다. 1520년대까지 핸드 캐넌은 유럽과 아시아 전역에서 광범위하게 사용됐다.

화약이 개선돼 과립형 화약이 등장하면서 권총(handgun)도 개선되기 시작했다. 핸드 캐넌 이후 가장 먼저 나온 것이 아르쿼버스(arquebus)였다. 'arquebus'는 네덜란드어로 '고리 달린 총'이라는 뜻이었다. 여기서 고리가 무엇을 의미했는지는 분명치 않다. 사람들은 고리 형태로 생긴 나무 개머리판이었을 것이라고 보고 있다. 그러나 나중에 등장한 총에는 불씨를 붙들어 두는 고리 장치가 있었다. 나중에 나온 총 중에도 아르쿼버스라고 불린 것들이 있었으므로 용어에 혼란이 있을 수 있다. 어쨌든 이 총은 1458년에 처음 사용됐으며 1490년 무렵까지 널리 쓰였다. 아르쿼버스 역시 재장전이 쉽지 않은 단거리 사격 무기였지만, 생김새는 초기 핸드 캐넌보다 현대적인 라이플에 훨씬 가까웠다. 이뿐만 아니라 화약이 발달하면서 화력이 훨씬 강력해졌다. 그러나 여전히 무거워서 균형을 잡기 위해서는 받침대가 필요했다.

아르쿼버스 다음 나온 것이 머스킷(musket)인데, 여기서도 용어에 문제가 발생한다. 훗날 휴대용 총은 대부분 머스킷으로 불렸고, 이 총을 쓰는 사수를 '머스키티어'(musketeer)라고 했기 때문이다. 머스킷은 총구로 장전하는 활강총(smooth bore: 총열 내부에 강선이 없는 총_역자 주)이었다. 초기 권총은 주로 가슴에 기대어 발사했는데, 얼마 지나지 않아 어깨에 기대 발사하는 방식으로 바뀌었다. 총기 제작자들은 개머리판을 곡선으로 만들어 총을 발사할 때 어깨로 전달되는 반동을 흡수하게 했다. 이렇게 개조함으로써 머스킷은 아르쿼버스에 비해 훨씬 뛰어난 무기가 됐다. 머스킷은 3분에 두 발을 쏠 수 있었기 때문이다.

시간이 흐르면서, 초기 머스켓은 화승식(matchlock)으로 발전했다. 화승식 머스켓의 주요 장점은 점화용 화약에 불을 붙이기 위해 불씨를 댈 필요가 없다는 것이었다. 화승 장치에 성냥이 붙어 있어서 방아쇠를 당기면 불이 붙었다. 나중에 이 성냥은 천천히 타들어가는 도화선, 정확히 말하자면 화약심지로 바뀌었다. 발화장치에는 점화용 화약을 담는 화약 접시도 있었다. 용수철로 고정된 레버가 화약심지를 잡아주는 금속 고리에 부착됐고, 손가락으로 레버를 누르면 성냥이 화약 접시에 닿았다. 화약 접시는 화구와 연결되고, 화구는 총신 안으로 불꽃을 보냈다. 화약 접시의 섬광이 화약을 점화하면 이 불꽃이 총신 내부의 기폭용 화약에 불을 붙였다. 이 레버는 곧 방아쇠로 대체됐다.[2]

화승식 머스켓은 한동안 군대의 주요 무기였지만, 장전과 발사가 쉽지 않다는 점에서 부담스런 무기였다. 이 총을 발사하려면 사수는 몇 가지 단계를 거쳐야 했다.

- 총신으로 화약(기폭제)을 넣은 다음 화약 마개로 막고 그 위에 총탄을 놓는다.
- 별도의 화약통으로부터 점화제를 채운다.
- 심지를 고정시킨 고리를 당겨 심지가 점화제에 닿게 해 불을 붙인다.
- 방아쇠를 당긴다.

이 모든 단계를 확실히 밟는다 하더라도 총탄이 발사되지 않는 경우가 허다했다. 비가 오거나 날씨가 궂으면 화약은 효율이 떨어졌다. 게다가 사수들은 화약을 다량 소지하고 다녔고 도화선에는 늘 불이 붙어 있었으므로 매우 위험했다. 사고가 예사였고, 실제로 사수의 손에서 총이 폭발하는 경우도 많았다. 그럼에도 불구하고 화승식 총은 오랫동안 쓰이면서 점점 개선됐다. 총신의 길이는 1.2미터에서 0.9미터로 짧아졌다. 받침대는 사라졌고 화약도 개선됐다.

1500년대 초반에 화승식 총에 중대한 발전이 이루어졌다. 그러나 화승식 총은 군사용으로는 거의 쓰이지 않았다. 가격이 너무 비쌌기 때문이다. 새로 등장한 총은 휠록(wheel lock)이라 불렸다. 매치록이라 부르는 화승식 총은 점화된 도화선이 가장 큰 골칫거리였다. 비가 오면 쓸모가 없었고 밤에는 적의 눈에 띄기 쉬웠다. 순간적으로 불꽃을 일으켜 화약 접시의 점화제에 불을 붙이는 기술이 필요했다. 이러한 체제를 처음 설계한 사람은 레오나르도 다빈치였다. 그러나 그는 발명품 대부분을 비밀리에 간직했기 때문에 이 시대에 군사적으로 도움이 됐는지는 알 수 없다. 다빈치의 발명품과 똑같은 설계도가 1507년 오스트리아에 있는 독일 서적에서 발견됐는데, 이 설계에 따라 1500년대 초에 독일에서 실제로 총기를 제작하는 데 성공했다.[3]

이 메커니즘은 요즘의 담배 라이터와 비슷하다. 간단히 설명하면, 홈이 파인 강철 바퀴가 돌아가면서 황철광과 부딪쳐 불꽃을 일으키는 것이다. 또 한 가지 중요한 발전은 화약 접시에 덮개를 달아 점화용 화약이 물에 젖지 않게 했다는 것이다. 발사를 준비하려면, 사수는 먼저 화약 접시를 밀어 뚜껑을 열고 점화용 화약을 넣은 다음 다시 밀어 뚜껑을 닫는다. 화약 접시 안에 강철 바퀴가 있고, 접시 위로 레버에 달린 황철광 조각이 들려 있다. 방아쇠를 당기면 강철 바퀴가 돌아가고, 화약 접시가 밀려나오면서 뚜껑이 열리면 황철광이 돌아가는 바퀴를 때려 강력한 불꽃을 일으킨다. 이 불꽃이 점화용 화약에 불을 붙이면 불이 화구로 연결돼 총신 안에 장약된 기폭용 화약을 폭발시킨다.[4]

독일 총기 제작자들은 휠록 건에 열광했지만, 이 메커니즘은 고가인 데다 예민했다. 일단 군용으로 대량 생산하기에는 비용이 너무 많이 들었다. 대신 귀족의 사냥총으로 인기가 많았고, 나중에 휠록 건의 메커니즘은 피스톨에도 사용됐다. 피스톨은 휴대와 발사가 간편해 기병들에게 인기가 높았다.

해전

● 권총은 유럽 전역에 빠른 속도로 전파됐으며, 장궁과 석궁은 곧 사라졌다. 머스켓은 가장 주된 무기였고, 머스켓의 효율성으로 말미암아 이미 전운이 감돌던 지역에 전쟁이 더 쉽게 시작되는 경향마저 있었다. 무서운 속도로 발전하는 무기 개발은 땅에서뿐만 아니라 바다에서도 마찬가지였다. 그러나 대체로 바다에서는 발전 속도가 땅에서보다 느렸고, 문제점도 훨씬 더 많이 안고 있었다. 갑판에 대형 대포를 탑재하는 데 따르는 문제도 매우 컸다. 대포

는 굉장히 무거웠기 때문에 너무 많이 탑재하면 배의 안정성이 크게 흔들릴 수 있었다.

그러나 가장 심각한 문제는 따로 있었다. 당시 항해는 주먹구구식이었다. 공해상에서는 특히 더 그랬다. 그렇기 때문에 선장들은 대부분 육지가 보이는 범위 안에서만 항해를 하려 했다. 그러나 그럴 수 없는 경우들이 생겼다. 공해 밖 해역으로 나가면 일확천금의 기회를 잡을 수 있다고 알려졌기 때문이다. 황금뿐만이 아니었다. 설탕, 차, 향료는 엄청난 수익을 가져다주었다. 그러나 바다에는 더 큰 위험도 도사리고 있었다. 바로 해적이었다. 작고 빠른 배를 가진 해적들은 갖가지 보물을 실은 대형 선박을 기다리다가 기습 공격을 하곤 했다.

영국, 스페인, 프랑스, 포르투갈이 당시 바다를 주름잡던 주요 세력이었고, 이 나라들은 저마다 강력한 해군을 양성하고자 했다. 아시아를 비롯한 여러 나라와 수지맞는 교역도 해야 했지만, 바다를 지킬 강력한 군대가 필요했기 때문이다. 바다에서 살아남기 위해서는 강한 해군이 필요하다는 것을 가장 먼저 깨달은 사람이 바로 포르투갈의 엔리케(Henrique) 왕자였다. 1394년, 포르투갈 국왕 후안 1세(John I)의 셋째 아들로 태어난 엔리케 왕자는 스물한 살에 지브롤터 해협에 있는 세우타(Ceuta)의 전초 기지를 점령했다.[5]

이러한 공훈에 감동한 부왕 후안 1세는 포르투갈 남서부의 사그레스에 해양연구소를 세우도록 허락했다. 종종 '항해왕 엔리케'라 불리던 엔리케 왕자는 포르투갈의 번영을 위해 강력한 해군이 필요하다고 생각했기 때문에 세계에서 가장 뛰어난 해군을 양성하기 위한 발판을 마련했다. 바다 너머 상상할 수도 없는 보물들을 찾아내는 데 해군은 결정적인 열쇠이기도 했다.

그 첫발자국으로 엔리케는 유럽 최고의 수학자, 천문학자, 지도 제작자를 수소문했다. 1418년, 그는 유럽 곳곳에서 발굴한 학자들을 해양연구소로 불러들였다. 그가 해양연구소를 설립한 데에는 몇 가지 목표가 있었다. 가장 중요한 것은 항해술을 발전시키는 것이었지만, 더 빠르고 더 튼튼한 배를 만드는 것도 그에 못지않게 중요했다. 기본적으로 그의 연구소는 연구와 개발을 위한 시설이었으며 세계에서 가장 훌륭한 도서관까지 갖추고 있었다.

엔리케는 곧 두 가지 목표를 확고히 설정했다. 아시아와 교역하기 위한 최적의 해상 경로를 찾아내는 것과 아프리카 서해안을 탐험하는 것이었다. 아프리카 대륙은 아직 미지의 세계였지만, 그곳에 수많은 보물이 감춰져 있다는 소문이 무성했다.

엔리케가 처음 시작한 일은 기존 유형과 다른 배를 설계하고 건조하는 것이었다. 새로운 선박은 당시에 바다를 오가던 배들보다 빠르고 조종이 쉬웠다. 이 배는 카라벨(Caravel)이라고 불렸다. 엔리케는 카라벨 선단을 보내 아프리카 서해안을 탐험했다. 특히 그는 최대한 남쪽까지 탐험해보고 싶어 했다(수많은 탐험대를 파견했지만, 그가 몸소 탐험에 나선 적은 한 번도 없었다). 그러나 여기에도 몇 가지 문제가 있었다. 선원들에게는 항해의 길잡이로 북극성이 필요했는데, 한편으로는 놀랍고 한편으로는 안타깝게도 수평선을 넘어 남쪽으로 계속 전진하다 보면 북극성이 하늘에서 사라져 버리는 것이었다. 게다가 남쪽 먼 바다에서는 괴물이 나타난다느니, 급류가 도사리고 있다느니, 돌풍이 끊이지 않는다느니 하는 소문이 무성했다. 그래서 선원들은 너무 멀리 나가지 않으려고 몸을 사렸다.

바다를 다니는 선원들은 나침반을 길잡이 삼아 가지고 다녔다. 당시에는 은이나 자석으로 만든 바늘이 자유롭게 돌아가도록 두면 중심을 잡고 멈추는 나침반이 있었는데, 이는 아주 오래전 중국에서 고안된 것이었다. 또한 항해도도 있었지만 정확하지 않았기 때문에 먼 바다에 대해서는 알려진 것이 거의 없었다.

공해에서 항해하기 위한 중대 발견의 기회가 엔리케에게 찾아왔지만, 아쉽게도 그는 이 기회를 걷어차 버렸다. 이탈리아의 지도 제작자이자 수학자인 토스카넬리(Toscanelli)는 당시에 알려진 세계를 그린 새 지도를 제작하고 있었다. 피렌체 출신인 토스카넬리는 1424년에 파두아 대학에서 수학을 공부했다. 젊은 시절에 그는 천문학에 관심이 높았고 혜성을 많이 관찰했지만, 나중에는 당시에 알려진 형태로서의 지구를 연구하는 우주구조론에 관심을 갖기에 이르렀다. 지구는 어떻게 생겼는가가 그 핵심이었다. 토스카넬리는 초기 그리스 지질학자들이 그린 지도에도 익숙했으며, 프톨레마이오스(Ptolemaeos)의 저술과 마르코 폴로(Marco Polo)의 《동방견문록》(Le Divisament dou Monde)도 알고 있었다. 이러한 자료들을 바탕으로 그는 유럽과 아시아를 나타낸 지도를 그렸다. 그는 유럽과 아시아 대륙이 지구 표면의 3분의 2를 차지한다고 굳게 믿었다. 지도 위에 일정한 크기로 격자선을 덮었는데, 육지뿐만 아니라 공해 역시 선으로 덮은 새로운 지도였다. 이렇게 만든 새 지도에 잔뜩 기대를 품고, 토스카넬리는 엔리케의 해양연구소로 찾아갔다. 엔리케의 학자들이라면 이 지도에 자기와 똑같이 흥분할 것이라고 생각했지만, 실망스럽게도 이들은 별다른 관심을 보이지 않았다.[6]

여기서 단념하지 않고 토스카넬리는 지도를 들고 스페인을 찾아갔다. 스페인에서는 그의 지도를 열광적으로 반겨주었다. 그때는 콜럼버스가 공해를 건너 그 유명한 1492년의 항해를 출발하기 직전이었다. 콜럼버스는 새로운 지도를 보고 크게 기뻐하며 항해에 가지고 가겠다고 약속했다.

영국의 헨리 8세

● 헨리 8세(Henry VIII)라는 이름을 들으면 사람들은 그가 겪었던 많은 왕비와의 스캔들을 떠올린다. 그러나 그가 당시 가장 강력한 해군을 양성했다는 사실을 아는 사람은 많지 않다. 헨리 8세는 영국 해군이 보유한 전함을 8척에서 46척으로 크게 증가시켰을 뿐만 아니라, 소형 함선도 13척 건조했다. 또한 해전의 물리학 발전에도 크게 기여했다.

헨리 8세가 과학에 관심을 가진 것은 아니지만, 영국 해군의 군사력을 증강시키겠다는 의지만큼은 단호했던 것이 분명하다. 부의 지름길이던 영국의 해상무역을 보호해야만 했기 때문이다. 황금, 은, 설탕, 향료, 차 등이 그를 유혹했다. 그러나 황금을 비롯해 보물을 가득 실은 배는 해적들에게 좋은 사냥감이었다. 게다가 스페인, 포르투갈, 프랑스 역시 수지맞는 무역 시장에 눈독을 들이고 있었다. 헨리 8세에게는 프랑스의 침략에 대비해야 한다는 목적도 있었다.[7]

그는 화물을 더 많이 싣기 위해 큰 배를 만들어야 했고, 또한 그 배는 무장할 필요가 있었다. 그러나 조선 기술자들은 갑판에 크고 무거운 대포를 실으면 배의 안정성에 문제가 생긴다고 우려를 나타냈다. 배의 무게중심이 커다란 걸림돌이었다. 무게중심은 기본적으로 배의 균형점이었다. 간단히 말해, 이 점을 중심으로 주변에 모든 방향의 무게가 같다는 뜻이었다. 2차원 물체의 무게중심은 한 방향(시계방향)으로의 회전력이 반대 방향(시계반대방향)으로의 회전력과 같아지는 점을 찾는 방식으로 쉽게 결정할 수 있었다. 그러나 3차원 물체에서는 다소 복잡했고 선박 역시 3차원 물체였다.

기본적으로 배가 물 위에서 최대한 안정적으로 떠 있으려면 무게중심이 물속에서 최대한 낮은 곳에 있어야 했다. 이 말은 곧 무게가 대부분 해수면 아래 있어야 한다는 뜻이었다. 그런데 무거운 대포를 갑판에 올려놓으면 무게중심이 위로 올라갈 수밖에 없었다. 그렇다면 유일한 해결 방법은 대포를 갑판 아래에 두는 수밖에 없었다. 하지만 어떻게 하면 좋을까? 헨리 8세와 기술자들은 배 안에 구멍을 내야 한다고 판단했다. 대포를 쏘지 않을 때는 방수 덮개로 그 구멍을 덮어야 했다. 이 구멍을 포문(砲門)이라고 부르게 됐다.

그러나 무게중심 이외에 대포의 반동도 문제가 됐다. 대포는 크고 무거운 데다, 대포를 여러 문 탑재하면 그 반동이 배의 전체적인 안정을 해칠 수 있었다. 헨리 8세는 대포에 바퀴를 달고 반동을 소화할 만큼 충분하게 여유 공간을 두기로 했다.

헨리 8세는 여러 해에 걸쳐 함선을 건조했지만, 그가 가장 좋아한 함선은 누이 메리 튜더(Mary Tudor)의 이름을 따 명명한 메리 로즈(Mary Rose)호였다. 이 배는 1509~11년에 건조됐다. 600톤 급 함선으로 헨리 8세 치하의 영국 해군에서 두 번째로 큰 배였으며 근접전을 위해 만든 배였다. 대형 청동대포 15문, 철로 만든 소형 포 24문, 대인 소총 52정이 탑재됐다. 이 함선은 총포를 발사하며 적진으로 돌진한 다음 우현, 또는 좌현이 적진을 향하게 해, 그쪽 측면에 탑재된 포를 모두 발사한 뒤에 배를 돌려 나머지 측면의 포를 발사하는 식으로 전투에 임했다.

1545년 7월, 메리 로즈 호는 접근해오는 프랑스 함대에 맞서 선두에서 싸웠다. 다른 함선보다 속도가 빠른 메리 로즈 호는 선수의 대포를 맹렬히 발사하면서 프랑스 함대와 맞서다가 방향을 돌려 측면의 포를 발사하려고 했다. 그러나 갑자기 돌풍이 불어 닥치는 바람에 하층 포문이 열리면서 바닷물이 밀려들었고, 승선한 수병들을 태운 채 순식간에 침몰하고 말았다. 이후 헨리 8세는 훨씬 더 큰 함선 그레이트 헨리(Great Henry) 호를 건조했다. 그러나 헨리 8세의 함선이 아무리 크고 강력해도 해결하지 못한 난제가 남아 있었다. 공해상에서 안전하게 항해하는 것이었다.

윌리엄 길버트

● 　　　　　선원들에게 나침반은 매우 중요한 항해 도구
였다. 일반적으로 나침반의 바늘은 북극성을 가리켰지만, 바다 위에
서는 나침반도 완전히 믿을 수 없었다. 때로는 바늘이 북극성을 직접
가리켰지만 또 어떤 때는 큰 폭으로 벗어났기 때문이다. 이렇게 편
차가 생기는 이유나 어긋나는 경우의 규칙성도 알 수가 없었다. 대체
무엇이 잘못된 것일까? 이 문제를 규명하는 과제는 런던의 유명 내
과의사 윌리엄 길버트(William Gilbert)에게 돌아갔다.

　길버트는 1544년에 태어나 케임브리지의 세인트존스 칼리지에서
교육을 받았다. 1569년에 의학 학위를 받았으며, 케임브리지를 떠나
영국에서 개업의로 일했다. 나침반 문제가 맡겨졌을 때 길버트는 자
기학이나 물리학에 대해 아는 것이 거의 없었다. 게다가 당시에는 자
기학, 또는 오늘날 '호박 효과'(amber effect: 호박을 문지르면 전하가 발
생함)라 불리는 정전기 현상에 대해서도 알려진 것이 거의 없었다. 당
시 자기학에 대해 알려진 것이라고는 마늘이 자기장에 영향을 미친
다는 민간 속설 정도였다. 길버트는 마늘과 자기장은 전혀 상관이 없
다는 것을 증명했다.[8]

　길버트가 실험과 연구를 시작할 당시, 천연 자석(자철광)과 호박 효
과의 기본적인 성질은 대략 알려져 있었고 나침반은 이미 오래전부
터 항해에 이용되고 있었다. 길버트는 호박의 '전기'장이 자기장과는
다르다는 것을 보여주었다. 호박의 전기 효과는 열을 가하면 사라지
지만 자기장은 사라지지 않는다는 것으로 이를 증명했다. 물론 지금

우리는 높은 열을 가하면 자기장이 변화한다는 것을 알고 있다.[9]

　길버트는 또한 베소리움(vesorium)도 발명했다. 베소리움은 자유롭게 떠 있는 금속 바늘과 둥근 자철석으로 이루어진 것인데, 이 바늘은 전기장이나 자기장에 반응해 움직인다는 점에서 오늘날의 검전기(작은 금속 '판' 두 장에 같은 전하가 걸리면 서로 밀어냄)와 비슷하다. 이러한 도구를 가지고 연구한 결과 길버트는 지구가 거대한 자석이라는 주장을 내놓았으며, 그 주장은 옳은 것이었다. 나침반에 영향을 주는 것은 바로 지구의 자기장이었다. 특히, 길버트는 지구의 극성이

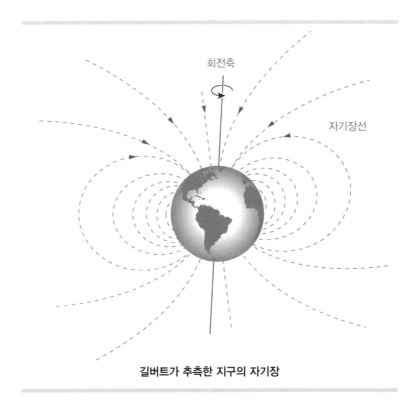

회전축

자기장선

길버트가 추측한 지구의 자기장

자철석으로 만든 자석의 극성과 유사하다는 것을 보여주었다. 당시 사람들은 북극성이 나침반의 바늘을 끌어당긴다고 믿었다. 길버트는 지구의 중심이 철로 돼 있다고 주장했다. 오늘날 우리는 이 주장이 옳다는 것을 안다. 길버트가 발견한 자기의 성질 가운데 또 하나 중요한 것은, 자석을 반으로 자르면 반도막 난 자석도 여전히 북극과 남극을 갖는다는 것이다. 다시 말해 반으로 잘린 자석은 새롭고 완전한 작은 자석이 되는 것이다.

또한 당시에는 별들이 지구 주위를 도는 고정된 천구상에 떠 있다고 믿었다. 길버트는 별이 아니라 지구가 돈다고도 했다. 더 나아가, 그는 별이 고정된 천구상에 있지도 않다고 믿었다. 사실 지구가 돈다는 주장이 옳은 것이었고, 선원들이 나침반 때문에 곤란을 겪는 이유도 확실하게 밝혀졌다. 길버트가 지적했듯이, 지구의 자축은 지구의 회전축과 일치하지 않았다. 사실 지구에는 진북과 자북이 있는데, 나침반은 언제나 자북을 가리키는 반면, 북극성은 진북과 대략 일치하는 선상에 있을 뿐이었다. 가장 큰 문제는 이 편차, 또는 진북과 자북 사이의 겉보기 거리가 지구상 각 지점마다 서로 다르다는 것이었다. 사람들은 선원들이 이 차이를 보정할 수 있는 표가 곧 나올 것이라고 기대했다. 몇몇 사람들이 이 문제에 뛰어들었으나, 초기 선원들은 이 표를 효과적으로 사용할 수 없었다. 그러나 적어도 나침반의 바늘이 왜 말썽을 부리는지 그 이유는 알게 됐다.

길버트는 연구 결과를 모아 1600년에 《자석》(De Magnete)이라는 책을 펴냈다. 오랫동안 이 책은 전기와 자기에 관한 기본서로 여겨졌다. 덕분에 길버트는 매우 유명해졌고, 왕립의과대학 학장으로 선출됐다. 1601년에는 엘리자베스 1세(Elizabeth I)의 주치의가 됐다. 전기, 전기력, 전기의 인력, 자극 등 우리가 오늘날 전기와 자기에서 사용하는 용어는 대부분 길버트로부터 비롯된 것이다. 이 때문에 길버트를 종종 전기와 자기의 아버지로 일컫기도 한다.

오늘날 우리는 호박을 모피로 문지르면 음전하라 부르는 것이 발생한다는 것도 안다. 마찬가지로 유리막대를 비단으로 문지르면 양전하가 축적된다는 것도 안다. 전기장 선은 양전하로부터 나와서 음전하를 향해 흐른다. 또한 두 전하 사이에는 힘이 존재한다. 같은 극성을 가진 두 전하 사이에는 척력이 작용하고, 극성이 다른 두 전하 사이에는 인력이 작용한다. 전하가 전기장으로 둘러싸인 것처럼, 자석은 자기장에 둘러싸여 있다. 장선은 북극에서 나와 남극을 향하는 것으로 추측됐다. 또한 같은 극끼리는 밀고 다른 극끼리는 잡아당긴다.

길버트의 발견이 있은 뒤 몇 년 동안에는 그의 발견이 무기에 이용된 경우가 거의 없었다. 그러나 그의 연구는 전류, 회로 등을 비롯해 전자기학의 이해에 기본이 됐다. 또한 현대의 거의 모든 장치들은 길버트의 연구에 빚을 지고 있다. 따라서 길버트의 발견은 결국 전쟁에도 크게 기여한 것이나 마찬가지였다.

경도 문제

●   길버트는 진북과 자북이라는 두 개의 북극이

존재한다는 것을 보여줄 무대를 마련했다. 오랫동안 과학자와 천문학자를 포함해 많은 사람들이 그 차이를 이용해 더 안전하게 항해할수 없을까 궁리했다. 영국의 천문학자 에드먼드 핼리(Edmund Halley)는 여러 번 배를 타고 바다로 나가 직접 두 북극 사이의 자기 편각(磁氣 偏角)을 연구했다. 핼리는 새로운 방법으로 지도를 제작하기도 했지만, 이 문제는 해결할 수 없는 문제로 보였다.

항해를 위해서는 위도와 경도에 대한 지식이 필요했다. 천문학자에라토스테네스는 일찍이 기원전 3년에 지표면상의 위치를 오늘날의 위도나 경도와 유사한 격자로 표시할 수 있다고 제안했다. 히파르쿠스(Hipparchus)는 기원전 2년에 에라토스테네스의 주장을 한 단계더 발전시켜, 그 격자선의 한 부분(경도)을 시간과 연관시켜야 한다는 주장까지 내놓았다.

위도는 경도에 비해 육지에서든 바다에서든 결정하기가 쉬웠다. 위도는 정오에 지평선 위에 떠 있는 태양의 고도를 측정한 뒤 대조표에 맞추어보면 알 수 있었다. 문제는 경도였다. 육지에서는 그나마구하기 쉬웠다. 그러나 바다 위에서는 알아내기가 쉽지 않았다. 시간계측이 필요하기 때문이었다. 당시 시계는 진자시계였는데, 육지에서는 진자시계가 잘 맞았지만, 흔들리는 배 위에서는 진자시계를 믿을 수가 없었다.[10]

이 문제 때문에 선장들은 종종 경도를 무시한 채 목적지의 위도만항해에 참고한 뒤, 나머지 길에서만 경도를 따라갔다. 이런 항해 방식 때문에 많은 배들이 난파되고 말았다. 이 문제의 심각성이 너무나 큰 나머지, 영국에서는 오늘날 100만 달러에 해당하는 현상금을 내걸고 해결 방법을 찾기에 이르렀다. 현상금은 대단히 고무적이었다. 프랑스, 스페인, 네덜란드에서도 비슷한 현상금을 내걸었다.

당시에도 지구는 하루에 360도, 또는 시간당 15도씩 회전한다는 사실이 알려져 있었다. 적도에서 이것을 길이로 환산하면 4분마다 약 100킬로미터씩 회전하는 셈이었고, 이 때문에 적도에서 서쪽으로 이동할 경우 100킬로미터를 갈 때마다 정오가 4분씩 늦게 찾아왔다. 따라서 출발지에서 출발한 시각과 배 위에서의 시각을 정확하

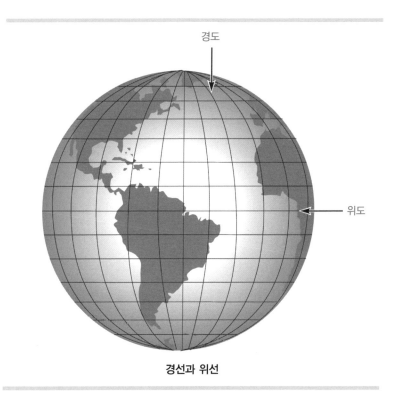

경선과 위선

게 안다면, 그 차이를 이용해 정확한 경도를 알 수 있었다. 이 방법으로 위치를 파악하려면 위도표와 경도표를 함께 이용해야 했다. 위도표와 경도표는 이미 알려져 있었다. 그러나 두 시계의 차이를 정확히 아는 것은 쉽지 않았다. 배 위에서는 시계가 정확하지 않았기 때문이었다. 배에서의 시각과 멀리 떨어진 기준점에서의 시각을 배에서 판단하기 위해서는 다른 방법이 필요했다.

선원들은 결국 천문학자들을 찾았다. 어떤 의미에서는 달과 별이 정확한 시계였다. 특히 달은 움직이는 과정에서 여러 별을 지나갔다. 달의 움직임은 이미 오랜 세월 동안 정확하게 추적·관찰됐고, 달이 여러 별을 가리는 시간도 정확하게 알려져 있었다. 엄청난 현상금 때문에, 영국과 프랑스 양국에서 천문대를 세웠다. 영국 왕립 천문대는 그리니치(Greenwich)에, 프랑스의 천문대는 파리에 각각 설립됐는데, 곧 심각한 문제점들이 대두됐다. 각 천문대가 독자적인 본초 자오선(本初 子午線)을 사용했던 것이다.

별들을 지나는 달의 겉보기 궤도는 뛰어난 시계나 다름없었다. 달은 대략 27.3일마다 하늘을 한 바퀴(360도), 그러니까 매일 13도씩 돌았다. 핼리는 달이 하늘을 돌다가 다른 별을 가릴 때에는 망원경을 사용하라고 제안했다. 그는 정교한 표도 만들었지만 썩 좋은 방법은 아니었다. 달이 지나가는 길에는 밝은 별이 별로 없었기 때문이다.

여러 천문학자들은 각기 다른 방법을 시도했다. 갈릴레이도 목성의 밝은 달 네 개의 궤도 주기를 시계처럼 이용할 수 있다고 주장한 바 있었다. 그러나 목성의 달을 바다 위에서 관찰해 식별하기는 매우 어려웠다. 특히 바다가 거칠어 흔들림이 많을 때는 더더욱 그랬다.

결국 최적의 해법은 배에서도 정확하게 맞는 시계를 만드는 것이었다. 바로 이런 시계가 영국의 시계장인 존 해리슨(John Harrison)의 손에서 탄생했다. 해리슨은 바다에서 진자시계를 사용할 수 없다는 것을 인식하고 있었다. 그는 진자 대신 스프링으로 돌아가는 시계를 고안했고, 이 시계는 훌륭하게 제몫을 했다.

30년 전쟁

●   대포와 권총이 점점 개선되면서 살상력은 더욱 강력해졌고 그 결과 전쟁의 양상이 바뀌었다. 대체로 전쟁은 그 이전에 비해 훨씬 몰인정해졌다. 서로 먼 곳에 떨어져서 사격을 하게 됐기 때문이었다. 사수들은 자기가 쏜 총에 맞아 죽는 사람들을 보지도 못했다. 그와 동시에 전쟁은 더욱 잔인하고 파괴적으로 변했다. 마을을 지나가는 군대는 약탈과 방화, 강간을 일삼았으며 때로는 한 마을 전체를 완전히 초토화시키고 지나갔다.[11]

이 무렵 머스킷은 상당히 정확해서 수백 미터 밖에서도 목표물을 맞힐 수 있었고, 포사격의 파괴력도 더욱 커졌다. 대포나 머스킷 앞에서는 별다른 보호 수단이 없었다. 이 때문에 전투와 전투 사이에 휴식이 거의 없는 전쟁이 일반적이었다. 1618년부터 1648년까지 이어진 30년 전쟁은 가장 파괴적이고 황폐한 전쟁이었으며, 역사상 가장 오래 계속된 전쟁 중 하나이기도 했다. 이 전쟁으로 여러 나라에서 남성 인구가 크게 줄어들었다. 시작은 프랑스, 스웨덴, 네덜란드의 신교도와 신성 로마 제국의 가톨릭교도 사이에 벌어진 종교 다툼이었다. 당시 신성 로마 제국은 독립적인 국가들의 집합체였다. 스페인, 오스트리아, 바이에른 등이 여기에 속했다. 그러나 시간이 흐르면서 종교적인 유대감은 점점 약해졌고, 전쟁은 정치적인 갈등의 양상을 띠어갔다.[12]

30년 전쟁의 전투 대부분은 현재 독일 지역에서 벌어졌다. 말할 것도 없이 이 전쟁이 치러지는 동안에는 물리학을 포함해 모든 과학 발전이 정체 상태에 빠졌다. 전쟁이 끝날 무렵, 이 전쟁에 개입한 나라들은 대부분 파산 상태에 놓였을 뿐만 아니라 온 국토가 폐허로 변해 있었다. 그러나 무기와 전술에 있어서는 물리학이 큰 역할을 했다.

30년 전쟁은 1617년, 오스트리아 왕자 페르디난트 2세(Ferdinand II)가 보헤미아의 왕으로 선택되면서 시작됐다. 왕위에 오른 지 1년 만에 구교도였던 페르디난트 2세는 신교도들의 교회를 폐쇄하기 시작했다. 신교도들이 저항한 것은 당연했다. 페르디난트 2세가 프라하의 흐라드차니(Hradčany) 성에 구교도 고문관 두 명을 정부를 대표하는 행정관으로 파견하자 신교도들은 이들을 붙잡아 지상 21미터나 되는 곳에서 창문을 통해 밖으로 던져 버렸다. 두 고문관은 기적적으로 목숨을 건졌으나 이로써 전쟁이 시작됐다.

구교도인 스페인 왕과 바이에른 군주는 페르디난트의 편에 섰다. 독일의 몇몇 왕자들은 신교도 편에 섰다. 1618년부터 1625년까지 신교도측은 패전에 패전을 거듭했다. 구교도 측 핵심 인물은 오스트리아, 보헤미아, 스페인과 함께 신성 로마 제국을 통치하던 합스부르크 왕가였다. 이 지역의 다른 나라들도 합스부르크 왕가를 두려워했고, 프랑스, 영국, 네덜란드는 합스부르크 왕가에 대적하는 전선을 형성했다. 이들은 덴마크의 크리스티안 4세(Christian IV)를 후원하며 신교도 편에서 독일을 공격하라고 부추겼다. 크리스티안 4세의 군대와 맞선 군대는 알브레히트 폰 발렌슈타인(Albrecht von Wallenstein)이 이끄는 합스부르크 왕가의 군대였다. 몇 년에 걸친 싸움에서 신교도는 많은 영토를 잃었고 전투에서 대부분 패했다. 이때 스웨덴이 전쟁에 개입했다.

스웨덴 개입

● 신성 로마 제국과 구교도 연합에게 깜짝 놀랄 일이 일어났다. 스웨덴의 젊은 왕, 구스타프 아돌푸스(Gustav Adolphus)는 전선이 스웨덴 국경으로 너무 가까워지자 걱정하기 시작했다. 구스타프는 스웨덴을 위태롭게 하는 움직임이 두려운 나머지 차라리 먼저 행동에 나서기로 결정했다. 1611년, 구스타프는 열일곱 살 나이에 스웨덴 왕위에 올랐다. 어린 나이였지만 부왕으로부터 충분히 교육을 받아 왕위에 오를 준비가 돼 있었고 또한 타고난 지도자였다. 오랫동안 포술, 군사전략, 병참 이론과 조직 이론 등을 독학으로 공부해 최신 기술을 터득하고 있었고, 더욱이 전쟁터에서 군대를 이끈 경험도 상당했다. 서른한 살 때에는 폴란드를 상대로 전

쟁을 일으켜 승리를 거두기도 했다.

구스타프 국왕의 군대는 세계에서 가장 뛰어난 군대 중 하나였다. 병사들을 꾸준히 훈련시켰으며 누구보다 구스타프 본인이 엄격한 규율가였다. 그는 자기 군대가 완벽하기를 원했고, 적어도 완벽에 가까워야 했다. 특히 언제나 사격술만큼은 최고로 유지하고자 했다. 이 목표를 달성하기 위해 구스타프는 머스켓의 무게를 줄여 병사들이 다루기 쉽게 만들었고, 종이를 활용해 화약이나 탄약을 일정량씩 채워둔 탄약통과 화약용기를 제작했다. 이로써 장전이 훨씬 빠르고 쉬워졌다. 구스타프의 군대는 다른 나라의 군대에 비해 세 배나 빠른 속도로 사격을 하면서 명중률은 훨씬 더 높았다. 게다가 전술적으로도 중요한 변화를 구사했다. 그의 군대는 정면과 양 측면에서 사격을 가하면서 적을 향해 접근했다. 일차 사격이 끝나면 일단 후퇴해서 다음 공격을 위해 총을 재장전했다. 구스타프는 방어보다 공격을 중시했고, 기동성 역시 강조했다. 마지막으로 다른 나라의 육군과 달리 스웨덴의 육군은 교차 훈련으로 단련됐다. 보병과 포병은 쉽게 병과를 바꿀 수 있었다. 또한 모든 병사에게 말 타는 법을 가르쳐 기병의 빈자리도 쉽게 대체할 수 있었다. 이렇게 새로운 전략과 전술을 도입했기 때문에 구스타프 국왕을 현대 전술의 아버지라고 일컫기도 한다.[13]

1630년에 구스타프가 북부 독일을 공격했을 때, 준비가 매우 잘된 스웨덴군은 구교도군을 쉽게 물리칠 수 있었다. 군대들이 대부분 점령한 나라를 약탈하고 잔학 행위를 일삼은 반면, 구스타프는 스웨덴군이 일체 그런 짓을 하지 못하도록 통제했다. 계속 전진한 구스타프는 1631년에 틸리(Tilly) 백작의 군대와 마주쳤으나 순식간에 제압했다. 그다음에는 독일을 횡단하고 라인 강을 건너 신성 로마 제국으로 진입하기 위해 잠시 행군을 멈추었다.

1632년, 구스타프를 따르는 연합군의 수는 2만 명에 달했다. 이전에도 구스타프와 조우한 적이 있던 발렌슈타인 장군이 스웨덴군과 비슷한 규모로 구교도군을 이끌고 대적했다. 양군은 독일 뤼첸(Lützen)에서 마주쳤다. 구스타프는 진지를 구축하고 밤을 보낸 다음 새벽에 공격을 감행할 생각이었다. 그러나 잠에서 깨어보니 온 사방이 짙은 안개에 뒤덮여 있었다. 공격이 늦어지는 사이에 발렌슈타인 장군은 기병대를 제 위치에 배치했다. 그 사이 구스타프의 진지에서는 일이 계속 꼬여갔다. 안개는 걷히지 않았고, 어쩔 수 없이 구스타프는 결국 안개 속에서 공격을 명령했다. 그러나 사방을 가늠하기 어려운 데다 피아도 구분할 수 없었다. 결국 구스타프와 소규모 선발대는 주력 기병대와 단절되고 말았다. 서로 혼란스러웠던 양군은 마구잡이로 살상하기 시작했고, 그 와중에 구스타프가 저격당했다. 공포에 질린 말이 안개 속에서 사납게 날뛰자 부상당한 구스타프는 급기야 낙마하고 말았다. 땅바닥에 누워 있던 구스타프의 정체를 적병들은 알아보지 못했고, 다시 한 번 그에게 총을 쏘았다. 결국 전투에서는 스웨덴군이 승리했으나 지도자는 세상을 등진 후였다. 구스타프 국왕의 죽음은 이들에게 말할 수 없이 큰 비극이자 충격이었다.

흥미롭게도, 발렌슈타인은 이 전투에서 죽지 않고 살아남았으나 얼마 뒤 암살당하고 말았다. 게다가 전쟁은 아직 끝난 것이 아니었다. 그 후로도 전쟁은 16년이나 더 끌다가 1648년에야 끝났다. 구스타프 국왕은 스웨덴의 영웅으로 추앙받았고, 그 후로도 언제나 존경의 대상이었다.

새로운 발견의 시대

●   30년 전쟁이 휩쓸던 기간 동안 유럽에서 물리학은 거의 발전하지 못했다. 게다가 영국은 아직 국력이 미미했던 지라 눈에 띄는 큰일도 없었다. 그러나 역사상 과학적으로 가장 생산적이었던 한 시대가 다가오고 있었다. 그 중심에는 바로 뉴턴이 있었다. 이 시대에 이루어진 과학 발전의 대부분이 그의 덕이었다. 뉴턴은 군사 분야에는 거의 아무런 흥미를 갖고 있지 않았다. 군사적인 프로젝트와 직접 연관된 연구를 하지는 않았지만, 그의 발견들은 무기와 전쟁에 엄청난 영향을 주었다. 또한 뉴턴의 통찰력 덕분에 인류는 처음으로 물리학에 대해 기본적인 이해를 할 수 있었다.

뉴턴은 1643년 1월에 영국의 울소프(Woolsthorpe) 저택에서 태어났다. 갈릴레이가 사망한 해였다. 뉴턴의 아버지는 상당한 부를 쌓은 농부였지만 뉴턴이 태어나기도 전에 세상을 떠났다. 어머니는 뉴턴이 태어난 직후 재혼하면서 아들을 조부모에게 맡겼다. 훗날 그는 그랜덤의 기숙학교에 입학했고, 열일곱 살에 그랜덤 킹즈 스쿨에 입학했다. 이 학교를 졸업하면서 어머니는 뉴턴이 농사일을 하기를 바랐지만 어머니의 뜻대로 되지는 않았다. 뉴턴은 농사에는 아예 관심이

없었고, 킹즈 스쿨의 교장까지 나서서 어머니를 설득해 케임브리지 대학에 진학하는 것을 도와주었다.[14]

1661년 6월에 케임브리지의 트리니티 칼리지에 입학한 뉴턴은 수학, 물리학, 천문학, 광학을 공부했다. 케임브리지에서 보낸 기간에 대해서는 알려진 바가 별로 없지만, 그의 뛰어난 재능이 아이작 배로(Isaac Barrow)의 눈에 띈 것은 분명하다. 1665년, 선페스트가 창궐하는 바람에 뉴턴은 고향으로 돌아가야만 했다. 뉴턴이 고향에서 보낸 이 한 해는 물리학 역사상 가장 중요한 시간이었다. 나무에서 떨어지는 사과를 보고 왜 사과가 땅으로 떨어지는지 의문을 가졌다고 전하는 것이 바로 이때였다. 이 사건은 곧 물리학에서 가장 중대한 발견 중 하나인 '중력 법칙' 발견으로 이어졌다. 같은 해에 뉴턴은 미적분학도 고안했다고 하는데, 웬일인지 그는 이를 오랫동안 비밀에 부쳤다. 한편, 뉴턴의 미적분학과는 약간 다른 형태로 독일의 라이프니츠(Leibniz)도 미적분학을 발견했는데, 그 결과 누가 먼저 미적분학을 발견했느냐에 대해 상당한 논란이 일었다.

케임브리지로 돌아온 직후 뉴턴은 수학 교수로 임명됐고, 평생 이 교수직을 유지했다. 초기에 그는 꾸준히 기본적인 이론들을 발견했지만 특히 빛, 광학 분야에 집중했다. 그러나 운동과 역학에 대한 연구도 계속했다. 뉴턴은 케임브리지의 학자들 앞에서 자기가 발견한 것들을 더러 발표하기도 했었는데, 그럴 때면 동료들의 신랄한 비판에 놀라곤 했다. 뉴턴은 비판을 받아들이는 것이 쉽지 않았다. 그는 실험을 통해 중요한 발견들을 계속했지만, 그 내용을 수년 동안 혼자 간직했다. 천문학자 에드먼드 핼리가 아니었다면 그는 논문들을 무덤까지 가지고 갔을지도 모를 일이다.

1687년, 핼리와 물리학자 로버트 후크(Robert Hooke)가 중력 법칙의 수학적 형태를 두고 논쟁을 벌였다. 그 형태가 어떠해야 하는가에 대해서는 각자 주장이 있었지만 확신은 하지 못했다. 핼리는 뉴턴을 잘 알고 있으므로 이 문제를 해결해줄 것이라고 믿고 뉴턴을 찾아갔다. 기대했던 대로 뉴턴은 답을 가지고 있었다. 뉴턴은 중력 법칙이 역 제곱 법칙이라는 것을 수학적으로 증명했다면서 두 사람에게 보여주겠다고 했다. 그러나 계산해둔 공책을 찾지 못하자, 뉴턴은 공책을 찾는 대로 핼리에게 보내주기로 약속했다. 핼리는 며칠 뒤에 그 공책을 보고 감탄을 금할 수 없었다. 뉴턴이 계산한 결과를 토론하기 위해 다시 찾아간 햄리는, 뉴턴이 중력 법칙을 발견했을 뿐만 아니라 아직 출판하지 않은 새로운 발견도 매우 많다는 사실에 깜짝 놀랐다. 그 새로운 발견들을 모아 책으로 출판한 것이 물리학 역사상 가장 중요한 저서로 꼽히는《자연 철학의 수학적 원리》(*Philosophiae Naturalis Principia Mathematica*), 줄여서《프린키피아》다.

《프린키피아》에는 오늘날 뉴턴의 법칙이라고 일컫는 운동의 기본 법칙 세 가지가 담겨 있다. 첫 번째 법칙은 '물체는 외부에서 힘이 작용하지 않는 한 정지 상태에 머물거나 직선 운동을 계속하려 한다'는 것이다. 당시로서는 이 주장이 일반 상식을 부정하는 듯이 보였다. 일정한 운동을 하는 물체가 영원히 그 운동을 계속한다는 것은 불가능해 보였기 때문이다. 그러나 외부에서 운동하는 물체의 운동에 변화를 줄 힘이 작용하지 않는다면 실제로 그 물체는 영원히 운동을 계속한다. 뉴턴의 두 번째 법칙은 바로 이 힘과 관련이 있다. 이 법칙은 이렇게 기술된다. '물체에 가해진 힘에 의해 생긴 가속도는 그 힘의 크기에 비례하고 그 물체의 질량에 반비례한다'. 이 법칙은 완전히 생소하게 느껴졌다. 그러나 이 법칙이 어떤 의미를 갖는지 사람들은 곧 이해하게 됐고, 등속 운동을 하는 물체에 외부에서 힘이 가해지면 어떻게 되는지를 알게 되었다. 운동에 관한 뉴턴의 두 번째 법칙은 수학적으로 $a=F/m$이라고 나타낸다. 여기서 F는 힘(Force)을, m은 질량(mass)을 나타낸다.

뉴턴의 세 번째 법칙에는 운동량이라는 새로운 개념이 도입됐다. 운동량은 '질량×속도'($m \times v$)로 정의된다. 이 법칙은 '물체의 독립된

계가 갖는 총운동량은 일정하게 유지된다'는 것이다. 간단히 말해 외부의 영향이 없다면 충돌 같은 상호작용 이전의 총운동량은 상호작용 이후의 총운동량과 같다는 뜻이다(뉴턴의 세 번째 법칙은 '작용과 반작용'으로 간단히 기술할 수 있다. 두 물체 사이에 힘이 작용할 때는 반드시 크기가 같고 방향이 반대인 한 쌍의 힘으로 작용한다. 이를 두 물체 간의 작용과 반작용이라 한다_역자 주).

이 세 가지 법칙이 제각각 전쟁에 엄청난 영향을 미쳤다는 것은 쉽게 짐작할 수 있다. 이 법칙들은 총의 반동, 탄환의 충격 등을 더 깊이 이해하게 해주었다. 그러나 탄환이나 포탄이 왜, 어떻게 땅으로 떨어지는지와 같은 중요한 질문이 해결되지 않고 남아 있었다. 갈릴레이가 그 해답을 찾을 길을 열어두었지만, 대부분 아직 신비에 가려진 채였다. 뉴턴은 이 신비를 중력 법칙으로 풀어냈다. 중력 법칙은 다음과 같이 기술한다. '우주의 모든 입자는 질량을 가진 다른 입자를 끌어당기는데, 이때 당기는 힘은 두 입자의 질량의 곱에 비례하고 두 입자 사이의 거리의 제곱에 반비례한다.' 이 법칙을 수학적으로 표현하면 $F=m_1m_2/r^2$, 여기서 F는 힘, m_1과 m_2는 각 입자의 질량을, r은 두 입자 사이의 거리를 뜻한다.

물론 뉴턴은 어떤 방식으로든 이 수학식을 전쟁 무기와 결부시켜 생각해본 적이 없다. 그러나 이 수학식을 달과 지구에 적용해 달이 지구 주위를 한 번 도는 공전주기를 정확히 계산해보려는 생각은 있었다. 뉴턴이 계산한 값은 관측값에 거의 근사했지만 정확히 일치하지는 않았다. 당시에는 지구와 달의 거리가 정확하게 알려져 있지 않았고, 중력가속도 역시 정확하지 않았기 때문이다.

이 법칙들만으로도 뉴턴을 역사상 가장 뛰어난 과학자로 칭하기에 부족함이 없었지만, 뉴턴의 업적은 이것만이 아니었다. 그는 빛과 광학의 관계에 있어서도 여러 가지 기본적인 이론을 발견했다. 예를 들어 그는 백색광이 모든 색깔의 빛의 합성으로 이루어졌다는 것을 보여주었다. 또한 백색광선을 프리즘에 통과시키면 모든 빛의 광선으로 분산된다는 것도 보여주었다. 반사 법칙과 굴절 법칙도 뉴턴이 발견했다. 그는 최초의 반사 망원경(오늘날 대형 망원경은 대부분 반사 망원경이다)을 발명했다. 빛과 광학에 관련된 그의 모든 발견들은 1730년에 출판된 《광학》(Opticks)에 자세히 기술됐다.

또한 뉴턴은 소리, 열, 파동, 유체역학 등에도 기여했으며, 미적분학 외에도 수학 분야에서 여러 가지 중요한 발견을 이루었다. 그러나 아마도 가장 중요한 것은 그가 과학적, 또는 실험적 방법을 최초로 공식화하고 직접 이용했다는 점일 것이다. 특히 그는 과학적 추론의 네 가지 법칙을 정립했다. 갈릴레이가 이미 오래전에 실험을 이용했지만, 이를 완성한 과학자는 뉴턴이었다. 뉴턴은 또한 이론과 실험이 함께 역할을 해야 한다는 점을 강조했다.

뉴턴의 발견은 전쟁에 어떤 영향을 미쳤을까? 일부는 직접적으로 영향을 미쳤지만, 대체로 그가 발견한 운동 법칙과 중력 법칙은 총이 발사됐을 때 어떤 현상이 일어나며, 탄환이나 포탄이 어떻게 땅으로 떨어지는가에 대해 사수와 총기 제작자들이 더 잘 이해하게 함으로써 간접적으로 영향을 주었다.

한편 뉴턴의 광학 실험들은 전쟁의 결정적인 도구를 탄생시켰다. 그 도구는 바로 쌍안경이었다. 또한 그가 발견한 미적분학이 매우 큰 역할을 했음에 의문의 여지가 없다.

8

산업혁명의 충격

THE PHYSICS
OF WAR

8. 산업혁명의 충격

영국의 산업혁명은 1762년부터 1840년까지 이어졌다. 산업혁명은 인류 역사상 가장 중요한 시기이자 사건이었다. 보통 사람들의 일상에 엄청난 영향을 주었기 때문이다. 특히 삶의 기준은 높아졌지만, 사회는 여전히 중요한 문제들을 안고 있었다.

이 시기는 군사적으로도 중요했다. 산업혁명은 군대가 갖추는 무기와 장비를 바꿔놓았고, 전투 방법에도 변화를 가져왔다. 또한 대량 생산 체제가 도입됐는데, 문명 세계에서도 이는 새로운 개념이었다. 총기, 탄약 등 전쟁 무기를 이제는 한꺼번에 수천 개씩 생산할 수 있었다. 특히 중요한 것은 무기 제조가 표준화돼 각 부품을 교환해서 쓰거나 다른 것끼리 대체할 수 있게 됐다는 것이다.

그렇다면 이 혁명에 물리학, 그리고 일반 과학은 어떤 역할을 했을까? 사실 이 부분에 대해서는 논쟁거리가 많다. 산업 발전이 물리학에 대한 관심을 더욱 독려했다는 데에는 의심의 여지가 없다. 실제로 그 결과로 물리학의 새로운 갈래가 생겨나기도 했다. 그러나 일찍이 뉴턴의 혁신적인 발견과 산업혁명기에 일어난 발전들은 물리학과 얼마나 깊은 관계가 있는 걸까? 여기서 문제는 '과학', 좀 더 정확하게 말하자면 '물리학'을 어떻게 정의하느냐 하는 것이다. 많은 사람들이 '순수물리학'은 별다른 기여를 하지 않았다고 주장한다. 중요한 발전들은 대부분 공학적 발전이었으므로, 중요한 기여는 주로 응용물리학과 기술에서 나왔다고 말할 수 있다.

그럼에도 불구하고 사회에서는 극적인 변화가 있었다. 그 변화는 대부분 좋은 의미의 변화였다. 하지만 하층민들에게는 강력하게 연기를 뿜어내는 굴뚝(석탄 연료를 태우는)의 스모그가 새롭기는 했지만 건강에는 해로운 것이었다. 또한 산업혁명이 전쟁과 전쟁의 양상에 막대한 영향을 준 것은 분명하다.

프랑스 혁명

●   산업혁명은 주로 영국에서 일어났다. 그러나 역사를 돌이켜보면 적어도 초기에는 그 기원이 프랑스에 있었음을 쉽게 알 수 있다. 하지만 영국에서 산업혁명이 완전히 꽃필 때까지 프랑스에서는 그다지 큰 변화가 일어나지 않았다.

산업혁명의 기원은 1643년부터 1715년까지 프랑스 왕위에 있던 루이 14세(Louis XIV)로 거슬러 올라간다. 루이 14세는 프랑스 역사에서 재위 기간이 가장 긴 왕이다. 네 살에 왕위에 올라 스물한 살이 될 때까지 모후와 모후의 조력자들이 왕권을 대신했다. 루이 14세가 직접 통치하게 됐을 때 영국은 바다를 지배하고 있었고, 프랑스의 육군은 고도로 훈련받은 영국 육군과는 적수가 되지 못했다. 왕의 권력은 신으로부터 부여받은 것이며, 신을 제외하고는 누구에게도 아무런 의무를 지지 않는다고 굳게 믿은 루이 14세는 프랑스를 유럽에서 가장 강한 나라로 만들겠다고 결심했다. 이 목표를 이루기 위해서는 우선 강한 육군과 해군을 양성할 필요가 있었다. 또한 최강의 군대가 되기 위해서는 최고의 무기와 전략과 전술도 필요했다. 그는 이 목표 또한 이루리라고 마음먹었다. 하지만 이상하게도, 루이 14세는 스웨덴의 구스타프 2세처럼 자기 군대를 이끌고 직접 전쟁터에 나서는 데에는 관심이 없었다. 또한 신기술이나 과학에 대해서도 관심을 갖지 않았다. 그의 주요 관심사는 호화로운 궁전(베르사유 궁전을 지은 것이 바로 루이 14세다)에서 춤과 연회를 즐기는 것이었다.

다행스럽게도 그에게는 유능한 재상 장 바티스트 콜베르(Jean-Baptiste Colbert)가 있었다. 국왕은 콜베르에게 육군과 해군의 능력을 향상시키는 일을 맡겼다. 콜베르는 맡은 바 소임을 훌륭하게 해냈다. 몇 년 만에 프랑스는 유럽에서 가장 강한 해군과 군비를 가장 잘 갖춘 육군을 보유하게 됐다. 루이 14세의 해군은 고작 낡은 함선 18척뿐이던 상태에서 최신 장비들을 탑재한 함선 190척으로 발전했다. 육군 역시 2,000~3,000명의 오합지졸에서 고도로 훈련받은 40만

정예군으로 탈바꿈했다. 이들은 당시에 갖출 수 있는 최고의 대포와 머스켓으로 무장하고 있었다.[1]

모든 준비를 갖춘 루이 14세는 프랑스의 영토를 넓히는 작업에 착수했다. 그는 유럽을 정복하고자 했고 그 과정에서 영국까지 복종시키고 싶어 했다. 루이 14세는 전쟁을 자기가 지휘하는 운동 경기 정도로 생각했다. 그는 먼저 대규모 병력을 이끌고 벨기에와 네덜란드 공략에 나섰다. 프랑스는 두 나라를 쉽게 정복했다. 그러나 다른 나라에서는 그를 이기적인 침략자로 보았고, 그에게 대항하기 위해 동맹을 결성하기 시작했다. 그 결과 루이 14세의 프랑스는 손실이 쌓여갔다. 그가 겪은 커다란 손실 가운데 하나가 스페인 왕위 계승 전쟁이었다. 1701년부터 1714년까지 계속된 이 전쟁이 끝났을 무렵, 프랑스는 거의 파산 상태였다. 루이 14세는 긴 재위 기간 대부분을 전쟁으로 보냈고, 1715년 사망했을 당시에는 인기가 바닥에 떨어져 있었다.[2]

루이 14세는 팽창주의적인 야망을 달성하지는 못했지만, 산업혁명의 시작에는 중요한 공헌을 했다. 시작은 화약이었다. 그는 빠르고 효율적으로 화약을 생산하고 싶어 했는데 당시 방법은 너무나 더뎠다. 루이 14세는 장관들을 시켜 파리에 커다란 화약 공장을 지었다. 이 공장에서 그는 최초로 대량 생산을 가능케 하는 '조립 라인'을 설치했다. 화약 생산 공정은 여러 단계로 나뉘는데, 각 단계마다 사람들을 나누어 공정 하나를 마무리 한 뒤에 그다음 공정으로 보냈다. 이는 완전히 새로운 방식이었고 훌륭하게 작동했다. 루이 14세의 창고는 금방 화약으로 가득 찼다.

이제는 총기류 생산으로 돌아설 차례였다. 대포와 머스켓 모두 조립 라인을 설치해 생산에 들어갔다. 루이 14세는 군복도 같은 방식으로 대량 생산했다. 이때를 기점으로 새로운 혁명이 확산됐다면, 프랑스는 지구상에서 가장 강력한 산업 국가가 됐을 것이다. 그러나 그렇게 되지는 못했다. 루이 14세의 재위가 끝날 무렵 프랑스는 오히려 파산 지경에 이르렀다. 산업혁명의 노른자위는 영국에 있었다.

영국의 산업혁명

●   1760년 무렵부터 시작된 영국의 산업혁명은 대부분 세 가지 기술 발전으로부터 시작됐다. 첫 번째는 제임스 와트(James Watt)의 증기기관, 두 번째는 존 윌킨슨(John Wilkinson)의 새로운 철 생산기법, 그리고 세 번째는 섬유 산업의 신기술이다. 새로운 기계와 도구의 발전과 더불어 화학 산업의 몇 가지 발전도 산업혁명을 북돋웠다.[3]

증기 기관 출현과 함께 효율은 극적으로 향상됐다. 그러나 산업혁명의 초반부에는 산업 대부분이 여전히 수력, 풍력, 그리고 말의 힘에 의존해 소규모 기관을 작동시키는 수준이었다.

최초로 성공한 증기기관은 1712년에 등장했다. 토머스 뉴커먼(Thomas Newcomen)이 발명한 이 기관은 그보다 30년 앞서 크리스티안 하위헌스(Christiaan Huygens)와 그의 조수 파팽(Papin)이 수행한 실험에 기반을 둔 것이었다. 피스톤과 실린더로 구성된 이 기관은 피스톤 위에 놓인 실린더의 한쪽 끝이 공중으로 개방된 형태였다. 증기는 피스톤 아랫부분으로 유입됐다. 이 증기에 차가운 물줄기를 분사해 응축시키면 부분적으로 진공이 만들어졌다. 이 진공과 피스톤 반대쪽의 대기압 사이에 발생하는 기압차가 피스톤을 실린더 아래쪽으로 움직였다. 이 피스톤에는 로킹 빔(rocking beam)이 연결되고, 로킹 빔에는 다시 양수기가 연결됐다.

뉴커먼의 증기 기관은 영국의 광산에서 오랜 세월 동안 물을 빼내는 데 사용됐다. 그러나 제임스 와트가 이 기관에 몇 가지 수정을 더해 새롭게 설계함으로써 산업혁명의 중요한 전기가 마련됐다. 산업혁명에 기여한 또 다른 요소 중에는 선반(旋盤), 평삭기, 형성기 등 새로운 기계 도구들이 있었다. 원통 형태의 천공기도 전쟁과 관련해 중요한 역할을 했는데, 천공기는 대포의 포신에 구멍을 뚫는 데 사용됐다. 그러나 이러한 기계로 도구를 바꿀 수 있었던 것은, 당시 대형 노(爐)에서 기존의 나무나 숯 대신 석탄을 연료로 사용하면서 가능해졌다.

황산, 탄산나트륨, 알칼리 등 새로운 화학 물질의 발견도 큰 역할을 했다. 포틀랜드 시멘트(영국에서 처음 만들어진 현대적인 시멘트_역자주)도 산업혁명기에 처음 사용됐다.

제임스 와트와 증기기관
● 　　　　　산업혁명을 가능하게 한 가장 혁신적인 사건

은 제임스 와트가 증기기관을 발명한 것이었다. 원래 그의 증기기관은 뉴커먼의 모델을 개선한 것이었지만, 나중에 단순한 개조 이상이었음이 밝혀졌다. 1736년, 스코틀랜드 그린록의 부유한 가정에서 태어난 와트는 어린 시절에 정식 학교 교육을 받지 않았다. 집에서 어머니로부터 교육을 받은 뒤에 중학교를 다니게 됐다. 와트는 어릴 때부터 수학적 재능이 두각을 나타냈고 물건을 만드는 것도 좋아했다. 와트는 열여덟 살 때 기계 제작을 배우기 위해 런던으로 갔다. 훗날 글래스고에서 기계 제작 공방을 차렸는데, 특히 여러 가지 척도의 자, 망원경 부품, 기압계 등 당시에 있던 다양한 도구나 장치를 만들었다. 와트의 기술은 곧 글래스고 대학의 물리학부와 천문학부 교수들의 관심을 끌었고, 대학 측으로부터 캠퍼스 안에 작은 공방을 차려 대학에서 사용하는 여러 가지 도구들을 유지 보수하는 일을 맡아달라는 제안을 받았다. 그 결과 와트는 대학의 여러 인사들과 친분을 쌓을 수 있었는데, 특히 저명한 물리학자이자 열 전문가인 조셉 블랙(Joseph Black)은 와트의 막역한 친구이자 지지자가 됐다.[4]

1759년, 와트의 친구 존 로빈슨(John Robinson)이 찾아와 뉴커먼 증기기관의 문제점을 이야기하며 대학에서 쓰는 뉴커먼 증기기관을 수리해달라고 청했다. 이 엔진의 설계를 들여다보던 와트는 엔진 효율이 매우 낮다는 것을 알게 됐다. 이 엔진은 생산되는 에너지의 대부분을 낭비하고 있었다. 증기열의 4분의 3이 각 행정(cycle)마다 엔진 실린더를 가열하는 데 쓰이고 있었기 때문이었다. 이러한 낭비의 주요 원인은 증기를 응축시켜 압력을 낮추기 위해 냉각수를 실린더 내부로 분사시키는 데 있었다. 따라서 많은 에너지가 실린더를 반복적으로 가열하는 데 쓰이는 것이었다.

와트는 증기가 피스톤과 떨어진 별도 공간에서 응축되도록 엔진의 설계를 바꾸었다. 덧붙여, 실린더를 증기 '재킷'으로 감싸줌으로써 실린더의 온도를 유지했다. 이는 증기에서 나오는 열이 대부분 일을 하는 데 쓰이게 됐다는 것을 의미했다. 와트는 이렇게 설계한 새 기계를 1765년 말에 직접 제작해 시범을 보였다. 놀라운 발전이자 엄청난 가능성이 있는 기관이었음에도 불구하고, 와트는 이 증기기관을 상업적으로 제작하는 데 도움을 줄 사람을 쉽게 찾지 못해 곤란을 겪었다.

그러다가 드디어 브링엄 근처의 주물공장 주인인 매더 볼튼(Mather Bolton)을 소개받아 두 사람은 동업자가 됐다. 그 후 몇 년 동안 볼튼과 와트의 회사는 큰 성공을 거두었다. 와트는 기계를 꾸준히 개선했고, 곧 증기기관을 개조해 회전력을 얻을 수 있게 만들었다. 이 기계는 연마, 제분, 직조 작업에 커다란 변화를 가져왔다. 나중에 와트는 복합 엔진을 개발했는데, 이 엔진은 두 개 또는 그 이상의 엔진을 함께 쓸 수 있었다.

대포 제작에 혁신을 일으킨
존 윌킨슨

●　　　　　　1774년, 존 윌킨슨은 대포 제작에 큰 혁신을

가져왔다. 오랜 세월 동안 대포는 심형(心型) 주물로 제작됐다. 불완전한 내부는 보링(boring) 작업으로 신속하고 깔끔하게 정리했지만, 이러한 제작 과정에는 큰 문제가 있었다. 대포마다 약간씩 차이가 나기 때문에 부품들을 해당 대포에 맞게 맞춤으로 제작해야 했던 것이다. 이 대포에서 저 대포로 옮겨 쓸 수가 없었다. 윌킨슨은 주물로 속까지 꽉 찬 실린더를 만든 다음, 포신을 돌려가면서 안으로 구멍을 파면 훨씬 더 정확한 대포를 만들 수 있고, 이렇게 하면 부품도 서로 바꿔가며 쓸 수 있다는 것을 보여주었다. 또한 제조 과정 중에 일어나는 폭발사고도 크게 줄일 수 있었다. 결과적으로 대형 대포 생산 과정이 개선되는 셈이었다. 와트의 새로운 증기기관은 노동력을 더 적게 들여 윌킨슨의 방식으로 총기를 제작하는 데 도움을 주었고, 윌킨슨의 새로운 철과 철강 생산 기술은 와트가 더 크고 더 효율적인 증기기관을 제작하는 데 도움을 주었다. 두 기술자의 동업 관계는 영국의 군사력에도 큰 도움이 됐다. 대형 대포의 상당수가 함선에 탑재됨으로써 영국 해군을 더욱 강하게 만들어준 것이다.[5]

또한 와트는 아마 깨닫지 못했겠지만, 그의 연구는 물리학의 새로운 가지, 즉 열역학 발전에도 결정적인 공헌을 했다. 열역학은 열기관의 효율을 연구하고 개선하는 데 주로 관련이 있었고, 곧 물리학에서 중요한 분야로 자리 잡게 됐다.

윌킨슨과 와트의 기계들은 말할 것도 없이 군사적으로 중요한 의미가 있었지만, 그 때문에 문제가 생겼다. 윌킨슨 스스로 영국군에 없어서는 안 될 존재라는 것을 인식하면서 영국군이 주는 보상이 충분치 못하다고 생각하게 된 것이다. 야심가 윌킨슨은 철강 공장을 철강제국으로 확장시키고 싶어 했다. 그러나 그러기에는 자본이 부족했다. 윌킨슨은 영국군으로부터 충분한 보상을 얻어낼 가능성이 거의 없다고 판단했고, 주변 다른 나라들이 자기가 가진 지식과 기술에 얼마든지 보상을 하리라고 판단했다. 특히 프랑스가 그랬다. 급기야 윌킨슨은 영국 당국에는 비밀로 한 채 프랑스 외교관을 만났고, 그가 기대한 대로 프랑스에서는 그의 대포를 사려고 안달이 났다. 그러나 여기에는 문제가 있었다. 어떻게 영국 세관의 의심을 사지 않고 프랑스로 대포를 실어 보낼 수 있는가? 윌킨슨은 수출품에 '철 파이프'라는 제품 목록을 붙여 프랑스로 보내는 데 성공했다. 프랑스는 그에게 후한 대가를 지불했고, 그는 곧 엄청난 부자가 됐다.

벤저민 로빈스

● 대포 제작이 혁신을 맞은 무렵, 머스켓 제작과 명중률에도 큰 발전이 있었다. 그리고 여기에는 물리학이 결정적인 역할을 했다. 머스켓 발전과 관련해서는 대부분 단 한 사람의 이름이 따라다닌다. 바로 벤저민 로빈스(Benjamin Robins)다.

로빈스는 1707년, 영국 바스(Bath)의 퀘이커 교도 부모 아래서 태어났다. 아버지는 재단사였지만 수입이 보잘 것 없었으므로 온가족이 가난에 시달렸다. 벤저민의 수학적 재능은 몇몇 친구들의 관심을 끌었고, 누군가가 나서서 영국의 헨리 팸버턴(Henry Pamberton) 박사에게 편지를 써주었다. 팸버턴 박사는 어린 로빈스에게 시험지를 보냈다. 로빈스는 이 시험지를 훌륭하게 풀어냈고, 결국 런던으로 초대를 받았다. 당시 팸버턴은 뉴턴의 《프린키피아》 개정판을 준비 중이었는데, 로빈스는 수학과 물리학에 관련된 여러 논문과 함께 그 책을 읽었다. 스무 살이 됐을 때 이미 주요 학술지에 논문을 여러 편 발표한 로빈스는 왕립학회(Royal Society) 회원으로 선출됐다. 젊은 나이에 대단한 명예였다. 로빈스는 열정적으로 논문을 발표했다. 논문을 통해 뉴턴의 새로운 '미적분학'을 몇몇 수학자 지망생들의 공격으로부터 변호하기도 했다.[6]

1741년에 새로운 군사학교인 왕립 군사학교(Royal Military Academy)가 설립됐는데, 로빈스도 교수직에 지원했지만 어쩐 일인지 화려한 경력에도 불구하고 퇴짜를 맞고 말았다. 이 일로 분기탱천한 로빈스는 어떻게 해서든 자기를 퇴짜 놓은 것이 엄청난 실수였다는 것을 보여주겠다며 별렀다고 한다. 그리고 로빈스는 총, 대포, 발사체에 대한 물리학 연구에 매진했다.

당시 병기를 자세히 연구한 로빈스는 군대에서 사용하는 무기의 명중률이 얼마나 형편없는지에 깜짝 놀랐다. 한 전투에서는 적 한 명을 죽이는 데 총을 자그마치 250발씩 쏘았다고 한다. 사실 총기 제작자들은 군용 머스켓에 조준기를 다는 것은 생각조차 하지 않았다. 병사들은 개별적인 목표를 향해 총을 발사하지 않았기 때문이다. 그저 많은 병사들이 집중사격을 퍼붓는 것이 당시 전술이었다.

로빈스는 원인이 무엇인지를 찾아야겠다고 마음먹었다. 실험을 위해 그는 머스켓을 단단한 클램프에 고정시키고 종이 과녁을 15미터, 30미터, 90미터 거리에 각각 세웠다. 그런 다음에 탄환이 각 과녁으로부터 얼마나 멀리 빗나가는지 측정했다. 그 결과, 30미터 과녁에서는 37.5센티미터, 90미터 과녁에서는 1미터 가까이 빗나간다는 것을 알게 됐다. 게다가 방향에 따라 빗나가는 거리가 달랐다. 정확한 사격은 턱도 없었다. 90미터 거리에서 목표물을 조준한다는 것은 시간 낭비에 불과하다는 것도 틀린 말이 아니었다.

로빈스는 명중률이 이렇게 낮은 이유를 또 고민했다. 여기에는 분명 논리적인 이유가 있어야 했다. 그는 결국 이 문제가 발사체의 스핀과 관련 있다는 결론을 내렸다. 스핀은 일부러 주려고 해서 생기는 게 아니었다. 그럼에도 불구하고 탄환이 총신에서 빠져나갈 때 어느 정도 스핀을 갖고 있었고, 또 이 스핀은 발사체마다 제각각이었다. 그 이유는 발사체, 즉 탄환이 총신의 직경보다 일부러 살짝 작게 만든 구형인 데다, 이것이 총신을 따라 나가면서 내벽 여러 곳에 충돌하는데 그때마다 스핀이 달라진다는 데 있었다. 가장 결정적인 변화는 탄환이 총신에서 탈출할 때 마지막으로 부딪치는 순간 일어났다. 탄환이 날아가는 동안 이 스핀이 그대로 유지되는 것이었다. 로빈스는 이 스핀이 탄환의 궤적 전체에서 공기와 상호작용을 하며, 이 상호작용이 궤적에 영향을 준다고 가정했다(그의 가정이 옳았다).

그렇다면 그다음 문제는 탄환이 총신에서 탈출하는 순간 탄환의 속도를 결정하는 것, 그리고 가능하다면 이때의 스핀을 알아내는 것이었다. 탄환의 속도를 측정하기 위해, 로빈스는 탄도 진자(ballistic pendulum)이라는 것을 고안해냈다. 탄도 진자는 총포 역사상 가장 중요한 발명이었다. 우선 머스켓을 클램프로 고정시킨다. 그 바로 앞에 커다란 나무 도막을 철사나 밧줄에 매달아 진자처럼 왕복운동하게 늘어뜨린다. 로빈스는 총이 발사되면 이 나무 도막이 탄환의 운동 에너지를 흡수하고, 그 결과 나무가 진자처럼 몇 도 정도의 진폭으로 흔들린다는 것을 발견했다. 탄환의 운동 에너지는 이 과정에서 위치 에너지로 바뀌었다. 이 두 가지 형태의 에너지를 방정식으로 계산해 로빈스는 발사체의 속도를 구했고, 탄환이 시속 1,832킬로미터로 날아간다는 계산을 내놓았다. 대포와 총이 사용되기 시작한 지 오랜 세월이 지났음에도 불구하고, 탄환이 얼마나 빠른 속도로 나가는지를 대략적으로나마 계산한 사람은 로빈스가 처음이었다. 대단한 업적이었음은 말할 것도 없었다.

총구에서의 탄환 속도를 계산했으므로, 로빈스는 이제 탄환이 공기를 통과해 과녁까지 날아가는 동안 어떤 일이 벌어지는지를 알아야 했다. 속도는 어떻게 변할까? 로빈스는 나무 도막을 총구에서 멀리 떼어놓음으로써 답을 얻어냈다. 총구에서 탈출한 탄환의 속도가 급격히 줄어드는 것이 확실했다. 실제로 탄환은 첫 90미터를 날아가는 동안 속도가 초기 속도의 절반으로 뚝 떨어졌다. 탄환이 통과해 지나가는 공기가 커다란 영향을 미치는 것이 틀림없었다. 그 당시 과학자와 공학자 들은 공기가 탄환의 진행을 방해한다는 것을 알고 있었지만 그 효과가 얼마나 큰지는 알지 못했다. 가장 기본적인 문제는 발사체의 형태가 구(求)라는 것이었다. 구는 다른 형태보다 공기역학적으로 효율적이지 못했고, 로빈스는 그것을 금방 알아차렸다. 공기의 저항을 최소화하는 데 가장 적합한 형태는 무엇일까? 그 답은 이미 어느 정도 알려져 있었다. 궁수들은 오랜 세월 동안 화살촉의 모양과 형태를 여러 가지로 만들어 직접 사용해본 결과, 역학적으로 가장 적당한 화살촉은 길이가 길고 앞이 뾰족한 모양이라는 것을 알고 있었다. 하지만 길쭉하고 한쪽 끝이 뾰족한 탄환에는 문제가 있었다. 공기 중을 날아가는 동안 똑바로 날아가지 못하고 곱드러진다는 (tumbling) 것이었다. 이것은 구형 탄환보다도 못한 것이었다.

로빈스는 이 문제를 더 깊이 파헤친 결과 실제로는 두 갈래로 해법을 찾아야 한다는 것을 간파했다. 공기역학적으로 가장 뛰어난 발사체를 찾는 것, 그리고 탄환이 총구를 벗어날 때의 무작위 스핀을 제거하는 것이었다. 로빈스는 곧 이 두 가지 문제를 단 한 가지 변화로 해결할 수 있음을 알아냈다. 탄환을 끝이 뾰족한 장립형(長粒形)으로 만들되, 동시에 길이 방향 축을 중심으로 스핀을 갖게 만드는 것이었다. 그러기 위해서는 머스킷 총신의 내경에 연속적인 나선형 홈을 파는 것이 최선의 방법이었다. 다시 말해 총신에 '라이플'(rifle), 즉 강선을 만드는 것이었다. 그러나 이 홈은 탄환이 딱 들어맞을 때에만 중심축을 따라 스핀을 갖게 만들 수 있었다. 간단히 말해 이 홈은 탄환이 총신을 타고 나가는 동안 그 길을 따라 움직이도록 맞물려야 했다.

드디어 로빈스는 후장식(後裝; breach-loaded) 총의 설계도를 그렸다. 브리치(breach: 총신에서 총구의 반대편 끝부분)를 열어 화약과 탄환을 총신에 끼워 넣는 방식이었다. 화약과 탄약을 제자리에 장전하고 브리치를 안전하게 닫으면 발사 준비가 끝나는 것이었다. 이 총은 대단히 혁신적이었지만 로빈스가 죽은 뒤에야 사용될 수 있었다. 라이플 머스킷은 기술적으로 문제를 안고 있었기 때문에 몇 년이 더 지난 뒤에야 세상에 선을 보였다. 그럼에도 불구하고 로빈스의 혁신적인 발견은 군의 전비를 개혁시켰고, 곧이어 영국을 유럽 최고의 군사 강국으로 만들어주었다.

플린트록

●   당시 기본적인 머스킷 역시 이 시기에 중요한 변화를 겪었다. 17세기 초반부터 도입된 변화로 1660년대에는 신형 머스킷이 유럽에서 군용 머스킷의 대세를 이루기 시작해 1840년대까지 인기를 누렸다. 당시 머스킷 대부분은 무강선 총신에 구형 납탄을 총탄으로 썼다. 사정거리는 대략 135미터, 무게는 4.5킬로그램 정도였다. 총신에 강선을 만들기 시작하자 머스킷의 명중률과 사정거리는 크게 개선됐다. 그러나 대체로 강선이 있는 머스킷은 저격수들만 사용했다. 문제는 오늘날 '라이플'이라고 부르는 유강선 머스킷이 총신에 꼭 맞는 탄환을 사용하기 때문에 장전 시간이 오래 걸린다는 점이었다. 게다가 유강선 머스킷은 한 번씩 사격을 할 때마다 청소를 해야 했기 때문에 그만큼 시간이 더 많이 걸렸다.[7]

플린트록(flintlock)이라 불린 신형 라이플은 휠록과 달리 스파크를 일으키기 위해 부싯돌(flint)을 사용한다는 차이가 있었다. 플린트록

은 엄지손가락으로 스프링이 연결된 레버를 당겨 공이치기를 당길
수 있었다(다이어그램 참조). 레버 끝에는 끝이 뾰족한 부싯돌 조각이
달려 있었다. 이전의 총들이 그랬던 것처럼, 플린트록에도 미세한 분
말 화약이 든 화약접시가 있었다. 화약접시에 점화제를 채운 다음 접
시를 닫는 것이었다. 화약접시 위에는 ㄴ자 형태의 '프리즌'(frizzen)
이라 불리는 강철판이 있었다. 방아쇠를 당기면 스프링이 화약접시
를 향해 부싯돌을 잡아당겼다. 부싯돌이 프리즌을 건드리면 프리즌
이 올라가면서 화약접시가 열렸다. 부싯돌은 프리즌을 타고 미끄러
지면서 화약접시를 때려 스파크를 일으켰다. 이 스파크는 화약접시
에 담긴 점화제에 불을 붙이고, 점화제의 불꽃은 화구를 타고 내려가
총신의 기폭제를 점화했다.

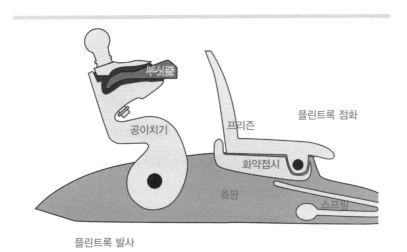

플린트록 메커니즘

플린트록의 메커니즘은 라이플과 피스톨에도 그대로 사용됐다. 이 무렵 군용 피스톨은 상당히 널리 보급됐다. 사정거리는 다른 총기류에 비해 짧았지만 다루기가 쉬웠기 때문에 기병들에게 인기가 높았다. 크기가 작은 플린트록 피스톨은 길이가 15센티미터 정도, 큰 것은 40센티미터 정도였다. 가장 인기가 높은 피스톨은 퀸 앤 피스톨(Queen Ann Pistol)이었다. 아름답고 우아한 이 피스톨은 당시에 분쟁을 해결하는 방식 가운데 하나이던 결투용 무기로 자주 사용됐다. 이 피스톨은 쉽게 발사하기 위해 총신을 두 개, 세 개 또는 그 이상으로 설계하기도 했다.

매치록이나 휠록에 비해 크게 개선되기는 했지만, 플린트록도 여전히 문제를 안고 있었다. 부싯돌을 날카롭게 갈아두지 않으면 총이 아예 불발됐기 때문이었다. 또한 습기에 약하고 오발 사고가 자주 일어났다. 게다가 사수의 손에서 폭발하는 경우도 종종 있었다.

크리스티안 하위헌스

●   이 당시 물리학을 되짚어보면 뉴턴 이후 가장 뛰어난 물리학자 가운데 한 사람이 눈에 띈다. 바로 크리스티안 하위헌스다. 로빈스나 지금까지 언급한 과학자들과는 달리 하위헌스는 덴마크에서 매우 지위가 높고 부유한 가문 출신이었다. 아버지는 외교관이자 아마추어 자연철학자였으며, 하위헌스의 어린 시절 교육에 큰 역할을 했다.[9]

하위헌스는 열여섯 살 때까지 주변에서 가장 뛰어나다고 정평이 난 가정교사들로부터 집에서 교육을 받았다. 하위헌스의 수학 재능이 뛰어나다는 것은 누가 보아도 분명했고, 자연스럽게 가족이 알고 지내던 저명한 수학자 르네 데카르트(Rene Descarte)의 눈에 띄게 됐다. 데카르트는 라이덴 대학(University of Leiden)에서 수학을 공부할 것을 권했고, 하위헌스는 1645년부터 이 대학에서 법학과 수학을 공부했다. 그 후로 수십 년간 하위헌스는 물리학, 수학, 심지어는 천문학에서까지 수없이 많은 발견을 했으며, 비록 당대의 군사 무기에는 크게 영향을 주지 못했지만 그가 발견한 것들은 훗날 지대한 영향을 미쳤다.[10]

하위헌스는 첫 번째 책을 통해 확률 이론과 당시 기초적인 수학 문제에 해답을 제시함으로써 수학에 공헌한 것 외에, 물리학에도 기여했다. 예를 들어 1659년, 하위헌스는 끈에 매달려 휘둘리는 공의 원운동과 관련된 힘, 즉 오늘날 구심력이라 부르는 공식을 도출했다. 그는 이 힘을 $F=mv^2/r$로 기술했다(m은 질량, v는 속도, r은 반지름). 하위헌스는 또한 두 물체의 탄성 충돌과 관련된 기본적인 물리학 원칙들을 발견했다. 그는 충돌 이전의 총운동량은 충돌 이후의 총운동량과 똑같다는 사실(뉴턴의 제3법칙이 예측한 것처럼)을 실험으로 증명한 첫 번째 과학자였다. 이뿐만 아니라 하위헌스는 최초의 진자시계를 발명했고, 진자의 주기를 계산하는 공식도 처음으로 도출했다. 렌즈를 연삭하는 새로운 방법을 고안하고 망원경을 만들었으며, 망원경으로 토성의 제일 큰 위성 타이탄을 발견했다. 또한 토성의 링을 관찰했으며, 이 고리는 얇고 토성에 붙어 있지 않다고 예측했다(맞는 예측이었다).

그러나 물리학 영역에서 그를 유명하게 해준 것은 1678년에 발표한 빛의 파동 이론이다. 몇 년 뒤에 뉴턴은 빛이 작은 입자로 이루어져 있다고 주장하면서, 이 입자를 미립자(corpuscle)라고 불렀다. 여러 해 동안 빛의 성질에 대해서는 두 가지 이론이 존재했다. 하나는 빛을 파동으로, 나머지 하나는 입자로 보는 이론이었다. 1801년, 토머스 영(Thomas Young)은 하위헌스가 옳다는 것을 보여주었지만 오늘날의 양자물리학에서는 파동-입자 이중성의 개념을 받아들이고 있다. 빛은 관찰자의 관찰 방법에 따라 두 가지 성질을 모두 보여주기 때문이다.

하위헌스는 또한 시계의 밸런스 스프링(균형바퀴 태엽)을 발명했는데, 이 스프링은 지금도 여러 장치에 쓰이고 있다. 1675년에는 최초의 회중시계로 발명특허를 얻었다. 1673년 그는 연소 엔진 실험을 시작했는데, 이 엔진의 연료로 화약을 사용했다. 이 실험은 성공을 거두지 못했지만, 제임스 와트가 증기기관을 만드는 데 도움을 준 단순한 형태의 증기기관을 설계했다.

물리학과 산업혁명

●　　　　　　　앞에서 언급했듯이, 몇몇 학자들은 물리학을 포함한 순수과학이 산업혁명의 발달에 큰 역할을 하지 못했다고 주

장해왔다. 그러나 전체적으로 보면 이 시기에 물리학의 기본적인 발견들이 이루어졌으며, 그중에서도 특히 하위헌스의 발견이 두드러졌다는 것을 알게 된다. 게다가 영국에서는 왕립학회, 프랑스에서는 프랑스 아카데미가 설립됐다. 이 두 단체의 목적은 순수물리학과 응용물리학을 발전시키고 독려한다는 데 있었다. 군비 강화가 이 두 단체의 주요 목적은 아니었지만, 부차적인 목적이었던 것만은 분명하다.

이 당시, 와트의 증기기관 발명에도 분명 크게 도움이 된 또 다른 발전이 있었다. 보일의 법칙(Boyle's law)이라는 이름으로 알려진 기체의 기본 법칙이 정립된 것이다. 이 법칙은 온도가 일정하다면 제한된 공간 안에 들어 있는 기체의 압력과 부피의 곱은 일정하다는 내용이다. 예를 들어 기체의 부피가 반으로 줄어들면 압력은 두 배가 되거나, 부피가 두 배가 되면 압력은 반으로 줄어드는 것이다. 이 법칙은 1662년에 영국의 로버트 보일(Robert Boyle)이 처음 기술했다.

와트의 연구는 대포와 머스켓의 효율을 크게 향상시켰다는 점에서 군사 무기 개발에 결정적인 역할을 했다. 게다가 앞에서도 언급했듯이 물리학의 중요한 갈래, 바로 열역학이 엔진 효율에 대한 와트의 연구의 결과로 생겨났다.

충돌과 구심력에 대한 하위헌스의 연구 역시 전쟁 무기 개발에 큰 도움을 주었다. 그러나 가장 크게 영향을 준 것은 하위헌스의 빛에 대한 연구와 '빛은 파동'이라는 주장이었다. 몇 년 뒤, 제임스 클러크 맥스웰(James Clerk Maxwell)과 하인리히 루돌프 헤르츠(Heinrich Rudolf Hertz)의 연구와 함께 하위헌스의 연구는 전자기 스펙트럼 발견을 이끌었다. 이 발견은 결국 전쟁에 어마어마하게 영향을 주었다.

마지막으로, 총기 제작에서 벤저민 로빈스가 이룬 발전은 기본적으로 물리학에 기반을 둔 것이었으며, 이 발전으로 말미암아 그 후 수십 년 동안 전쟁의 양상은 극적으로 변하게 됐다.

9

나폴레옹의 무기와
물리학의 새로운 발전

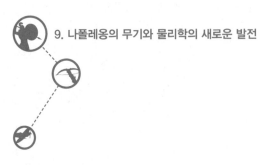

9. 나폴레옹의 무기와 물리학의 새로운 발전

산업혁명이 유럽을 휩쓰는 동안 사회 구조에도 변화가 왔고 유럽의 대부분이 전쟁의 소용돌이에 휩쓸렸다. 프랑스에서는 1789년에 바스티유 함락과 함께 프랑스 혁명이 시작됐고, 3년 뒤 루이 16세는 처형을 당했다. 2년 만에 자그마치 2만~4만 명이 처형을 당하면서 혁명은 최고조에 달했다. 프랑스는 파산했지만, 놀랍게도 몇몇 중요한 과학적 발전이 이루어졌다. 그리고 이 발전들은 주로 한 남자, 앙투안 라부아지에(Antoine Lavoisier)와 연관이 있었다. 많은 사람들에게는 경악스럽고 슬픈 일이지만 라부아지에는 처형당했고, 과학적 발전도 멈춰 버렸다. 나폴레옹 전쟁 중에는 과학적으로 이렇다 할 발전이 거의 없었으며, 연구나 노력이라 해봐야 군사적인 방향에 초점을 둔 정도였다.

프랑스 혁명

●   1774년에 왕위에 오른 루이 16세는 프랑스군에 심각한 문제가 있음을 파악하고 깜짝 놀랐다. 화약이 부족했던 것이다. 창고들은 거의 텅텅 비었고, 자원은 고갈되고 있었다. 특히 화약의 주요 성분인 초석이 부족했다. 처음에는 마구간과 낡은 건물에서 초석이 나왔다. 루이 16세는 행동에 나설 필요가 있다고 판단했다. 국왕은 프랑스에서 가장 유명한 화학자인 라부아지에에게 이 일을 맡겼다. 라부아지에야말로 이 일의 적임자라는 것이 곧 증명됐다. 라부아지에는 즉각 작업에 착수해 초석이나 화약 생산에 아주 작은 것이라도 새로운 발전을 이루어내는 사람에게는 현금으로 보상했다. 그는 곧 낡은 생산 공정을 철폐하고 새로운 화약 생산 공식이 얼마나 개선될 수 있는지를 자세하게 살폈다. 짧은 기간 안에 라부아지에는 커다란 변화를 이루어냈다. 4년 뒤, 화약 생산 공식은 외국에서도 프랑스로부터 사들이고 싶어 할 만큼 크게 개선됐고, 텅텅 비었던 창고들이 꽉꽉 들어찼다.[1]

그러나 화약 생산 공정 개선은 라부아지에가 이룬 수많은 업적 가운데 하나일 뿐이었다. 그는 화학에서 수많은 발견을 함으로써 '현대 화학의 아버지'라 불리게 됐다. 그는 일차적으로 화학자였지만, 물리학에도 중대한 영향을 미쳤다. 특히 물리화학과 열역학 분야에 기여한 것이 매우 중요하다. 라부아지에는 초석과 인을 공기 중에서 연소시켜 나오는 화합물이 원래 물질들의 무게의 합보다 무겁다는 것을 증명했다. 그다음에는 화합물에서 증가한 무게는 공기가 잃은 것임을 증명, 결과적으로 질량 보존의 법칙으로 이어졌다.

그는 또한 공기에는 두 가지 성분이 있는데, 그중 하나가 금속을 녹슬게 한다는 것을 보여주었다. 그는 이 성분에 산소(oxygen)라는 이름을 붙였다. 그다음에는 헨리 캐번디시(Henry Cavendish)가 몇 년 전에 발견한 공기의 또 한 가지 성분이 물속에 존재한다는 것을 증명했다. 수소라는 성분이 산소와 함께 물을 이루는 것이었다. 또한 그는 질소 역시 산소의 중요한 성분 가운데 하나임을 파악했다.[2]

수년 동안 연소에 대해서는 '열소 이론'(熱素 理論)이 굳어져 있었다. 모든 연소성 물체에는 열소라 불리는 신비로운 원소가 들어 있어서 연소되는 도중 이 원소가 방출된다는 이론이었다. 그러나 라부아지에는 이 이론이 틀렸다는 것을 증명했다. 연소에서 핵심적인 요소는 산소였다. 산소, 질소, 수소, 인, 수은, 아연, 황 등 당시까지 알려진 원소(또는 더 이상 나눌 수 없는 물질)들을 총망라해 목록을 처음 만든 것도 라부아지에였다.

1794년에 라부아지에가 체포된 것은 놀라운 일이 아니었을지도 모른다. 당시 저명한 과학자들이 그동안 라부아지에가 프랑스 과학계에 기여한 수많은 업적을 제시하며 의회에 그의 목숨을 구해달라는 청원을 냈다. 그러나 출처를 알 수 없는 일설에 따르면, 심판관들은 "공화국은 과학자도 화학자도 필요 없다. 정의라는 대의는 미룰 수 없다"[3]며 청원을 기각했다고 한다. 라부아지에는 5월 8일에 쉰 살 나이로 참수형을 당했다. 저명한 수학자 조제프 루이 라그랑주(Joseph Louis Lagrange)는 이렇게 탄식했다. "저들이 그의 목을 치는 것은 순식간이었지만, 프랑스가 그와 같은 인물을 다시 배출하려면 적어도 100년은 걸릴 것이다."[4]

선출된 관리들이 라부아지에를 처형한 것이 지나친 처분이었음을 깨닫기까지는 그리 오래 걸리지 않았다. 이들은 라부아지에의 미망인을 감옥에서 석방하고 그의 소유물들을 돌려주었다. 몇 년 뒤, 파리에는 그를 기리는 동상이 세워졌다.

장-바티스트 바케트 드 그리보발

●   혁명기의 프랑스 육군은 다시 한 번 침체기에 빠졌다. 포병대는 다른 나라에 비해 시대에 한참 뒤처졌고, 병사들은 오랜 세월 관심을 받지 못한 탓에 훈련 상태가 엉망인 데다 사기도 바닥에 떨어져 있었다. 젊은 육군 중령 장-바티스트 바케트 그리보발(Jean-Baptiste Vaquette de Gribeauval)은 7년 전쟁(프랑스, 오스트리아, 작센, 스웨덴, 러시아의 동맹과 프르이센, 하노버, 영국이 맞서서 벌어진 전쟁. 1756~1763년까지 이어진 이 전쟁은 유럽의 열강들이 모두 참전했으며, 이 전쟁의 결과는 유럽뿐만 아니라 전 세계에 영향을 미쳤다_역자 주)이 발발하자 동맹군이었던 오스트리아 육군으로 파견됐다. 그는 오스트리아군의 대포와 총기류에 비해 프랑스군의 무기들이 너무나 열악하다는 것을 깨닫고 경악했다. 그러나 몇 년 뒤, 그리보발은 프랑스의 대포를 더 가볍고 더 강력하면서도 사정거리는 비슷한 대포로 바꿔놓았다.

영국에서 윌킨슨이 했던 일을 프랑스에서는 그리보발이 해냈다.

나폴레옹의 대포

당시 대포는 철이나 청동을 녹인 쇳물을 원통형 점토 주형에 부어 속이 빈 원통 형태로 만들었다. 쇳물이 식으면 점토 주형을 제거한 뒤 포신의 내경을 연마했다. 이렇게 만든 대포는 저마다 크기가 달라 포신의 내경에 딱 들어맞는 포탄을 생산하기가 어려웠다. 이 때문에 폭발시 화력도 상당 부분 소실됐다. 그리보발은 포신을 속이 꽉 찬 원기둥 모양으로 만든 뒤, 이 기둥 중심을 파고 들어가 원통으로 다듬는 새로운 방식을 고안했다. 이 방식으로 대포는 훨씬 정교해졌으며, 부품들을 다른 대포에도 쓸 수 있게 됐다. 게다가 포탄도 포신에 훨씬 더 잘 들어맞았다. 이렇게 해서 대포 제작자들은 구식 대포와 비교해 사정거리는 비슷하면서 이동은 더 쉽고 무게도 훨씬 가벼운 대포를 만들 수 있었다. 그리보발은 여기서 그치지 않고 이 대포를 최대로 활용할 수 있도록 장교들을 훈련시켰다. 그중 한 사람이 바로 나폴레옹 보나파르트(Napoleon Bonaparte)였다.

나폴레옹의 무기

●   나폴레옹은 군사학교에서 수학, 천문학과 함께 물리학도 공부했으며 전쟁에 있어 과학의 중요성을 익히 알고 있었다. 또한 프랑스가 과학 기술에서 언제나 앞서도록 노력을 기울였다. 에콜 폴리테크니크(École Polytechnique)를 군사학교로 만들었고, 결국 이 학교는 유럽에서 기술적으로 가장 앞선 학교가 됐다. 나폴레옹은 대포를 비롯해 자기가 사용하는 무기가 유럽 전체에서 가장 발전된 것이기를 바랐다. 그러나 그의 승리는 대부분 혁신적인 신무기 덕분이 아니라, 그 스스로 신기하고 영악한 전략과 전술을 구사했기 때문이었다. 나폴레옹이 새로운 물리학적 발견을 응용한 경이로운 무기 개발에 기여했다거나, 물리학 또는 과학 전반에 많은 관심을 가지고 있었던 흔적은 없다. 전쟁에 효용가치가 없으면 그는 거의 관심을 두지 않았다. 어떤 경우에는 새롭고 혁신적인 기술이 눈앞에 다가왔는데도 그것을 잡지 못하는 실수를 범하기도 했다. 그런 예로 대표적인 것이 1782년에 개발된 열기구였다. 1800년, 나폴레옹의 과학 고문 가운데 한 사람이 열기구에 대해 전하면서 적의 동태를 정찰하는 기구로 사용할 수 있다는 사실과 함께, 어쩌면 열기구를 이용해 적진에 폭탄을 투하할 수도 있다고 말했다. 나폴레옹도 처음에는 이 발상에 호기심을 보였으나 곧 관심을 잃었고, 결국 그는 아무런 조치

도 취하지 않았다. 이뿐만 아니었다. 당시에는 이미 머스킷의 총신에 강선을 새기는 기술이 널리 알려져 있었고 유강선 머스킷의 명중률이 더 뛰어나며 사정거리도 무강선 머스킷에 비해 세 배나 높았음에도 불구하고, 나폴레옹은 유강선 머스킷을 좋아하지 않았다. 발사하는 데 시간이 너무 많이 걸리기 때문이었다. 그런 이유로 나폴레옹은 늘 무강선 머스킷을 고집했다.[5]

당시 주요 무기로는 피스톨, 총검(bayonet), 장검(sword), 기병창(lance) 등과 함께 전장식(前裝式) 무강선 머스킷이 쓰였다. 이상하게도 나폴레옹은 총검에 집착했는데, 아마 총검이 공포심을 유발하는 데 매우 효과적이었기 때문일 것이다. 그러나 그의 가장 효과적인 무기는 그리보발의 신형 대포였다. 사령관 초기 시절에 연전연승을 거듭할 수 있었던 것은 그의 뛰어난 전략전술과 그리보발의 대포 덕분이었다. 무엇보다 나폴레옹은 적의 가장 큰 약점을 포착하고 신속하게 그 약점을 이용했다. 전장에서 나폴레옹의 병사와 대포의 신속한 움직임은 적을 놀라게 하고 사기를 크게 떨어뜨렸다. 그의 중요한 전술 가운데 하나가 전방으로 접근하면서 몰래 측면으로 치고 들어가는 양동 작전이었다. 앞에서 나폴레옹을 상대하던 적들은 통신과 보급로를 차단하며 양 측면과 후방에서 공격해 들어오는 프랑스군을 맞이하면 혼란에 빠질 수밖에 없었다.[6]

나폴레옹은 빠른 속도로 승진을 거듭했다. 프랑스가 오스트리아를 공격하던 1796년에는 이탈리아에 주둔한 프랑스군 사령관으로 임명됐다. 전투에 나섰다 하면 그는 승리했고, 1797년 귀국할 때에는 조국의 영웅이 돼 있었다. 나폴레옹은 오래지 않아 다시 행군에 나섰다. 1798년, 이집트 정복에 나선 그는 내심 이 지역의 상권을 위협해 영국군과 맞붙게 되기를 기대했다. 군사적으로 전혀 적수가 되지 못하는 이집트군을 항복시키는 것은 누워서 떡 먹기였다. 이 전쟁에서 프랑스군의 희생이나 손실은 거의 없었지만 이집트는 2,000명에 달하는 병사들이 목숨을 잃었다.

그러나 영국과의 싸움은 이제 시작에 불과했다. 허레이쇼 넬슨 (Horatio Nelson)의 함대는 나폴레옹의 함선이 정박해 있는 바다를 휩쓸며 프랑스 함대를 쑥대밭으로 만들었다. 프랑스 해군들은 탈출도 하지 못하고 배와 함께 수장됐다. 나폴레옹은 자기 군대를 버리고 소수의 호위대와 육군 장성들만 대동한 채 급히 프랑스로 돌아왔다. 그

나폴레옹 보나파르트

러나 놀랍게도 그는 이집트에서 승리한 영웅으로 환영을 받았고, 그 공으로 1800년에 초대 총독으로 선출됐다. 나폴레옹은 이제 유럽 최강의 육군을 이끄는 지도자였고, 그는 이 지위를 이용했다. 먼저 오스트리아를 공격, 새로운 전술과 기술로 1805년 10월에 울름에서 오스트리아를 굴복시켰다. 오스트리아 육군 대부분이 그에게 항복했다. 그다음은 나머지 오스트리아 육군 부대와 러시아군이 주둔한 아우스터리츠(Austerlitz)였다. 나폴레옹은 병력을 반으로 나누어 이 지역을 포위했고, 그 과정에서 엄청난 인명 손실을 안겼다.

그다음 해에는 유럽에서 가장 강력한 군대를 보유한 나라 중 하나이던 프로이센을 공격, 모든 이의 예상을 깨고 프로이센군을 격파했다. 이제 나폴레옹은 유럽의 거의 대부분을 장악했으나, 아직도 굴복시키지 못한 적이 있었으니 그것이 바로 영국이었다. 영국은 아직도 그에게는 눈엣가시 같은 존재였다. 가장 큰 장애물은 영국 해군이었다. 프랑스 해군은 영국 해군의 적수가 되지 못했다. 영국 땅에 상륙하지 못하는 한, 유럽 최강이라는 프랑스 육군도 무용지물이었다.

불안한 평화를 몇 년간 유지한 뒤, 나폴레옹은 스페인을 침공하기로 결정했다. 다른 나라에 비해 약체인 스페인 육군은 나폴레옹에게 곧 항복하고 말았다. 그러나 여기서 나폴레옹은 깜짝 놀랄 새로운 유형의 전쟁과 직면했다. 산속에 숨어 매복과 파괴를 주로 하는 게릴라전이었다. 나폴레옹의 육군은 스페인의 게릴라전에 계속 시달렸다. 게다가 영국군이 스페인군을 지원하고 나섰고, 설상가상으로 오스트리아까지 프랑스를 위협했다. 어쩔 수 없이 나폴레옹은 퇴각해야 했다. 이번에도 그는 다가오는 속도는 느리지만 결정적인 재앙의 한가운데 군대를 두고 빠져나왔다. 그 후 몇 년 동안 나폴레옹의 최정예 병력 상당수가 전사했다.

최악의 패배는 1812년 러시아를 공격했을 때 찾아왔다. 역사상 최대 규모로 병력을 소집한 나폴레옹은, 60만에 이르는 대군을 이끌고 승리를 기약하며 출정했다. 그러나 실제로 전투에 나서 보니 그의 병력은 덩치가 너무 컸고 러시아군은 교활하기 그지없었다. 나폴레옹이 모스크바를 향해 시시각각 다가가며 러시아 영토를 휩쓸고 지나가는 동안 러시아군은 계속 퇴각했다. 이들은 퇴각해야 하는 이유를 명확히 알고 있었다. 혹독하고 잔인한 시베리아의 겨울을 기다린 것이다. 이뿐만 아니라 러시아군은 퇴각하면서 들판에 낟알 한 톨 남지 않도록 모든 것을 태워 버리고 떠났다. 그 결과 점령지에서 식량을 징발하려던 프랑스군은 생필품 부족에 허덕이게 됐다. 그러나 나폴레옹은 일단 모스크바에 입성하기만 하면 식량은 충분할 것이고, 전쟁이 끝날 날도 멀지 않았다고 장담했다. 하지만 나폴레옹보다 한 수 위인 러시아군은 모스크바에서 퇴각하면서도 무엇 하나 남겨놓지 않았다. 모스크바에 입성한 나폴레옹은 러시아 장군들이 항복하기를 기다렸지만 뜻대로 되지 않았다. 무려 한 달 동안 모스크바에서 버티며 아사 직전까지 몰린 프랑스군은 결국 모스크바를 버리고 죽음과도 같은 러시아의 겨울 날씨를 뚫고 프랑스로 귀환했다. 개전 당시에 60만에 달하던 병력 가운데 귀국한 병사는 30만 명이 채 되지 않았다. 나폴레옹의 영광스런 시대는 저물었으나 그의 권력은 여전히 건

재했다.[7]

귀국한 나폴레옹은 새로운 병력 35만 명을 소집했다. 그의 적들은 이미 연합전선을 펼치고 있었다. 러시아, 프러시아, 오스트리아, 대영제국과 스페인이 새로운 동맹을 구축한 것이었다. 그럼에도 불구하고 나폴레옹은 여러 전투에서 승리를 거두었다. 하지만 결국 라이프치히 전투에서 병력 수가 7만 명 이하로 줄어들었다. 얼마 지나지 않아 파리는 포위됐고, 1814년 3월에 함락됐다. 승전국에서는 나폴레옹을 지중해의 엘바 섬으로 유배 보냈다. 그러나 나폴레옹은 1815년 2월, 엘바 섬에서 탈출해 유럽 본토로 돌아와 영웅으로 환영을 받으며 다시 한 번 100일 동안 프랑스를 통치했다. 그러다가 워털루 전투에서 영국의 아서 웰즐리 웰링턴(Arthur Wellesley Wellington) 장군을 만나 참혹하게 패전했다. 이번에는 대서양의 세인트헬레나 섬으로 추방을 당했고, 1821년에 사망했다.

럼퍼드 백작

● 나폴레옹 시대에 프랑스에서는 물리학적인 발견이 거의 없었다. 중요한 발전은 다른 나라에서 이루어졌고 그 대부분은 열과 열역학 분야에서 나왔다. 럼퍼드(Rumford) 백작은 1753년 미국 매사추세츠 주 워번(Woburn)에서 태어났는데, 원래 이름은 벤저민 톰슨(Benjamin Thompson)이고 백작 작위는 명예작위였다. 젊은 시절 영국군에서 일한 그는 화약과 관련해 중요한 실험을 수행하고

그 실험 결과들을 1781년 영국 왕립학회에서 발표했다. 그와 동시에 그는 열에 관한 일련의 실험들을 시작했다.[8]

미국 독립 전쟁이 끝나자 톰슨은 런던으로 떠났다. 그러나 4년 뒤 그는 다시 바이에른으로 옮겨 가 열과 빛에 관한 실험을 계속했다. 1791년에는 바이에른 정부의 눈에 띄어 신성 로마 제국의 백작 작위를 받았다. 이때 선택한 '럼퍼드'라는 이름은 그가 결혼한 뉴햄프셔의 마을 이름이었다.

톰슨은 오랫동안 열 분야에 관심을 갖고 일찍부터 고체의 비열(比熱)을 측정하는 방법을 고안했다. 비열이란 물질 1그램의 온도를 1도 올리는 데 필요한 열량을 말한다. 그러나 톰슨은 실험 결과를 발표하지 않고 늦추다가 다른 사람이 똑같은 결과를 먼저 발표하는 바람에 실망하고 말았다.

톰슨은 뮌헨에서 가장 중요한 발견의 기회를 만났다. 청동 대포 제작을 책임지는 자리에 임명된 그는, 포신의 구멍을 뚫는 과정에서 얼마나 많은 열이 생성되는지를 알고는 깜짝 놀랐다. 뜨거운 금속을 식히기 위해 물을 뿌렸지만, 물은 금방 끓어올랐다. 톰슨은 이 과정에서 생성되는 열을 측정해보기로 했다. 열 손실을 막을 수 있도록 특수하게 제작된 포신을 만들어 포신과 드릴을 수조 속에 담근 채, 천공 작업을 하는 동안 수조 안에 담긴 물의 온도 변화를 측정했다. 이렇게 해서 그는 이 과정에서 얼마나 많은 열이 생성되는지를 판단할 수 있었다. 그는 여기서 멈추지 않았다. 톰슨은 주어진 기계적 일의 양에 대해 얼마나 많은 열이 생성되는지를 계산했다. 오늘날 우리는 이것을 '열의 일당량'이라고 부른다. 그가 계산한 값은 오늘날 우리가 인정하는 값(4.18Joule/calory)보다 약간 높았지만, 이 실험은 매우 의미 있는 첫 발자국이었으며 일과 열의 물리학적 관계를 정립한 중요한 실험이었다.

이 실험을 통해 럼퍼드 백작은 대포의 원료 물질에는 물리적으로 어떤 변화도 일어나지 않는다는 것과, 천공 작업이 진행되는 한 마찰열은 사라지지 않고 계속 일어난다는 것을 보여주었다. 럼퍼드 백작은 또한 빛을 측정하는 측광 기술에도 기여를 했다. 특히 그는 광량의 단위인 표준 촉광(燭光)을 도입했다.

물리학의 새로운 발전

● 　　　　　　사방에서 전쟁이 터지는 사이에 물리학에서는 또 다른 발견들이 연이어 이루어졌고, 특히 전기와 자기 분야에서 연구가 두드러졌다. 전기나 자기와 관련된 새로운 현상들을 완전하게 이해하고 유용한 장치로 이용하기까지는 세월이 더 걸렸지만, 결국 이 분야가 전비(戰備)와 무기 개발, 그리고 보통 사람들의 일상생활에 막대한 영향을 미치게 된 것은 의심할 여지가 없었다.

1730년대 초반, 프랑스의 물리학자 샤를 뒤페(Charles du Fay)는 전기를 띤 물체들끼리는 서로 끌어당기기도 하고 때로는 밀어내기도 한다는 것을 발견했다. 뒤페는 전기장의 형태를 두 가지로 가정하고, 각각 유리 전기(琉璃; vitreous electricity)와 수지 전기(樹脂; resinous electricity)라고 이름 붙였다(이는 나중에 각각 양전기와 음전기로 불리게 됐다). 뒤페는 또한 어떤 물질은 다른 물질에 비해 전기가 잘 통한다는 것도 알아냈고, 이러한 성질을 접촉 대전(contact electrification)이라고 일컬었다.

몇 년 뒤인 1746년, 정치가이자 과학자인 벤저민 프랭클린(Benjamin Franklin)이 전기에 흥미를 느끼고 라이덴 병(Leiden jar: 가운데 황동 막대를 세워 전하를 축적하게 한 병)을 이용해 실험을 했다. 프랭클린은 뇌우가 퍼부을 때 번갯불이 라이덴 병 꼭대기의 동그란 금속 공에서 일어나는 스파크와 관련 있지 않을까 생각했다. 호기심을 만족시키기 위해 그는 폭풍우가 칠 때 뾰족한 철사를 비단실에 연결해 연을 날리는 실험을 했다. 이 철사 반대편에는 금속 열쇠를 매달았다. 예측했던 대로, 프랭클린이 열쇠에 손을 대자 라이덴 병의 금속 전구가 그런 것처럼 스파크가 일어났다. 프랭클린은 라이덴 병의 전기유기체가 폭풍우를 몰고 오는 구름 속에도 있다고 확신했다.

프랑스의 물리학자 샤를 쿨롱(Charles Coulomb)은 1780년대 초부터 대전체의 인력과 척력 문제를 깊이 들여다보기 시작했다. 그는 특히 대전체 사이의 힘에 관심을 가졌다. 서로 끌어당기거나 밀어낸다면, 이 현상과 관련 있는 힘이 존재한다는 뜻이었다. 쿨롱은 비틀림 저울(torsion balance)이라는 섬세한 장치를 만들었다. 이 장치를 이용해 그는 이 힘의 크기를 측정할 수 있었으며, 이 힘은 두 전하 사이 거리의 제곱에 반비례하고 두 전하의 곱에 비례한다는 것을 알아냈다. 이 힘을 우리는 $F=q_1q_2/r^2$로 나타내는데, 여기서 q_1과 q_2는 두 전하의 크기를, r은 두 전하 사이의 거리를 의미한다.

시선을 이탈리아로 옮겨보면, 1790년대에 그곳에서는 내과의사이자 물리학자인 루이지 갈바니(Luigi Galvani)가 전기치료학(medical electricity)이라는 새로운 분야에 관심을 가지고 있었다. 어느 날, 갈바니는 정전기 실험 재료로 쓰던 개구리의 껍질을 벗기고 있었다. 라이덴 병 가까이 있던 그의 조수가 수술용 칼로 개구리 다리의 신경을 건드렸다. 그런데 칼이 신경에 닿자마자 죽은 개구리의 다리가 마치 살아 있는 것처럼 꿈틀거렸다. 깜짝 놀란 갈바니는 1791년에 이 문제에 대해 발표했다. 갈바니는 개구리의 신경 내부에 존재하는 전기유기체 때문에 다리에 경련이 일어난 것이라고 추측했다. 그리고 이 현상을 동물 전기(animal electricity)[9]라고 이름 붙였다.

이 결과가 발표된 직후, 이탈리아의 또 다른 물리학자 알레산드로 볼타(Alessandro Volta)가 이 논문을 읽고 같은 실험을 반복해보았다. 볼타는 이 실험에서 개구리 다리는 필요하지 않다는 것을 금방 발견했다. 필요한 것은 극이 다른 금속 두 개와, 개구리 다리를 대신하는 물에 젖은 전도체였다. 단시간에 그는 한 발 더 나아가, 상대적으로 이러한 현상이 더 잘 일어나는 금속 조각 쌍과 습한 전도체 여러 가지를 알아냈다. 볼타는 새롭게 고안한 장치를 계속 수정해, 은 원반과 아연 원반을 교대로 쌓고 두 금속 원판 사이에 소금물에 적신 카드보드 원반을 끼워 넣었다. 오늘날 배터리(battery)라고 알려진 이 새로운 장치를 이용해, 전류의 연속적인 흐름을 최초로 만들어낸 것이다.

철사 전도체를 흐르는 전기의 흐름, 즉 전류를 발견하자 많은 물리학자들이 전류를 가지고 여러 가지 실험을 시작했다. 그 가운데 독일 물리학자 게오르그 옴(Georg Ohm)이 있었다. 옴은 철사의 두 지점 사이를 흐르는 전류가 그 철사 단면의 '저항'에 따라 달라진다는 것을 알아냈다. 이 법칙을 '옴의 법칙'(Ohm's Law)이라 부른다. 지금은 전류를 암페어(ampere)라는 단위로 측정하고, 저항의 단위로 옴(ohm)을 사용한다. 수학적으로는 옴의 법칙을 V=IR이라 기술한다. 여기서 V는 두 점 사이의 전압, I는 전류, R은 저항을 나타낸다.[10]

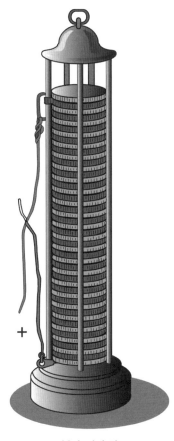

볼타 전지 탑

하지만 아직도 심각한 문제가 남아 있었다. 전기는 자기와 비슷한 성질을 상당히 많이 갖고 있었기 때문에, 이 두 가지가 어떤 연관이 있는 것처럼 보였지만 아무도 증명하지 못하고 있었다. 1813년, 덴마크의 물리학자 한스 크리스티안 외르스테드(Hans Christian Örsted)가 이 문제에 관심을 가졌지만, 몇 년 동안이나 실험에 매달렸음에도 불구하고 이 두 가지 사이의 명확한 연결고리를 찾지 못하고 있었다. 그러던 가운데 1820년 어느 날, 강의를 하던 외르스테드는 전류 스위치를 켰다. 마침 그 옆에는 나침반이 있었는데, 외르스테드는 놀랍게도 전류가 이 나침반에 영향을 주는 것을 발견했다. 그는 나침반의 바늘이 전선과 평행을 이루게 한 채 나침반을 전선 가까이로 가져가보았다. 전류를 흐르게 하자 나침반의 바늘이 전선과 수직 방향으로 움직였다. 이것을 보고 외르스테드는 전류가 자기장과 연관이 있다는 결론을 내렸다. 자기장은 전류가 흐르는 전선을 둘러싸고 있었고, 이 장(場)의 크기는 전선으로부터 멀어질수록 약해졌다.[11] 외르스테드는 이 결과를 1820년 7월에 발표했고 커다란 반향을 불러일으켰다. 이제 분명한 증거가 있었다. 전기와 자기는 서로 연관돼 있었다. 특히 전기장이 자기장을 만들었다. 또한 움직이는 자석이 전류를 발생시킨다는 것도 곧 알려졌다. 두 장 사이의 상호작용을 지금은 전자기장이라고 부른다.

외르스테드의 발견이 출판되고 몇 주 뒤, 프랑스의 물리학자 앙드레 앙페르(Andre Ampere)가 그 논문을 읽었다. 앙페르는 외르스테드의 연구를 증명했고, 더 나아가 전선 주변에 형성되는 장에 대한 실험을 수행했다. 그는 평행한 전선 두 개에는 서로 끌어당기거나 밀어내는 전류가 흐르며, 인력이 작용하느냐, 척력이 작용하느냐는 전류가 같은 방향으로 흐르느냐, 아니면 반대 방향으로 흐르느냐에 따라 결정된다고 했다. 이 상호작용을 더 자세히 연구한 외르스테드는 이들 사이의 힘이 역제곱 법칙을 따른다는 것을 보여주었다. 그는 또한 전류에 대한 '오른손 법칙'도 알아냈는데, 이 법칙은 전선에 전류가 흐르게 한 뒤 엄지손가락을 전류가 흐르는 방향으로 해 그 전선을 나머지 네 손가락으로 감아쥐면, 네 손가락의 방향이 자기장의 방향을 가리킨다는 것이었다. 또한 최초로 솔레노이드(solenoid: 전선을 나선형으로 감은 코일로, 그 가운데로 자기장이 형성된다)를 만들었다.

그러나 이 시기에 가장 빛나는 발견을 이룬 사람은 1791년에 태어난 마이클 패러데이(Michael Faraday)일 것이다. 패러데이는 거의 독학으로 공부했다. 열네 살부터 동네 제본소에서 일을 시작한 패러데이는 직업상 책을 많이 접했다. 짬이 날 때마다 책을 읽은 그는 전기

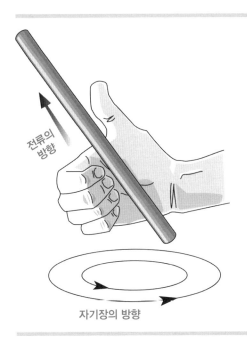

전류의 방향

자기장의 방향

자기장의 방향을 결정하는 오른손의 법칙

라는 새로운 현상에 대해 쓴 책에 특히 관심을 가졌다. 나중에 패러데이는 저명한 물리학자 험프리 데이비(Humphrey Davy)[12]의 강의를 들었다.

책에서 볼타의 전지 탑에 대해 읽은 패러데이는 직접 실험을 했는데, 1821년에 외르스테드가 발견한 것을 발표한 뒤에는 장치 두 가지를 만들었다. 그가 이름 붙인 '전자기 순환'(electromagnetic rotation) 현상을 일으키는 것으로, 이 장치들은 간단한 전기 모터 형태였다. 1830년에는 이미 존재하는 자기장이 전류를 생성할 수 있는지 의문을 가졌다. 이 의문에 대한 답을 찾기 위해 패러데이는 쇠로 만든 고리 한쪽에 전선을 감아 전선의 양끝을 배터리에 연결해서 솔레노이드를 만들고, 이 회로에 스위치를 달아 전류를 흘리거나 차단할 수 있게 했다. 고리의 반대편에는 다른 전선을 몇 바퀴 감고, 그 끝을 갈바노미터(galvanometer)라는 전류 측정 장치에 연결했다. 패러데이는 스위치를 켰다 끄기를 반복하면서, 두 번째 전선에 전류가 형성되는지를 관찰했다. 그러나 패러데이가 기대한 것과 달리 두 번째 전선에서 형성된 전류는 아주 미약했고, 그나마 1초도 지속되지 않았다. 더 깊은 실험을 계속한 패러데이는 드디어, 전류를 발생시키는 것은 자기력선의 존재가 아니라 전선 위에서 형성된 자기장의 움직임이라는 것을 밝혀냈다. 그는 곧이어 전선 코일 안쪽에 자석을 넣었다 빼기를 반복하기만 해도 그 전선에 전류가 생성된다는 것을 보여주었다. 이것을 우리는 전자기 유도(electromagnetic induction)라고 부른다.

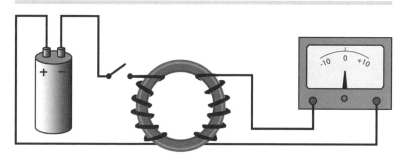

패러데이의 유도 코일

1845년, 패러데이는 자기장으로부터 약한 척력을 보여주는 물질을 발견했다. 그는 이러한 현상을 반자성(反磁性)이라고 이름 붙였다. 패러데이는 자기장과 빛의 명백한 관계를 보여줌으로써 자기장이 광선에도 영향을 준다는 것을 증명했다. 마지막으로, 말년의 패러데이는 전자기력이 도체 주변의 빈 공간에도 '속선'(束線; line of flux) 형태로 존재한다고 가정했다. 지금은 이것을 전기장선이라고 일컫는다.

몇 년 뒤, 패러데이의 연구는 두 가지 중요한 발견으로 이어졌다. 바로 발전기와 변압기였다. 발전기는 산업에서 동력원으로 쓰일 수 있었고, 변압기는 전원의 전압을 변화시키거나 조정하는 데 쓰이게 됐다.

전쟁에 미친 영향

위에서 말한 발견들이 세계 역사상 매우 중요

한 것들이기는 하지만, 이들이 전쟁에 실제로 이용되기까지는 세월
이 걸렸다. 그러나 기술에 응용하게 된 이후로는 거의 혁명적인 변화
가 일어났다. 발전기와 전기 모터가 탄생했고, 결국은 전쟁 무기 개

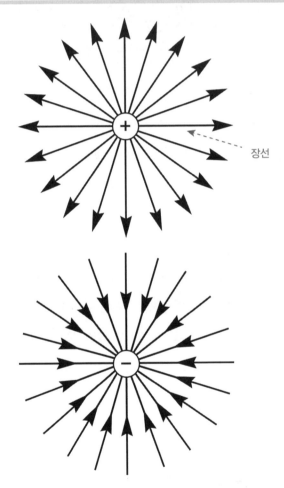

장선

패러데이의 속선, 또는 양전하와 음전하의 전기장선

발에 엄청난 역할을 하게 됐다. 대형 발전기는 주요 동력원으로서 증기기관을 대체하기에 이르렀다. 발전소가 세계 곳곳에 세워지면서 여러 전선에서 무기의 생산에 박차를 가했고, 무기는 엄청난 속도로 생산됐다.

그러나 과학과 기술 분야, 특히 물리학에 갑작스럽게 관심이 쏟아진 것은 전기와 자기 분야의 혁명적인 발전으로부터 얻은 결실이었다. 여러 국가에서 곧 물리학과 다른 과학이 전비나 신무기 개발에 얼마나 중요한 요소인지를 깨닫기 시작했다. 이전에는 순수과학이라면 무시하기 일쑤였으나, 정부 관리들도 순수과학, 특히 물리학이 군사 기술에 매우 중요하다는 것을 인식했다.

영국, 프랑스, 독일과 미국에서도 새로운 대학이 많이 설립됐다. 물리학을 비롯해 과학과 수학은 다시 한 번 새롭게 부각됐다. 일본과 러시아 같은 나라에서도 이내 같은 결론을 내렸다. 산업용 동력을 생산하는 최초의 다이나모(dynamo) 발전기가 1832년에 건설됐고, 곧이어 전보와 연료전지가 탄생했다.

10
미국 남북전쟁

THE PHYSICS
OF WAR

10. 미국 남북전쟁

역사학자들은 미국의 남북전쟁이 진정한 의미에서 최초의 현대전이라고 간주한다. 크게 발전된 무기와 전투 방법이 이 전쟁에서 여러 가지로 사용됐기 때문이다. 남북전쟁 직전과 전쟁 도중에 물리학과 무기 분야에서 중요한 발전들이 많이 이루어지기도 했다. 이 전쟁 이전에도 유럽에서 무기가 많이 생산됐으나, 실제로 전쟁에서 쓰인 치명적인 무기들이 진정한 의미로 대량생산되기 시작한 것은 이 전쟁이 일어나던 시기였다. 또한 이 기간 동안 물리학과 다른 과학이 크게 발전해 전신, 발전기, 정찰용 열기구, 크고 강력해진 함선, 어뢰, 개선된 망원경 등을 등장시켰다.

격발 뇌관의 개발

● 플린트록은 독립 전쟁 초기에도 여전히 널리 쓰였다. 그러나 플린트록을 훨씬 능가하는 새로운 발명이 이미 이루어진 뒤였다. 1800년, 영국의 화학자 에드워드 하워드(Edward Howard)가 뇌산수은(mercury fulminate)이라는 강력한 물질을 발견했다. 그는 이 물질이 화약을 대체하기를 바랐지만, 실망스럽게도 이 물질을 머스켓에 장전하자 총열이 날라가 버리고 말았다. 폭발성이 지나치게 강했던 것이다.[1]

스코틀랜드의 알렉산더 존 포사이드(Alexander John Forsyth) 목사가 1807년에 이러한 발견의 배턴을 이어받았다. 하워드처럼 포사이드도 이 물질이 분명 새로운 화약으로 가치가 있다고 생각했다. 그러나 기폭의 메커니즘, 즉 스프링 장전식 플린트에 더 주목했다. 점화제에 불을 붙이려면 스파크가 필요한데, 습하거나 비 오는 날씨에는 점화가 잘 이루어지지 않았다. 포사이드는 뇌산수은을 점화제로 사용하기로 했다. 뇌산수은에는 엄청난 장점이 있었는데, 불씨가 없어도 작은 망치로 세게 두드려주기만 하면 폭발이 일어난다는 것이었다. 그래서 포사이드는 조그만 종이 카트리지 속에 든 뇌산수은을 때려줄 스프링 장전식 장치를 개발했다. 이 카트리지는 총열로 연결된 튜브에 부착됐다. 폭발로 인한 불꽃이 튜브를 타고 내려가 총탄을 밀어내는 화약에 불을 붙였다. 이 장치는 흡족할 만큼 잘 작동했다.

포사이드와 몇몇 사람들이 그 후 몇 년간 이 새로운 시스템을 계속 연구하고 다듬었다. 처음에는 종이 두 장 사이에 뇌산수은을 넣고 봉합한 종이 카트리지를 사용했다. 1814년에는 뇌산염을 담은 작은 철 캡슐이 등장했다가 나중에 구리로 바뀌었다. 결국 구리, 또는 황동 카트리지에 탄환과 화약을 동시에 담는 방식으로 바뀌었다.

새로운 격발 뇌관 시스템에는 여러 가지 장점이 있었다. 이 시스템 덕분에 날씨는 더 이상 방해 요인이 되지 않았고, 장전도 훨씬 쉽고 빨라졌다. 격발 뇌관 시스템으로 머스켓과 피스톨에 가히 혁명이 일어났다고 해도 과언이 아니었다. 전 세계의 병기가 플린트록에서 뇌산으로 발사되는 총으로 바뀌었다. 미국에서도 마찬가지였으나, 남북전쟁이 한창일 때에 이르러서야 그러한 변화가 일어났다.[2]

획기적인 발전이 있었지만 그래도 문제점은 여전히 남아 있었다. 그중 중요한 문제가 재장전과 관계된 것이었다. 머스켓은 대부분 단일 총열이어서 한 발을 발사하면 한 발을 다시 장전해야 했다. 여러 발명가가 탄환이 각각 하나씩 들어가는 2열식 총열을 개발하려고 노력했지만, 전쟁터에서는 이것도 시원한 해결책이 되지 못했다. 이보다 더 나은 것이 필요했다. 이 문제를 해결하려고 나선 선두자 중 한 사람이 새뮤얼 콜트(Samuel Colt)였다.

원래 콜트의 주요 관심사는 피스톨이었다. 여러 발을 차례로 연사하게 만들 방법이 없을까? 콜트는 나무 모형을 만드는 것으로 실험을 시작했다. 그의 아이디어는 약실이 여러 개 있는 회전식 실린더를 장치하는 것이었다. 약실마다 탄환을 넣고 탄환이 차례로 총열에 맞물리게 만든 뒤 방아쇠를 당기면, 실린더가 돌아가면서 새로운 약실이 총열에 맞물려 새로운 탄환을 발사 준비 시키는 것이다. 콜트가 발명한 것은 회전하는 실린더 안에 탄환을 여러 발 넣은 것이었다. 그가 만든 가장 유명한 총에는 탄환 여섯 발이 들어갔다.[3]

콜트는 이 발명품을 가지고 1840년대에 육군을 찾아갔다. 이때는 남북전쟁이 발발하기 한참 전이었고, 군대에서는 새로운 총에 별다른 관심을 보이지 않았다. 예상을 빗나간 반응에도 불구하고, 콜트는 사방에서 자금을 끌어모아 뉴저지 주의 패터슨에 공장을 세웠다. 그러나 이러한 6연발총은 아직 조잡한 단계여서 크게 성공을 거두지는 못했다. 그래도 콜트는 계속 연구에 연구를 거듭하며 총에 들어가는 부품을 일곱 개까지 줄여나갔다.

드디어 이 총이 사람들의 관심을 끌기 시작했다. 특히 텍사스 레인저스(Texas Rangers: 텍사스의 치안을 유지하기 위해 1830년대에 결성된 조직. 1935년에 텍사스 주 고속도로 순찰대에 통합됐다)가 큰 관심을 보였다. 콜트의 발명품은 말을 탄 병사들에게는 이상적인 무기였다. 1847년, 콜트는 더욱 개선된 신형 총기를 생산하기 위해 코네티컷 주의 하트포드에 새 공장을 지었다. 여기서 생산한 총은 31구경으로, 다른 피스톨에 비해 무게가 가벼웠다. 이 신형 리볼버는 곧 대량 생산에 들어갔다. 산업혁명기에 개발된 시스템을 이용해, 콜트는 총을 이루는 부품을 모두 표준화해서 모든 총에 들어가는 부품을 똑같이 만들어냈다. 몇 년 사이에 이 총은 32만 5,000정이나 생산됐다.

그러나 남북전쟁이 발발한 뒤에도 군에서는 콜트의 총을 적극적으로 받아들이지 않았다.

미니에 탄환

●   격발 뇌관이 극적인 혁신을 이루기는 했지만, 그 직후 훨씬 혁신적인 발명이 이어졌다. 머스켓의 사정거리와 명중률은 한층 높아져 훨씬 치명적인 무기가 됐으며, 무강선 머스켓을 영영 퇴출시켜 버렸다.

새로운 발견은 1823년, 인도에 주둔한 영국군 대위 존 노튼(John Norton)이 아주 이상한 장면을 목격하면서 시작됐다. 인도 원주민들이 적에게 다트를 쏠 때 대롱을 쓰는데, 쏘기 전 준비 단계에서 대롱 안에 입으로 바람을 불어 넣는 모습을 본 것이다. 노튼은 이것이 곧 대롱을 거품으로 채워 효과적으로 봉인을 함으로써 다트를 쏠 때 밀어내는 힘을 훨씬 크게 해준다는 것을 발견했다.

1836년, 런던의 총기 제작자 한 사람이 노튼의 아이디어를 발전시켜, 탄환의 밑뿌리에 나무 플러그를 집어넣음으로써 탄환이 발사됐을 때 팽창되도록 만들었다. 이것이 도움이 되기는 했지만, 프랑스 육군 대위 클로드 미니에(Claude Minié)는 원통 모양으로 생긴 탄환의 밑 부분에 공동(空洞)을 만들어 한발 더 발전시켰다. 이 시기의 탄환은 현대 탄환과 비슷한 원뿔모양이었다. 이 탄환을 미니에 볼(Miniéball)이라고 부르긴 하지만, 공 모양은 아니었다. 초기 미니에 탄환은 밑 부분에 동그란 컵(cup)이 달려 있고, 이 컵이 폭발하면서 탄환을 총열 밖으로 밀어냈다. 여기서 특히 중요한 것은 탄환이 총열 내부에 있는 어떤 강선의 홈에도 여유롭게 맞았다는 것이다.[4]

총열에 나선형 강선을 새기기 시작한 지는 꽤 오래 됐지만, 이 강선에 딱 들어맞기 위해서는 탄환이 총열의 내경보다 약간 커야 했고, 따라서 탄환을 기폭제 바로 위까지 밀어 넣으려면 장전 시간이 많이 걸렸다. 그러나 미니에 탄환은 총열 안으로 탄환을 떨어뜨리듯이 넣어주기만 하면 됐기 때문에 장전 시간이 크게 짧아졌다. 미니에 탄환은 총열 내부에 새겨진 강선 홈을 따라 강제로 회전하게 되므로, 총열에서 빠져 나올 때 지니는 회전율이 매우 높았다.

회전하는 탄환이 왜 그토록 혁신적인지를 알아보려면 회전하는 물체의 물리학을 짚어보면 된다. 어떤 형태가 회전을 하게 되면 그 물체는 축을 중심으로 도는데, 이 회전축은 특별한 상태가 된다. 발사돼 날아가는 탄환에서는 두 가지 운동을 생각해볼 수 있다. 탄환의 궤도를 결정하는 병진 운동과 회전 운동이다. 탄환은 이 두 운동을 동시에 하는데, 마치 투수의 손을 떠난 야구공과 비슷하다. 투수는 의도적으로 공에 스핀을 주어 궤적이 커브를 그리게 만든다. 타자가 공을 때리기 힘들게 하려는 것이다.

그렇다면 회전하는 물체는 어떻게 다루어야 할까? 우선 회전하는 물체는 회전축이라는 가상의 선을 중심으로 돈다는 것을 쉽게 상상할 수 있다. 이제 이 물체의 회전 비율을 각속력(특정 방향에 대해서는 각속도라고 한다)이라 하자. 회전 속력은 보통 1분에 몇 번이나 회전했느냐를 측정해 결정한다(rpm: revolution per minute). 과학자들은 또 다른 단위를 사용하는데, 물리학에서는 특히 편리한 단위이다. 이 단위를 정의히려면 먼저 라디안(radian)이라는 것을 규정할 필요가 있다. 1라디안은 $360°/2\pi$, 즉 대략 $57°$에 해당한다. 물리학에서는 분당 라디안 수를 주로 사용한다.

물체가 회전 운동을 하게 하려면, 즉 돌아가게 만들려면 어떻게 해야 할까? 힘이 필요한 건 당연하다. 여기서 우리는 관성 개념으로 돌아간다. 뉴턴의 제1법칙에 따르면, 운동 중인 물체는 외부로부터 힘이 가해지지 않는 한 일정한 속력으로 직선 등속 운동을 유지하려 한다. 간단히 말해, 운동 중인 물체에는 관성이 있어서 이 관성을 극복하려면 힘이 필요한 것이다. 관성은 따라서 '변화를 거부하는' 힘이라 할 수 있다. 마찬가지로 회전하는 물체 역시 회전 관성을 가지며 이를 유지하려고 한다. 따라서 회전하는 물체의 운동에 변화를 주려면 힘이 필요하다. 그러나 이 경우에 우리는 회전하는 물체를 다루는 만큼, 여기서 필요한 힘은 회전력이며 이 힘을 토크라고 칭한다. 문을 열기 위해 손잡이를 돌리거나 병뚜껑을 열 때마다 우리는 토크를 가하는 셈이다.

그러나 회전하는 디스크의 경우에는 디스크의 중심부터 가장자리까지의 각 점에서 '선형 속력'(초당 미터 수)이 같지 않다는 것을 쉽게 알 수 있다. 가장자리에 가까운 한 점에서 속력은 중심에서 가까운 점의 속력보다 빠를 것이 분명하다. 이것은 회전하는 물체의 경우 물체 전체의 여러 점에서의 속도가 회전축에서 멀어질수록 증가한다는 것을 의미한다. 이 때문에 보통(또는 선형)의 힘 f와 회전력, 또는 토크(τ; '타우'로 나타낸다)는 서로 연관된다. 이 관계를 $\tau = f \times r$로 나타낸다.

회전 관성으로 돌아가, 회전하는 물체가 일정한 방향으로 회전을 유지하려 한다는 것은 쉽게 증명할 수 있다. 회전축에 손잡이가 달린 자전거 바퀴가 하나 있는데, 두 손으로 그 손잡이를 잡고 있다고 가정해보자. 일단 바퀴가 어느 한 방향으로 돌기 시작하면, 바퀴의 회전 방향을 바꾸기가 쉽지 않다. 바퀴는 원래 돌던 방향으로 회전하려 하는 것이다. 이것은 긴 방향 축을 중심으로 도는 탄환이 어떤 방향으로 날아간다면, 그 방향을 유지하려 한다는 것과 같은 의미이다. 따라서 스핀은 나아가는 탄환을 '안정시킨다.' 더불어 스핀은 탄환 주변을 둘러싼 공기의 영향(저항)을 감소시키는 역할까지 한다. 이 덕분에 미니에의 탄환은 훨씬 명중률이 높고 사정거리가 길었다.

비회전 물체에 토크를 작용시키면 각가속도가 생긴다는 점에 주목할 필요가 있다. 여기서 각가속도의 단위는 radian/sec^{2}이다. 직선가속도와 각가속도 역시 서로 상관관계가 있으며, 이 관계는 a=a/r로 나타낸다(a는 각가속도, a는 직선가속도). 마지막으로 직선운동에 운동량이 있는 것처럼, 각운동에도 각운동량이 존재한다. 각운동량의 보존법칙은 '독립된 계의 총각운동량은 일정하게 유지된다'고 기술한다.

총열 내부에 네 개부터 여덟 개까지 나선형 강선이 새겨져 있을 경우, 미니에 탄환은 초당 2만 회전 스핀을 가지고 총열을 탈출한다. 이러한 고속 회전으로 미니에 탄환은 무강선 머스켓의 구형 탄환과는 비교할 수 없을 만큼 안정성을 갖게 된다.

라이플과 대포의 혁명

● 앞에서 이야기했듯, 무강선 머스켓은 거리가 90미터 이상 넘어가면 비효율적이었으며, 90미터 이내에서도 명중률은 그리 높지 않았다. 무강선 총을 든 보병들은 열을 지어 적을 향해 전진해 거리가 90미터 이내로 좁아졌을 때도 탄환에 맞을 걱정은 별로 하지 않았다. 라이플(유강선 총)은 처음 사용된 뒤에도 전쟁에서는 많이 사용되지 않았다. 장전 속도가 너무 느리고, 화약 잔여물 때문에 총열이 막히는 경우가 잦았기 때문이다. 유강선 머스켓은 남북전쟁 훨씬 이전부터 있었지만, 대니얼 분(Daniel Boone) 같은 변경의 개척자들이 주로 사용했다. 변경 개척지에서는 장전 정확도가 결정적인 요소였기 때문이다. 1750년부터 생산된 켄터키 라이플(Kentucky rifle)은 유명한 개척자들이 많이 사용했다. 켄터키 라이플은 매우 정확했고, 개척자들은 180미터 밖에서도 칠면조를 쉽게 명중시켰다. 게다가 켄터키 라이플은 미국 독립 전쟁에도 사용됐다. 실제로 이 총은 미국의 저격병들이 사용하는 주무기여서 영국 기병들에게는 큰 위협이 되기도 했다. 켄터키 라이플을 든 미국 저격병들은 360미터 밖에서도 기병이 탄 말을 정확히 사살할 정도였다. 물론 영국에서도 이 총에 맞설 만한 무기를 개발했다. 바로 퍼거슨 라이플(Ferguson rifle)이었다.

미니에 탄환 같은 새로운 발명품과 함께 살상력이 개선된 몇 가지 신무기가 등장했다. 초기 라이플은 전장식이었지만, 무강선 머스켓에 비해 훨씬 치명적이었다. 북군이 주무기로 사용하던 라이플은 58

구경 스프링필드 머스켓(Springfield musket)과 하퍼스 페리 라이플 (Harpers Ferry rifle)이라 불리던 69구경 라이플이었다(구경은 총열의 내경 크기를 의미한다). 두 무기 모두 전장식이었다. 남군은 영국에서 수입된 라이플을 사용했는데, 대부분이 57구경 브리티시 엔필드(British Enfield)였다. 실력 좋은 저격병들은 이 무기를 가지고 800미터나 떨어진 곳에서도 목표물을 쓰러뜨릴 수 있었다. 보통 병사들도 225미터 정도 거리에서 목표물을 명중시켰다.[5]

스프링필드나 브리티시 엔필드가 남북전쟁 당시 주무기로 쓰이기는 했지만, 이 전쟁에는 다른 총기류도 많이 등장했다. 코네티컷 주의 크리스토퍼 스펜서(Christopher Spencer)는 1860년에 총 개머리의 동공에 카트리지를 일곱 개 장전하고 레버를 당겨 개머리를 열 수 있는 새로운 라이플을 발명했다. 최초의 연발총 중 하나였다. 스펜서 라이플(Spencer rifle)이라 불린 이 총은 널리 알려졌음에도 불구하고 남북전쟁에서는 많이 쓰이지 못했다.

또 다른 연발총인 44구경 헨리 라이플(Henry rifle)은 카트리지를 열다섯 개 장착했다. 헨리 라이플이나 스펜서 라이플 모두 카빈 (carbine)으로, 일반적인 라이플보다는 총열이 짧아 무게가 가벼웠다. 따라서 기병들이 선호하는 총이었다. 일반적인 라이플은 길이가 길어 말을 탄 병사가 쓰기에는 버거웠기 때문이다. 총열이 짧은 형태의 단점은 총열이 긴 라이플에 비해 명중률이 떨어지고 화력이 약하다는 점이었다. 그럼에도 불구하고 많은 사람들이 가볍고 조작이 간편하다는 점 때문에 카빈을 선호했다. 카빈은 사정거리의 영향이 크지 않은 울창한 숲 속 전투에서 특히 효과적이었다.

이 시기에 가장 주목할 만한 라이플은 1848년에 크리스천 샤프스 (Christian Sharps)가 개발한 샤프스 라이플이었다. 그러나 이 총도 남 북전쟁에서는 대개 저격수 등 극소수만 사용했다. 이 라이플의 주요 문제점 가운데 하나는 가격이 스프링필드 라이플의 세 배에 달할 만 큼 비싸다는 점이었다. 샤프스 라이플은 1990년에 영화《서부의 사 나이 퀴글리》(Quigley Down Under)가 개봉된 뒤 관심을 모았다. 영화 의 주인공 매트 퀴글리는 총열이 매우 긴(표준형인 75센티미터보다 10 센티미터가 긴) 샤프스 라이플을 들고 다니며 아주 먼 거리에서도 정 확한 명중률을 자랑했다. 이 영화에서 퀴글리는 까마득히 먼 거리에 서도 목표를 쓰러뜨려 보는 이들의 감탄을 자아냈다.

표준형 라이플은 같은 탄환을 쓰면서 대부분 총열이 더 짧은 카빈 모델도 생산되고 있었다는 점을 알아둘 필요가 있다. 카빈은 사정거 리가 짧아서 그만큼 명중률이 떨어졌다. 명중률이 매우 뛰어난 샤프 스 라이플에도 카빈 모델이 있었다.

물론 리볼버도 남북전쟁에 널리 사용됐고, 그중 콜트 44구경과 26 구경은 가장 인기 있는 모델이었다. 프렌치 르맷(French LeMat) 리볼 버는 남군 장교들이 사용하던 총기다. 이외에도 총검, 장창, 기병도, 장검 등 다양한 무기들이 사용됐지만, 이런 무기들은 적에게 실질적 으로 타격을 주지 못했다.

이외에도 널리 쓰인 무기는 대포였다. 무강선 대포와 유강선 대포 모두 작전에 투입됐다. 그러나 가장 정확한 무기는 유강선 대포였다.

포탄은 대개 무게에 따라 설계됐는데, 5.5킬로그램 정도부터 40킬로그램 이상까지 다양했다. 유강선 대포는 후장식이거나 전장식이었다. 당시 포병전에서 대표적인 화기는 세 종류였다. 다른 화기에 비해 포탄 궤적이 평평한 대포, 포신을 위로 향해 발사해 포탄이 아치를 그리며 날아가는 박격포, 이 두 가지 화기의 중간에 해당하는 곡사포다. 가장 인기 높은 것은 '나폴레옹'이라고 불린 무강선 대포였다. 이 대포는 남군과 북군 모두 사용했다. 상대적으로 가볍고 이동이 간편했으며, 사정거리는 약 1,500미터 정도였다. 포탄으로는 산탄(canister)과 포도탄(grapeshot)을 사용했는데, 두 가지 포탄 모두가 상대편 육군에게는 치명적이었다. 산탄은 보통 85개 정도 되는 쇠구슬로 이루어져 사방으로 흩어지며 떨어져 내렸기 때문에 사상자가 많았다. 실질적으로 총열을 짧게 잘라 개조한 초대형 소총과 비슷했다.

남북전쟁

●   남군도, 북군도 6개월 안에 전쟁이 끝날 것이라고 예상했다. 이 전쟁이 그토록 많은 사상자를 내며 치열하게 이어지리라고는 생각하지 못했다. 전쟁이 끝났을 때 파악된 최종 사상자는 양측 군인 70만 명이었고, 민간인 사상자 수는 이보다 더 많았다.

미국 남북전쟁은 에이브러햄 링컨(Abraham Lincoln)이 1860년에 대통령으로 선출된 직후에 발발했다. 링컨은 노예제도에 반대했는데, 남부의 몇몇 주는 대통령이 노예제도를 불법화할 것을 우려했다.

그 결과 1861년에 몇 개 주가 연합에서 탈퇴해 별도로 아메리카 남부 연합(Confederate States of America)이라는 정부를 구성했다. 링컨은 남부가 이렇게 연합에서 탈퇴하는 것을 인정하지 않았고, 연합 체제를 수호해야 한다고 판단했다.[6]

전쟁은 남군이 섬터(Sumter) 요새를 공격하면서 시작됐다. 섬터 요새는 사우스캐롤라이나 주 찰스턴 항 중앙에 위치한 요새였다. 1861년 4월 13일, 돌이킬 수 없는 손상을 입고 요새는 결국 항복했다. 격노한 링컨은 즉각 북군을 조직하기 위해 자원병을 모집했다. 곧이어 4개 주가 추가로 남군에 가담했다. 매우 단기간에 양측은 100만 명 이상 병력을 모았으나, 대부분은 훈련받지 못한 오합지졸이었다.

그 후로 4년 동안 큰 전투가 237회 있었고, 이 밖에도 작은 충돌이 많았다. 전쟁은 점점 치열해졌고 사상자는 눈덩이처럼 불어갔다. 사상자 수가 이토록 커진 것은 주로 양측 장군들이 구사한 전술 때문이었다. 웨스트포인트 출신 장교들의 머릿속에는 나폴레옹의 전술이 깊이 각인됐다. 이들은 그 전술을 전투에서 그대로 답습했다. 앞에서 보았듯이 나폴레옹의 전쟁에서는 병사들이 머스켓을 들고 횡으로 열을 지어 적진에 접근했다. 이들은 대개 90미터 전방쯤에서 총을 발사했다. 그 정도 거리에서는 적을 명중시켜 쓰러뜨리기는커녕 탄환이 적에게 미치지도 않았다. 발사 명령도 '준비, 조준, 발사!'가 아니라 '준비, 발사!'였다. 이들의 목표는 그저 적에게 타격을 주기를 바라며 총탄을 쏟아붓는 것일 뿐이었다. 장전 속도가 느린 단발 머스켓이 비면 병사들은 너나 할 것 없이 총검을 빼들고 백병전에 돌입했다. 문제는,

나폴레옹 시대에는 라이플이든 대포든 살상력이나 사정거리가 크지 않았다는 점이다. 병사들은 이제 목표를 정해 180미터 밖에서도 명중시킬 수 있었다. 따라서 이런 전면 공격은 거의 자살행위나 다름없었다. 그럼에도 불구하고 적의 총구를 향해 무조건 달려들지 않고 방어 행동을 했다가는 겁쟁이라고 낙인찍히기 십상이었다. 그 결과 병사들은 적진을 향해 달려들다가 추풍낙엽처럼 쓰러져갔다. 전쟁 후반부에 들어서야 장군들은 이러한 전술을 포기했다.

전쟁 초기에 링컨 대통령은 남부로 들어가거나 나오는 모든 무역, 특히 영국과 프랑스에서 오는 무기 수입을 차단하기 위해 해상 봉쇄령을 내렸다. 해상 봉쇄는 상당히 효과가 있었다. 남군에 비해 북군의 해군력이 뛰어났기 때문이다. 이뿐만 아니라, 해상 봉쇄로 인해 남부는 경제의 기둥이던 면화 수출길이 막히고 말았다. 전쟁 초기에 남군은 로버트 리(Robert Lee) 장군의 지휘 아래 몇 차례의 전투에서 결정적인 승리를 거두었다. 그러나 1862년, 북군은 서부에 주둔하던 남군의 상당수를 격파했고, 이 때문에 미시시피 강을 장악했던 남군의 해군력도 크게 약화됐다. 그러다가 1863년에 게티즈버그(Gettysburg) 전투가 시작됐다. 리 장군은 북군의 사기를 꺾어놓을 결정적인 승리를 기대하며 육군을 북쪽으로 진격시켰다. 리 장군에게는 대략 병력 7만 2,000명이 있었다. 그에게 대적하는 북군의 병력은 조지 미드(George Meade) 장군 휘하의 9만 4,000명이었다.

전투는 7월 1일, 게티즈버그 변두리에 있는 작은 마을에서 시작됐다. 북군은 리 장군의 군대를 습격, 이들을 마을 남쪽에 있는 시메트리 리지로 퇴각시켰다. 둘째 날, 양측은 다시 전투 준비를 했고 북군은 방어진을 구축했다. 오후 늦은 시각, 리 장군의 군대는 기나긴 방어선을 따라 몇 군데 지점을 공격해 방어선을 뚫는 데 거의 성공했다. 리 장군은 자신만만해졌다. 그의 군대는 북군의 방어선에 상당히 큰 충격을 주었고, 승리는 손에 잡힐 듯 다가온 듯했다. 7월 3일, 리 장군은 대포 135문을 포함해 화기 일제 사격으로 공격을 시작했다. 대부분 5.5킬로그램짜리 포탄을 발사했지만, 치명적인 납탄을 뿌리는 산탄도 쏘았다. 이뿐만 아니라 안에 화약과 쇳조각을 넣어 적의 머리 위에서 폭발하면서 그 유탄들이 쏟아져 내리며 적을 살상하는 포탄도 있었다. 리 장군의 계획은 북군의 병력뿐만 아니라 화기를 최대한 무력화시키는 것이었다. 그는 공격하기 전부터 스스로 북군을 초토화시켜 사기를 완전히 꺾어놓을 수 있다고 믿었다.[7]

짧은 시간 만에 135문에 이르는 남군의 대포에서 포탄 수백 발이 발사됐고, 마찬가지로 북군도 비슷한 수준으로 응사했다. 대포가 발사되는 소리는 귀청을 찢었지만, 더 심각한 것은 양측에 배열된 대포의 포연이었다. 전장 전체가 회색 연기에 갇혔고 양측 병사들은 매운 연기에 눈물을 흘렸다. 포격은 몇 시간 동안이나 계속됐고, 리 장군 입장에서는 실망스럽게도 북군의 응사도 느려지거나 멎지 않았다. 그럼에도 불구하고, 정오쯤 리 장군은 공격 명령을 내리며 진격했다. 연대장 피켓(Pickett) 장군이 공격을 이끌었다. 남군 병력 1만 2,500명이 '피켓의 돌격'(Pickett's charge)이라 알려진 전열을 형성하며 진군했다. 남군 병력은 엔필드 라이플로 무장한 반면, 북군은 스프링필드 라이플을 가지고 있었다. 일부 병력은 놀라울 정도로 명중률이 높은 샤프스 라이플을 갖고 있었다. 양측이 지닌 라이플은 모두 사정거리가 최소 400미터인 미니에 탄환을 썼다. 남군이 개활지를 건너 전진하자 북군은 나지막한 돌벽 뒤에서 기다렸다. 북군은 남군이 더 가까이 다가오기를 기다렸다가, 때가 되자 병사들이 나서는 것과 동시에 남군의 머리 위로 산탄포와 폭탄을 쏟아부었다. 이런 포탄들은 유탄 하나로 적병 두 명을 쓰러뜨리기도 했고, 스프링필드 라이플도 그에 못지않게 살상력이 컸다.

이상하게도 남군은 물러서지 않고 계속 밀려들었다. 살상은 계속됐고, 남군이 북군의 방어선에 닿았을 무렵에는 애초 병력의 절반(약 6,000명)이 전사한 뒤였다. 백병전이 시작됐지만 오래 가지 못했다. 20분 만에 남군은 퇴각했고 들판에는 시신이 즐비했다.

그날 밤에는 비가 내려 전장이 진흙탕으로 변했다. 누구도 더 이상 전투를 할 의욕을 찾지 못했다. 피해를 본 리 장군은 결국 퇴각을 결정했다. 양측은 엄청난 인력 손실을 입었다. 남북전쟁의 여러 전투 중에서 가장 사상자를 많이 낸 전투였다. 북군에서 2만 3,000명, 남군에서도 거의 비슷한 숫자로 사상 피해를 입었다.

전쟁은 게티즈버그 전투 이후에도 2년을 더 끌었지만, 승기는 북군 쪽으로 기울었다. 1864년, 링컨 대통령은 율리시스 그랜트 (Ulysses Grant) 장군을 북군 최고 사령관으로 임명하고, 연합을 회복하기 위한 '제한적인' 전투에서 남군과 노예제도를 파괴하고 연합을 회복하기 위한 '전면전'으로 전환할 것을 명령했다. 남군은 영웅적으로 맞서 싸웠지만 전투마다 패퇴하다가 결국 1865년 4월에 막다른 골목에 몰리고 말았다.

전신의 역할

●   물리학을 바탕으로 발명된 중요 장치로 남북전쟁에서 크게 이용된 것이 전신기(telegraph)였다. 전신은 전선을 통해 한 곳에서 다른 곳으로 전기 신호를 보내는 통신 시스템이다. 수신된 신호는 곧 전문으로 번역됐다. 링컨 대통령은 남북전쟁 내내 이 장치를 이용하며 북군의 장군이나 장교들과 수시로 연락을 취했다. 그는 전신기의 가치를 충분히 이해하고 있었으며, 전신기를 통해 작전 명령을 내린 첫 대통령이었다.[8]

이 새로운 기술의 뿌리는 영국의 발명가 윌리엄 스터전(William Sturgeon)이 최초의 전자석을 발견한 1823년으로 거슬러 올라간다. 패러데이는 전류가 전선 코일(솔레노이드)을 통과할 때 자기장이 형성된다는 것을 보여주었다. 스터전은 패러데이의 실험을 반복하다가 나무 막대를 전선으로 감아보았다. 특히 쇠막대에 비피복 구리선을 열여덟 번 감자 훨씬 더 강한 자석이 됐다. 실제로 쇠막대 무게의 스물다섯 배나 되는 금속을 들어 올릴 정도였다. 이때 전류는 간단한 단일 전지 배터리만을 썼다.

이 소식은 미국의 조셉 헨리(Joseph Henry)에게도 전해졌다. 헨리는 절연 전선으로 같은 실험을 해보기로 했다. 스터전은 회로가 단락되는 것을 막기 위해 전선이 서로 닿지 않도록 조심했다. 그러나 헨리의 전선은 절연이 돼 회로 단락은 문제가 되지 않았다. 따라서 그는 전선을 여러 겹 겹쳐 감을 수 있었고, 수백 번이나 감을 수도 있었다. 1831년, 헨리는 1톤이나 되는 쇳덩어리를 들어 올릴 수 있는 전기석을 만들었다. 그다음에는 이 전자석에 회로를 연결해 레버를 움직여, 멀리 떨어진 벨을 울릴 수 있다는 것을 보여주었다. 이것이 어떻게 가능했는지를 알고 싶다면 전자석이 포함된 간단한 회로를 상상하면 된다. 회로에 키가 연결되고, 이 키를 누르면 회로가 닫히지만 키에 스프링이 달려 있어서 손을 떼면 제자리로 돌아가 회로가 열린다고 가정해보자. 이 키를 누르면 회로 내부의 전기석이 활성화돼 가까이 있는 쇠막대를 끌어당긴다. 이 쇠막대 역시 회로의 일부라면 막대가 전기석에 끌어당겨지는 순간 회로는 끊어진다. 만약 가까이에 벨이 있다면, 키를 누르는 순간 이 막대가 그 벨을 때릴 수도 있다.[9]

이번에는 회로의 일부가 아닌 쇠막대를 생각해보자. 이 경우에 전기석은 막대를 끌어당겨 그대로 유지한다. 키를 놓을 때만 막대가 제자리로 돌아간다. 키를 눌렀다 놓기를 반복하면, 막대는 키를 누르고 놓는 패턴에 따라 제자리로 왔다 갔다를 반복한다. 만약 전기석이 이 키로부터 어느 정도 떨어진 곳에 있다면, 키에서 전기석으로 딸깍거리는 소리 메시지를 보낼 수 있다. 여기서 특히 중요한 것은 이 메시지가 전선을 타고 전류의 속도로 이동한다는 것, 즉 빛에 가까운 속도로 이동한다는 것이었다.

1837년, 영국 물리학자 윌리엄 쿡(William Cooke)과 찰스 위트스톤 (Charles Wheatstone)은 이 아이디어를 기반으로 발명특허를 냈는데, 일반적으로 이 특허를 최초의 전신기로 본다. 하지만 여기에는 문제가 있었다. 그중 중요한 것이, 전선을 타고 흐르는 전류의 세기는 전류의 길이가 길어질수록 약해진다는 것이었다. 전류의 저항이 문제였다. 따라서 이 장치로는 메시지를 아주 먼 곳까지 보낼 수는 없었다. 쿡과 위트스톤은 이 문제 해결에 도움이 되는 장치를 발명했지만, 이 장치를 개선해 먼 곳까지 전신을 보내게 한 사람은 조셉 헨리였다.

헨리는 우리가 중계기(relay)라고 부르는 장치를 고안했다. 그는 다소 약해지더라도 신호를 감지하기에 충분할 만큼 짧은 전선을 이용했다. 그 결과 전기석은 가벼운 키를 끌어당길 수 있었다. 그러나 이렇게 되는 과정에서 배터리로 작동하는 두 번째 회로의 갭(gap)이 채워졌다. 두 번째 회로의 배터리는 회로에 큰 전류를 공급했다. 길이가 아주 긴 회로가 아니라서 저항도 작기 때문에 전류가 더 강했다. 더욱 중요한 것은 이 2차 회로가 1차 회로를 흐르는 것과 똑같은 '메시지'를 만들어냈지만, 오히려 훨씬 강하다는 것이었다. 이 기술은 여러 개의 회로에도 적용할 수 있었다. 따라서 중계기와 적당한 간격으로 배터리를 사용함으로써 메시지를 매우 먼 곳까지 보낼 수 있었다. 1831년, 헨리는 1.6킬로미터 이상 떨어진 곳까지 메시지를 보냈는데, 얼마 안 가 그 거리는 수십 킬로미터로 연장됐다.

그러나 메시지 문제는 여전히 풀리지 않았다. 회로를 열었다 닫았

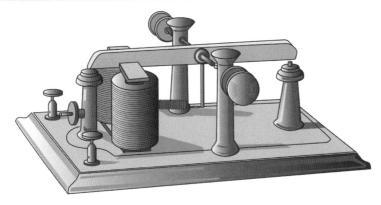

초기 전신기

다 하는 동작을 반복해 타전된 메시지를 번역하는 것이 필수적이었다. 새뮤얼 모스(Samuel Morse)는 전선을 통해 보내는 타전 방식을 점과 선으로 배열할 수 있음을 깨닫고, 모스 부호라고 부르게 된 타전용 부호를 만들었다. 알파벳의 각 글자를 점과 선으로 이어진 짧막한 부호로 만든 것이었다(예를 들어 A는 점과 선, B는 선과 점 세 개). 1844년, 보스턴과 워싱턴 DC 사이에 전선이 가설되고 두 도시 사이에 메시지가 성공적으로 전달됐다. 메시지는《구약 성경》〈민수기〉 23장 23절, '놀라운 신의 작품'(What hath God wrought)이라는 구절이었다.

남북전쟁 초기에 전신은 미국 전역에서 사용되는 중요한 통신 방법이었다. 최초로 캘리포니아에서 워싱턴을 연결한 대륙 횡단 전신 시스템은 1861년, 남북전쟁이 막 시작되던 때 완성됐다. 앞에서도 보았듯이 링컨 대통령은 이 시스템을 십분 활용했다. 흥미로운 것은 백악관 자체에는 전신 시스템이 없었다는 사실이다. 대신 백악관 바로 옆에 있던 전쟁부(Department of War) 건물 안에 있었다. 남북전쟁 기간 동안 링컨 대통령은 북군 장군과 장교 들에게 1,000통 이상 전신을 발신한 것으로 추측된다.

다이나모 발전기

● 　　　　　남북전쟁은 최초로 전기를 전투에 폭넓게 활용한 전쟁이었다. 전기의 영향은 전신 시스템을 훨씬 초월하는 것이었다. 처음에는 전류 대부분이 배터리로 생성됐다. 그러나 배터리의 전기 생산량은 제한적이었다. 공장, 제분소 등 산업시설에서는 막대한 전기가 필요했다. 남북전쟁은 사실상 산업화된 최초의 전쟁이었다. 대량생산된 무기, 철갑을 입힌 증기선, 다양한 전쟁 물자를 생산하는 대규모 공장, 철도 등 이 모든 것이 전쟁에 중요한 역할을 수행했다. 전기는 이들 대부분에서 필수적인 요소였지만, 당시에는 전기의 성질과 응용 가능성이 완전히 파악되지 않은 채였다. 그뿐만 아니라 저렴한 전기 공급원도 알려져 있지 않았다.

그럼에도 불구하고 첫 발자국이 움직였다. 패러데이는 1831년에 전자기 유도 현상을 실험으로 보여주었다. 솔레노이드 안에 자석을 접근시키자 짧은 순간이지만 전류가 흐른 것이다. 문제는 이 전류가 너무 짧다는 것이었고, 자석을 앞뒤로 계속 움직인다 해도 전류의 요동만 나타날 뿐이었다. 패러데이는 한층 쓸모 있는 전류를 생산할 방법은 없을지 파헤치기 시작했다. 이 과정에서 축을 중심으로 돌리는 얇은 구리 디스크를 장치했다. 이 디스크의 바깥쪽 테두리가 강한 자석의 극 사이를 통과하게 하면, 디스크가 통과하는 동안 자기력선이 단절됐다. 그 결과 디스크에 전위차 또는 전압차이가 생긴다. 이 전압은 디스크의 바깥 테두리 쪽으로 갈수록 높아지는데, 그쪽이 디스크의 회전 속도가 가장 빠르기 때문이었다. 패러데이는 다시 전선이 달린 디스크 두 장을 적용했다. 한 장은 바깥쪽 테두리 가까이에, 다른 한 장은 중심 가까이에 전선을 연결해 서로 미끄러지면서 접촉하게 만들었다. 갈바노미터를 회로에 연결하면 회로에 전류가 흐르고, 디스크가 움직이는 한 전류는 연속적으로 흘렀다.[10]

그러나 패러데이의 디스크는 자석을 통과하는 전류 한 줄기만 담았기 때문에 이 디스크에 생기는 전압 차이는 아주 작았다. 얼마 뒤, 전선을 여러 번 감아 코일로 만들면 더 큰 전압을 만들 수 있다는 것이 발견됐다. 1832년, 프랑스의 기계 제작자 히폴리트 픽시(Hippolyte Pixii)는 패러데이의 장치를 더욱 발전시켰다. 그는 크랭크로 회전시키는 영구자석을 이용했다. 자석의 두 극이 절연 전선으로 감긴 쇳조각을 통과하도록 설치함으로써, 픽시는 회전하는 자석의 북극과 남극이 코일을 통과할 때마다 전류파가 생성된다는 것을 알아냈다. 그러나 자석의 두 극은 서로 반대 방향인 전류를 유도했다. 이 문제를 해결하기 위해, 즉 두 극이 유도하는 전류가 같은 방향이 되도록 픽시는 스프링으로 정류자(commutator)라는 장치를 축에 부착했다.

그 결과, 우리가 오늘날 알고 있는 직류 전류는 아니지만 대체로 연속적인 전류가 만들어졌다. 몇 년 뒤에는 일정한 직류 전류가 생산됐다. 이것이 최초의 다이나모, 또는 간단한 발전기, 즉 기계 동작으로 전류를 발생시키는 장치였다. 그러나 이 장치는 원형 운동을 일으키기 위해 이 장치에 무언가를 밀어 넣어야 했다. 증기 기관이나 폭포 형태의 수력이나 단순하게 흐르는 물이 있어야 했다. 적합한 외부 동력원이 있다면 전기, 즉 전류를 생산할 수 있었다. 다이나모는 공장에서 필요한 것처럼 전력을 대량 생산하게 해주었다.

개틀링 건

● 이상하게도 남북전쟁 기간 동안 최고의 무기는 실전에서 볼 수가 없었다. 개틀링 건(Gatling gun)은 1861년에 리처드 개틀링(Richard Gatling) 박사가 개발해 1862년 11월에 특허를 얻은 무기였지만, 육군은 이 무기에 별반 관심을 보이지 않았다. 한 가지 더 이상한 것은, 개틀링 박사가 전쟁을 혐오했으며 이 총으로 인해 전장에서 많은 병사를 필요로 하지 않게 되기를 바랐다는 사실이다. 그러면서도 개틀링은 전쟁이 얼마나 소름끼치고 두려운 것인지 보여주기를 원했고, 그렇게 해서 여러 나라가 전쟁에 대해 다시 생각하기를 바랐다.[11]

개틀링 건은 회전 총열 여러 개를 이용해 분당 200발을 발사했다. 총열 여섯 개가 중심축을 돌아가며 배열됐고, 이 전체가 핸드 크랭크로 회전했다. 총열이 각각 돌아가면서 한 발씩 발사했다. 총탄은 검은 화약과 격발 뇌관이 달린 강철 실린더로 이루어졌다. 화력을 증강시키기 위한 다른 방법에 견주어볼 때, 개틀링 건에 사용된 탄환은 중력을 이용해 총 윗부분에 달린 깔때기에서 탄환을 떨어뜨려 개머리에 장탄하는 식이었다. 탄환이 발사되면 빈 카트리지는 튕겨 나가고 새 탄환이 장탄됐다. 이런 총기를 사용할 경우 커다란 문제점 가운데 하나는 총열이 과열된다는 점이었다. 이 총은 총열이 회전하면서 냉각시킬 시간을 벌 수 있었다. 초기 모델에서는 총열과 총열 사이에 젖은 섬유를 끼워 넣기도 했다.

개틀링은 게티즈버그 전투가 있기 몇 달 전인 1862년 12월에 이 신무기를 북군 앞에서 시연해 보였지만, 북군은 선뜻 받아들이지 않았다. 그러나 결국에는 이 총이 주요한 살상무기가 됐다.

해전

● 　　　지상전이 계속되는 동안, 먼 바다와 멕시코 만은 물론이고 미시시피 강처럼 넓은 강에서도 전투가 이어졌다. 전쟁이 시작된 직후 링컨 대통령은 남부의 항구를 봉쇄했는데, 이 조치는 매우 영리한 전술이었다. 남군은 보유한 자원에 한계가 있었기 때문에 유럽으로부터 병력이나 물자 지원을 받아야 했다. 봉쇄가 계속되면 남군은 외국으로부터 병력은 물론 물자도 지원을 받을 수 없었다. 봉쇄 조치가 효과적으로 유지된 것은, 제한적일지라도 해군 병력이

주로 북군에 충성하고 있었기 때문이다. 당시 해군은 목선만 보유하고 있었는데, 목선은 집중포화 앞에서는 속수무책이어서 철갑을 입히지 않는 한 무용지물이었다.

화기는 점점 더 크고 강력해지는데 그 앞에서 목선은 나약한 오리떼에 지나지 않았다. 무언가 조치를 취해야만 했다. 우선 목선의 주요 부위에 철판이나 강철판을 덧대어 보강해보았지만, 선체 전체를 금속으로 만들어야만 효과가 있다는 것이 곧 확실해졌다. 이러한 배를 철갑선이라고 부르게 됐다.

초기 배들은 대부분 거대한 외륜의 힘으로 움직였다. 이 외륜을 움직이는 것은 증기기관이었다. 그러나 외륜선은 덩치가 너무 크고 움직임도 둔했으며, 전투에는 효과적이지도 못했다. 잘 조준된 포탄 한 방이면 목선은 전장에서 사라졌다. 따라서 공학자들은 추진력이 더 뛰어난 장치를 찾느라 분주해졌다. 이들이 발견한 것은 스크루 장치였다. 이미 오래전에 아르키메데스는 물을 퍼 올리는 데 스크루 형식의 프로펠러를 썼고, 이집트인도 비슷한 장치로 농토에 물을 댔다. 이뿐만 아니라 레오나르도 다빈치는 똑같은 원리를 이용해 간단한 헬리콥터도 설계했다. 스크루가 물을 움직여서 밀고 나가는 힘으로 작용하는 것이 분명했다. 이러한 장치로 배를 움직일 수 있다는 제안을 가장 먼저 한 사람 가운데 하나가 제임스 와트였다. 그러나 안타깝게도 그가 발명한 증기 기관을 여기에 사용하려 했다는 증거는 없다.

최초의 스크루 프로펠러는 아주 긴 형태였다. 그러나 1835년에 프랜시스 스미스(Francis Smith)가 아주 중요한 발견을 했다. 롱 스크루 프로펠러로 실험을 하다가 그만 스크루가 부러지고 말았는데, 놀랍게도 남아 있는 프로펠러가 원래의 긴 스크루보다 더 큰 힘을 낸 것이다. 오늘날 우리에게 익숙한 짧은 프로펠러가 바로 이때부터 사용되기 시작했다. 프로펠러 설계를 완성한 사람은 스웨덴의 공학자 존 에릭슨(John Ericsson)이었다. 1836년, 그는 프로펠러의 날개를 더 크게 하고 효율을 높였다. 에릭슨은 한동안 영국에서도 일했으나 남북전쟁이 시작된 뒤 미국으로 건너갔고, 그의 재능은 곧 해군 장교 로버트 스톡턴(Robert Stockton) 함장의 눈에 띄었다. 스톡턴은 야심찬 사람이었고, 대형 포와 총을 많이 탑재한 철갑선으로 해군을 현대화하겠다는 의지를 품고 있었다. 에릭슨의 도움으로 스톡턴은 당시로서는 가장 위력이 큰 전함을 설계하고 완성했다. 그는 이 함선에 자기 고향의 이름을 붙여 프린스턴 호라고 명명했다. 프린스턴 호의 화기는 총탑 안에 있었는데, 그중 가장 큰 대포는 내경 30센티미터에 96킬로그램짜리 포탄을 발사하는 것이었다. 여기에 20킬로그램짜리 포탄을 쏘는 포 12문이 탑재됐다. 이 함선은 에릭슨이 설계한 새로운 프로펠러로 움직였다.[12]

1844년, 프린스턴 호는 타일러 대통령과 귀빈을 비롯해 수많은 관중 앞에서 퍼레이드를 벌였다. 이 함선의 화력을 과시하고 싶었던 스톡턴은 발사 시범을 명령했다. 세 번째 포가 발사되는 순간, 굉음과 함께 폭발이 일어나면서 주변 군중들에게 파편이 쏟아졌다. 이 사고로 국무장관, 해군 참모총장을 비롯한 고위 관리 여러 명이 숨졌다. 스톡턴과 이 함선을 설계한 에릭슨에게는 치명적인 사고였다.

그러나 에릭슨은 남북전쟁이 발발하자 북군 측으로부터 더 나은 신형 함선을 설계해달라는 의뢰를 받았다. 완성된 함선은 USS 모니터(USS Monitor) 호라고 명명됐다. 두꺼운 철갑을 두른 이 함선은 전장 54미터에 크기가 2.7미터인 프로펠러와 증기기관으로 움직였다. 물 밖으로 나오는 부분의 높이가 45센티미터밖에 안 되기 때문에 밖에서 보기에는 상당히 이상한 배였지만, 이 때문에 적들에게는 타격 목표로 잡기가 지극히 어려웠다.

한편, 남군 측 해군 역시 철갑 함선을 건조했다. CSS 버지니아(CSS Virginia) 호는 남군의 자랑이었다. 1822년, 이 두 함선이 버지니아 주의 햄튼 로드에서 만났다. 버지니아 호가 햄튼 로드의 봉쇄전단을 공격, 소형 프리깃 함 두 척을 파괴했다. 전투 초기에 대형 프리깃 함 미네소타 호가 버지니아 호와 교전 중에 좌초해 있었다. 그러나 금방 날이 어두워지는 바람에 버지니아 호는 미네소타 호를 더 이상 공격하지 못했고, 다음 날 아침 다시 공격을 시도했으나 이때는 이미 북군 해군이 모니터 호를 호출해 버지니아 호를 기다리고 있었다. 두 철갑선은 서로 포를 뿜어댔지만 어느 쪽도 실질적으로 피해를 주지는 못했다. 그러자 버지니아 호는 모니터 호를 들이받으려고까지 했는데, 결국 전투는 승리자 없이 끝이 나고 말았다. 그러나 모니터 호는 미네소타 호를 포함해 여러 함선을 파괴하려는 버지니아 호의 공격을 막아냈다.

모니터 호의 전적에 흡족해진 북군은 모니터 호를 모델 삼아 전체 함선을 건조했다. 북군은 '시티 급'(City Class)이라 부르는 소형 철갑 함대도 구성했는데, 이 함대는 멕시코 만과 미시시피 강을 비롯해 서해안에서 활동했다.

남군 측 해군 역시 소형 함선을 소수 건조했으나 시간이 갈수록 남군은 북군의 해군력에 맞설 수 없다는 것이 명백해졌다. 사실상 해상 봉쇄를 깨기 위해 할 수 있는 것이 거의 없었다.

프로펠러의 물리학

● 당시 프로펠러는 회전축에 두 개, 또는 그 이상 날개가 달려 있었다. 프로펠러가 돌면 회전 운동을 전진 추력으로 변환시킴으로써 프로펠러의 힘을 함선으로 전달했다. 날개 앞뒤로 압력 차이가 발생하는데, 날개 뒷면의 압력이 앞쪽 압력보다 컸다. 이러한 압력 차이가 배를 앞으로 밀어주는 것이었다. 실제로는 프로펠러의 날개가 운동량을 물에 전달하고, 이 운동량이 배를 밀어내는 힘을 만들어냈다.

프로펠러는 날개 디자인에 따라 시계방향으로 돌 수도 있고 시계반대방향으로도 돌 수 있다. 날개가 만들어내는 힘은 날개 면적(A), 유체의 밀도(ρ), 속도(v) 그리고 유체의 흐름에 대한 날개 각도(α)에 따라 결정된다.

프로펠러에 대해 알아보려면 스크루(나사)와 비교해보면 된다. 나사를 벽에 박으려면 나사 머리에 토크를 가해야 한다. 나사의 나사산은 이 토크를 미는 힘으로 바꿔 나사가 벽을 파고들게 하는 것이다.

기본적으로 프로펠러는 회전 운동을 통해 배를 물속에서 움직이게 하는 기계다. 앞에서 보았듯이 기계는 힘을 배가시키거나 변형시키는 장치다. 따라서 프로펠러는 물을 뒤로 밀어냄으로써 배를 앞으로 나아가게 한다. 뉴턴의 제3법칙에 따르면, 이때 뒤로 밀려나는 물에 작용하는 힘의 크기는 배를 앞으로 밀어주는 힘의 크기와 같다. 또한 이 힘은 운동 변화로 생긴 결과이므로, 프로펠러는 물에 뒤로 향하는 운동량을 줌으로써 배에는 앞으로 나아가게 하는 운동량을 전달한다.

"망할 놈의 어뢰!"

●   북군의 해군력을 당해낼 수 없다는 사실을 인식한 남군은 결국 다른 방법으로 해상 봉쇄에 대응하기로 했다. 이들이 이용한 방법 중에서 가장 효과적인 두 가지는 어뢰와 잠수함이었다. 실제로 남군은 어뢰를 써 북군 측 함선 22척을 침몰시키고 12척에 큰 타격을 주었다. 반면에 남군의 손실은 함선 6척에 불과했다. 그러나 이 당시 어뢰는 비록 어뢰라 불렸어도 지금 우리가 생각하는 것과는 달랐다. 오늘날의 무기에 견준다면 어뢰보다는 차라리 기뢰에 가까웠다.

당시에 많이 쓰인 어뢰는 두 가지 유형이었다. 활대기뢰(spar torpedo)는 기다란 활대(최장 7.5미터) 끝에 폭발장치를 단 것이었다. 대개 공격하는 함선의 뱃머리에 달아, 활대기뢰가 적의 함선에 닿으면 폭발했다. 유일한 문제는 이 기뢰가 터질 때 기뢰를 달고 간 함선에도 심각한 피해를 주곤 한다는 것이었다. 어뢰는 긴 밧줄이나 끈에 매달아서 배 뒤로 끌고 가기도 했는데, 대개 45도 각도로 벌려서 끌고 나갔다. 적당히 조종할 수만 있다면 적의 함선을 향해 날려 보낼 수도 있었다. 물론 상당수는 수중에 설치되기도 했다. 이렇게 수중에 매설된 기뢰들은 해변에서 조작해 폭발시키거나 격발 뇌관으로 폭발시켰다.

어뢰가 중요한 역할을 한 전투 가운데 가장 유명한 것은 1864년 8월에 있었던 앨라배마 주 모바일(Mobile) 만 전투였다. 1864년 8월에 벌어진 이 전투에서 남군 측을 이끈 프랭클린 뷰캐넌(Franklin Buchanan) 제독은 해상 전투를 여러 번 경험한 베테랑이었다. 뷰캐넌의 기함 테네시(Tennessee) 호는 버지니아 호를 본떠 만든 철갑선이었다. 만 바깥쪽에는 북군 측의 데이비드 패러것(David Farragut) 제독이 모니터 호를 본떠 만든 철갑선 네 척을 비롯해 목선 여러 척을 이끌고 포진해 있었다. 만 입구에는 출입을 감시하는 요새가 둘 있었다. 대형 화포 여러 문을 갖고 있는 포트 모건(Fort Morgan)과 포트 게인스(Fort Gaines)였다. 그러나 패러것 제독이 가장 두려워한 것은 만 전체에 떠 있는 어뢰였다. 좁은 수로를 지나 만을 통과하려면 포트 모건의 집중포화를 지나가는 수밖에 없었다.[13]

패러것 제독은 함선을 2열로 정비해 공격 계획을 세웠다. 1열은 모니터 호와 비슷하게 만든 철갑선 네 척으로 구성해 포트 모건 가까이 접근했다. 2열은 목선 네 척으로 구성됐는데, 안전을 위해 서로 밧줄로 묶었다. 한 척이 포탄에 맞는다 해도 침몰하지 않게 한 것이었다. 패러것 제독은 2열에 속한 목선 하트포드(Hartford) 호에 승선했다. 그 앞에는 브루클린(Brooklyn) 호가 섰다. 8월 5일, 패러것 제독의 함대가 모바일 만으로 접근하기 시작하자 포트 모건의 대포가 불을 뿜었다. 북군 함선들도 응사했으나 패러것 제독은 거기서 전투를 길게 끌 생각이 없었다. 그는 곧바로 만을 향해 돌파하려 했다.

2열로 열을 지은 함선들이 만 입구에 접근하면서, 선두에 선 철갑선 티컴서(Tecumseh) 호 함장이 뷰캐넌 제독의 테네시 호를 목격했다. 테네시 호는 일렬로 늘어선 목선들에게는 큰 위협이었다. 그러나 티컴서 호가 그 사이를 가로막으려 이동하는 사이, 그만 목선들을 기뢰밭으로 내몰고 말았다. 브루클린 호의 함장은 앞에 떠 있는 기뢰를 발견하고 정선을 명령했지만, 바로 뒤에는 패러것 함장이 탄 하트포드 호가 있었다. 화가 난 패러것 함장은 브루클린 호에 계속 전진하라는 깃발 신호를 보냈다. 서로 뜻이 맞지 않아 혼선을 빚은 두 함선은 그만 집중포화의 한가운데 놓이고 말았다. 갑자기 거대한 폭발이 일어나면서 두 함선이 크게 흔들렸다. 선두인 티컴서 호가 기뢰를 건드린 것이다. 티컴서 호는 순식간에 침몰하고 말았다.

브루클린 호가 다시 멈춰 서자 혼란은 가중됐다. 목선 대열 전체가 충돌할 상황이었다. 패러것 제독은 배를 묶은 밧줄을 끊으라고 명령하고 브루클린 호를 추월해 전진했다. 브루클린 호의 함장이 제독을 향해 소리쳤다. "전방에 어뢰가 있습니다!" 그러자 패러것 제독이 대꾸했다. "망할 놈의 어뢰! 전속력으로 전진!"(이 말은 전설이 됐다.) 하트포드 호는 전진하면서 여러 번 기뢰를 건드렸으나, 운 좋게도 큰 손상 없이 만을 통과했다. 기뢰가 하나도 폭발하지 않은 것이다.

한편, 테네시 호에 타고 있던 뷰캐넌 제독은 북군 함선들이 무사히 만을 통과하자 아연실색하고 말았다. 제독은 테네시 호에게 북군의 선두로 나선 하트포드 호를 향해 돌격하라고 명령했다. 뷰캐넌 제독은 하트포드 호를 그대로 들이받을 생각이었으나, 테네시 호는 덩치가 크고 움직임이 둔했기 때문에 하트포드 호는 공격을 요리조리 피해나갔고, 두 함선은 서로 포화를 퍼부었다. 테네시는 북군 함정 여러 척을 들이받으며 공격을 시도했으나 큰 손상을 주지 못했고, 결국 뷰캐넌 제독은 공격을 멈추고 포트 모건으로 돌아갔다.

그러나 전투는 끝난 게 아니었다. 자기 함선의 피해 상황을 파악한 뷰캐넌은 다시 바다로 나가라고 명령했다. 다시 하트포드 호(10노트)와 테네시 호(4노트)가 서로 마주보며 증기를 뿜었다. 마치 정면충돌을 작정한 것 같았다. 그러나 마지막 순간에 테네시 호가 방향을 바꾸었다. 가까스로 정면충돌을 피한 두 함선의 수병들은 상대방을 향해 머스켓과 피스톨을 쏘아대기 시작했다.

그러나 테네시 호가 하트포드 호를 지날 때 북군 측 함선들이 테네시 호를 포위하게 됐다. 북군 함선들은 테네시 호를 향해 동시에 집중사격을 퍼부었다. 함선들 사이의 거리가 지나치게 가까워지자 테네시 호는 엄청난 손실을 입고 말았다. 게다가 테네시 호는 포문 하나가 막히는 바람에 대포가 불발되는 지경에 이르렀다. 그러다가 북군 측이 쏜 포탄이 타륜에 명중했고, 테네시 호는 조타 능력을 잃고

말았다. 뷰캐넌은 포탄 파편에 맞았고, 항복밖에 다른 선택의 여지가
없었다.

잠수함

● 　　　　　　　잠수함도 남북전쟁 중에 처음 등장했다. 사실
잠수함이 최초로 건조된 것은 남북전쟁이 시작되기 전인 1776년, 영
국에서였다. 사람이 손으로 크랭크를 돌려 움직이는 1인승 잠수함이
었다. 미국의 발명가 로버트 풀턴(Robert Fulton)은 프랑스 해군을 위
해 잠수함을 설계했다.

　앞에서 본 것처럼 남군은 바다에서는 북군에게 크게 열세라는 것
을 금방 깨달았다. 그래서 이들은 해상에서의 싸움에 노력을 들이기
보다는 수중에서 뭔가를 해볼 생각을 했다. 특히 잠수함을 이용해보
고자 했다. 1862년, 남군에서는 잠수함을 여러 척 건조하면서 모두
'데이비드 호'라고 명명했다(데이비드라는 이름은 성경에 나오는 전설, 골
리앗을 이긴 영웅 다윗에서 따온 것이 분명하다). 증기로 움직이는 잠수함
이기 때문에 굴뚝이 필요했을 뿐만 아니라, 승무원이 호흡하기 위해
공기 공급용 튜브도 수면 위로 노출돼야 했으므로 잠수 능력은 극히
제한적이었다. 잠수함의 주요 무기는 뱃머리에 설치한 어뢰였다.[14]

　짧은 기간 동안 호러스 헌리(Horace Hunley)와 동업자 둘은 파이어
니어(Pioneer) 호를 진수했고, 1862년에는 파이어니어 2호를 진수했
다. 이즈음에는 전기 엔진을 실험 중이었지만, 제작 중인 유일한 전

기 엔진은 북쪽에 있었다. 이들은 전기 엔진을 밀수하려고 시도했지만 실패로 끝났다. 그 이듬해, 훨씬 더 큰 헌리 호가 건조됐다. 길이 12미터, 직경 1.2미터인 이 잠수함에는 승무원 여덟 명이 승선할 수 있었고, 수동 크랭크 프로펠러를 돌려 움직였다. 수동 크랭크를 사용한 이유는 최대한 조용히, 들키지 않고 움직이기 위해서였다. 헌리 호는 스파 어뢰(spar torpedo)로 무장했고 전투에 여러 번 투입된 증거도 있지만, 그 와중에 승무원이 여러 명 사망한 것도 분명하다. 그럼에도 불구하고 전쟁 중에 철갑선을 침몰시키는 데 유일하게 성공한 잠수함이었다. 1864년, 파이어니어 2호는 북군의 범선 후사토닉(Housatonic) 호를 침몰시켰다. 그러나 안타깝게도 파이어니어 2호역시 이 전투에서 살아남지 못했고, 다시는 바다에서 볼 수 없었다. 1995년에 파이어니어 2호의 잔해가 사우스캐롤라이나 해안에서 발견돼 2000년에 인양됐다. 후자토닉 호가 폭발할 때 이 잠수함이 겨우 6미터 남짓밖에 떨어져 있지 않았다는 증거로 보아, 아마 당시 폭발로 작동 불능 상태에 빠졌던 것 같다.

북군은 잠수함 생산에 그다지 적극적이지 않았지만, 인텔리전트 웨일(Intelligent Whale) 호라 불린 잠수함을 건조하긴 했다. 그러나 이 잠수함을 실전에 투입하지는 않았다. 흥미롭게도 북군과 남군 양측의 모험가들이 잠수함을 건조하려고 시도했으나, 이러한 시도에 대해서는 알려진 바가 거의 없다. 전체적으로 남북전쟁 중에 지어진 잠수함은 20척 정도이며, 대부분 실전에는 투입되지 않았다. 그러나 잠수함을 건조하는 과정에서 실험과 혁신이 축적돼 훗날 훨씬 발전된 잠수함을 만들 수 있었다. 특히, 기밀(氣密) 기술, 압축 공기 밸러스트 탱크, 전기 모터, 잠망경, 공기 정화 시스템 등이 이때 개발됐다.

열기구

● 뜨거운 공기와 수소를 채운 열기구는 북군과 남군 모두 정찰에 이용했다. 그러나 더 활발하게 이용한 쪽은 북군이었다. 1861년, 링컨 대통령은 태디우스 러브(Thaddeus Love)를 지휘관으로 해 열기구 부대를 창설했다. 이 부대는 여러 전투에서 매우 가치 높은 정보를 전달해 승리에 기여하기도 했다. 1862년에는 7일 전투(Seven Days Campaign)에서 북군의 열기구 부대가 리치먼드로부터 11킬로미터 떨어진 곳에 주둔하며 리치먼드 시내에서 멀어지는 적의 이동 상황을 관찰했다. 가장 큰 열기구(인티그럴과 유니언)는 용적이 906세제곱미터로 사람 다섯 명을 태울 수 있었다. 초기 열기구는 대부분 이동식 발전기를 이용해 물에서 뽑아낸 수소를 채웠다.

거의 모든 열기구는 긴 밧줄을 땅에 묶은 뒤 띄워 올렸으나 그래도 1,500미터 상공까지 상승할 수 있었다. 북군의 열기구는 남군으로부터 수없이 대포 포격을 당했지만, 포탄을 명중시키기에는 너무 높은 곳에 떠 있었기 때문에 격추된 적은 한 번도 없었다. 대형 열기구는 대부분 전신 장비까지 갖춰, 상공에서 수집한 정보를 곧바로 지상으로 전송할 수 있었다.

그렇다면 이 열기구들은 어떻게 작동시켰을까? 열기구를 띄우기 위해서는 힘을 작용시켜야 했는데, 열기구가 사용할 수 있는 유일한 힘은 부력이었다. 그리스의 수학자 아르키메데스는 부력을 최초로 이용한 학자였다. 앞에서 아르키메데스의 원리를 이야기한 적이 있다. '어떤 물체의 전체, 또는 부분이 유체(열기구일 경우는 공기)에 잠길 때, 그 물체는 물체로 인해 밀려난 유체의 무게와 동일한 힘의 부력을 받는다'는 내용이었다.

열기구에 의해 밀려난 공기 무게와 같은 힘으로 부력(B)은 상승 방향으로 작용하고 중력(W)은 하강 방향으로 작용한다. 이 힘들이 어떻게 열기구를 상승시키는지 보기 위해, 우선 기체의 밀도(ρ)와 기구의 체적부터 보기로 하자. 밀려난 기체의 질량은 ρV가 되고, 질량으로 무게를 계산하자면 질량에 g(중력의 힘)를 곱해야 한다. 따라서 부력 $B=\rho Vg$가 된다. 이번에는 기구의 무게 W를 구해야 하는데, 그러기 위해서는 열기구 내부의 질량을 알아야 한다. 열기구 내부의 질량은 내부에 든 기체의 밀도(D)와 부피(V)의 곱, 즉 $W=DVg$가 된다. 따라서 총 상승력은 $B-W=\rho Vg-DVg$가 된다. 만약 이 값이 양(+)이면 열기구는 상승한다. 수소는 공기보다 밀도가 낮으므로 열기구에 수소를 채우면(공기보다 밀도가 낮으면 어떤 기체든 상관없다) 하늘로 띄울 수 있다. 또한 열기구의 내부 공기를 가열하면 분자들이 서로 멀리 떨어져 움직여 밀도가 더 낮아지므로, 이 경우에도 역시 위로 떠오른다. 이것이 바로 뜨거운 열기구의 원리다.

11

총알은 어디로 갔나?:
총알과 대포알의
탄도학

THE PHYSICS
OF WAR

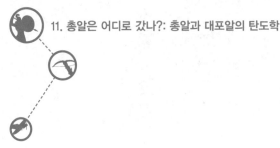

11. 총알은 어디로 갔나?: 총알과 대포알의 탄도학

앞에서 우리는 라이플과 대포의 명중률 문제를 잠깐 언급했다. 사실 오랜 세월 동안 사수들은 탄환이나 포탄의 궤적이 어떻게 생겼는지 전혀 몰랐다. 타르탈리아에게서 중요한 발전이 있었고 갈릴레이가 중력과 연관된 여러 문제들을 명확히 지적했지만, 결국 중력이 왜, 어떻게 작용하는지를 설명한 사람은 뉴턴이었다. 이제 이 문제를 더 자세히 들여다보고자 한다. 앞에서는 남북전쟁까지의 머스켓, 라이플, 대포에 대해서만 다루었지만, 이 장에서는 좀 더 현대적인 라이플과 대포도 다룬다.

탄도학은 발사체의 운동을 다룰 뿐만 아니라, 발사체 또는 탄환, 총의 내부에서 어떤 일이 일어나는지, 그리고 발사체가 목표물에 맞았을 때 어떻게 되는지에 대해서도 다룬다. 전체적으로 탄도학에는 기본적으로 네 가지 연구 분야가 있다.

- 강내 탄도학(腔內; interior ballistics)
- 전이 탄도학(轉移; transitional ballistics)
- 강외 탄도학(腔外; exterior ballistics)
- 최종 탄도학(terminal ballistics)

강내 탄도학은 카트리지 발사부터 발사체가 총구에서 탈출하기까지 일어나는 현상들을 다룬다. 전이 탄도학은 중간 탄도학이라고도 하는데, 발사체가 총구를 떠나는 순간부터 발사체 뒤의 압력이 기압과 같아지는 순간(발사체를 밀어주는 공기압이 주변 공기압과 같아지는 순간)까지를 다룬다. 강외 탄도학은 발사체가 중력의 영향을 받으며 날아가는 과정을 다룬다. 최종 탄도학은 발사체가 목표물에 맞은 뒤에 일어나는 현상을 다룬다. 우리는 여기서 주로 라이플에 대해서 이야기하겠지만, 이 내용은 대부분 대포에도 그대로 적용된다.

강내 탄도학

● 강내 탄도학은 총미와 총열 사이에서 일어나는 현상에 대한 것이다. 따라서 탄도학을 이야기할 때 출발점으로 삼기에 가장 적합하다. 특히 중요한 것은 발사체의 궤적이 상당 부분 총구 속도에 따라 달라진다는 점이다. 총구 속도란 탄환이 총열의 끝

을 떠나는 순간 지니는 속력을 말한다. 따라서 총구 속도가 어떻게 나타나는지를 먼저 살펴보기로 하자.

여기서는 두 가지 중요한 사건이 일어난다. 하나는 화약 폭발이고, 나머지 하나는 그 폭발 결과로 발생하는 기체 팽창이다. 공이가 격발 뇌관을 치면 점화가 일어나고 폭발로 이어진다. 그다음에는 카트리지 안에 있는 화약이 점화된다. 화약이 폭발하면 그로 인해 생성된 기체가 발사체 뒤에 갇히게 된다. 이 기체는 온도가 매우 높아서, 발사체가 총열을 따라 가속되도록 공기의 압력을 높인다. 여기서 연소 시간이 특히 중요한데, 연소 시간은 발사체가 총열 끝에 도달하는 데 걸리는 시간보다 짧아야 한다. 그렇지 않을 경우 화약이 연소되는 상태로 탄환이 총열 밖으로 나오게 되고, 매우 위험한 상황이 벌어질 수 있다.[1]

기체가 팽창하면서, 이 기체는 1800년대 말에 자크 샤를(Jacques

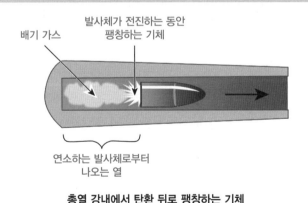

배기 가스

발사체가 전진하는 동안
팽창하는 기체

연소하는 발사체로부터
나오는 열

총열 강내에서 탄환 뒤로 팽창하는 기체

Charles)이 발견한 법칙에 따라 냉각된다. 흔히 '샤를의 법칙'이라 말하는 이 법칙은 때때로 '게이-뤼삭의 법칙'으로 불리기도 하는데, 그 이유는 샤를과 비슷한 시기에 조제프 게이-뤼삭(Joseph Gay-Lussac)도 같은 현상을 발견했기 때문이다.[2] 내용인즉 '기압과 부피의 곱은 온도에 비례한다'는 것이며, 따라서 기온을 갑자기 높이면 부피가 증가하기 때문에 발사체에도 더 높은 압력을 전달한다. 실제로 총열의 내부 기압은 처음에는 증가하다가 발사체가 전진하면서 점점 감소한다. 압력 대 거리의 관계를 그린 그래프를 보면, 총열의 내부 압력이 급격히 감소하기 직전에 그보다 빠른 속도로 증가해 절정에 이른다. 최대 기압이 중요한 이유는 주로 총미 부분에서 최대 기압에 이르기 때문인데, 이 부분은 그만한 기압을 견딜 수 있어야 한다. 총미 부분의 강철이 가장 두꺼운 것도 그 때문이다. 폭발로부터 기인한, 총의 노리쇠나 총미에 가해지는 후진 압박을 노리쇠 추진력이

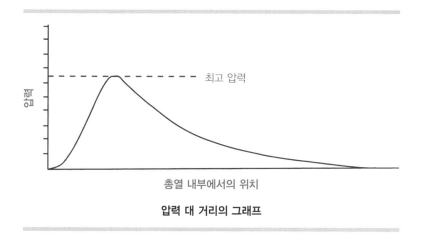

압력 대 거리의 그래프

라고 일컫는다. 이 힘은 약실의 압력과 탄피의 직경에 따라 결정된다. 총을 설계할 때는 이 노리쇠 추진력을 충분히 견디게 설계하는 것이 중요하다. 이 약실 부분의 압력은 대개 제곱인치당 파운드(psi: pounds per square inch), 또는 미터 체계에서는 입방센티미터 당 킬로그램($kg/cm2$)으로 측정한다. 이 부분의 전형적인 압력은 총 유형에 따라 다르지만, 라이플의 경우에는 대략 50,000psi 정도가 된다.

발사체가 폭발력으로 더 오래 가속될수록 나아가는 속도도 빠르다는 것은 분명하다. 이것을 설명하는 법칙이 뉴턴의 제2법칙, '힘은 질량과 가속도의 곱($F=ma$)'이라는 법칙이다. 또한 이 가속도는 발사체가 총열 안에 있는 한(나중에 설명하겠지만, 실은 총열을 벗어난 뒤에도 잠깐 동안은) 계속된다. 따라서 총열이 길수록 총열을 떠나는 순간 발사체의 속도는 더 커진다. 이 속도를 총구 속도라고 한다. 총열이 길수록 속도가 더 커지기는 하지만, 여기에도 한계가 있다. 총열이 너무 길면 다루기가 어렵고, 이 길이에 비례해 총 무게도 무거워지기 때문이다.

총열 길이는 또 다른 측면에서도 중요하다. 뜨거운 기체가 총열을 따라가며 폭발하면 내부 압력이 높아지는데, 총열 끝부분으로 가까워지면 주변 대기압보다 그다지 높지 않아야 한다. 그러나 실제로는 총열의 내부 압력과 외부 압력에는 큰 차이가 있다. 결과적으로 총열 내부에서 나오는 공기가 바깥 공기를 만날 때 충격파가 발생한다. 이 현상과 관계된 문제는 전이 탄도학 부분에서 다루기로 한다.

총열 길이 외에도 총구 속도를 결정짓는 또 다른 요소는 주어진 폭발 양에 대한 발사체의 질량, 또는 무게다. 발사체가 가벼울수록 총구 속도는 커진다. 총열 내부의 화약이 어떤 종류인가도 중요하다. 화약 종류마다 추진 에너지가 다르기 때문이다. 화약을 얼마나 많이 쓰는지도 중요하다. 주어진 내경에 따라 화약 양에는 제한이 있다.

또 한 가지 문제는, 사수에게 큰 위험이 되지 않는 한도 안에서 발사체가 지니는 최대 속도는 얼마인가 하는 것이다. 라이플의 경우에는 초속 1,200킬로미터이다. 대구경 총기나 대포는 초속 1,800킬로미터까지도 안전하게 발사할 수 있다.

반동

● 　　　　　　그러나 총구 속도가 높아도 문제가 생긴다. 앞에서 보았듯이 뉴턴의 제3법칙은 모든 작용에는 크기가 같지만 방향만 반대인 반작용이 존재한다는 것을 보여준다. 이 경우에 작용은 발사체와 뜨거운 기체를 밀어내 총구 속도를 만들어내는 힘이다. 그리고 반작용은 탄환의 방향과 반대로 가해지는 힘이며, 사수는 이 힘을 총의 반동으로 느낀다. 반동 방향은 발사체를 밀어내는 방향과 정반대다. 총을 쏘아본 사람이라면 누구나 반동을 경험한다. 때로는 아주 강하게 반동을 느끼기도 한다. 운동량 보존 법칙은 바로 이 운동의 제3법칙과 직접 관련이 있다. 이 관계를 우리는 mv=MV로 나타내는데, m과 v는 발사체의 질량과 속도, M은 총의 무게(또는 총의 무게와 사수의 몸무게), V는 반동 속도다. 총의 무게는 발사체 무게보다 훨씬

무겁지만, 탄환의 총구 속도(v)는 매우 크다. 따라서 다른 제한이 없다면 탄환은 상대적으로 속도가 높아진다. 그러나 총을 쏘는 사람의 어깨가 총을 제한하는 요소가 되고, 사람의 어깨는 총에 꽤 큰 힘을 주기 때문에 탄환 속도는 매우 빠르게 감소한다. 총을 쏘는 사람들은 총을 어깨에 딱 붙이라는 말을 듣곤 한다. 그래야만 M에 총의 질량뿐만 아니라 사수의 몸무게까지 포함되기 때문이다.[3]

또한 영화나 드라마를 보면, 권총이 흔들리지 않도록 두 손으로 총을 꽉 마주 잡는 장면이 있다. 반동 때문에 권총이 위로 튀어 올라가기 때문이다. 이렇게 되는 이유는 반동의 힘이 권총의 총열을 따라 흐르지만, 권총을 잡은 사람의 팔과 어깨가 지레 역할을 하면서 위로 향하는 토크가 발생하기 때문이다. 반동의 힘은 지레가 되는 팔과 수직을 이루기 때문에 이 힘이 토크를 만들어내면서 총열이 동시에 뒤와 위를 향해 움직이는 것이다. 반동을 줄이는 좋은 방법 가운데 하나는 개머리판 끝에 반동 흡수용 패드를 부착하는 것이다.

전이 탄도학과 충격 음파

●   전이 탄도학은 중간 탄도학이라고 불리기도 한다. 강내 탄도학과 강외 탄도학 사이에 일어나는 발사체의 움직임을 다루기 때문이다. 다시 말하자면, 발사체가 총열을 떠난 뒤부터 발사체를 밀어주던 공기압이 주변 공기압과 같아지는 순간까지 짧은 시간을 연구하는 것이다. 총탄이 총열의 끝에 이를 즈음, 그 뒤를

밀어주던 기체는 주변 기압의 수백 배에 달한다. 그러나 탄환이 총구를 완전히 벗어나면 이 기체도 자유롭게 팽창하면서 사방으로 흩어진다. 이렇게 갑작스럽게 기체가 팽창하면 커다란 소음을 일으키는데, 총이 발사될 때 우리 귀에 들리는 굉음이 바로 이것이다. 또한 총열 내부에서 폭발된 기체가 공기 중 산소와 결합하면서 섬광을 동반하기도 한다.[4]

이 소리는 총이 발사될 때 우리 귀에 들리는 첫 번째 굉음이다. 그러나 많은 경우에 2차 굉음이 들리는데, 이 소리를 소닉 붐이라 일컫는다. 총탄은 뒤에서 팽창하며 밀어주는 기체에 의해 총열을 따라 움직이는 동안 가속도가 붙지만, 일단 총열을 벗어나면 수평속도는 등속도가 된다고 말한 적이 있다. 하지만 이 말은 사실이 아니다. 총열을 벗어난 직후 잠시 동안은 뒤에서 팽창해 나오는 기체 때문에 여전히 총탄에 힘이 가해진다. 라이플의 '총구 속도'를 측정할 때 총구 끝에서 바로 측정하지 않고 1미터 정도 떨어진 위치에서 측정하는 이유다.

총을 설계할 때는 총탄 뒤에서 팽창하는 기체가 총탄의 경로를 교란시키지 않도록 해야 한다. 이 기체가 총탄을 약간이라도 기울게 하면 명중률이 떨어지고 만다. 따라서 총을 설계하는 사람은 총구에서 팽창하며 나오는 기체가 총탄 뒷부분 주변에서 어느 방향으로나 확실하게 대칭을 이루도록 만들어야 한다.

특히 스나이퍼 라이플처럼 군용 무기일 경우에는 저격병의 위치가 발각되지 않도록 소음과 섬광을 최대한 줄이는 것이 중요하다. 섬광 억제기와 소음 억제기, 즉 소음기(消音器)가 그 역할을 한다. 두 가지 장치 모두 탈출하는 기체의 흐름을 바꿔주는 장치다. 섬광 억제기는 섬광의 연소 효율을 줄이기 위해 탈출하려는 기체에 난류를 일으킨다. 소음기의 경우, 기체를 냉각시켜 총열을 탈출하는 속도를 떨어뜨린다. 이렇게 하면 충격파가 생기는 것을 막을 수 있지만, 섬광 제거기나 소음기는 덩치가 크고 무거워서 자주 쓰이지 않는다.

그러나 밖으로 빠져나오는 기체의 충격파를 줄인다 하더라도 초음속 충격파는 들리기 쉽다. 초음속 충격파를 자세히 살펴보자. 공기를 통해 움직이는 물체라면 무엇이든 음속보다 빠르게 움직일 경우 초음속 충격파를 발생시킨다. 탄환 대부분이 바로 이런 물체에 해당된다. 어떤 소음기를 쓴다 해도 초음속 충격파를 완전히 막을 수는 없다. 굉음을 내는 충격파는 탄환을 따라 함께 이동하기 때문이다.

초음속 충격파가 발생하려면, 공기압을 비롯해 몇 가지 요소에 따라 약간씩 차이가 나기는 하지만 물체의 속도가 음속(초속 340미터)을 뛰어넘어야 한다. 피스톨 탄약의 절반가량이 초음속이고, 라이플 탄환은 거의 전부가, 그리고 포탄도 대부분 초음속이다. 앞에서 언급한 적 있지만 탱크의 포는 초속 1,800미터에 달하므로 음속의 몇 배나 된다.

초음속 충격파를 더 잘 이해하려면 이 충격파가 어떻게 발생하는지를 알아보자. 어떤 물체가 소리를 만들어내면 그 물체를 중심으로 음파가 바깥을 향해 음속으로 퍼져나간다는 사실은 잘 알려져 있다. 이 음파를 자세히 보면 압축파(compression)와 희박파(rarefaction)가

연속된다. 압축파는 공기 분자가 어떤 지역에서 함께 몰리기 때문에 발생하고, 희박파는 음파가 다른 지역으로 퍼져나가기 때문에 발생한다. 이것은 음파가 음원으로부터 모든 방향으로 균일하게 퍼져나간다는 것을 의미한다. 그러나 음파를 발생시키는 물체를 이동시키면, 그 음원을 중심으로 한 음파의 패턴이 변한다. 물체가 움직이는 방향으로는 압축파가 더 가까이 일어나고 반대 방향으로는 더 긴 간격으로 일어난다. 이뿐만 아니라 물체가 아주 빠르게 이동하면 이동 방향으로의 음파는 점점 겹쳐지고 음속에서는 완전히 합쳐진다.

이 지점에서 탄환의 탄두에 가해지는 압력은 탄환 바닥에 비해 훨씬 커진다. 그러나 공기 중에서 소리는 약 초속 340미터로만 움직일 수 있지만 탄환은 어떤 속도로도 이동할 수 있다. 특히 음파보다 훨씬 빨리 이동할 수 있다. 이 때문에 탄환이 음속의 벽을 깨뜨리거나 통과하면 압축파는 그 자체가 이동할 수 있는 것보다 빠르게 형성되고, 따라서 서로 계속 겹쳐진다. 이 압축파가 서로 합쳐지면 정상적인 음파처럼 압축파에서 희박파로 자연스럽게 바뀌지 못한다. 강한 압축파 덩어리와 음파 주변의 정상적인 대기압 사이에 분명하게 구분이 생긴다. 그 결과 강한 압축파의 흐름이 원뿔 모양으로 띠를 이루며 뒤로 흐른다. 이 원뿔이 지상에 있는 관찰자를 지나갈 때 관찰자는 갑작스러운 기압 차이를 느끼는데, 이 경험을 초음속 충격파로 해석하는 것이다. 여러 측면에서 초음속 충격파는 채찍을 내리쳤을 때 나는 소리와 비슷하다.

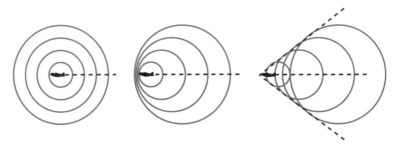

초음속 충격파에 의해 형성되는 원뿔 모양 파동

강외 탄도학

● 강외 탄도학은 발사체가 총열에서 벗어난 뒤
목표물에 맞을 때까지를 다룬다. 갈릴레이는 여기에 두 가지 운동이 개입된다는 것을 알아냈다. 한 가지는 지표면과 평행을 이루는 수평 운동이고 하나는 수직 운동이다. 동시에 두 가지 운동이 진행되지만 별도로 다룰 수 있다. 수평 운동은 총구 속도의 수평 성분이며 일정한 속도를 갖는다. 수직 성분은 중력으로 인한 자유낙하로, 9.8m/sec^{2}로 등가속도 운동을 한다. 9.8m/sec^{2}은 중력가속도이다. 갈릴레이는 또한 이 두 가지 운동을 합성하면 궤적이 전체적으로 포물선을 그린다는 것을 보여주었다(앞에서 언급했듯이, 포물선을 시각화하는 가장 쉬운 방법은 원뿔을 비스듬히 잘라 밑둥을 통과시키는 것이다). 그러나 공기의 압력 때문에 발사체의 궤적은 완전한 포물선에서 어긋나게 된다.

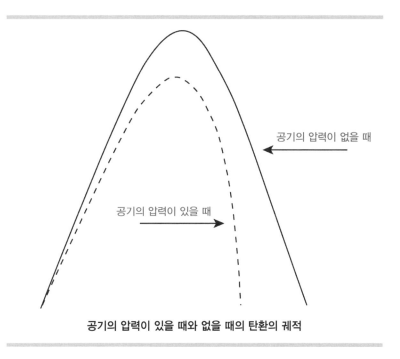

공기의 압력이 있을 때와 없을 때의 탄환의 궤적

공기의 압력이 탄환의 속도를 느리게 하기 때문이다.[5]

탄환이 낙하하는 과정은 허공에서 잡고 있던 물건이 떨어질 때와 똑같다는 것을 쉽게 보여줄 수 있다. 이것을 보여주기 위한 실험은 물리학 수업에 자주 쓰인다. 실험에서는 간단한 발사기(총)를 사용한다. 발사기에서 물체가 지면과 평행을 이루며 일직선으로 튀어나오고, 이와 동시에 다른 물체 하나를 곧바로 아래로 떨어뜨린다. 첫 번째 물체는 훨씬 긴 경로를 그리며 날아가지만, 지면에는 동시에 떨어진다.

탄환 주변의 공기 압력을 자세히 살펴보자. 탄환은 저항력이라 부르는 힘을 만들어내는데, 이 힘은 탄환이 날아가는 방향과 정반대 방향으로 작용한다. 흥미롭게도 이 힘은 중력보다 50~100배가량 크다. 그러나 탄환의 궤적을 결정하는 것은 주로 중력이다. 실질적으로 탄환의 형태도 경로에 어느 정도 영향을 미친다. 그러나 처음의 근사치에서 중력은 탄환의 무게중심에 작용한다고 추정할 수 있다. 기본적으로 이 점을 탄환의 균형점이라고 한다.

저항력은 공기의 저항에 의해 생기고, 공기 저항은 탄환의 속도, 형태, 탄환이 뚫고 지나가는 공기의 밀도와 온도 등 몇 가지 요소에 따라 달라진다. 사실 저항력을 계산하는 것은 어려운 문제다. 게다가 음속, 구체적으로 탄환이 음속을 돌파할 때의 저항력은 더욱 계산하기 힘들다. 이러한 이유로 네 영역으로 구분해 다루는 것이 최선이다.

- 음속 이하 속도, 최대 초속 300미터 이하인 구간

- 음속 바로 아래, 초속 300~340미터까지 구간
- 저항력이 최고인 구간, 초속 340~420미터까지 구간
- 초속 420미터 이상인 초음속 구간

저항력을 D라고 하고, 탄환의 속도에 따른 저항력을 추적하면 세 구간에서 저항력이 어떻게 변화하는지를 볼 수 있다.

탄도 계수(彈道 係數; ballistic coefficient)는 탄환의 감속 비율을 나타낸다. 탄도 계수와 탄환의 총구 속도를 함께 이용하면 탄환의 궤적을 근사하게 어림할 수 있다. 탄도 계수(BC)는 단면 밀도(SD: sectional density)와 형태 인자(FF: form factor)로 정의한다. 단면 밀도는 탄환의

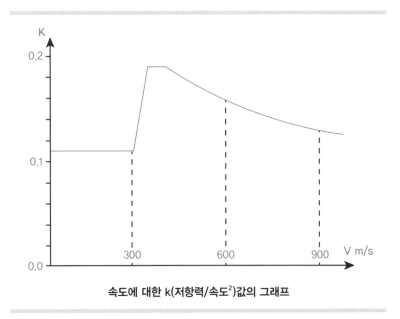

속도에 대한 k(저항력/속도²)값의 그래프

질량을 구경의 제곱으로 나눈 값이다. 형태 인자는 탄환의 공기역학적 효율을 알려주는데, 그 값은 탄환 형태에 따라 달라지므로 결정하기가 매우 어렵다. SD와 FF로 탄도 계수를 계산한다면, BC=SD/FF 이다. 따라서 만약 탄도 계수, 총구 속도, 조준 각도를 안다면 탄환의 궤적을 그려낼 수 있다. 그러나 실제로는 탄환의 정보를 알려주는 표를 이용해야 한다. 따라서 여기서는 더 자세히 다루지는 않고, 대략 다음과 같이 기술하기로 한다.

- BC가 높은 탄환은 가장 공기역학적이고, BC가 낮은 탄환은 가장 공기역학적이지 못하다.
- BC가 높으면 주어진 거리에서 더 평평한 궤적을 그리며 날아가므로, BC가 높은 것이 바람직하다.
- BC가 높은 탄환은 목표물에 빨리 도달한다. 따라서 바람이나 다른 변수로 궤적이 영향을 받을 가능성이 적어진다.

탄환의 비행에 영향을 주는 다른 요소들도 있다. 바람의 속도는 큰 영향을 줄 수 있다. 특히 비행 방향과 직각을 이루는 경우 그 영향은 더욱 커진다. 이뿐만 아니라 풍속은 탄환의 비행 거리 전체에서 일정하지 않고 그 과정에서 수시로 변한다. 탄환의 스핀 때문에 나타나는 좌우요동(yaw: 탄두가 예정된 비행 궤적을 벗어나 회전하는 것) 역시 문제가 될 수 있다. 이와 비슷한 움직임인 섭동(攝動; precession) 역시 탄환처럼 고속으로 회전하는 물체에서 일어나는 현상이다. 섭동은 탄환의 무게중심 주변이 회전하는 것이다. 섭동은 자이로스코프에서 흔히 볼 수 있다. 마지막으로, 장거리 사격용 포탄에서만 나타나는 중요한 요소가 있다. '코리올리 힘'(Coriolis force)라고 불리는 것으로, 이것은 지구의 자전 때문에 생기는 현상이다. 포탄이 날아가는 동안 지구는 자전을 한다. 지상에 있는 관찰자의 입장에서 보면 포탄은 의도된 궤적으로부터 벗어나는 것처럼 보이는 것이다.

총의 경우 또 한 가지 매우 중요한 요소는 최대사정거리다. 다시 말하면 최대사정거리까지 탄환을 보내자면 어떤 각도로 조준을 해야 하는가 하는 것이다. 갈릴레이는 공기 저항이 전혀 없는 이상적인 경우에 최대사정거리는 총을 지면으로부터 45도 각도로 조준했을 때 나온다는 것을 보여주었다. 그러나 물론 공기 저항이 상황을 매우 다르게 바꿔놓는다. 지금은 라이플을 30~35도 각도로 조준했을 때 탄환이 가장 멀리 나간다고 알려져 있다. 고속 대구경 포탄은 조준각이 55도일 때 가장 멀리 날아간다. 그러나 탄환의 최대사정거리는 유효사정거리와 다르다. 유효사정거리는 손상을 상당히 크게 줄 수

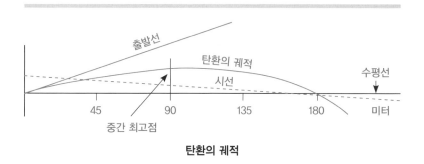

탄환의 궤적

있는 거리를 말한다. 일반적으로 탄환의 질량이 클수록 유효사거리가 최대사거리에 근접한다. 22구경 탄환처럼 가벼울 경우 최대사거리는 1.6킬로미터 정도지만, 유효사거리는 90미터에 불과하다.

탄환의 안정성

●　　　　　　　앞에서 보았듯이 탄환을 안정시키는 주요 요인은 스핀이고, 이 스핀은 총열 내부의 강선에 의해 생겨난다. 유강선 총열에는 길이를 따라 나선형 홈이 파여 있다. 탄환이 이 홈에 맞물리면서 탄환의 장축을 중심으로 회전하는 것이다. 탄환이 총열에서 빠져나오면 그때부터는 자이로스코프처럼 행동한다. 특히 자이로스코프의 안정성을 갖는다. 자이로스코프를 다뤄본 경험이 있다면, 자이로스코프의 회전 방향으로부터 바깥쪽으로 매우 큰 힘이 작용한다는 것을 느꼈을 것이다. 이 힘이 바로 탄환에 안정성을 주고 사거리를 늘려준다. 안정성이 없다면 탄환은 비행하는 동안 심하게 흔들리고, 공기의 압력은 훨씬 더 강하게 작용하게 된다.

　강선은 대개 나선율(twist rate)에 따라 수치로 나타낸다. 나선율은 탄환이 총열 내부에서 1회전을 완료하면서 이동하는 거리를 말한다. 나선 거리가 짧을수록 회전율은 증가한다. 총열 내부의 나선을 자세히 보면, 끝이 상당히 날카로운 홈이 연속적으로 이어져 있다. 총열을 따라 파인 공간을 홈(groove)이라 하고, 홈과 홈 사이를 이랑(land)이라고 한다. 이런 유형을 대개 재래식 라이플이라고 하는데, 다른

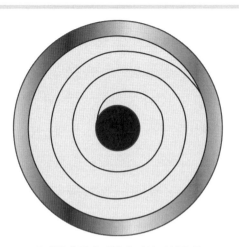

유강선 총열의 내부에 파인 나선형 홈

유형의 라이플도 있다. 이런 유형은 총열 전체가 다각형(예를 들면 육각형) 모양으로 깎여 있는데, 총열을 따라 나아가면서 다각형을 이루는 것이다. 이를 다각형 강선(polygonal rifling)이라고 한다. 함포나 탱크의 포에서 발사하는 대형 포탄일 경우에는 포신을 지나면서 홈을 따라가는 날개가 달려 있다.

대체로 탄환이 약실을 떠나는 순간 나선형 강선과 만나게 되지만, 스핀은 점차 증가한다. 이것을 점증 회전(gain twist)이라 한다. 이 경우 약실에서 총의 목까지는 강선이 없다. 따라서 탄환이 카트리지에서 나오는 순간에는 스핀을 하지 않는다. 그러나 아주 짧은 거리를 지난 뒤 강선과 만나고, 대체로 강선의 나선율은 점점 증가한다. 이 때문에 발사체는 긴 거리를 여행하는 동안 토크가 증가한다.

총열마다 홈 숫자도 다르고 형태나 깊이도 다르다. 더욱이 나선이 돌아가는 방향은 시계방향일 수도 있고 시계반대방향일 수도 있다. 나선율은 탄환의 형태, 무게, 길이에 따라서도 달라진다. 후장식 총은 발사체를 약실에 장전한다. 탄환이 발사되면 목에서 자리를 잡는다. 총의 목은 탄환보다 구경이 약간 크기 때문에, 탄환이 발사되면서 뒤에서 발생하는 기체의 압력으로 탄환 직경이 총열 입구의 직경과 맞을 때까지 팽창한다. 팽창된 탄환은 목을 지나 강선으로 이동하고, 강선에 도착하면 강선 모양이 탄환에 새겨진다. 다시 말해 강선이 탄환을 파고드는 것이다. 강선이 탄환을 파고든 결과 탄환이 스핀하기 시작한다.

특정한 탄환에 주어진 나선율은 매우 결정적이다. 무엇보다 탄환을 안정시키기에 충분해야 한다. 그보다 넘쳐서도 안 된다. 가장 이상적인 나선율은 탄환의 무게, 길이, 전체적인 형태에 따라 상당히 큰 폭으로 달라질 수 있다. 예를 들면 구식 총에서는 70인치에 단 한 번 회전할 정도로 나선율이 낮다. 반면에 현대적인 총들은 나선율이 훨씬 높아서 12인치당 한 번, 또는 10인치당 한 번이다. 일반적으로 라이플은 피스톨보다 나선율이 훨씬 높다. 나선율(T)는 흔히 T=L/D로 표현된다. 여기서 L은 1회전이 완료되기까지의 길이, D는 총열 직경이다.

나선율이 너무 작으면 탄두가 좌우요동을 일으킨다. 좌우요동이 일어나면 탄환이 텀블링을 하면서 정확성을 잃는다. 나선율이 너무 낮아도 탄환이 무게중심을 중심으로 섭동을 한다. 앞에서 보았던 것처럼 이 움직임은 자이로스코프에서 흔히 보는 운동이다.

나선율이 너무 높은 경우도 있다. 스핀 하는 물체 중 상당수에 원심력(이 용어는 사실 잘못된 용어다)이 작용한다. 스핀이 빠를수록 이 힘은 커진다. 이 힘에 맞서는 힘은 탄환이 산산이 부서지지 않고 제 형태를 유지하도록 잡아주는 응집력이다. 원심력이 응집력보다 커지면 탄환이 산산조각으로 날아가 버린다. 이론상 탄환은 분당 30만 회까지 회전할 수 있다. 그러나 탄환들의 회전수는 대부분 이보다 훨씬 적다. 일반적으로 분당 2만~3만 회전 정도 영역에 속한다.

최종 탄도학

●   최종 탄도학은 탄환이나 발사체가 목표물에 맞은 다음 일어나는 현상에 초점을 둔다. 이때 속도가 급격하게 변하리라는 것은 명백하다. 목표물에 의해 정지될 수도 있지만 관통할 수도 있다. 물리학적으로는 이 경우를 다루는 방법이 두 가지 있다. 힘, 또는 운동량 측면에서 보는 방법과 에너지 측면에서 보는 것이다. 힘 측면에서 본다면, 힘(또는 운동량)을 다루기 때문에 뉴턴의 제3법칙을 이용하게 된다. 모든 힘의 작용에는 반대 방향으로 작용하는 반작용의 힘이 따른다는 것이다. 이 경우에는 목표물에 적용된 힘, 또는 목표물에 전달된 운동량을 다룬다. 이와 달리 에너지 측면에서 보면 운동 에너지, 위치 에너지, 그리고 탄도에 관련된 다른 에너지 유형까지 다룬다. 대체로 이 둘 가운데 에너지 측면에서 보는 방법이 더 쉽

다. 에너지는 생성되거나 소멸하지 않는다는 에너지 보전 법칙 때문이다. 에너지는 한 형태에서 다른 형태로 변화될 수 있을 뿐이다. 따라서 주어진 문제에서 우리가 할 일은 여기에 관련된 에너지 유형을 각각 파악해 모두 더하는 것이다. 총에서 발사된 탄환은 화학에너지가 곧장 총열 내부에서 기체의 압력과 열 에너지로 바뀐다. 이 에너지는 다시 탄환의 운동에서 오는 운동 에너지와 소리 에너지로 바뀐다. 그리고 일부 에너지는 공기 저항 때문에 소실된다. 탄환이 목표물에 맞기 직전에 갖는 중요한 에너지는 운동 에너지다.[6]

탄환이 목표물에 맞은 경우에는 여러 가지 현상이 발생한다. 탄환이 목표물 안에서 정지하는 경우, 탄환이 가진 모든 운동 에너지가 목표물에 전달되고 이와 동시에 탄환의 운동량도 목표물에 전달된다. 또는 탄환이 목표물을 뚫고 반대 방향으로 나갈 수도 있다. 이 경우 탄환은 운동 에너지 일부와 운동량 일부를 목표물에 전달한다. 마지막으로 목표물에 방탄 장치(또는 방탄복)가 잘된 경우, 탄환이 원래 가지고 있던 것보다 더 큰 운동량이 목표물에 전달된다. 이 때문에 타격력(knockdown power)과 정지력(stopping power)라는 용어가 쓰이게 됐다. 이 용어는 최종 탄도학에서 흔히 쓰이기는 하지만 큰 의미는 없다. 타격력은 목표물에 전달되는 운동량만을 의미하는데, 실질적으로 목표물에 손상을 주는 것은 운동 에너지다. 목표물에 어떤 일이 일어나는지는 탄환과 목표물 사이에서 일어나는 충돌의 세부적인 부분과 위의 세 가지 경우 중 어떤 경우가 발생하는가에 따라 달라진다. 따라서 어떤 탄약(또는 총)이 타격력을 어느 정도 갖는지는 한마디로 잘라 말할 수 없다.

최종 탄도학과 관련된 문제 가운데 중요한 것은 탄환이 뚫고 들어 갔을 때다. 이 경우에는 충돌 깊이, 즉 탄환이 정지하기 전에 뚫고 들어간 깊이에 따라 달라진다. 어떤 경우에는 탄환의 침투 깊이가 최대가 되도록 설계한다. 다른 경우는 손상 크기가 최대가 되도록 설계하는 경우다. 둘 중 어떤 경우냐에 따라 탄환 설계는 크게 달라진다. 침투 깊이가 최대가 되도록 만드는 탄환은 충격 때 형태가 망가지지 않도록(또는 최대한 변형되지 않도록) 설계한다. 이런 탄환은 대개 납으로 만들고 그 위에 구리, 황동, 강철을 씌운다. 재킷은 대개 탄환 앞부분에만 씌운다. 특히 방탄복을 뚫는 소형 화기의 탄환은 대개 강철 재킷을 씌운 구리 탄환이다. 탱크의 포 같은 대형 포탄에는 텅스텐, 알루미늄, 마그네슘 등이 쓰인다.

어떤 탄환은 목표물에 맞는 순간 팽창하게 만들지만, 이런 유형은 1899년 헤이그 조약 3차 선언에 따라 전쟁에서 사용할 수 없다.

12

저것 좀 봐! 하늘을 날아!: 공기역학과 최초의 비행기

THE PHYSICS
OF WAR

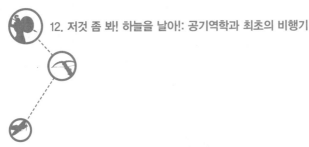

12. 저것 좀 봐! 하늘을 날아!: 공기역학과 최초의 비행기

비행기는 발명되자마자 없어서는 안 될 전쟁 무기가 됐다. 초기에는 주로 관측과 정찰 임무에만 투입됐으나, 곧 훨씬 중요한 역할을 할 수 있다는 것이 분명해졌다. 비행기는 적진 상공에서 폭탄을 투하할 수 있었다. 제1차 세계대전이 시작된 것은 라이트 형제가 최초로 비행에 성공한 지 겨우 10년 만이었다. 그 무렵에 이미 비행기는 전쟁에 쓰이고 있었다. 1911년, 이탈리아군은 리비아의 튀르크에 수류탄을 투척하는 데 비행기를 이용했다. 비행기가 매우 유용한 전쟁 무기라는 것은 금방 증명됐고, 비행기와 관련된 기술은 빠른 속도로 발전했다. 그리고 얼마 후 제1차 세계대전이 발발하면서 양쪽 진영에서 비행기가 광범위하게 이용되기 시작했다.

비행기로 이어진
발견

● 　　　　　　　비행기 역사에서 가장 기억할 만한 날은 분명
라이트 형제가 공기보다 무거운 동력 비행기로 비행에 성공한 1903
년 12월 17일이지만, 이 날이 인간이 하늘을 날고자 처음 시도한 날
은 아니었다. 의미 있는 발견과 발전이 수없이 연결돼 그날로 이어진
것이다. 지금부터 그 역사를 더듬어보자.

앞에서 우리는 레오나르도 다빈치가 집착에 가까울 만큼 하늘을
날고자 했음을 보았다. 다빈치는 꽤 오랫동안 새들을 관찰했을 뿐만
아니라, 환경 조건이 다른 여러 가지 상황에서 형태가 다른 물체들을
둘러싼 공기와 물의 흐름을 연구했다. 다빈치는 개천에서 물이 돌 주
변을 흐를 때 속도가 빨라진다는 것을 알아채고 공기도 그러할 것이
라고 추측했다. 그는 하늘을 날게 해줄 장치, 하늘을 나는 새의 날개
와 비슷한 날개 한 쌍을 만들어내는 데 상당한 노력을 투자했다. 비
록 성공을 거두지는 못했지만 그는 헬리콥터와 낙하산을 설계했으
며, 실제로 이 설계들은 그 목적을 이룰 수 있었다. 게다가 다빈치는
유체 역학이 유체 속을 움직이는 물체나 물체를 지나 흘러가는 유체
에 똑같이 작용한다고 기술했다. 마지막으로 다빈치는 저항력, 즉 물
체가 유체를 통과하며 움직일 때 받는 마찰력에 대해서도 폭넓게 연
구했다.

그러나 유체에서 움직이는 물체에 작용하는 저항력의 크기가 유
체의 밀도(밀도는 단위 부피당 물체의 질량)에 비례한다는 사실을 발견

한 사람은 갈릴레이였다. 1673년, 프랑스의 과학자 에듬 마리오트(Edme Mariotte)는 여기서 한 발 더 나아가 저항력은 물체 속도의 제곱(V^2)에도 비례한다는 것을 보여주었다.

항공학과 관련해 가장 의미 있는 발견 가운데 하나는, 1738년에 네덜란드 과학자 다니엘 베르누이(Daniel Bernoulli)가 밝혀낸 것이었다. 내용인즉 유체가 흐르는 속도가 증가하면 유체의 압력은 감소한다는 것인데, 여기서 유체는 공기를 포함해 모든 유체에 똑같이 해당된다. 이 현상은 나중에 '베르누이의 법칙'(Bernoulli's principle)이라고 알려지게 됐다. 그와 똑같은 시기에 프랑스에서는 화학자 앙리 피토(Henri Pitot)가 스스로 피토 튜브라고 이름 지은 장치를 이용해, 이 튜브의 직경 변화로 속도 변화를 쉽게 측정할 수 있다는 사실을 보여주었다.[1]

1759년, 영국의 공학자 존 스미턴(John Smeaton)은 저항력을 이해하는 데 큰 발전을 이끌어냈다. 공기 중에서 움직이는 외륜에 발생하는 저항력을 측정하기 위해 새로운 장치를 개발한 것이다. 스미턴은 $D=ksv^2$(D는 저항력, s는 표면적, v는 외륜의 속도, k는 스미턴의 계수라고 알려진 상수)는 것을 보여주었다.

항공학 역사상 가장 중요한 사람은 아마도 영국의 공학자 조지 케일리(George Cayley)일 것이다. 케일리는 비행과 관련된 중요 법칙과 힘의 기본 원칙 대부분을 처음으로 파악한 학자이며, 이런 이유로 '항공학의 아버지'라 불리게 됐다. 특히 그는 비행과 관련해 중요한 힘 네 가지, 즉 양력(lift), 무게(weight), 추력(thrust), 저항력(drag)을 발견하고 각각 구분해냈다. 케일리는 또한 캠버드(cambered), 다시 말해 만곡형 날개가 양력을 가장 잘 일으킨다는 것을 입증했다. 그가 1809~10년에 출판한 논문 〈항공술〉(*On Aerial Navigation*)은 초기 비행기의 역사에서 비행에 관한 한 가장 핵심적인 논문이었다. 양력, 저항력, 추력에 관한 기본적인 생각 대부분이 이 논문에 담겨 있다.

반면, 케일리도 글라이더를 여러 대 설계하고 직접 제작했지만 '글라이더의 제왕'으로 불리는 사람은 독일의 오토 릴리엔탈(Otto Lilienthal)이다. 릴리엔탈은 행글라이더 발전에도 여러 모로 획을 그었으며, 평생 동안 직접 설계한 글라이더를 타고 2,000회 이상 비행했다. 그러나 1896년, 비행 중에 글라이더가 속도를 잃으면서 릴리엔탈은 몸의 위치를 조정해 다시 글라이더를 제어하려고 했지만 실패했다. 그가 탄 글라이더는 15미터 높이에서 추락했는데, 구조자들이 달려왔을 당시 릴리엔탈은 의식이 있었으나 곧 사망하고 말았다.

항공학에 중요한 공헌을 한 최초의 미국인은 일리노이 주 시카고의 토목 공학자 옥타브 샤누트(Octave Chanute)였다. 그는 1894년에 《비행기계의 발전》(*Progress in Flying Machines*)을 출판했는데, 당시로서는 공기보다 무거운 물체의 비행에 관한 연구 가운데 가장 완벽한 것이었다. 또한 글라이더를 다양하게 설계하고 스트럿 와이어(strut-wire)로 지주를 세운 날개를 발명했지만, 자기가 설계한 글라이더로 직접 비행을 해본 적은 없었다. 그는 라이트 형제의 흥미를 불러일으키고 비행기를 개발하게끔 자극을 주었다는 점에서 의미 있는 인물로 기억될 것이다. 실제로 샤누트는 1901년부터 1903년까지 해마다 노스캐롤라이나의 키티 호크에 있는 라이트 형제의 캠프를 방문했다. 1903년은 라이트 형제가 처음으로 비행기를 개발한 해였다.

라이트 형제

●   비행기 탄생에 공헌한 사람 가운데 가장 중요한 인물로는 라이트 형제를 꼽는다. 이들은 공기보다 무겁지만 동력을 이용해 사람을 태우고 공중을 날 수 있는 기계를 최초로 설계하고 제작했다. 이들이 첫 비행에 성공한 것은 1903년 12월 7일이었다. 라이트 형제는 조종사가 평형을 유지하고 항공기를 효과적으로 조종할 수 있게 해준 삼축제어(three-axis control) 방식을 발명해 항공학에 공헌했다고 알려져 있다.[2]

윌버 라이트(Wilbur Wright)와 오빌 라이트(Orville) 형제는 오하이오 주의 데이튼에서 어린 시절을 보냈다. 이들은 8남매 가운데 일곱째와 막내로 윌버가 오빌보다 네 살 위였다. 어느 날 아버지가 고무줄의 힘으로 날아가는 장난감 헬리콥터를 사다준 것이 계기가 돼, 아주 어릴 적부터 비행기에 관심을 보였다고 한다. 둘 다 고등학교를 졸업하지 못했지만, 인쇄기계를 직접 만든 뒤 신문 발행에 관심을 갖기 시작했다. 두 형제는 《웨스트 사이드 뉴스》(*West Side News*)라는 지역 신문을 발행했고, 나중에는 다른 신문도 발행했다.[3]

1892년, 두 형제는 자전거 가게 겸 수리점을 열었다. 몇 년 뒤 1896년부터는 형제가 직접 자전거를 만들어 팔기 시작했다. 독일의

오빌 라이트

오토 릴리엔탈이 이들의 눈길을 끈 것이 바로 이 시기였다. 릴리엔탈의 작품이 이들에게 영감을 주었고, 형제는 이 분야에서 케일리와 샤누트의 흥미로운 논문들을 찾아서 읽었다. 1899년, 이들은 직접 실험을 시작했다. 형인 윌버가 주도적으로 앞장섰다.

그 이전에도 수십 년간 하늘을 날려는 시도가 다양하게 있었지만, 라이트 형제는 글라이딩과 관련된 모든 문제가 해결되기 전까지는 동력 비행기를 시도하지 않는 것이 최선책이라는 판단을 내렸다. 특히 이들은 제동 · 회전 · 고도 변환 시스템을 이용해 조종사가 항상 비행기를 완벽하게 제어할 수 있어야 한다고 믿었다. 라이트 형제는 비행기에 엔진을 더하기 전에 그런 시스템부터 설계하기로 결정했다. 일찍부터 이들은 비행기의 날개 끝을 구부리는 방법(wing

윌버 라이트

warping)을 개발했다. 제어선(control line)으로 날개 바깥쪽 부분을 비틀거나 구부림으로써 비행기가 정확하게 선회경사를 하게 해주는 것이다. 날개 끝 구부리기는 제어선 네 개로 조절하는데, 두 날개가 함께 작동하도록 설계됐다. 한쪽 날개의 양력이 증가하면, 다른 쪽 날개의 양력은 감소했다.

드디어 글라이더가 완성되자 라이트 형제는 샤누트에게 편지를 써 글라이더를 시험하기 가장 좋은 장소가 어디일지 물어보았다. 샤누트는 서너 곳을 추천했고, 그중 라이트 형제에게 가장 마음에 드는 곳은 노스캐롤라이나의 키티 호크였다. 키티 호크는 대서양에서 불어오는 바람이 비행에 도움을 주고 모래밭은 착륙하기에 좋았다. 이들은 키티 호크가 이상적인 장소라고 판단하고, 1900년 가을에 글라이더를 가지고 이곳으로 여행을 갔다. 이때의 글라이더는 날개가 아래위로 하나씩 달린 더블-데커(double-decker)였으며, 날개 윗부분에 볼록한 만곡(camber)이 있었다. 이때까지는 꼬리 날개의 필요성을 거의 느끼지 못했기 때문에 꼬리 날개는 없었다.

유인 비행과 무인 비행 모두 시험했지만, 무인 비행을 할 때는 조종사의 몸무게를 고려해 그만큼 무게를 더했다. 유인 비행을 할 때는 윌버가 조종했다. 윌버는 아래 날개에 배를 깔고 엎드린 자세로 글라이더를 조종했다. 모든 시험에서 글라이더는 지상과 밧줄로 연결해 고작 3미터 정도 날아올랐을 뿐이다. 라이트 형제가 특히 관심을 둔 것은 글라이더에 부착한 날개를 구부리는 장치였다. 시험 결과 두

라이트 형제가 만든 최초의 글라이더

형제는 이 장치의 성능에 크게 만족했다. 스미턴의 양력 계산 공식을 썼지만, 방정식이 예측한 양력에 비해 실제 양력이 너무 작아 실망스러웠다. 그럼에도 불구하고 두 사람은 대체로 시험 결과에 만족했다. 그러나 개선해야 할 점들이 아직도 많이 남아 있었다.[4]

그 뒤로 몇 달 동안 라이트 형제는 새 글라이더를 만드느라 분주하게 보냈다. 날개 길이를 크게 늘였고, 날개를 구부리는 장치도 개선했다. 이번에는 7월에 키티 호크에 도착해, 8월까지 두 달 동안 100번이 넘게 시험하면서 6~120미터까지 비행했다. 모든 일이 잘 진행되는 듯이 보였지만 실상 이들은 글라이더가 만들어내는 양력 크기에 실망했다. 글라이더의 실제 양력은 스미턴의 방정식으로 계산한 예상치의 3분의 1에 불과했다. 결국 라이트 형제는 이 방정식의 정확성에 의문을 갖기 시작했다.

방정식의 요소 중에는 스미턴의 계수라는 것이 있었다. 이 계수의 값은 1년 전에 계산됐고, 학계에서 인정받은 값이었다. 그러나 라이트 형제는 이 계수가 틀렸다고 확신했다. 증명하는 방법은 한 가지뿐이었다. 풍동을 만드는 수밖에 없었다. 그 후 1년 동안, 이들은 자전거 가게에 실제로 풍동을 만들었다. 길이가 1.8미터인 풍동을 만들고 1901년 10월과 12월 사이에 서로 모양이 다른 날개를 가지고 200번이나 실험을 거듭하면서, 계속해서 실험 결과와 스미턴 방정식이 예측한 값을 비교했다. 실험 결과 라이트 형제의 예측이 옳았다. 스미턴의 계수가 틀린 것이었다. 이들은 방정식을 수정했을 뿐만 아니라 날개에 대해 엄청나게 많은 것을 새로이 배웠다. 라이트 형제의 전기를 쓴 프레드 하워드(Fred Howard)는 "그들은 매우 짧은 시간 동안 정말 보잘 것 없는 실험 재료와 도구를 가지고도 대단히 적은 비용으로 공기역학에 가장 결정적이고 내실 있는 실험을 해냈다"고 했다. 실험 결과 이들은 그동안 쓰던 것보다 더 길고 좁은 날개가 성능이 더 좋다는 것도 발견했다.

이 지식을 가지고 라이트 형제는 새로운 글라이더를 열정적으로 만들기 시작했다. 만곡을 줄이고 길이는 늘이되 폭은 좁힌 새 날개를 달았다. 또한 구부러진 날개 끝에서 저항력이 더 발생한다는 것을 알게 됐고, 새 글라이더에는 그런 부분까지 계산에 넣었다. 마지막으로 새 글라이더에는 조향 방향타를 갖춘 꼬리 날개를 달았다. 초기 시험에서 꼬리 날개의 수직 방향타가 선회뿐만 아니라 경사선회를 할 때와 선회 뒤 다시 수평을 잡을 때도 중요하다는 것을 발견했다. 이제 이들은 삼축 제어 장치, 즉 롤오버(rollover)를 위해 날개를 구부리고, 아래위로 움직이게 하는 전방 상승 플랩, 좌우로 움직이게 하는 후방 조향타까지 갖추었다. 그리고 1902년 9월과 10월 사이에 1,000회에 가까이 시험을 거쳤다. 이제 이들은 글라이더에 엔진을 달 준비를 마쳤다.

어떤 엔진이 가장 좋을까? 최대한 가벼워야 한다는 점은 분명했고, 이 때문에 알루미늄으로 만들어진 엔진이 최선이라는 결론을 내렸다. 라이트 형제는 여러 엔진 제작자를 만나보았지만 원하는 엔진을 만들 수 있다는 사람이 없었다. 그래서 결국 직접 엔진을 만들기로 했다. 다행히도 자전거 가게에서 일하는 기술자 한 사람이 엔진

전문가였다. 라이트 형제는 이 기술자에게 원하는 엔진을 설명했다. 6주 만에 이 기술자는 라이트 형제가 원하던 엔진을 만들어냈다. 당시 일반적인 방법이던 알루미늄 주물로 만들었고, 이 엔진은 원시적인 연료 분사 시스템을 갖추고 있었다. 휘발유는 중력을 이용해 공급되게 했다.

플라이어 I(Flyer I)이라 명명된 최초의 동력 글라이더는 날개 길이가 12미터, 무게는 274킬로그램이었고 12마력의 힘을 내는 엔진이 장착됐다. 가문비나무 자재로 뼈대를 삼고 머슬린을 날개에 붙여 만들었는데, 길이 2.4미터인 프로펠러는 양력을 최대로 끌어올리도록 설계됐다. 고민 끝에 라이트 형제는 프로펠러를 조종석 뒤에 달아 글라이더의 앞에서 끌어주는 방식이 아니라 뒤에서 밀어주는 방식으로 설계했다.

드디어 준비가 끝나자, 라이트 형제는 글라이더를 키티 호크로 가지고 갔다. 좀 더 정확히 말하자면 킬 데빌 힐즈(Kill Devil Hills)라는 키티 호크의 한 마을이었다. 이곳에는 높이가 최고 30미터에 이르는 모래 언덕이 많았다. 1903년 12월 초에 캠프에 도착한 라이트 형제는 프로펠러가 부러져 수리하느라 며칠을 보낸 끝에 12월 14일에 시험에 나섰다. 문제가 계속 발생했지만, 다행히 금방 해결됐다. 드디어 역사적인 날이 찾아왔다. 12월 17일, 오빌이 첫 비행을 시도해 12초 동안 36미터를 비행했다. 그 후 두 번은 각각 52.5미터와 60미터를 비행했다. 윌버와 오빌은 교대로 조종사로 나섰다. 세계 역사상 최초로 사람이 조종하는 동력 비행기가 상당한 거리를 비행한 것이다. 라이

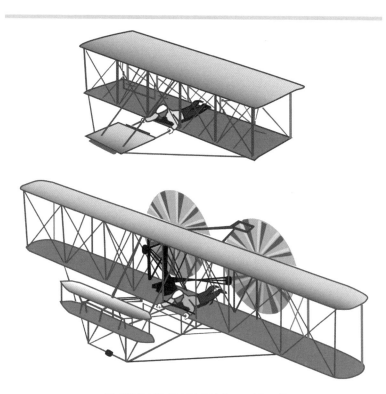

위: 라이트 형제의 글라이더 1901년 모델
아래: 최초의 동력 글라이더로 12초간 비행에 성공한 1903년 모델

트 형제는 흥분했다. 아버지에게 전보를 쳐 이 사실을 언론에 알리도록 했다. 그러나 웬일인지 《데이튼 저널》(*Dayton Journal*)은 보도를 거부했다. 비행 거리가 너무 짧다는 이유였다. 그러나 다른 신문사로 이 소식이 흘러들자 라이트 형제에게는 역겨울 정도로 마구 꾸며낸 부정확한 이야기들이 신문 기사로 실렸다. 문제는 곧 해결됐으나 이상하게도 처음에는 이 기사가 사람들의 관심을 끌지 못했다.

라이트 형제는 1904년에 플라이어 II호를 만들기 시작했다. 그리고 이번에는 데이턴에서 13킬로미터 정도 떨어진 비행장에서 비행을 시도했다. 바닷바람이 없어 이륙이 더 어려워, 이들은 비행기 이륙을 돕기 위해 무게를 이용한 사출장치를 만들었다. 그러나 새로 만든 비행기는 힘이 더 좋아져 원형으로 선회할 수 있었다. 1904년 9월 20일, 라이트 형제는 최초로 완벽한 원을 그리며 날았다. 12월 1일경에는 막사 상공에서 네 번이나 원을 그리며 5킬로미터를 날았다.

1905년, 라이트 형제는 플라이어 III를 만들었다. 이 비행기에는 크게 발전된 형태였다. 상하, 전후, 좌우로 축 세 개를 따로따로 제어할 수 있었다. 이 비행기는 시험 비행에서 거의 40킬로미터를 비행했다.

비행기를 날게 하는 것은 무엇인가

● 　　　　비행기가 왜, 어떻게 날아가는지 자세히 아는 사람은 드물다. 이 문제를 다루는 책들도 많은 부분을 잘못 설명하고 있다. 양력은 프로펠러, 제트 엔진, 로켓 등으로부터 얻을 수 있지만, 우선 프로펠러에 대해서 이야기하기로 하자. 이 질문에 대한 대답은 세 가지 방향에서 찾을 수 있다. 첫 번째는 단순화한 설명인데, 앞에서 이야기한 바 있는 베르누이의 법칙에 기초한다. 물론 항공 공학자들이 항공기를 설계할 때처럼 다양한 항공학적 법칙과 고도의 수학적 접근방식을 사용할 수도 있지만, 그런 방식들은 이 책에서 다룰

수 있는 범위를 넘어선다. 세 번째 방식은 물리적인 측면으로, 말 그 대로 물리학에 기반을 둔 해설이다. 약간 복잡할 수도 있지만 최대한 단순하게 설명해보기로 하자. 어떤 경우든, 이 수준에서는 이 설명이 가장 정확할 것이다. 이 설명 역시 베르누이의 법칙을 기반으로 하지 만 그것뿐만 아니라 더 많은 것이 담겨 있다.[6]

여기서는 이해를 돕기 위해 가장 간단한 접근법으로부터 시작하 겠다. 비행기가 이륙하고 착륙하는 동안, 그리고 비행하는 동안에는 네 가지 힘이 작용한다. 양력, 무게, 추력과 저항력이다. 이름이 말해 주듯이 양력은 비행기를 지상에서 띄워올리는 힘이다. 양력은 두 날 개가 뚫고 지나가는 공기 사이의 상호작용으로부터 발생한다. 베르 누이의 법칙에 따르면, 비행기가 움직이기 시작하면 날개 위쪽 공기 는 압력이 감소한다. 날개를 타고 그 위로 흘러가는 공기는 날개 이 면(裏面)을 스치고 지나가는 공기보다 빨리 움직이기 때문이다. 비행 기의 움직임이 빠르면 빠를수록 날개 위쪽 압력은 더 크게 감소한다. 여기서 날개 위와 아래에 기압 차이가 발생하고, 이 때문에 위로 향 하는 순 힘(net force)이 발생한다.[7]

양력에 반대되는 힘은 비행기의 무게 때문에 생기는 힘, 즉 중력이 다. 비행기가 이륙을 시도하면 날개를 위로 밀어주는 양력이 계속 증 가하다가, 결국 비행기 무게보다 이 힘이 더 커지면 비행기가 지면에 서 뜨는 것이다.

세 번째 힘, 추력은 비행기를 앞으로 나아가게 하는 힘이다. 이 힘 은 프로펠러, 제트 엔진 또는 로켓에 의해 생기지만, 여기서는 일단

비행기에 작용하는 힘들

프로펠러에 의한 추력에만 국한해 설명하기로 한다. 프로펠러는 돌아가면서 공기를 뒤로 밀어내도록 날개가 살짝 구부러져 있다. 마치 공기압 차이를 만들어내기 위한 날개처럼 보인다. 날개면 앞쪽 공기압은 낮아지고, 날개면 뒤쪽 공기압은 높아지는 것이다. 이러한 공기압 차이 때문에 비행기가 뒤에서 앞으로 밀려가게 된다. 그러나 여기에도 반대 방향으로 작용하는 힘이 나타난다. 비행기가 공기를 뚫고 나아가기 시작하면 비행기와 공기 사이에 마찰도 시작된다. 이 마찰력을 저항력이라고 부르는 것이다. 여기서도 이 두 힘은 정반대 방향으로 작용하므로 추력이 저항력보다 커야만 비행기가 앞으로 나아갈 수 있다. 사람들이 아는 것처럼, 움직이는 물체의 형태를 유선형으로 만들면 저항력을 최소화할 수 있다. 물방울 모양은 저항력을 최소화하는 형태 가운데 하나다.

양력이 비행기의 무게보다 크고 추력이 저항력보다 커지면 비행기는 공중으로 뜬다. 기본적으로 비행기는 베르누이의 법칙 때문에 하늘을 나는 것이며, 이 설명은 여러 책에서 흔히 보는 내용이다. 그러나 더 자세히 들여다보면 이 설명만으로는 비행기가 하늘을 나는 이유가 완전히 설명되지 않는다는 것을 알게 된다.

만곡이 없는 날개에서도 양력은 발생한다. 작은 비행기가 이륙하기 위해 만곡이 얼마나 커야 하는지 계산해보면, 날개 위쪽 폭이 아래쪽 폭보다 50퍼센트는 더 길어야 한다는 것을 알게 될 것이다. 다이어그램의 날개가 바로 이 계산과 맞는 날개인데, 사실 비행기 날개를 보면 대부분 위쪽 폭은 아래쪽 폭보다 겨우 2퍼센트가량 길다는 것이 일반적인 상식이다.

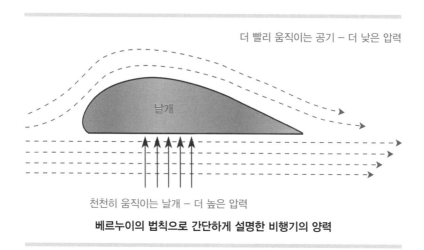

더 빨리 움직이는 공기 - 더 낮은 압력

날개

천천히 움직이는 날개 - 더 높은 압력

베르누이의 법칙으로 간단하게 설명한 비행기의 양력

양력에 대한
물리학적 설명

● 위와 같이 간략한 설명에는 문제점이 있다. 첫째, 이 설명은 '동일 통과 시간의 원칙'에 의존한다. 이 법칙은 날개 위를 지나가는 공기의 표면 또는 덩어리는 날개 가장자리 끝에서 날개 밑을 지나온 공기의 표면 또는 덩어리와 만난다는 것이다. 풍동 실험은 이 법칙이 옳지 않다는 것을 보여준다. 날개 위를 지나가는 공기 덩어리는 날개 밑을 지나가는 공기 덩어리보다 먼저 날개 가장자리에 도달한다.

이뿐만 아니라 베르누이의 법칙은 양력이 일을 한다는 사실을 무시한다. 양력은 분명히 동력과 힘을 필요로 한다. 이것은 뉴턴의 제1법칙과도 관련된다. 앞에서 보았듯이 뉴턴의 제1법칙은, 외부로부터 힘이 작용하지 않는 한 정지한 물체는 정지해 있으려 하고, 운동 중인 물체는 직선운동을 계속하려 한다는 것이다. 베르누이의 설명에서는 외부에서 작용하는 힘의 증거가 분명하지 않다. 날개 위와 아래쪽 공기의 흐름도 설명에서는 똑같다. 그러나 실제로 공기의 흐름은 휘어져 있다. 이것은 공기의 흐름에 가속도가 존재한다는 뜻이고, 따라서 날개에 작용하는 힘이 있어야 한다(뉴턴의 제2법칙: $F=ma$).

이 힘을 자세히 들여다보자. 뉴턴의 제3법칙은 모든 작용에는 똑같은 크기로 방향이 반대인 반작용이 존재한다는 것을 말한다. 이 경우 작용은 날개가 공기에 가하는 것이다. 반작용은 그 작용 결과 생기는 양력이다. 뉴턴의 제2법칙으로 돌아가보면 더 잘 이해할 수 있

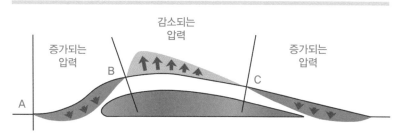

양력에 대한 물리학적이고 더 정확한 설명이
압력이 증가되는 부분과 감소되는 부분을 보여준다.

다. 우리 문제의 변수에는 날개에 작용하는 힘이 포함되는데, 이 힘
은 아래를 향해 움직이는 공기의 질량과 공기의 속도 변화량을 곱한
것이다. 이것이 날개의 양력이며, 매초마다 아래를 향해 움직이는 공
기의 양과 공기가 아래로 향하는 속도를 곱한 것이다. 따라서 양력을
일으키는 것은 상당 부분 아래로 향하는 공기의 속도다. 또한 날개
뒤에서 아래를 향하는 속도를 다운워시(downwash)라고 하며, 날개

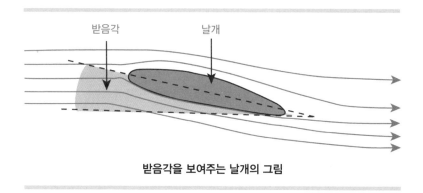

받음각을 보여주는 날개의 그림

앞에서 발생하는 업위시(upwash)와 함께 둘 다 압력을 증가시킨다는 것을 말해두어야겠다.

베르누이의 설명이 무시한 또 한 가지는 받음각[또는 영각(迎角)]이다. 받음각이란 날개(또는 날개의 중심을 지나는 선)와 기류의 각도를 말한다. 받음각은 양력에 영향을 크게 미친다. 받음각이 증가하면 공기는 더 큰 각도로 편향되고, 속도의 수직 성분이 증가한다. 이 때문에 양력도 증가하게 된다. 그러나 이 영향이 최대가 되는 각도는 15도까지이고, 받음각이 이 이상 넘어서면 오히려 양력이 감소한다.

저항력

● 　　　　　저항력은 역학적인 힘으로, 이 힘을 발생시키기 위해서는 물체가 반드시 공기와 접촉해야 한다. 물론 비행기일 경우 날개가 공기를 통과하는 것은 말할 것도 없다. 간단히 말하면 저항력은 공기와 날개 사이의 마찰이며, 날개와 공기 사이의 속도 차이 때문에 발생한다. 또한 저항력은 비행기의 운동 방향과 정확히 반대 방향으로 작용한다. 저항력은 공기역학적인 마찰로 분류된다.[8]

저항 마찰력에는 세 가지 유형이 있다. 표면 마찰, 형태 마찰, 유도 마찰이다. 표면 마찰은 움직이는 공기 분자와 딱딱한 날개 표면의 분자 사이에 일어나는 마찰이다. 이 마찰력은 두 가지 분자의 상호작용에 따라 달라진다. 아주 매끈한 표면의 표면 마찰력은 거친 표면의 마찰력보다 작다는 뜻이다. 또한 공기의 점성에 좌우되기도 하는데,

점성(粘性; viscosity)이란 유체의 변형에 대한 내부저항의 척도다. 예를 들어 설탕 시럽은 물보다 점성이 훨씬 크다. 공기가 움직이는 물체의 표면과 접촉하면 공기는 그 표면을 따라가려 하는 성질이 있다. 다시 말해 공기에는 일종의 점착성(stickiness)이 있다. 그 결과 날개 표면에서 날개와 공기 사이의 상대속도는 0이다. 그러나 날개에서 떨어질수록 상대속도는 증가한다.

형태 마찰력은 공기를 통과해 움직이는 물체의 공기역학적인 저항으로, 물체의 형태에 따라 달라진다. 유선형에 가까울수록 형태 마찰력은 작아진다. 물방울 모양은 형태 마찰력이 가장 작은 형태 가운데 하나다. 이 마찰력은 자동차에 특히 중요하다. 형태 마찰력에 의한 저항력을 최대한 줄이기 위해 자동차의 외형을 유선형으로 설계하는 것이다. 그래야만 연료 효율을 높일 수 있기 때문이다.

유도 마찰력은 휘거나 비틀린 날개의 끝부분에서 나타난다. 유효 만곡(effective curving)은 날개 끝 부분에서 윗면과 아랫면 사이에 압력 차이를 만든다. 이것을 유도 마찰력이라고 하는데, 날개 끝 가까이에서 일어나는 와류(渦流; vortex) 작용으로 유도되기 때문이다. 이 마찰력의 크기는 날개 모양과 그 날개가 만들어내는 양력에 따라 달라진다. 날개의 길이가 길수록, 두께가 얇을수록 유도 저항력은 줄어든다.

비행기의 조향과 기동

● 　　　　　　　앞에서 보았듯이, 라이트 형제는 엄청난 실험을 거친 뒤에야 비로소 효과적인 삼축 제어 시스템을 개발했다. 삼축 제어 시스템으로 이들은 비행기를 적절히 제어하고 기동시킬 수 있었다. 날개의 만곡은 기체의 좌우 흔들림이나 측면 움직임을 제어하고 날개의 전방 승강타는 상하 운동을 제어하는 데 이용되는 반면, 후방 방향타는 좌우 방향을 제어하는 데 쓰였다. 그러나 몇 년 뒤에 뉴욕의 글렌 커티스(Glenn Curtis)가 라이트 형제의 날개 만곡부를 대신할 보조 날개(aileron)를 개발했다. 보조 날개는 날개의 끄트머리에 덧대어진 작은 제어용 평면이다.

　그럼 항공기의 전체적인 제어는 어떻게 이루어질까? 이륙과 착륙, 그리고 순항은 각각 다른 안정장치를 이용해 기동한다. 날개는 대개 운항 도중에 저항력을 최소화하면서 양력을 적당량 얻을 수 있도록 설계된다. 그러나 이륙과 착륙은 상황이 확연히 다르다. 비행기의 속도는 순항할 때보다 훨씬 작지만 자세를 잘 조정해야만 한다. 플랩과 슬랫이 여기서 등장한다. 이 두 가지가 없으면 조종사는 이륙도 착륙도 할 수 없다.

　플랩은 날개 뒷전에 경첩으로 연결된 보조 날개로, 비행기의 속도를 감속시켜 안전하게 이륙하거나 착륙하게 돕는다. 플랩 덕분에 이륙과 착륙에 필요한 거리도 단축된다. 날개를 만들 때는 플랩이 날개 뒷전에서 아래로 돌출되면서 이륙할 때는 양력을 증가시키고 착륙할 때는 저항력을 증가시키기에 적당한 모양으로 만든다.

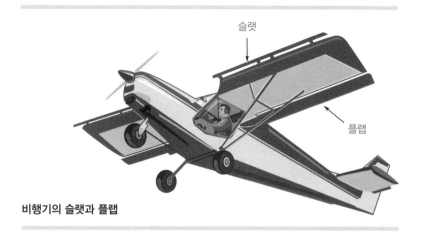

비행기의 슬랫과 플랩

슬랫도 비슷한 기능을 하는데, 날개 앞쪽에 장치된다. 슬랫으로 날개 형태가 변형되면서 일시적으로 양력을 증가시킨다. 날개의 받음각을 변화시키기 때문이다. 슬랫을 이용해 조종사는 이륙할 때 속도를 늦추고 착륙할 때는 착륙 거리를 줄인다.

비행기의 꼬리에는 수직 안정기, 수평 안정기라 불리는 작은 날개 두 개가 있다. 이들은 비행기의 방향을 제어하는 데 쓰이는 플랩이다. 수평 꼬리 날개에 달린 플랩은 승강타라고 하고, 비행기가 상하로 움직일 때 쓰인다. 이 플랩은 수평 안정기의 유효 받음각을 바꿔 줌으로써 비행기 뒤쪽에 양력을 발생시켜 기수를 아래로 향하게 한다. 수직 꼬리 날개는 배의 방향타와 비슷한 역할을 한다. 비행기의 좌우 방향을 제어하는 것이다.

주 날개로 다시 돌아가면, 주 날개에도 보조 날개가 있다. 양쪽 날개의 끝부분에 위치하는 보조 날개는 비행기가 좌우로 경사 회전을

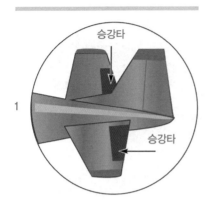

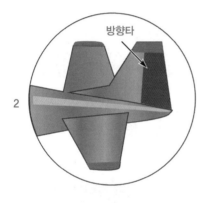

**꼬리 날개의 승강타와 방향타,
주 날개의 보조 날개**

할 수 있게 한다. 양쪽 날개에 각각 한 개씩 있는데, 서로 반대 방향으로 움직인다. 한쪽이 위로 올라가면 다른 한쪽은 아래로 내려간다. 그 결과 한쪽 날개에서는 양력이 더 커지기 때문에 좌우로 흔들거나 경사선회를 할 수 있는 것이다.

이 시점에서 중요해지는 질문은 비행기가 어떻게 좌우로 흔들 수 있느냐 하는 것이다. 물론 비행기의 다른 움직임에 대해서도 같은 질문을 할 수 있는데, 그러다 보면 비행기의 무게중심으로 관심이 모인다. 앞에서도 보았듯이, 무게중심은 비행기 전체의 무게가 집중된 지점이다. 이 점에 끈을 묶어 비행기를 매달면 비행기는 평형을 유지할 것이다.

이 점을 염두에 두고 비
행기의 기수부터 무게
중심을 지나 꼬리까지
이어지는 선을 상상해
보자. 이 선을 옆놀이축
(roll axis)이라고 부른다.
비행기가 좌우로 흔들거
나 경사선회를 할 때 이
축을 중심으로 움직이기
때문이다.

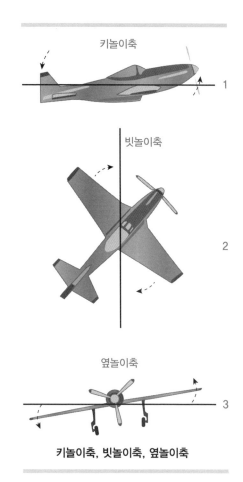

키놀이축

빗놀이축

옆놀이축

키놀이축, 빗놀이축, 옆놀이축

이번에는 비행기 위에
서 무게중심을 지나 동
체 밑 부분을 지나가는
선을 상상해보자. 이 선
은 빗놀이축(yaw axis)이
라 부른다. 조종사가 비
행기의 방향타를 움직일
때는 이 선이 중요하다. 방향타는 꼬리를 한쪽 방향으로 돌림으로써
기수가 반대 방향으로 돌아가게 한다. 이 움직임이 빗놀이축을 중심
으로 일어나는 것이다. 마지막으로, 날개와 거의 평행을 이루며 무게
중심을 지나가는 선을 상상해보자. 이 선은 키놀이축(pith axis)라고
한다. 승강타가 움직이면 비행기는 이 축을 중심으로 움직인다.

최초로 전쟁에 이용된
비행기

●　　　　　　　　라이트가 처음으로 비행에 성공한 이후 기술
은 매우 빠른 속도로 발달했다. 1909년 프랑스의 조종사 루이 블레
리오(Louis Bleriot)는 영국해협 횡단 비행에 처음으로 성공했다. 1911
년, 뉴욕의 클렌 커티스는 커티스 모델 D를 만들었다. 이 비행기는
최초로 대량 제작, 판매된 비행기였다. 커티스의 비행기는 라이트 형
제의 비행기와 큰 차이가 있었다. 커티스는 날개를 구부리는 대신 보
조 날개를 이용했다. 그러나 라이트 형제의 비행기처럼 커티스의 비
행기도 조종사 뒤쪽에 날개가 있는 추진식 비행기였다. 커티스는 직
접 만든 모델 D를 타고 처음으로 배에서 이륙하고 배에 착륙한 조종
사가 됐다. 1913년, 프랑스의 롤랑 개로(Roland Garros)는 프랑스에
서 출발, 튀니지에 안착해 지중해 횡단 비행에 성공했다. 1915년, 개
로는 최초로 비행기에 기관총을 장착했다. 그리고 2주 뒤에 독일 관
측 비행기 네 대를 격추했다.

그러나 비행기를 최초로 전쟁에 이용했다는 공식적인 기록은
1911년에 나온다. 터키와 전쟁을 벌인 이탈리아가 적진에 수류탄을
투하하는 데 비행기를 이용한 것이다. 그러나 1914년 제1차 세계대
전 발발 당시에는 양측 모두 보유 비행기 수가 소수에 불과한 데다
속도도 매우 느렸다. 영국의 초기 모델들은 최고 속도가 시속 116 킬
로미터에 지나지 않았고, 엔진도 90마력에 불과했다. 그러나 기술은
빠른 속도로 발전해 제1차 세계대전이 끝날 즈음에는 영국 전투기

브리티시 SES가 시속 222킬로미터, 엔진 200마력을 기록했다.[9]

전쟁이 시작된 무렵 비행기들은 모두 조종사 뒤에 프로펠러가 달린 추진식 비행기였고, 대부분 관측과 정찰에만 쓰였다. 그러나 프로펠러를 앞에 달아 비행기를 끌어주는 방식이 더 효율적이라는 사실이 금방 알려졌고, 전쟁이 끝날 즈음에 이르자 모두 견인식 비행기가 됐다. 또 초기 비행기들은 크랭크 주변에 원형으로 피스톤이 배열된 회전식 성형 엔진(rotary engine)이 장착됐다. 피스톤이 회전하면서 프로펠러를 돌린 것이다. 그러나 수랭식 직렬 엔진의 힘이 훨씬 크다는 것이 밝혀졌다. 전쟁이 끝날 무렵에는 거의 모든 비행기가 직렬 엔진을 갖게 됐다.[10]

전쟁이 진행되는 동안 양측 군 수뇌부들은 비행기를 정찰이나 관측보다 훨씬 효과적으로 이용할 수 있다는 것을 금방 깨달았고, 곧이어 전략 폭격과 해상전에 비행기를 이용하게 됐다. 물론 전투기도 곧 개발돼 결정적인 역할을 했다.

13

기관총 전쟁: 제1차 세계대전

13. 기관총 전쟁: 제1차 세계대전

앞에서는 비행기가 어떻게 발전해왔는지, 그리고 물리학이 그 과정에 어떤 역할을 했는지 알아보았다. 이제는 비행기가 전쟁에서, 그리고 그 밖에 어떤 목적으로 쓰였는지 보려 한다. 여기서 일컫는 전쟁은 1914년부터 1918년 사이에 일어난 제1차 세계대전이다. 1939년 이전까지는 이 전쟁을 '대전' 또는 '대전장'이라고 일컬었다. 이전에 없던 대규모 전쟁이었을 뿐만 아니라 세계 거의 모든 곳이 전장이었기 때문이다. 수년간 유럽에는 계속 무기가 쌓였고, 과학에 새로운 혁신이 이루어지면서 제1차 세계대전 이전까지 수많은 무기를 교전에 쓰지도 못한 채 묵히고 있었다. 전쟁이 터지자 참상이 벌어졌다. 병사 수백 명이 기관총 앞에서 몇 분 만에 낫에 베인 잡초처럼 쓰러졌고, 부대 전체가 치명적인 독가스에 속절없이 목숨을 잃었다. 새롭게 등장한 강력한 어뢰에 맞아 수많은 배가 꼼짝없이 침몰했다. 그러나 이 전쟁에서 가장 큰 아이러니는 이렇게 강력한 무기들이 등장했음에도 불구하고 실제로는 아무 소득이 없었다는 점이다. 기관총을 비롯해 새로운 무기들 때문에 전쟁은 금방 교착 상태에 빠졌고, 어느 쪽도 감히 전진하지 못하는 상황이 벌어졌다. 양측 진영이 불과 100여 미터를 사이에 두고 수십 킬로미터나 이어진 참호 속에 웅크리고 있을 뿐이었다.

눈부신 무기 발명이 물리학 발전의 결과라는 데는 이견이 없지만, 전쟁을 이렇게 막대한 교착 상태로 빠뜨린 것도 응용물리학을 무기에 접목시켰기 때문에 벌어진 일이었다. 물리학이 중요한 역할을 한 무기 가운데 하나가 바로 기관총과 대포였다. 이 무기들은 이제 명중률이 대단히 높아졌다. 여기에 비행기, 새로운 라이플, 수류탄, 화염방사기, 어뢰, 잠수함, 탱크, 그리고 새로운 배까지 등장했다. 신무기들을 앞세운 전쟁은 4년이나 이어졌으며 아무 문제도 해결하지 못한 채 병사 수백만 명의 애꿎은 목숨만 스러졌다.

기관총 개발

●   제1차 세계대전에서는 기관총이 중심적인 역할을 했다. 따라서 이 전쟁을 기관총 전쟁이라 일컫기도 한다. 앞서 발명된 개틀링 건은 1870년에 영국의 공학자 히람 맥심(Hiram Maxim)이 발명한 총에 비하면 장난감 수준이었다. 맥심은 총알 하나

에서 발생한 폭발 가스로 다음 총알을 발사하는 시스템을 고안했다. 따라서 이 총은 실탄을 발사하면 탄피를 사출시키고 다음 실탄을 자동으로 장전했다. 탄약은 벨트를 이용해 발사실에 공급했다. 또 물을 채운 강철 재킷으로 총열을 둘러싸 폭발 가스 때문에 생기는 강한 열로 총열이 갈라지거나 녹지 않도록 식혀주었다.[1]

맥심 건이 지닌 문제는 상당히 무겁고 사용하기 어렵다는 점이었다. 실제로 이 총을 사용하려면 병사가 여러 명 필요한 데다 정확도도 그리 믿을 만하지 않았다. 이 때문에 제1차 세계대전 개전 초에는 극히 제한적으로 사용되는 정도였다. 그러나 1896년, 맥심 건은 크게 개선됐다. 영국의 비커스 컴퍼니(Vickers Company)는 맥심 컴퍼니(Maxim Company)를 사들여 맥심 건을 다시 설계하고 개선했다. 우선 비커스는 가벼운 금속 소재로 무게를 크게 줄이고 작동 원리를 단순화했다. 기본적으로 이 총은 303구경 브리티시 탄환을 썼다. 이 탄환은 영국의 표준 라이플인 리-엔필드(Lee-Enfield) 탄환과 같은 것이었다.

이 총을 쓰려면 여섯 명이 필요했다. 한 사람은 발사, 한 사람은 탄약 공급, 네 명은 운반과 설치를 맡아야 했다. 하지만 일단 설치를 하면 상당히 믿을 만한 총이었다. 그 결과 영국 군대에서는 이 총을 가장 많이 사용했다. 길이가 1미터인 이 총은 분당 450~600발을 발사했고, 최대 사거리는 4,000미터에 달했다. 12시간 동안 과열이나 고장 없이 발사할 수 있었으며 시간당 1만 발을 쏠 수 있었다. 그러나 12시간 연속으로 발사하고 나면 총열을 교체해야 했다. 확 트인 지대에서 전투할 때 특히 효과적이었고, 제1차 세계대전을 교착 상태에 빠뜨린 주범이 바로 이 총이었다. 이 전쟁의 후반부인 1916년 이후에는 영국 공군과 프랑스 공군의 비행기에도 탑재됐다.[2]

루이스 건(Lewis gun)이라 불리는 기관총도 많이 사용됐다. 이 총은 미국에서 설계됐는데, 비커스 사의 총보다 훨씬 가벼웠고 영국군이 주로 사용했다. 이상한 것은 미국 육군 대령 아이작 루이스(Isaac Lewis)가 이 총을 설계한 때가 1911년이었는데, 이 전쟁에서 미군은 이 총을 그다지 많이 사용하지 않았다는 점이었다. 루이스는 1913년에 미군 수뇌부가 이 총을 거부하자 실망한 나머지 미국을 떠났다. 그리고 벨기에로 가 잠시 머물다 영국으로 갔다. 영국에서 루이스는 그곳 총기 제작자와 함께 이 총을 만들었다. 무게가 약 17킬로그램 정도밖에 안 되기 때문에 비커스 사 총의 절반에 지나지 않았고, 길이는 1.2미터 정도여서 혼자서도 충분히 옮길 수 있었다. 탄환은 브리티시 303구경(일부 모델은 30~60구경을 쓰기도 한다)을 쓰고, 분당 600발을 쏠 수 있었다. 유효 사거리는 약 800미터, 최대 사거리는 약 3,150미터였다.

프랑스군의 75밀리미터 야전포 역시 개전 초기 여러 전투에서 중요한 역할을 했다. 이 야전포는 포를 발사한 뒤 총열이 뒤로 물러났다 앞으로 다시 나오면서 원래 발사 위치로 되돌아오는 반동 메커니즘을 지니고 있었다. 총을 움직이지 않고도 자동으로 진행되는 과정이기 때문에 조준을 다시 할 필요도 없었다. 명중률이 매우 높았고, 분당 15발을 쏠 수 있었다. 개활지에서 이 야전포를 만난다는 것은 곧 죽음을 의미했다. 마른(Marne) 전투에서는 단 4분 만에 독일군 병사 2,000명이 목숨을 잃었다.

그 밖의 무기들

● 　　　제1차 세계대전에 쓰인 무기가 기관총밖에 없는 것처럼 들렸는지 모르겠지만, 물론 그렇지 않았다. 다른 총기류들도 기관총 못지않게 치명적이었다. 라이플은 대포를 비롯한 여러 화포와 함께 크게 개선됐으며 수류탄도 큰 몫을 했다. 화염방사기도 사용됐다. 앞에서도 언급했듯이 제1차 세계대전을 교착 상태에 빠뜨린 것은 강력한 신무기들이었다. 그 대부분은 과학, 특히 물리학이 비약적으로 발전한 결과였다.[3]

남북전쟁 당시 머스켓 대신 영국군은 수동식 노리쇠가 있는 리-엔필드 라이플을 썼다. 이 총의 이름에서 '리'는 발명자인 제임스 페리스 리(James Perris Lee)에서 땄고, '엔필드'는 이 총을 최초로 생산한 공장이 잉글랜드의 엔필드(Enfield)에 있었기 때문에 얻은 것이었다. 실탄을 탄창(바닥에 스프링이 장치된 금속 상자)에 먼저 끼워 총에 장전한 다음 노리쇠를 열면, 탄창 바닥에 달린 스프링의 힘으로 실탄이 위로 올라가게 돼 있었다. 노리쇠가 닫히면 맨 위 실탄이 약실로 들어가 발사 준비가 되는 것이었다. 실탄을 발사하면 노리쇠가 열리면서 빈 탄피가 사출되고 새 실탄이 장전됐다. 탄창에는 303구경 영국산 실탄이 10발까지 들어갔다.

수동 노리쇠 총은 발사가 빠르고 쉬운 데다 상당히 큰 착탈식 탄창까지 사용한다는 점에서 아주 뛰어난 라이플이었다. 훈련이 잘 된 소총수라면 분당 20~30발을 쏠 수 있었다. 600미터 거리까지 정확하게 명중시킬 수 있었고 최대 사거리는 1,350미터였다. 독일군은 마우저 게베르(Mauser Gewehr)를 썼다. 이 총 역시 수동식 노리쇠가 장치된 총이었는데, 명중률이 높은 것으로 유명했다. 독일군은 전쟁 막바지에 이르러 마우저 T라는 대전차포도 사용했다. 또한 영국의 웨블리(Webley), 독일의 루가(Lugar), 미국의 콜트(Colt) 45구경 같은 총기류도 전쟁 내내 광범위하게 쓰였고, 주로 장교들이 휴대했다.

대포를 비롯해 대형 화포류도 크게 개선됐다. 포탄을 높이, 곡선 궤적을 그리도록 발사하는 곡사포(曲射砲; howitzers)는 요새나 숨은 목표물을 공격하는 데 아주 효과적이었다. 곡사포는 상대적으로 포신이 짧으면서 무거운 포탄을 발사하는데, 일찍이 독일군이 벨기에와 전투할 때 사용한 적 있었다.

독일군이 벨기에로 진격할 때는 빅 버사(Big Bertha)라는 대형 곡사포가 여러 요새의 벽을 두들겨댔다. 대형 화포의 가장 큰 문제는 무게였는데, 결국 궤도차를 이용해 이 문제를 해결했다. 대형 화포 대부분을 궤도차에 실음으로써 반동 문제도 해결했다. 이런 대형 화포들은 포탄을 최대 48킬로미터까지 날려 보낼 수 있었다.

박격포(迫擊砲; mortar)도 제1차 세계대전에 쓰였다. 박격포도 곡사포처럼 높은 궤적을 그리는 포였지만 크기는 훨씬 작았다. 구경이 크고 짤막한 포신 속에 발사체를 떨어뜨리듯이 쉽게 장전하고 빨리 발사할 수 있었다. 최대 사거리는 2,000미터였다. 비행기가 전쟁에서 중요한 역할을 시작하자 곧이어 대공포도 개발됐다. 대공포는 분당 포 4발을 최대사거리 2,700미터까지 쏘아 보냈다.

원시적인 수류탄도 여러 해 동안 쓰였다. 수류탄은 일찍이 중국인들이 사용했고, 15세기 프랑스에서도 쓰였다. 제1차 세계대전을 거치면서 완벽한 수류탄을 개발하기 위해 숱한 노력이 투자됐다. 독일군은 개전 초기부터 수류탄을 잘 갖추었지만 다른 나라들도 곧 그만큼 따라갔다. 특히 참호전에서는 수류탄이 매우 효과적이었다. 양쪽 진영에서 적 참호를 향해 여러 수류탄을 던지는 전투 양상을 '폭탄 파티'(bombing party)라고 불렀는데, 전쟁이 진행되면서 폭탄 파티는 점점 잦아졌다. 개전 초에만 해도 영국군은 수류탄을 거의 비축하지 않았지만, 1년 만에 매주 50만 발을 생산해냈다.

수류탄은 두 가지 방법으로 폭발했다. 하나는 충격(충돌)을 주는 것이고, 두 번째는 시간을 지연시키는 신관을 이용했다. 충격으로 폭발시키는 수류탄은 오발 사고가 많았기 때문에 신관을 이용하는 수류탄을 더 선호했다. 전쟁 후반부에 가면서 신관으로 폭발하는 수류탄에는 손으로 뽑는 안전핀 장치가 더해졌다. 형태와 크기도 다양해졌다. 막대형 수류탄에는 손잡이가 있었는데, 원통형이 그중 하나였다. 그러나 나중에는 대부분 타원 형태를 갖게 됐다. 수류탄은 던지거나 라이플에 장착해 쏘았다. 라이플 수류탄은 막대기에 부착해 총열에 끼워 쏘거나 총신에 부착된 컵 안에 넣어 쏘았다. 수류탄을 발사하는 데는 공포탄이 쓰였다. 컵 형 수류탄은 영국군과 프랑스군에게 인기가 높았다. 명중률은 높지 않았지만 직경 100~200미터 넓이인 장소를 날려 버릴 수 있었다.

영국군은 밀스 수류탄을 1915년에 도입해 금방 폭넓게 사용했다. 밀스 수류탄은 표면이 깔쭉깔쭉한 톱니모양이고 폭발하면서 여러 조각으로 쪼개지는데, 무게도 600g 정도로 아주 가벼웠다. 안전핀이 점화 레버를 잡아두고, 이 핀을 제거한 뒤 수류탄을 투척할 때까지 손으로 점화 레버를 눌러둘 수 있었다. 이 수류탄에는 4초 뒤에 폭발시키는 신관이 달려 있었다.

독일군도 막대형, 공형, 원반형, 달걀형 등 다양한 수류탄을 가지고 있었다. 독일군은 계란형 수류탄을 선호했는데, 45미터 거리까지 쉽게 던질 수 있기 때문이었다.

이 전쟁에서 병사들에게 가장 공포스러운 무기는 아마도 화염방사기였을 것이다. 원시적인 화염방사기는 이전 전쟁에도 쓰인 적이 있지만, 효율적으로 설계된 화염방사기는 이때 처음 사용됐다. 1914년, 전쟁 초기에 독일군이 영국군과 프랑스군을 상대로 먼저 화염방사기를 사용했다. 독일군은 1900년부터 화염방사기 실험을 시작했다. 당시 화염방사기는 압축공기, 이산화탄소 또는 질소를 이용해 노즐 속으로 기름을 투입했다. 이 혼합물이 공기에 닿으면 작은 점화기가 불을 붙여 불길이 뿜어 나갔다. 초기 화염방사기는 사정거리가 25미터 정도였지만 점점 개량돼 39미터까지 늘어났다. 화염방사기는 참호전에 매우 효과적이었다.

독일군은 화염방사기를 두 가지 보유하고 있었는데, 상대적으로 작은 휴대용 화염방사기는 한 사람이 휴대할 수 있었고, 크고 무거운 것은 작은 화염방사기보다 유효 사거리가 두 배나 길었다. 대형 화염 방사기를 이동시키려면 여러 사람이 필요했다. 소형 화염방사기가 처음 쓰인 전투는 벨기에 플랑드르 지역에서 벌어진 헤이그 전투였 다. 1915년 6월 30일에 벌어진 이 전투에서 독일군은 가스 실린더를 등에 메고 영국군의 방어선을 공격했다. 아무 대비도 하지 않은 영국 군은 거대한 화염에 크게 놀랐으나 다행히 곧 위치를 사수했다. 독일 군은 화염방사기 공격 성공에 크게 기뻐하면서 이후 이어진 전투에 서 화염방사기를 적극적으로 사용했다. 그러나 화염방사기를 든 병 사는 이내 적군의 표적이 됐다. 영국군과 프랑스군 병사들이 화염방 사기를 조작하는 병사에게 화력을 집중적으로 퍼부었기 때문이다.

영국군도 곧 독자적으로 화염방사기를 실험하기 시작했다. 영국 군은 아주 가벼운 휴대용부터 매우 무거운 것까지 여러 가지 모델을 만들었다. 큰 것은 사거리가 80미터 정도였다. 프랑스군 역시 다양 하게 개발했다. 이들의 화염방사기는 프랑스의 솜(Somme) 전투에서 큰 역할을 했다.

이 밖에 광범위하게 쓰인 무기로는 독가스와 탱크가 있었는데, 이 두 가지는 뒤에 다루기로 한다.

전쟁은
어떻게 시작됐나

● 제1차 세계대전의 시발점은 1914년 6월 28일에 일어난 오스트리아-헝가리 제국의 프란츠 페르디난트 대공 암살 사건이었다. 이 사건은 정말 어이없는 사건들로 이어졌고, 여러 조약으로 동맹을 맺은 국가들이 줄줄이 전쟁에 개입하면서 걷잡을 수 없이 확전됐다. 프란츠 페르디난트 대공은 인기가 바닥세였던 인물이었음에도 불구하고, 오스트리아-헝가리 제국에서는 사건이 일어나자마자 세르비아를 음모의 배후로 지목했고(실제 암살범은 블랙 핸드라는 단체의 어린 테러리스트였다), 세르비아에 몇 번에 걸쳐 최후통첩을 보냈다. 세르비아는 이 최후통첩 중 일부를 거부했다. 그 결과 오스트리아-헝가리 제국이 1914년 7월 28일 군대를 동원했고, 세르비아와 조약을 맺은 러시아가 신속하게 지원군을 파병했다. 마찬가지로 오스트리아-헝가리 제국의 조약국이던 독일도 8월 1일부터 전쟁에 개입했다. 그다음에는 러시아의 조약국인 프랑스가 8월 3일에 전쟁을 선포했다. 독일의 벨기에 침공에 따라 벨기에 국왕의 지원 요청을 받은 영국도 전쟁에 가담했다.[4]

전쟁 당사국들 가운데 누구도 이 전쟁이 오래 가리라고는 생각하지 않았다. 그러나 악순환이 거듭되면서 통제할 수 없는 악몽으로 이어졌다. 대부분 당사국들의 고집 때문이었다. 대륙의 3대 강국인 독일, 프랑스, 러시아가 모두 즉각 공세에 나섰다. 그러나 놀랍게도 새롭게 투입된 신무기들이 전세를 유리하게 이끄는 데에는 아무 효과가 없다는 것이 곧 드러났다. 기관총은 병사들을 단숨에 수백 명씩 쓰러뜨렸다. 이런 상황에서 최선의 방어책은 참호를 깊이 파는 것이었다. 얼마 지나지 않아 겨우 수백 미터를 사이에 두고 양쪽에 끝도 없이 이어진 참호로 전선이 형성됐다. 어느 쪽에서도 공격을 하려 하지 않았다. 그리고 이상하게도 이 참호의 위치는 거의 변하지 않았다. 완전히 교착 상태였다. 전선을 움직이려 시도할 때마다 수십만 명이 죽어나갔다. 기관총과 다른 화포에 의해 사상자가 나기도 했지만, 독가스와 수류탄, 화염방사기에 희생되는 숫자도 적지 않았다. 그리고 병사들의 머리 위로는 또 다른 무기가 출현했다. 비행기가 참호를 향해 기총소사를 시작한 것이다.

최초의 전투기

● 라이트 형제가 인류 최초로 동력 비행기를 타고 비행에 성공한 것은 제1차 세계대전으로부터 겨우 10년 전이었다. 그러나 비행기는 곧 중요한 역할을 했다. 관측과 정찰 역할을 초월해 비행기는 전장의 중요 상황을 새로운 시각에서 전달해주었다. 1914년 8월 23일, 벨기에 남부의 몽스(Mons) 전투에서 영국군은 독일군에게 공격당하는 프랑스군을 구하러 달려가고 있었다. 독일국과 접전하기 직전에 영국군은 관측기를 보내 상황을 살폈다. 놀랍게도 독일군은 영국군을 포위하려 하고 있었다. 영국군 고위 지휘관은 즉시 퇴각을 명령했고, 천만다행으로 대재앙을 면할 수 있었다. 잠시

뒤, 프랑스군 관측기가 독일군의 측면이 뚫렸다는 것을 발견했고 프랑스군은 공격에 나섬으로써 진격하던 독일군의 발을 묶어둘 수 있었다. 관측기의 가치가 곧 분명해졌다.[5]

그러나 얼마 지나지 않아 양측의 관측비행기들이 조우하기 시작했다. 처음에는 피스톨과 라이플로 서로 응사하는 정도였다. 심지어는 상대방 비행기의 프로펠러를 향해 돌을 던지기도 했다. 처음으로 공중전을 촉발한 조종사는 프랑스의 롤랑 개로였다. 전쟁 초기에 등장한 비행기 대부분이 라이트 형제의 비행기처럼 프로펠러가 조종사 뒤에 있는 추진식이었지만, 얼마 지나지 않아 프로펠러를 조종석 앞에 두는 견인식이 훨씬 효과적이라는 사실이 알려졌다. 그러나 이 경우에는 조종사가 조준하고 발사하기 쉽게 기관총을 탑재할 경우 실탄이 돌아가는 프로펠러를 통과해야 한다는 문제가 있었다. 프로펠러가 먼저 부서질 것이 뻔했다. 개로는 프로펠러 날개를 보호하기 위해 디플렉터(deflector)를 설치했다.

1915년 4월, 개로는 자신의 새 발명품을 처음으로 시험해보았다. 그의 공격을 받은 측에서는 개로의 비행기가 똑바로 날아오면서 실탄을 연속 발사하는 것을 보고 크게 놀랐다. 개로는 새 장치를 이용해 독일 비행기 4대를 격추시켰다. 그러나 4월 18일에는 그의 비행기가 독일군의 전선 안쪽에 불시착했다. 비행기는 독일군에 몰수됐고, 독일군 고위층은 항공기 제작사인 포커 사의 안토니 포커(Anthony Fokker)를 불러들여 개로의 비행기에 달린 장치를 복제하도록 명령했다. 그러나 포커는 복제된 장치가 심각한 문제를 가지고 있다는 것을 깨달았다. 프로펠러 날개에 맞은 탄환 상당수가 빗겨나갔는데, 그중 일부가 뒤로 튕겨나간 것이다. 포커는 곧 프로펠러 날개의 회전과 기관총 발사를 동조시키는 시스템을 개발했다. 비행기의 크랭크축에 캠(cam: 회전운동을 왕복운동이나 진동으로 바꾸는 장치)을 설치해, 프로펠러 날개가 기관총에 맞을 위치에 오면 캠이 총이 발사되지 않도록 막아주는 밀대를 작동시킨다. 이 장치가 비행기에 장착되자 독일군은 그때부터 수개월간 공중전에서 큰 격차를 보이며 우위를 차지했다.[6]

한편 영국군도 비행기에 기관총을 장착할 방법을 실험하고 있었다. 조종사 루이스 스트레인지(Louis Strange)는 자기 비행기 윗날개 위에 기관총을 장착해 탄환이 나갈 때 프로펠러에 맞지 않게 했다. 그러나 1915년 5월 10일, 그의 기관총이 고장을 일으켰다. 스트레인지는 조종석에서 일어나 기관총을 살펴보려 했으나, 갑자기 비행기가 속도를 잃고 뒤집혀 버렸다. 비행기에서 떨어질 위기에 처한 스트레인지는 가까스로 윗날개에 장착된 기관총을 붙들고 버티며 조종석에 다시 들어앉기 위해 다리를 버둥거렸다. 다행히 비행기가 수직으로 추락하기 직전에 겨우 기수를 바로잡을 수 있었다.

그러나 포커 사의 새로운 설계 덕분에 독일군은 곧 다시 공중전에서 우위를 회복했다. 이상하게도 독일군의 기관총은 대부분 영국 공군기보다 여러 모로 열세이던 아인데커 G(Eindecker G)에 장착됐다. 영국 공군 조종사들은 아인데커 앞에 잘 나타나지 않았기 때문에, 독일 공군 사상자는 전쟁 후반기에 비해 그리 많지 않았다. 그러나 영국군의 사기는 크게 흔들렸고, 아인데커에 맞설 전투기를 생산하기 위해 사력을 다했다.

드디어 공중전 시대가 열렸다. 공중전은 둘, 또는 그 이상 항공기들이 벌이는 전투다. 초기 공중전에서는 독일군이 우세했다. 독일군과 영국군의 전투기 손실 비율은 1:5 정도였다. 독일에서는 막스 임멜만(Max Immelmann), 오스발트 뵐케(Oswald Boelcke) 같은 우등 조종사들이 영국 공군기를 다수 격추한 공로로 영웅 대접을 받았다. 이들은 거의 60대를 격추했다. 그러나 영국군도 1915년 가을에 전투기 FE 26과 DH2를 도입했다. 이 전투기들은 독일 공군기에 호적수였으며, 영국군은 예광탄도 개발했다. 예광탄의 도움으로 영국군 조종사들은 탄환과 포탄을 눈으로 확인하며 필요할 경우 다시 조준할 수 있었다.

적기를 8대 격추시킨 조종사는 '에이스'라고 칭했다.[7] 처음에는 조종사 대부분이 단신으로 출격해 적기를 찾아 다녔지만, 1917년 이후로 양측 모두 편대 체제를 갖추었다. 영국군은 전투기 6대로 구성된 편대 체제를 개발했다. 이들은 보통 대장기를 선두로 해 V자 대형을 이루어 비행했다. 그러나 전투에 들어가면 두 대씩 짝을 이루어 한 대가 공격을 감행하는 사이에 다른 한 대는 방어에 주력했다. 독일군 편대는 보통 영국군 편대보다 규모가 커서, 나중에는 독일군 편대를 '서커스'라 부르기도 했다.

믹 매녹(Mick Mannock)은 영국 공군 에이스 중 가장 유명한 조종사였다. 매녹은 영국 공군 전술을 개발한 선구자였으며, 1917년 5월부터 1918년 7월 사이에 독일 공군기 73대를 격추했다. 조종사 대부분이 25세 이하로 어린 나이였는데, 18살밖에 안 된 청년도 많았다. 이들은 겨우 30시간 동안 짧게 공중 훈련을 마치고 곧바로 전투에 투입되기도 했다. 따라서 일단 전투에 투입되면 이들의 수명은 길게 예상할 수 없는 현실이었다.

공중전 전술은 널리 알려져 있어서 모두 최대한 이 전술을 활용했다. 주요 전술은 적기 조종사의 눈에 햇빛이 비칠 때를 틈타 적기를 향해 다이빙하듯 내려가는 것이었다. 조종사들은 할 수만 있으면 공격 뒤에 재빨리 구름 속으로 숨기도 했다.

이 전쟁에서 가장 유명한 에이스는 말할 것도 없이 독일 공군 만프레드 폰 리히트호펜(Manfred von Richthofen), 바로 '붉은 남작'(Red Baron)이라는 별명으로 불린 이였다. 그는 조종사로 활약하면서 자그마치 80번이나 전투에서 승리를 거둔 것으로 인정받았다. 이 전투 대부분은 비행 경험이 고작 몇 시간에 불과한 풋내기 조종사들을 상대로 한 것이었다. 하지만 리히트호펜은 영국 공군 최고의 에이스 랜스 헤이든(Lance Hayden) 소령을 격추했다. 1917년 한 해 동안 리히트호펜은 플라잉 서커스(Flying Circus)라 불리던 독일 공군 편대의 지도자였다. 그가 조종한 비행기는 안팎이 모두 붉은색이었다. 그러나 1913년 4월 21일에 솜 강 근처에서 대공포에 맞아 추락하면서 그의 경력도 끝나고 말았다.

연합군 측에서는 빌리 비숍(Billy Bishop)이 가장 유명한 에이스였다. 캐나다군 소속이던 그는 공인 기록이 72승이었고, 영국의 비행

훈련단 조직에 큰 공을 세웠다. 붉은 남작과 조우한 적이 한 번 있었으나 두 에이스의 대결은 무승부로 끝났다. 빌리 비숍은 1917년에 빅토리아 십자훈장을 받았다. 미군에서 가장 유명한 에이스는 에디 리켄배커(Eddie Rickenbacker)였다. 조종사가 되기 전에 경주차를 운전한 터라, 전투기로 갈아탄 것은 어찌 보면 자연스러웠는지도 모르겠다. 리켄배커는 1917년에 입대하자마자 곧바로 독일로 날아갔다. 1918년 9월 24일에 편대장으로 임명된 그는 독일 공군기를 총 26대 격추했다. 또 다른 에이스는 빌리 미첼(Billy Mitchell)로, 전쟁이 끝날 무렵에는 미국 공군 전투단 전체를 지휘했다.

제2차 세계대전에서는 전투기가 가장 이목을 끌었지만, 훨씬 큰 비행기도 큰 역할을 했다. 이 비행기는 적진으로 폭탄을 운반하거나 투하하기 위해 개발됐다. 전략 폭격기는 제1차 세계대전 내내 광범위하게 쓰였다. 전략 폭격의 주요 목표물은 공장, 발전 시설, 항만, 포격 시설, 보급선 등이었다. 최초로 폭격 임무를 수행한 것은 독일군이었다. 독일군은 대형 열기구인 제펠린(Zeppelin)을 동원해 작은 마을과 민간 시설을 공습해 적의 사기를 떨어뜨렸다. 영국 상공에서 이러한 공습이 총 23회 있었는데, 처음에는 이를 방어할 마땅한 방책이 없었다. 그러나 이 열기구가 가연성 수소를 가득 채운 풍선이라는 것이 알려지면서 쉬운 목표물이 됐고, 쏘아 떨어뜨리기도 어렵지 않았다. 결국 비행선을 동원한 공습은 중단됐다. 그러나 독일군은 이내 폭격기를 개발했다. 영국군도 1916년에 핸들리 페이지 폭격기(Handley Page bomber)를 개발했고, 같은 해 11월에는 독일군의 주요 시설물과 잠수함 기지를 폭격했다. 1918년, 엔진이 4개 달린 폭격기로 산업 지역을 공격할 때는 무게가 750킬로그램이나 나가는 폭탄도 쓰였다. 영국은 독일 점령지 안으로 깊숙이 침투해 중요 시설물들을 폭격하는 편대까지 갖추었다. 독일군도 영국과 프랑스 도시들을 폭격하며 반격에 나섰지만, 영국은 독일에 폭탄 660톤을 쏟아 부었다. 독일이 영국에 투하한 폭탄은 그 절반도 되지 않았다.

바다 위 전쟁과
바다 밑 위협

● 　　　　　개전하자마자 영국은 즉시 해상 봉쇄작전을 펼치면서 독일로 물자가 들어가는 것을 막았다. 영국의 작전은 상당히 성공적이었고, 특히 후반기에 더욱 효과적이었다. 영국 해군은 해상봉쇄를 강화하는 임무를 맡았다. 누가 뭐래도 영국 해군은 세계 최강이었고, 긴 세월 동안 뭇 나라의 표본이 됐다. 게다가 개전 초기에 영국 전함과 순양함 숫자는 독일보다 훨씬 많았다. 영국은 대형 함선 21척과 순양함 9척을 보유했지만, 독일은 고작 전함 13척과 순양함 7척을 갖추고 있었다. 독일군은 바다에서 영국군과 마주치고 싶지 않았으므로 최대한 몸을 낮추었다. 그럼에도 불구하고 양측은 상당한 충돌을 각오하고 있었다. 당시에 일어난 사고가 장차 벌어질 일을 예측하게 해주었다.

영국 해군은 독일 전투 순양함 SMS 괴벤(Goeben) 호와 경순양함

한 척을 지중해에서 옴짝달싹 못 하게 포위했다. 영국군 장교들은 지브롤터 해협을 돌파하리라고 예상하고 총구를 겨눈 채 기다렸다. 괴벤 호가 영국 군함보다 조금 더 큰 함포를 가지고 있었고 속도도 빨랐지만, 영국군에 비하면 수적으로 열세였다. 언뜻 보기에는 쉬운 먹잇감 같았다. 그러나 놀랍게도 괴벤 호는 월등한 사정거리를 무기로 영국 군함을 묶어둔 채 상처 하나 입지 않고 유유히 해협을 빠져나갔다. 게다가 지브롤터 해협을 빠져나가면서 영국 군함 두세 척을 못 쓰게 만들기까지 했다. 경악한 영국 해군은 이제 자기들이 더 이상 바다의 제왕이 아니라는 사실을 깨달았다. 영국 해군은 거의 100년이 넘도록 전투다운 전투를 해보지 않았으므로 준비가 제대로 돼 있지 않았다.

따라서 독일 해군과 영국 해군 사이에는 이렇다 할 전투가 없었다. 그러나 이후로 몇 년 동안 영국 해군에게는 골칫거리가 생겼다. 1914년, 독일군은 세계 최고의 잠수함을 보유하게 됐다. 영국 해군은 이 잠수함을 대수롭지 않게 여겼지만, 독일 해군의 잠수함은 대단히 위협적인 적으로 부상했다. 영국군 수뇌부는 독일군 잠수함에 어떻게 대처해야 할지 우왕좌왕했고, 결국 잠수함에 대처할 방어 수단이 거의 없다는 것이 분명해졌다. 1914년 9월 22일, 영국의 대형 무장 순양함 세 척이 독일군 잠수함 U-9의 공격을 받고 한 시간도 안 되는 사이에 모두 침몰했다. 승무원 1,400명이 배와 함께 수장당했다. 영국 해군이 300년 만에 처음으로 당한 최악의 참사였다.

이제 북해(North Sea)에서는 독일군의 U-보트를 숱하게 볼 수 있었다. 그럼에도 불구하고 잠수함의 위력은 여전히 심각하게 받아들여지지 않았다. 대부분 잠수함은 침몰시키려는 목표물에 경고를 했기 때문에 인명피해는 상대적으로 적었다. 그러나 1917년 11월부터 독일 해군 사령부는 더 이상 경고를 하지 않기로 결정했다. 1915년 2월, 영국과 아일랜드 주변 해역 전체가 전쟁 지역으로 선포됐다. 이것은 중립국가 소유인 상선을 포함해 모든 상선까지 경고 없이 침몰당할 수 있다는 의미였다. 그 후 4개월 동안 독일 해군은 영국 국적인 배 세 척을 침몰시켜 버렸다. 영국으로서는 큰 문제가 아닐 수 없었고, 어쩔 수 없이 효과적인 방어 수단을 찾아야만 했다. 이때 호화여객선 루시타니아(Lusitania)호 침몰 사건이 발생했고, 영국에서는 무엇이든 대책을 신속하게 강구해야만 했다.[8]

1915년 5월, 루시타니아 호는 202회째 대서양 횡단에 나섰다. 승객 1,257명과 승무원 702명을 태우고 뉴욕을 출발해 영국 리버풀로 가는 여정이었다. 그러나 이들은 목적지에 발을 딛지 못한 채 대부분 사망했다. 아일랜드 인근 해역에는 독일군 잠수함 U-20 호가 기회를 노리고 있었다. 5월 7일, 루시타니아 호가 아일랜드 해변에 접근하면서 U-20 호의 함장은 다가오는 여객선을 발견했다. 루시타니아 호가 30도 정도 방향을 틀자 사격하기 아주 좋은 상태가 됐다. 순식간에 어뢰가 발사돼 루시타니아 호를 향해 날아갔다. 루시타니아 호에 승선한 사람들 가운데 몇몇이 어뢰가 만들어낸 물방울을 보았고, 누군가가 고함을 쳤다. "우현에 어뢰다!" 곧이어 엄청난 폭발이 일어났고, 뱃바닥으로부터 둔중한 2차 폭발이 일어났다. 거의 동시에 배는 25도나 기울어 구명정을 내릴 시간조차 없었다. 이날 사망한 사람 수는 1,198명이었다. 타이타닉(Titanic) 호 침몰 당시 사망자 수와 거의 비슷했다.⁹

루시타니아 호 침몰로 자국민 128명의 목숨을 잃은 미국은 특히 분노했다. 우드로 윌슨(Woodrow Wilson) 대통령은 독일에 강력하게 항의하면서, 독일군이 중립국 상선 공격을 즉각 중단되지 않는다면 독일과 모든 관계를 단절하겠다고 위협했다. 영국이 분노한 것은 당연했다. 다른 여러 나라도 비난하고 나섰다. 그러자 놀랍게도 독일군은 U-보트 활동을 중단시켰고, 그 후 거의 1년 반 동안 영국 국적 상선이 침몰당하는 일은 다시 생기지 않았다. 1917년 6월, 영국은 수면 아래에서 들려오는 잠수함의 프로펠러 소리를 들을 수 있는 수중 청음기와 수중 폭탄(depth charge)을 개발했다. 기름통에 TNT를 가득 채워 일정한 수심에 이르면 폭발하게 한 것이었다. 이뿐만 아니라 갑판에서 밖으로 수중 폭탄을 다량으로 투하하는 장치도 개발했다.

1917년 1월에 이르자 영국 해군은 독일 해군과 다시 전투를 할 준비가 됐다. 3개월도 채 지나지 않아 미국이 제1차 세계대전에 개입했고, 이 무렵에는 잠수함으로부터 배를 보호할 수 있는 새로운 기술이 개발됐다. 구축함 호위와 함께 별도로 호위함을 등장시킨 것이었다. 잠수함이 호위함을 침몰시키는 것은 대단히 운이 좋은 경우였다. 호위함을 침몰시키려 했다가는 수중 폭탄에 희생당할 위험을 감수해야 했다. 게다가 북해와 스코틀랜드-노르웨이 사이 지역에서는 수심 180미터 깊이까지 기뢰가 수없이 설치돼 있었다. 어느새 U-보트는 완전히 무용지물이 됐다.

최후의 공포,
독가스

● 교착 상태는 양측 모두에게 심각한 고민거리였다. 공격하고 싶어도 더 강력한 무기가 없는 한 자살행위나 다름없었다. 불만이 커진 독일군 수뇌부는 물리학자 프리츠 하버(Fritz Haber)에게 시선을 돌렸다. 하버는 그 전에 독일군의 탄약이 지닌 문제점을 해결한 적 있기 때문에, 독일군 수뇌부는 다시 한 번 그에게 도움을 청했다. 독일군은 연합군이 참호에서 나와 뿔뿔이 도망치게 만들고 싶어 했다. 하버는 곧 독가스를 생각해냈다. 독일군 장군 몇몇은 연합군도 똑같은 방법으로 보복에 나설 것이라며 주저했지만, 하버는 연합군 측 화학 산업 수준으로는 그와 비슷한 독가스를 만들기 어려울 것이라 장담했다. 반대 의견이 있었음에도 불구하고 독가스를 생산하라는 명령이 떨어졌다. 하버는 클로린(chlorine)을 생산하기로 결정했고, 독일군은 1915년 4월, 이프르(Ypres) 근처에서 이 독가스를 사용했다. 영국, 캐나다, 프랑스, 그리고 알제리군이 연합군으로 이 지역 전선을 지키고 있었다. 클로린을 실은 탱크 수천 대가 독일군 측 전선에 도착했다. 적진을 향해 독가스를 날려 보내기 위해 송풍기가 동원됐다.[10]

1915년 4월 22일, 프랑스와 알제리군은 황록색 구름이 천천히 몰려오는 것을 목격했다. 어리둥절해진 이들은 적들이 공격을 감추기 위해 계략을 쓴다고 여기고 대비하며 일어섰다. 몇 분 만에 그 구름이 연합군을 에워쌌고, 병사들은 호흡 곤란으로 헐떡거리며 쓰러졌다. 연합군 병사들이 들이마신 가스는 호흡기를 파괴했다. 상황을 깨달은 병사들은 당황하기 시작했고, 많은 병사들이 갈팡질팡하며 참호에서 벗어나려고 허둥댔다. 순식간에 참호로 이루어진 전선이 6킬로미터나 뚫렸다. 하지만 독가스의 효과를 보고 놀란 것은 독일군도 마찬가지였다. 전선을 더 전진시키기는 했지만, 독일군도 불안하고 두려웠다. 가까스로 점령지를 약간 더 확보하기는 했지만, 영국군과 캐나다군의 영웅적인 반격으로 결국 독일군도 그리 큰 성과를 거두지는 못했다. 전쟁은 새로운 국면으로 접어들고 있었다.[11]

　영국은 즉각 비난을 퍼부으며 언론을 동원했다. 미국과 다른 나라들도 비난에 동참했다. 그러나 이렇게 독일의 독가스 공격을 비난한 영국도 즉시 반격에 이용할 독가스 연구에 들어갔다. 독가스는 운반하는 것부터 큰 문제였다. 운반하는 도중에 바람 방향이 바뀌면 아군에게 치명타가 될 수도 있었다. 실제로 영국군도, 독일군도 이런 상황을 겪었다. 좀 더 안전한 운반 방법이 필요했다. 이번에도 독일군 수뇌부는 하버에게 의존했다. 독가스를 포탄에 실어 적의 참호에서 폭발시키는 방법을 찾으라는 것이었다. 하버와 동료들은 즉시 연구에 돌입했고, 곧 포스겐(phosgene)을 개발했다. 포스겐은 클로린과 비슷하지만 클로린과 달리 기침이나 호흡 곤란을 일으키지 않으면서 폐를 망가뜨렸다. 결과적으로 병사들은 독가스를 들이마시고 있는 줄도 모른 채 독가스를 더 많이 마시게 됐다. 무기로서 포스겐의 잠재력이 훨씬 더 크다는 사실이 입증됐다.

이어서 하버는 가장 치명적인 전쟁용 가스를 만들어냈다. 바로 겨자탄(mustard gas)이었다. 독일군은 1917년 9월, 러시아와의 전투에서 이 가스를 처음 사용했다. 겨자탄은 거의 냄새가 없고 인체 내외부에 심각한 수포를 만들어냈다.

독일군이 새로운 독가스를 개발할 때마다 연합군도 이내 똑같은 가스를 개발해 독일군에게 사용했다. 따라서 종국에는 어느 쪽에도 이득이 없었다. 독일군은 연합군 측에 사상자 수십 만 명을 냈지만, 이들도 부상자가 20만 명가량 됐고 그중 9,000명은 사망했다.[12] 그러나 전쟁 막바지에 이르러서는 방독면이 개발돼 사상자가 크게 줄어들었다.

하버는 독가스를 개발한 데 대해 전혀 죄책감을 느끼지 않은 듯하지만, 그의 부인은 남편이 한 일에 경악하고 스스로 목숨을 끊었다. 하버의 절친한 친구 알베르트 아인슈타인(Albert Einstein)은 그토록 많은 사람을 학살하는 데 한몫을 한 하버를 몹시 비난했다. 하버는 결국 역풍을 피하지 못했다. 유대인이던 하버는 유대인 말살 정책을 편 나치를 피해 1933년에 독일을 떠났다.

최초의 전차

●　　　　　교착 상태를 타개하려는 시도가 다시 한 번 나

타났다. 1916년 처음 전장에 나타난 전차였다. 이미 오래전부터 방탄 기갑 차량이 전투에 크게 도움이 될 거라는 생각은 있었다. 심지어 레오나르도 다빈치도 그런 차량을 설계했다. 그러나 진지하게 현실성을 타진하게 된 것은 제1차 세계대전 이후였다. 첫 시작은 영국군 장교 어니스트 스윈턴(Ernest Swinton) 소령이 시도했다. 스윈턴은 1914년 프랑스 북부를 돌파하던 중에 현대적인 무기의 공격으로 발생한 수많은 사상자들을 보고, 어떻게 하면 부대를 잘 보호할까 고민했다. 그는 친구로부터 커다란 무한궤도 트랙이 달린 차를 보았다는 말을 듣고 무한궤도 트랙을 단 방탄 기갑 차량이라면 좋겠다는 생각을 하게 됐다.[13]

11월에 그는 모리스 핸리(Maurice Hanley) 중령에게 이 아이디어를 이야기했고, 핸리는 다시 제국방위위원회(Committee of Imperial Defense)에 보고했다. 그러나 육군에서는 그다지 관심을 보이지 않았다. 그러자 스윈턴은 1915년 6월에 직접 고위인사들 앞에서 무한궤도 트랙 차량을 시연해 보였다. 이 자리에 참석한 인사 중에는 당시 군수부 장관이자 훗날 총리가 된 로이드 조지(Lloyd George)와, 해군본부 수석위원 윈스턴 처칠(Winston Churchill)이 있었다. 스윈턴의 시연에 감명받은 두 사람은 즉시 이 차량을 만들 수 있을지 연구하기 위해 육상선박위원회(Landship Committee)를 구성했다. 전쟁 수행에 이 새로운 차량이 크게 도움이 된다는 것을 확신하기까지는 그리 오래 걸리지 않았다. 위원회는 설계를 진행해 시험 제작 원형을 만들자는 데 동의했다. 이 과정을 비밀에 부치는 것이 중요했으므로, 이들은 독일인들이 알지 못하도록 이 차량을 '탱크'(tank)라고 불렀다. 그리고 그 뒤에도 이 이름으로 굳어졌다.[14]

자문위원으로 고용된 스윈턴은 새로운 차량에 몇 가지 기준을 제시했다. 적어도 시속 6.5킬로미터 이상으로 달릴 수 있어야 하고, 폭 1.2미터인 참호를 건너갈 수 있어야 하며, 철조망은 쉽게 통과해야 했다. 또한 높이 1.5미터인 장애물을 타고 넘어갈 수 있어야 했다. 물론 방탄이어야 하며 또한 기관총 두 정을 탑재해야 했다. 드디어 첫 시범작이 완성되자 이 차량에는 '리틀 윌리'(Little Willy)라는 별명이 붙었다. 스윈턴의 기준을 완전히 만족시키지는 못했으나 거의 가깝게 다가간 형태였다. 리틀 윌리는 평지에서 시속 4.8킬로미터로 달릴 수 있었고, 무게는 14톤, 트랙 프레임은 3.6미터였다. 전체적인 외형은 직사각형으로, 세 명이 탑승할 수 있었다. 그러나 초기 시험에서 참호를 건너가는 데 문제가 발생했다. 이 문제를 이내 해결해 리틀 윌리보다 조금 더 크게 만든 것이 '빅 윌리'(Big Willie)였다. 눈길을 끄는 것은 육군이 아니라 해군에서 이 전차를 만들었다는 것이다.

드디어 전투용으로 생산할 준비가 끝났고, 최초의 전투용 전차인 마크 I(Mark I)이 1916년에 첫 시범을 보였다. 로이드 조지는 실물 크기로 전차를 만들라고 명령했다. 한편, 프랑스에서도 영국의 전차 개발 계획을 듣고 독자적으로 전차를 만들기 시작했다.

1916년 9월, 영국은 마크 I 전차 36대를 완성해 전투에 임할 준비를 마쳤다. 처칠을 포함해 군 수뇌부 일곱 명은 전차를 실전에 투입하기 전에 시험을 완벽하게 끝내야 한다고 주장했지만, 다른 사람들은 최대한 빨리 전차를 쓰고 싶어 했다. 솜 전투가 영국군이 바라는 방향으로 흘러가지 않는 형편인지라 영국군은 속히 전차를 투입해야 한다는 압박을 느꼈다. 9월에 전차 36대가 프랑스 플레르(Flers) 전선에 투입됐다. 그러나 처칠의 예상이 맞아떨어졌다. 전차들은 아직 준비가 되지 않았던 것이다. 첫 공격에서 전차 상당수가 고장을 일으켰고, 일부는 진흙탕 속에서 빠져나오지도 못했다. 적에게 충격을 주었다는 것을 제외하면 실질적으로 아무 효과도 없었다.

한편 프랑스는 1917년 4월까지 전차 128대를 생산해 전투에 투입했지만, 영국군 전차와 마찬가지로 아직 준비가 되지 않아 문제점이 여러 가지 나타났다. 전차를 성공적으로 활용한 첫 전투는 1917년 11월 20일에 벌어진 캄브리아 전투였다. 전차 474대를 앞세운 영국군은 독일군의 전선을 20킬로미터 가까이 끊어놓았다. 그 과정에서 독일군 병사 1만 명을 생포했고, 전리품으로 기관총도 다수 획득했다. 그러나 놀랍게도 독일군은 즉각 반격에 나서지 않았다. 독일군은 비록 더디지만 독자적으로 전차를 개발하는 중이었다. 개발 속도가 느린 것은 전쟁이 장기화되면서 자연스럽게 물자가 부족해진 탓이었다.

하지만 영국과 프랑스는 전차 생산에 모든 자원을 쏟아부었다. 전쟁 막바지에 영국군은 전차를 2,636대, 프랑스군은 3,870대를 보유하게 됐다. 게다가 미국도 84대를 가지고 있었다.

반면 독일군은 고작 20대를 생산했을 뿐이다. 그러나 독일군은 전차에 효과적으로 맞설 수 있는 새로운 무기를 개발했다.

상황을 놓고 볼 때 마크 I은 대체로 아주 뛰어난 실적을 보여주었다. 덕분에 전장 대부분에 거대한 구덩이가 패이고 구겨진 철조망이 나뒹굴었다. 마크 I은 지세가 상당히 험한 곳에서도 대단히 빨리 이동했고, 참호를 건너는 것은 물론, 지름이 2.7미터나 되는 구덩이도 쉽게 넘어갔다. 철조망은 전혀 방해가 되지 못했다. 작은 나무들도 거침없이 쓰러뜨리고 전진했다.

미국 개입

● 　　　　러시아군과 독일군이 2년 반이 넘도록 대치하고 있던 동부 전선에서부터 종전의 기미가 나타나기 시작했다. 러시아군은 여러 번 전투에서 패배하고 사기가 바닥에 떨어진 터라 허물어져 내렸고, 본국 정부는 붕괴되기 직전이었다. 결국 1917년 3월, 니콜라이 황제는 권좌에서 밀려나 임시 정부가 수립됐다. 하지만 갖가지 고난과 거듭되는 패배에도 불구하고 새 정부는 전쟁을 계속하겠다고 선언했다. 그러나 이즈음 러시아군은 와해되고 있었다. 탈주병은 점점 늘어갔고, 결국 장군들도 더 이상 버틸 수 없다고 판단하기에 이르렀다. 평화에 목말랐던 러시아군은 브레스트-리토프스크 조약(Treaties of Brest-Litovsk)에 서명해 버리고 말았다.[15]

독일군은 이제 서부 전선에 대규모 병력을 보낼 수 있게 됐다. 독일군 병력은 매월 1개 사단씩 서부 전선에 도착했다. 새로운 진용을 갖춘 독일군 수뇌부는 이제야말로 연합군을 향해 결정적인 한 방을 날리고 전쟁에 종지부를 찍을 때라고 판단했다. 그리하여 1918년 3월 21일, 독일군은 대대적인 공격을 감행했다. 며칠 만에 영국군과 프랑스군의 전선 사이에 크게 구멍이 뚫리고 말았다. 독일군은 전세를 완전히 굳히기 위해 계속 밀어붙였으나, 뜻밖에도 영국군은 결연히 방어선을 지키고 있었다. 한편 미국도 독일을 상대로 전쟁을 선언했고, 대규모 병력이 대서양을 건너 유럽 대륙으로 다가오고 있었다.

우드로 윌슨 대통령은 미국은 이 전쟁에 개입하지 말아야 한다는 입장을 고수했고, 미국 국민들은 대부분 대통령의 의견에 동의했다. 그러던 중 루시타니아 호가 미국 시민 128명과 함께 침몰한 뒤 미국인들은 분개했다. 이에 독일군은 재빨리 U-보트 활동을 중단하면서 분노와 비난을 잠재웠다. 그러나 1917년 1월 31일, 독일군은 중립국 국적이든, 아니든 전쟁 지역에 들어서는 모든 배를 공격 대상으로 삼는다는 무제한 전쟁을 다시 시작하기로 결론 내렸다. 윌슨 대통령은 루시타니아 호 격침 사건으로 격노했지만, 미국은 전쟁 선포까지는 자제하고 있었다. 그러나 2월과 3월에 독일군 잠수함이 미국 상선을 여러 척 격침시키는 일이 발생했다. 게다가 영국 정보부에서 독일 정부가 멕시코 정부로 발신한 암호 전문을 가로채 해독했는데, 만약 멕시코가 독일을 도와준다면 나중에 미국이 멕시코로부터 빼앗아간 영토를 모두 되돌려주겠다고 약속하는 내용이었다. 텍사스, 뉴멕시코, 애리조나를 말하는 것이었다.

1917년 4월 2일, 윌슨 대통령은 의회에 전쟁 선포를 승인해달라고 요청했고, 의회는 즉시 승인했다. 몇 달 뒤, 첫 병력이 대서양을 건너갔다. 존 조지프 퍼싱(John Joseph Pershing) 장군이 지휘하는 분견대가 6월에 프랑스에 상륙했다. 독일군은 여전히 연합군의 방어선을 공격하고 있었지만 전투에서 승리하는 날은 점점 줄어들고 있었다. 그리고 이제 곧 처음으로 미군 병력과 마주할 참이었다.

1918년 4월, 영국군 · 미군 · 벨기에군이 연합한 서부 사령부가 편성됐고 페르디낭 포슈(Ferdinand Foch) 장군이 지휘관으로 나섰다. 한편, 프랑스 주둔 미군 병력의 규모는 3월이 되면서 두 배로 늘었고, 5월과 6월에 재차 두 배씩 증가했다. 독일군은 7월에 다시 공격했으나 반격에 밀려 곧바로 퇴각했다. 이때 북부 전선에는 영국이 진군하고 있었고, 미군은 프랑스의 아르곤(Argonne) 지역 전체를 강하게 압박하고 있었다. 7월 18일, 프랑스군이 가세한 포슈 장군의 병력은 미군의 9개 사단과 함께 공격선을 구축했다. 독일군은 점점 약해지기 시작했고, 8월 8일에는 영국군 전차 400대가 독일군 앞에 나타났다. 결국 독일군 수천 명이 항복하면서 독일군의 동맹국들도 연이어 백기를 들었다. 9월에 벨기에를 선두로, 10월 30일에는 터키가, 마지막으로 11월 4일에는 헝가리가 항복했다. 여기에 물자마저 바닥이 나자 독일군의 사기는 급전직하로 떨어졌고, 결국 1918년 11월 11일 연합국과 독일 간 휴전을 맺으면서 제1차 세계대전은 끝을 맺었다.

14

보이지 않는 광선:
무전기와 레이더 개발

THE PHYSICS
OF WAR

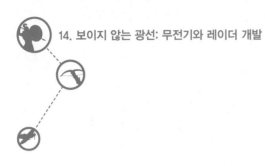

14. 보이지 않는 광선: 무전기와 레이더 개발

전자기파 발생과
감지

●　　　　　　　레이더, 무전기, 레이저 등에 쓰이는 전자기복사는 제1차 세계대전 이후 전쟁에서 큰 역할을 해왔다. 그러나 이 기술을 이해하기 위해서는 제1차 세계대전이 일어나기 몇 년 전으로 돌아가야 한다.

제임스 클러크 맥스웰(James Clerk Maxwell)은 물리학 역사상 가장 중요한 인물 가운데 하나다. 그가 전자기파의 존재를 예측하면서 중요한 과학 발전이 이어졌고, 우리 일상생활에도 중요한 변화가 일어났다.[1]

1800년대 중반까지 전기와 자기에 대해서는 기본적인 사실 네 가지가 알려져 있었다.

- 전하는 전기장에 둘러싸여 있다. 같은 전하의 전기장은 서로 밀어내고, 다른 전하의 전기장은 서로 끌어당긴다.
- 자극은 언제나 두 가지, 북극과 남극이 존재한다.
- 전기장(또는 전하) 변화가 자기장을 생성한다.
- 자기장 변화가 전기장을 생성한다.

이런 사실들은 맥스웰 시대에 알려져 있었다. 그의 업적은 이 사실을 수학적인 형태로 기술하고 전기와 자기가 밀접하게 연관되며, 이두 가지가 함께 전자기장을 이룬다는 것을 보여준 것이다. 진동하는 전하는 전자기장을 생성하며, 여기서 생성되는 파동은 전기장과 자기장을 모두 지닌다. 특히 중요한 것은, 맥스웰이 전자기파의 이동속도가 빛의 속도와 같다는 사실을 발견했다는 것이다. 맥스웰은 빛자체가 전자기파라고 주장했다. 또한 그는 가시광선의 주파수 바깥영역에 이보다 주파수가 높은 파동과 낮은 파동이 존재할 것이라고예측했다. 다시 말해 주파수가 서로 다른 전자기파가 연속으로 많이존재한다는 것이었다. 그리고 이 예측은 사실이었다.

그가 이렇게 예측한 것은 1860년대였는데, 이때는 전자기파가 직접 검출되기 전이었다. 1879년 8월에 독일 물리학자 하인리히 헤르츠(Heinrich Hertz)는 맥스웰의 파동을 탐지하는 데 유용하다고 여겨지는 간단한 장치를 만들었다. 이 장치에 둥근 고리 모양 전선 중간에 황동 손잡이가 달린 틈새가 있었다. 원형 전선에 유도 코일도 연결해, 원형 전선의 틈새를 가로질러 스파크[이런 이유로 이 틈새를 스파크 갭(sparkt gap)이라 한다]를 일으킬 수 있었다. 헤르츠는 감지기 역할을 할 유도 코일을 달아 두 번째 원형 전선을 만들었다. 첫 번째 전선 고리가 유도 코일에 연결되면, 틈새에 스파크가 일어나면서 '신호'를 보냈다. 그러면 가까이 있는 두 번째 전선 고리가 수신기 역할을 해 이 신호를 감지했다. 헤르츠는 이 신호가 파동의 성질을 갖는다는 것, 또한 일정한 파장이나 주파수를 갖는다는 것, 그러므로 이 신호가 또 다른 전자기파가 분명하다는 것을 보여주었다. 더 나아가 그는 이 신호의 속도가 빛의 속도와 동일하다는 것을 보여주었다.

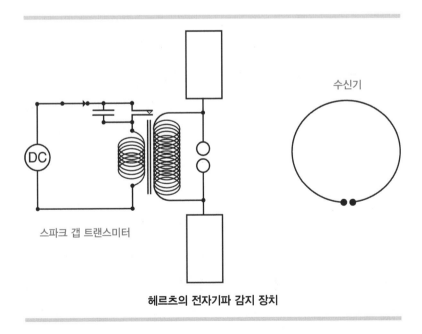

스파크 갭 트랜스미터

헤르츠의 전자기파 감지 장치

헤르츠는 자기가 발견한 사실을 1887년에 발표하면서 맥스웰의 예측이 옳았다는 것을 증명했다.

전자기 스펙트럼

● 　　　　　　　맥스웰이 옳았다. 거대한 전자기파가 정말로 존재했다. 오늘날 우리는 파장이 아주 짧은(주파수가 높은) 감마선으로부터, 파장이 아주 긴(주파수가 낮은) 무선 전파(radio wave)까지 다양한 전자기파가 존재한다는 것을 알게 됐다. 이 두 극단의 전자기파 사이에 X선, 자외선, 가시광선, 적외선과 마이크로파가 존재한다. 이뿐만 아니라 이 모든 파동이 에너지를 가지고 있다. 좀 더 정확히 말하자면 이 파동들은 에너지의 한 형태이며 그 에너지 크기는 각 파동의 주파수(초당 진동수)에 따라 달라진다.[2]

이 가운데 몇 가지 복사는 이미 발견돼 있었다. 1800년에 독일 출신의 천문학자 윌리엄 허셜(William Herschel)이 프리즘을 통해 펼쳐

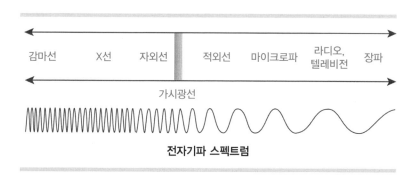

전자기파 스펙트럼

진 색 스펙트럼에 온도계를 대고 각 색깔의 온도를 연구하다가, 스펙트럼 끝에 있는 빨간색 바깥쪽의 온도가 제일 높다는 것을 알아냈다. 허셜은 햇빛이 열처럼 우리 눈에는 보이지 않는 형태의 복사를 포함하고 있다고 결론지었다. 오늘날 우리는 이 영역을 적외선 복사라고 부른다. 전기난로의 버너를 켜보면 자외선 복사를 쉽게 검출할 수 있다. 버너가 붉게 달아오르기 한참 전부터 뜨거운 열기가 느껴진다.

그 이듬해 요한 리터(Johann Ritter)가 스펙트럼에서 가시광선의 다른 쪽 끝을 관찰하다가, 보라색과 비슷하지만 스펙트럼에서 보라 선보다 더 바깥 영역에 있는 비가시광선을 발견했다. 그는 이 광선을 '화학 광선'이라고 이름 붙였는데 나중에는 자외선이라는 이름으로 바뀌었다.

또한 그보다 이전인 1895년에는 독일의 빌헬름 뢴트겐(Wilhelm Röntgen)이 진공관에 고압 전류를 걸어주면 고에너지 복사가 일어난다는 것을 발견했다. 그는 이 광선을 X선이라고 불렀다. 헤르츠는 초기 몇몇 실험에서 이미 마이크로파와 라디오파를 발견했다. 마지막으로 1910년에, 영국의 물리학자 윌리엄 브래그(William Bragg)가 X선보다 에너지가 훨씬 높은 고에너지파를 보여주었다. 이 광선에는 감마선이라는 이름이 붙었다.

이제 뒤로 돌아가서 이러한 복사선들을 어떻게 각기 구별할 수 있었는지 살펴보기로 하자. 우리가 방금 보았듯이, 복사선들은 진동률, 또는 주파수가 서로 다르다. 또한 파장(파동의 골과 골, 또는 마루와 마루 사이의 거리)도 다르다. 이뿐만 아니라 가지고 있는 에너지도 다르다. 대체로 우리는 각 복사선을 진동수에 따라 구분한다. 진동수 측정 단위는 헤르츠(Hz; Hertz)인데, 이는 초당 진동수를 말한다. 그러나 진동수의 범위는 매우 커서 때로는 100만 헤르츠를 의미하는 메가헤르츠(MHz)를 쓰기도 한다. 예를 들면 적외선의 진동수는 대략 100,000MHz 정도다. 전자레인지의 복사선으로 우리에게 익숙한 마이크로파의 진동수는 1,000~100,000MHz다. 무선 전파의 진동수 범위는 50~1,000MHz다. 진동수가 더 높은 복사선은 10억 헤르츠를 의미하는 기가헤르츠(GHz) 단위를 쓰는데, 적외선이 이 영역에 속한다. 마지막으로, 적외선 아래로 가시광선부터 자외선까지의 진동수는 1조 헤르츠를 의미하는 테라헤르츠(THz) 단위를 쓴다.

이러한 복사선들은 대부분 전쟁에서 중요한 역할을 한다. 우선 무선 전파는 통신에 쓰인다. 레이더는 제2차 세계대전 때 결정적인 역할을 했으며, 지금도 광범위하게 쓰이고 있다. 또한 레이저는 대부분 가시광선을 사용하지만, 요즘에는 다른 종류의 레이저를 만들 때는 다른 복사선의 진동수가 사용된다. 레이저도 군사적으로 중요하게

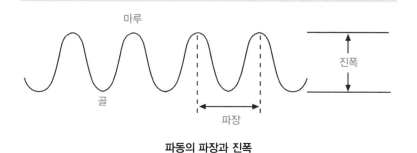

파동의 파장과 진폭

활용된다. 적외선도 야시경에 쓰이는 다양한 장치들과 관련해 군사적으로 중요하게 쓰인다. 마지막으로, X선은 부상당한 병사들을 치료하는 데 결정적인 역할을 한다.

무선 전파

● 　　　　무선 전파는 전자기 복사선 중 하나로, 헤르츠가 발견하자마자 많은 과학자들이 무선 전파를 이용해 실험을 시작했다. 그중 한 사람이 이탈리아의 마르케세 굴리엘모 마르코니(Marchese Guglielmo Marconi)였다. 헤르츠가 사망한 1894년에 갑자기 그가 발견한 현상들에 새롭게 관심이 일었고, 여러 신문이 그 현상들을 다루었다. 당시 갓 스무 살이던 마르코니도 헤르츠의 연구에 관심을 가졌다. 마르코니는 헤르츠가 발견한 파동들을, 전선을 연결하지 않고도 메시지를 보낼 수 있는 무선 전신 시스템을 만드는 데 사용할 수 있으리라고 확신했다. 결국 그는 간단한 시스템을 설치해 이 발상이 실현 가능하다는 것을 보여주려 했다. 이 시스템은 간단한 진동자(스파크를 일으키는 무전 송신기)와 코히러(cohere) 수신기로 구성됐다. 코히러 수신기는 그 전부터 있던 수신 장치를 개조한 것이었다. 마르코니는 키(key)를 이용해 송신기를 작동시켜, 연속적으로 긴 펄스와 짧은 펄스(점과 선)를 보낼 수 있게 했다. 전신 수신기는 코히러로 작동했다.[3]

1895년 여름 무렵에는 2.4킬로미터 거리를 두고 메시지를 보내고 받을 수 있게 됐다. 마르코니는 이즈음부터 자기가 만든 장치를 개선하기 위해 자금이 필요해졌다. 이탈리아에서는 관심을 보이는 사람이 없자 그는 어머니와 함께 영국으로 건너갔고, 영국 체신 총국(British General Post Office)의 전기공학부장이던 윌리엄 프리스(William Preece) 앞에서 시연을 해 보였다. 그 후 여러 번에 걸쳐 영국 정부의 고위관리들 앞에서 시연하면서 1897년 3월에는 6킬로미터 떨어진 장소에서 메시지를 주고받는 데 성공했다.

마르코니의 실험은 드디어 국제적으로 관심을 끌기 시작했다. 1899년에는 영국 해협을 건너 프랑스에서 영국으로 메시지를 보내는 장치를 설치했다. 그 직후 그는《뉴욕 헤럴드》(New York Herald)의 초청으로 미국으로 건너갔다. 또 그 이듬해에는 대서양을 건너 메시지를 보내는 장치를 만들기 시작했고, 1901년 12월 12일, 드디어 그 목표를 이루었다고 선언했다. 그러나 냉소를 보내는 사람들이 있었기 때문에 1902년 2월에 더욱 개선된 장치를 가지고 이들이 틀렸음 증명했다. 이제 마르코니가 목표를 달성한 것을 의심하는 사람은 아무도 없었다.

장거리 무선 송신이 초기에 가지고 있던 문제, 또는 적어도 문제가 되리라고 예상한 것 가운데 하나는 지구의 곡률이었다. 무선 전파는 직진을 하는 반면 지구는 둥글기 때문에 전파가 끊길 것이라고 예상한 것이다. 그러나 그런 현상은 나타나지 않았다. 대기 중에 전하를 띤 입자가 존재해 무선 전파가 반사되거나 이리저리 되튀기 때문이다. 마르코니는 만족스러웠다.

마르코니는 여러 해에 걸쳐 장치를 개선하기 위해 연구했지만, 얼마 지나지 않아 경쟁자들이 있다는 것을 알게 됐다. 마르코니의 메시지는 점과 선(모스 부호)을 사용했지만, 1900년대 초에 진공관이 발명되면서 무선 음성 송신이 가능해졌다. 이 새로운 발견은 금방 전신 시스템을 압도해 버렸다.

그러나 대서양 양안의 군부에서는 마르코니의 장치에 관심을 크게 보였다. 마르코니의 첫 고객이던 영국 전쟁부와 독일의 전신 회사에서 마르코니의 상품을 사들이기 시작했다. 그는 독일에 회사를 차리고 1900년 무렵부터 장치를 판매하기 시작했다.

무전은 이내 전쟁에서 중요한 역할을 했다. 그 후 몇 년 동안 송신기와 수신기는 대폭 발전했고, 무전기는 전쟁 중에 중요한 통신 수단이 됐다. 제1차 세계대전부터 양측 모두 무전기를 사용하기 시작했고, 제2차 세계대전에서는 훨씬 더 광범위하게 쓰였다.

X선

●   전쟁에서 결정적인 도구로 쓰인 또 다른 전자기 복사가 바로 X선이었다. X선은 생명을 빼앗기보다는 구하는 데 주로 쓰였다. X선 기술의 기원은 무선 기술보다 훨씬 더 옛날로 거슬러 올라간다. X선은 독일의 물리학자 빌헬름 뢴트겐이 발견했다.[4] 당시 과학계는 몇 년 전 있었던 발견에 큰 관심을 갖고 있었다. 공기가 거의 없는 밀폐 튜브에 고압 전류를 흘리면 음극선(cathode ray)

이라는 것이 발생했다. 음극선은 사람들의 관심을 끌었고, 뢴트겐은 음극선 실험을 시작했다. 1895년 11월 8일, 뢴트겐은 아주 이상한 현상을 발견했다. 그는 특히 음극선에서 발생하는 빛, 일종의 발광 현상에 관심을 가졌는데, 화학물질에 의해 나타나는 것으로 보이는 이 현상이 혹시 음극선 때문에 나타나는 것은 아닌지 밝혀보고 싶었다. 어두운 실험실에서 연구에 몰두하던 그는 시안화백금산염(platinocyanide)을 바른 종이가 희미한 빛을 내는 것을 발견했다. 음극선이 이 종이에 직접 닿은 것은 아니었기 때문에 이 종이가 빛나는 것은 의외의 현상이었다. 이 종이는 음극선으로부터 차단돼 있었는데도 음극선관의 전원을 내리자 발광 현상이 사라져 버렸다. 그는 곧 어떤 복사선이 음극선관에서 방출됐다는 것을 깨달았다. 하지만 그 복사선은 보이지 않는 광선이고, 음극선관이 유리에 부딪치는 점에서 나온다는 것을 발견했다. 이 현상을 더 깊이 파헤친 뢴트겐은 이 새로운 복사선의 침투력이 매우 높다는 것을 알아냈다. 종이나 얇은 금속판을 꿰뚫는 정도가 아니라 그의 손을 완전히 통과하는 것이었다. 이뿐만 아니라 이 복사선을 사용한 사진은 그의 손뼈까지 보여주었다. 뢴트겐은 이 복사선이 의학적으로 중요하게 쓰일 수 있다고 예상했다. 특히 골절 환자에게 중요할 뿐만 아니라 몸에 박힌 총알을 찾아내는 데도 사용할 수 있었다. 그는 이 파동의 이름을 어떻게 붙여야 할지 확실치 않아 'X선'이라고 불렀는데 이후로 그 이름이 그대로 자리 잡았다. 1900년, 뢴트겐은 이 발견으로 최초의 노벨상을 수상했다.

실제로 X선은 전쟁에 매우 중요하게 쓰였다. 제1차 세계대전 중에 X선 장비는 숱한 응급 치료 시설과 야전 병원에서 없어서는 안 될 치료 장비가 됐다. 퀴리(Curie) 부인도 제1차 세계대전 중에 부상병들을 치료하는 데 X선을 활용하라고 적극적으로 독려했다. 오랜 세월이 흐르면서 X선 장비는 크게 발전했고 지금도 전쟁에서 요긴하게 쓰이고 있다.

가시광선과 적외선

●   보통 가시광선이 전자기파의 일종이라 말하면 이상하게 들릴 수도 있지만, 그것이 사실이다. 즉 X선과 가시광선은 기본적으로 똑같다. 차이가 있다면 진동수가 다를 뿐이다. 앞에서 보았듯이 진동수는 에너지와 직결된다. X선의 진동수는 가시광선의 진동수보다 훨씬 높고, 따라서 X선의 에너지가 훨씬 더 강하다. 그렇기 때문에 인체를 쉽게 뚫고 들어갈 수도 있고 위험한 광선인 것이다.

또한 확대경이 발명된 뒤로 망원경과 쌍안경은 전쟁에서 중요한 역할을 했으므로, 보통 가시광선도 중요한 전쟁 무기라고 할 수 있다. 네덜란드의 광학자 한스 리페르셰이(Hans Lippershey)는 1604년에 최초로 실용적인 망원경을 발명했지만 몇 년 동안 그 사실을 숨겼다. 그러나 5년 뒤, 갈릴레이가 망원경을 발명했다는 소식을 듣고 직접 망원경을 만들었다.

간단한 망원경은 렌즈 두 개로 구성된다. 상대적으로 큰 볼록 렌즈를 대물렌즈라 하고, 그보다 작은 렌즈를 접안렌즈라 한다. 이렇게 구성된 망원경이 굴절 망원경이다. 이와 달리 볼록 렌즈 하나를 거울로 대체한 망원경을 뉴턴이 발명했다. 이 망원경을 반사 망원경이라 부르며, 주로 천문학에서 사용된다. 굴절 망원경은 초기 전쟁에 널리 쓰였고 오늘날에도 많이 쓴다. 리페르셰이는 1608년에 발명한 망원경을 개조해 쌍안경도 만들었다. 망원경 두 개를 옆으로 나란히 붙인 형태로 상당히 조잡했다. 17세기 후반부터 18세기 초반까지 여러 학자들이 상자처럼 생긴 우주 관측용 쌍안 망원경을 만들었지만 이 역시 조잡한 수준이었다.

현대 쌍안경은 1854년에 이탈리아의 이그나치오 포로(Ignazio Porro)가 발견한 프리즘 체제를 이용한다. 이외에 다른 시스템도 있는데, 현대 쌍안경에는 대물렌즈와 접안렌즈 말고도 렌즈를 여러 개 사용한다.

적외선 복사로 눈을 돌려보면, 군사적으로 가장 유용하게 활용된 광선 가운데 하나가 야간 식별력을 크게 강화시켜준 적외선이라는 것을 알 수 있다. 특수 적외선 고글을 쓰면 밤에도 훨씬 밝게 볼 수 있다. 여기에는 두 가지 유형의 장치가 쓰이는데, 첫 번째는 파장이 가시광선에 가장 가까운 적외선을 이용해 이미지를 강화하는 것으로, 영상강화관이라는 특수한 관을 사용해 적외선 영역의 광선을 모아 증폭시키는 방식이다. 이 경우에는 가시광선도 일부 수집한다. 보통 렌즈로 이 빛을 잡아 이미지 영상강화관으로 보내면, 영상강화관에서 빛 신호를 똑같이 분포된 전자로 전환시킨다. 분포 양상을 똑같이 유지하면서 전자 증배기가 이 빛을 증가시킨다. 그다음에는 이 전자가 형광 물질로 코팅된 스크린에 부딪치면서 원래 이미지를 더 강화해 가시광선 유형을 만들어낸다.

두 번째 장치는 열 영상 기술을 이용한다. 이 장치는 적외선 영역에서 가장 먼 광선에 초점을 맞춘다. 이 경우, 서모그램(thermogram)이라 불리는 온도의 유형이 만들어진다. 서모그램을 전기적 충격파로 변환하고, 이 충격파를 신호처리기라 불리는 장치로 보낸다. 이 장치는 들어온 충격파를 해석해 보여주기 적합한 형태로 만든다.

위와 같이 야시경용 렌즈들은 야간에 목표물을 확인하는 군사용으로 널리 쓰인다. 그 밖에도 감시와 내비게이션 용도로도 쓰인다. 최근에 발견된 레이저 역시 중요한 광선으로 적외선 영역의 광선을 이용한다.

레이더

●　　　　레이더(radar)는 전자기 복사선을 이용하는 기술로 제2차 세계대전에서 큰 역할을 했으며, 지금까지도 군사적으로 중요하게 사용된다. 레이더라는 용어는 '전파 감지와 정렬'을 의미하는 'Radio Detection and Ranging'에서 머리글자를 딴 것이다. 대부분 레이더는 다음 용도로 쓰인다.

- 멀리 떨어져 있거나 시각적으로 관찰하기 어려운 물체의 위치를 감지하고자 할 때
- 물체의 속도를 감지하고자 할 때
- 지구상에서 일정 영역의 위상 지도를 만들고자 할 때

레이더는 도플러 효과(Doppler Effect)[5]라고 알려진 현상과 함께 메아리를 이용한다. 메아리에는 익숙하지만 도플러 효과는 그렇지 못하므로, 우선 도플러 효과에 대해 알아보자. 레이더는 대개 마이크로파를 사용하지만, 일단 음파를 이용해 설명하는 것이 개념을 쉽게 이해하는 데 도움이 된다. 본질적으로 같은 현상이기 때문이다. 음향감지기(sonar)에서는 음파가 마이크로파의 역할을 한다. 음향감지기는 잠수함과 관련해 매우 중요한 장치로, 다음 장에서 자세히 다루기로 하겠다.

이제 도플러 효과로 돌아가보자. 잘 알고 있듯이 음파는 전자기파와 마찬가지로 일정한 크기의 파장과 진동수를 갖는다. 자동차가 경적을 울리면서 당신을 향해 다가오고 있다고 생각해보자. 이 자동차의 음파는 소리의 속도로 자동차에서 떠나지만, 자동차도 소리와 함께 움직이고 있다. 따라서 자동차는 음파를 추격한다. 이 때문에 음파는 조금씩 압축되고, 파장은 점점 짧아진다(그림을 보라). 그러나 자동차가 당신을 지나쳐 가면 반대 현상을 경험하게 된다. 음파의 속도와 자동차의 속도가 반대 방향으로 나아가기 때문이다. 이 경우에는 음파가 더 널리 펼쳐지기 때문에 파장이 길어진다. 결과적으로 자

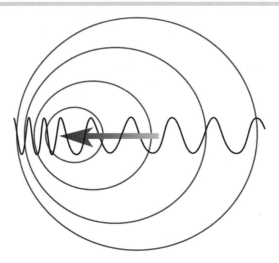

**도플러 효과: 운동 방향과 같은 방향 음파는 압착되고
반대 방향 음파는 늘어진다.**

동차가 다가올 때는 경적의 음높이와 진동수가 정지 상태인 자동차에서 들려오는 것보다 높게 느껴진다. 그러나 자동차가 일단 당신을 지나가면 반대로 음높이와 진동수는 정지 상태인 자동차보다 낮아진다. 이 효과는 오스트리아의 물리학자 요한 크리스티안 도플러(Johann Christian Doppler)가 발견했다. 이 효과는 음파뿐만 아니라 전파를 비롯해 모든 파동에서 일어난다.

메아리는 거리를 계산하는 데 이용할 수 있다. 공기 중에서 소리의 속도가 초당 약 340미터라는 사실을 안다면, 소리가 물체까지 도달하는 데 덜리는 시간과 되돌아오는 데 걸리는 시간을 측정한 뒤, 이 시간을 2로 나누고 다시 음속을 곱하면 된다. 그러나 메아리가 되돌아오는 데 걸리는 시간과 도플러 효과를 결합하면, 앞에서 예로든 자동차처럼 움직이는 물체의 속도도 계산할 수 있다. 당신을 향해 다가오는 자동차에 소리 신호를 보냈다고 가정하자. 음파 일부는 자동차에 반사될 것이고 따라서 메아리를 만들지만, 대부분은 다른 방향으로 반사된다. 다른 방향으로 반사돼 흩어지는 음파는 무시할 수 있다. 이렇게 해서 메아리가 생기는데, 자동차는 우리를 향해 움직이고 있기 때문에 메아리가 생기는 것과 동시에 음파가 압축된다. 따라서 돌아오는 메아리의 파동은 애초의 음파에 비해 음높이가 높아진다. 돌아오는 파동의 음높이와 내보낸 음파의 음높이 차이를 측정하면, 자동차가 얼마나 빠른 속도로 움직이는지도 계산할 수 있다. 또한 메아리가 돌아오는 데 걸린 시간을 알면 자동차까지 거리도 측정할 수 있으므로, 자동차의 속도와 거리를 동시에 알 수 있는 것이다.

그러나 현실에서는 음파가 정보를 이렇게 깔끔하게 주지는 않는다. 우선 메아리는 대부분 감지하기도, 측정하기도 어렵다. 소리도 희미할 뿐만 아니라 간섭 현상이 많다. 또한 소리는 조금만 이동하면 곧 들리지 않을 정도로 흩어져 버린다. 그러나 마이크로파에는 이런 문제점이 없기 때문에 레이더에 이용되는 것이다.

이제 마이크로파를 이용한 간단한 레이더 시스템을 살펴보자. 이 시스템을 이용해 안개나 구름에 가려 보이지 않는 적의 항공기를 추적한다고 가정하자. 이때 신호로 가장 좋은 형태는 폭발적으로 강렬하고 아주 짧은 파동이다. 신호의 길이를 1마이크로세컨드(100만 분의 1초), 다시 말해 발신기를 딱 100만 분의 1초만 켠다고 하자. 신호가 발신기를 떠나 목표물을 향해 진행하다가 목표물에 도착하면, 목표물에 부딪친 뒤 대부분 반사된다. 파동은 여기저기로 반사되지만, 그중 일부는 수신기로 곧장 되돌아온다. 이렇게 반사돼 돌아오는 파동을 붙잡아 증폭하는 것이다. 물론 이런 과정을 위해서는 수신기가 필요하다. 이 수신기는 항상 그런 것은 아니지만 대개 발신기와 함께 둔다. 따라서 레이더 발신기는 신호를 보내자마자 꺼지고, 그와 동시에 수신기가 켜지면서 메아리를 들을 준비를 한다. 레이더의 파동은 빛의 속도로 움직이므로, 메아리가 수신기로 되돌아오기까지는 오래 걸리지 않는다. 수신기가 메아리를 잡자마자 전자 장치가 메아리가 돌아오기까지 걸린 시간을 계산하고, 또한 파장 변화, 즉 도플러 편이(偏移)를 측정한다. 이 정보는 레이더 시스템 안에 내장된 컴퓨터로 보내져 다가오는 항공기, 또는 그 대상이 무엇이든 거리와 속도를 계산한다.[6]

레이더 시스템이 추적하는 것은 적기(敵機)의 속도와 거리만이 아니다. 항공기의 고도와 비행 방향까지도 추적할 수 있다. 또한 레이더의 목표물도 항공기만 있는 것이 아니다. 해상선박, 우주선, 우리를 향해 발사된 다른 나라의 유도 미사일, 태풍 같은 기상 현상, 어떤 지역의 위상 등도 추적할 수 있다. 목표물이 구름이나 기타 기상 현상에 가려 있어도 상관없다. 따라서 레이더는 방어 시스템에 결정적으로 중요한 부분임을 부인할 수 없다.

수신기부터 시작해 레이더 시스템을 더 자세히 알아보자. 레이더는 목표물이 있는 방향을 향해 마이크로파 레이더 신호를 발신한다.

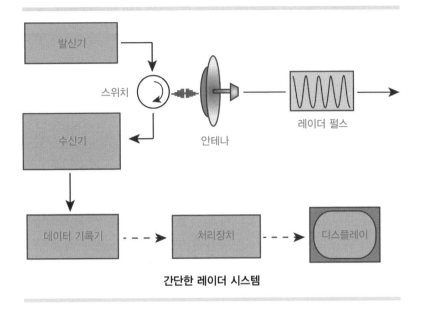

간단한 레이더 시스템

레이더 신호는 대부분 금속과 탄소섬유에 반사된다. 레이더가 항공기, 선박, 자동차, 미사일 등을 추적하는 데 이상적인 이유가 바로 여기 있다. 그러나 고저항성 물질과 특정한 자성 물질 같이 레이더를 흡수하는 물질들은 레이더 신호를 반사시키지 않는다. 이런 물질은 레이더파를 피할 수 있는 성질을 이용해 군용 교통수단을 만드는 데 쓰인다.

수신기와 관련된 문제도 있다. 반사된 마이크로 빔은 대개 매우 약해서 수신기는 그 시그널을 받아 증폭해야 한다. 레이더 빔은 빛이 거울에 닿으면 산란되듯이 목표물에 닿으면 산란돼 흩어진다. 하지만 중요한 차이점이 있다. 보통 가시광선은 파장이 매우 짧지만 마이크로파는 가시광선에 비해 파장이 길다. 만약 레이더 수신기가 목표물을 제대로 보려면, 레이더 신호의 파장은 목표물의 크기보다 훨씬 작아야 한다. 초기 레이더 시스템은 상대적으로 파장이 긴 신호(전파 영역)를 사용했기 때문에 반사된 신호를 해석하는 데 어려움이 있었다. 그러나 현대적인 레이더 시스템에서는 상대적으로 파장이 짧은 마이크로파를 사용한다.

레이더 시스템이 갖고 있는 또 다른 문제점은, 대기 중은 물론이고 장치 안에서도 신호와 신호 사이에 간섭이 일어날 수 있다는 것이다. 이러한 간섭이 레이더 신호에 중첩되기 때문에, 반사돼 돌아온 신호를 제대로 분석하려면 간섭으로 생겨난 부분을 제거하거나 청소해야 한다. 간섭파는 건물, 산 등 마이크로파를 반사할 수 있는 다른 물체로부터 발생한다.

놀라운 발견

● 1930년대 들어 독일이 군사력을 증강시키면서 머지않아 영국에 총공격을 감행할 것이라는 징후가 포착됐다. 또한 독일은 3,000대에 가까운 항공기를 보유한 반면, 영국이 보유한 항공기는 고작 800대였다. 결국 영국에서는 레이더 기지를 집중적으로 설치했지만, 당시 레이더는 심각한 문제들을 안고 있었다. 출력이 낮은 데다 전자파를 사용했기 때문에 선명한 이미지를 얻을 수 없었다. 영국은 더 나은 레이더가 필요했고 시간은 촉박했다. 당시 사용할

수 있는 가장 짧은 파장은 150센티미터에 출력이 10와트였다.[7]

과학자들은 연구를 시작했다. 1920년, 뉴욕 주 스키넥터디(Schenectady)의 제너럴 일렉트릭 소속 물리학자 앨버트 홀(Albert Hall)이 마그네트론(magnetron)이라 이름 붙인 새로운 장치를 발명했다는 사실이 알려졌다. 홀은 이 장치가 가능성이 있다고 생각했으나 당시에는 실용화할 마음이 없었다. 홀의 장치를 약간만 수정하면 마이크로파를 만들어낼 수 있을 것으로 판단해, 결국 많은 사람들이 이 장치에 관심을 갖게 됐다. 그러나 영국 엔지니어인 해리 부트(Harry Boot)와 존 랜들(John Randall)이 이 장치를 더 깊이 연구하기로 결정한 뒤에야 사람들의 기대가 확연히 높아졌다. 홀이 처음에 만든 장치는 진공관처럼 생긴 평범한 유리관에 음극과 양극이 들어 있는 것이었다. 부트와 랜들은 이 장치를 개조해 구리로 만든 몸체가 양극 역할을 하게 했다. 원통형으로 생긴 몸체의 테두리에 원통형 공동이 여러 개 뚫려 있고, 이 공동은 음극이 든 중앙 진공실을 향해 열려 있다. 영구자석을 이용해 이 실린더의 축과 평행으로 자기장이 흐르게 한다. 음극이 연결되면 고압 전류가 공급된다. 이때 전자가 생성되면서 실린더 벽을 향해 바깥쪽으로 흐른다. 그러나 이 전자는 자기장의 영향을 받아 구부러진 경로를 따라 흐르게 편향되고, 이 때문에 공동 안에서 작은 소용돌이가 만들어진다. 이 소용돌이가 마이크로파를 생성시키는데, 이 마이크로파는 도파관(導波管)이라 부르는 장치 속으로 들어간다. 도파관은 마이크로파를 이용할 수 있도록 외부 장치로 보낸다. 흥미로운 부분은, 이 마이크로파의 파장이 공동 크기에

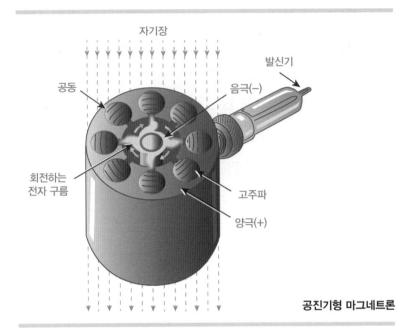

공진기형 마그네트론

따라 달라지므로 조절이 가능하다는 것이다.

1940년 2월에 이 장치를 완성해 부트와 랜들은 시험에 들어갔다. 이들은 이 장치가 이전 장치들이 보여준 마이크로파 출력의 50배에 해당하는 500와트를 생성하자 감탄을 금치 못했다. 이뿐만 아니라 이 마이크로파의 파장은 10센티미터에 불과했다. 즉 적의 물체를 더욱 선명한 이미지로 얻을 수 있다는 뜻이었다. 이 장치는 크기도 손바닥에 올라갈 정도로 작았다. 부트와 랜들은 매우 흡족했고 더 완벽하게 만들기 위해 그 뒤로도 몇 달간 열심히 연구했다.

그러나 전쟁이 시작되자 영국은 자금을 조달할 길이 막혔다. 그럼에도 불구하고 이 장치가 필요했다. 독일 공군의 공격을 막아낼 레이더 방어 시스템을 구축하려면 이 장치가 대량 필요했다. 처칠은 영국이 이 장치를 필요한 만큼 대량으로 생산할 수 없지만 미국은 할 수 있다는 것을 알고 있었다. 또한 미국도 독자적으로 레이더 시스템 개발에 노력하고 있었으므로 부트와 랜들이 고안한 장치를 보면 만족할 것이라고 생각했다. 처칠은 영국 항공연구위원회(British Aeronautical Research Committee) 위원장 헨리 티저드(Henry Tizard)에게 마그네트론을 미국에 소개하고 대신 대량 생산하는 데 도움을 청해보라고 제안했다.

1940년 10월, 티저드는 비밀 임무를 띠고 미국으로 건너갔다. 그가 들고 간 작은 상자 안에는 출력이 500와트(당시 미국에서 가장 출력이 큰 메가트론도 고작 10와트에 불과했다)에 달하는 메가트론이 들어 있었다. 거래는 순식간에 성사됐다. 훗날 미국 관리들은 이 장치를 가리켜 '미국에 들어온 가장 가치 있는 화물'이라고 평했다.[8]

벨(Bell) 연구소의 과학자들은 1940년이 저물기 전에 이 장치를 대량 생산 가능한 형태로 복제했고, MIT(Massachusetts Institute of Technology)에 연구소를 설립, 이 장치를 이용해 더욱 강력한 레이더 시스템을 만들기에 돌입했다. 한편 영국에서는 TRE(Telecommunications Research Establishment) 과학자들이 항공기에서 그라운드 매핑(ground mapping)에 사용할 혁신적이고 새로운 레이더 시스템을 개발하고 있었다.

내부에 공동이 여러 개 있어서 흔히 공진기형 마그네트론이라 불리던 이 기계는 잠수함의 잠망경 같이 아주 작은 물체까지 추적하게 해주었다. 또한 마그네트론 자체가 비행기에 탑재할 정도로 작아졌기 때문에 항공기 편대가 쉽게 적의 잠수함을 추적해 파괴할 수 있게 됐다. 이 새로운 장치는 독일 폭격기가 영국에 도착하기 훨씬 전에 포착해 영국 공군이 미리 대비할 수 있게 해주었다. 또한 연합군이 독일에 폭격을 감행할 때에도 정확도를 높이는 데 크게 기여했다. 이 이야기들은 16장에서 더 자세히 다루기로 한다.

15

수중 음파탐지기와
잠수함

THE PHYSICS
OF WAR

15. 수중 음파탐지기와 잠수함

이 장에서는 잠수함에 대해 더 자세히 다루고자 한다. 잠수함은 오랜 세월 동안 꾸준히 발전해왔고, 모든 나라가 잠수함을 군사적으로 이용할 수 있다는 가능성을 깨닫기까지는 그리 오래 걸리지 않았다.

기초적인 잠수함이 설계된 것은 1700년대 이전이지만, 실제로 작동 가능한 형태로 처음 만든 것은 미국의 로버트 풀턴(Robert Fulton)이었다. 풀턴은 프랑스에 머물던 1793년부터 1797년 사이에 실제로 움직이는 잠수함을 만들었다. 길이가 약 7.2미터인 이 잠수함은 17분 동안 잠수했다. 그는 이 잠수함을 노틸러스(Nautilus)라고 이름 붙였다. 잠수함은 미국 남북전쟁에도 등장했다. 남군은 잠수함 네 척을 제작했는데, 가장 유명한 것이 H. L. 헌리(H. L. Hunley) 호였다. 전쟁이 끝난 뒤에도 잠수함 연구는 계속됐고, 이 연구에는 거의 언제나 두 사람의 이름이 따라다녔다. 바로 사이먼 레이크(Simon Lake)와 존 홀랜드(John Holland)였다. 레이크는 잠수함이 잠수하거나 부상할 때 부력을 이용한다는 점을 실험했다. 홀랜드는 추진 방식을 여러 가지로 실험했다. 미국 해군이 최초로 제작한 잠수함 USS 홀랜드(USS Holland) 호는 1898년에 홀랜드가 제작한 것이었다. 이 잠수함은 길이 약 16미터에 무게 75톤으로, 해상 운용 시에는 내연 엔진을 사용하고 잠수 시에는 전기 모터를 사용했다. 모든 잠수함은 1000여 년 전 시라쿠사의 아르키메데스가 발견한 원리를 따랐다. 앞에서 잠깐 언급한 이 원리를 좀 더 자세히 알아보자.

아르키메데스의 원리

● 　　　　　　　아르키메데스의 원리는 물이나 기타 액체에 들어 있는 물체가 받는 압력, 더 정확히 말하자면 액체 속에 든 물체의 부력에 대한 것이다.[1] 이 원리를 이해하려면 우선 압력이라는 개념부터 시작해야겠다. 압력이란 단위 면적당 가해지는 힘을 말한다. 수학적으로 표현하면 $P=F/A$이다(P는 압력, F는 힘, A는 면적) 일정량의 물속에서 주어진 면적이 받는 힘을 생각한다면, 그 힘은 면적 위에 있는 물기둥의 무게로부터 나오는 걸 쉽게 알 수 있다. 그리고 그 물의 무게는 물의 밀도에 의존하는데, 여기서 밀도는 단위 부피당 무게라고 정의한다. 물의 밀도는 세제곱센티미터당 1그램이다.

수조 속에 든 정육면체 고체를 가정하고 이 정육면체가 받는 부력을 생각해보자. 부력은 이 정육면체를 위로 밀어 올린다. 아르키메데스의 원리는 '물, 또는 액체 속에 있는 물체를 밀어 올리는 힘은 밀려난(넘친) 액체의 무게와 같다'는 내용이다. 아르키메데스는 황금 왕관을 만들라는 명령을 받은 대장장이가 황금을 빼돌리고 대신 은을 사용하지 않았는지 의심하는 시라쿠사의 왕으로부터 명을 받고, 고민 끝에 이 원리를 발견하기에 이르렀다. 왕의 의심은 사실로 드러났다고 한다.

아르키메데스의 원리는 물체가 완전히 물에 잠겼을 때, 또는 물에 떠 있을 때 유효하다. 물체가 물속에 완전히 잠겼을 때 물체의 무게가 밀려난(넘친) 물의 무게보다 가벼우면, 이 물체는 위로 뜬다. 물체의 밀도가 물의 밀도보다 낮기 때문에 뜨는 것이다.

이번에는 수조 속 정육면체를 생각해보자. 이 정육면체는 물에 완전히 잠겨 있다. 그리고 정육면체에 가해지는 힘은 모든 방향에서 똑같다. 어느 방향에나 크기가 같은 힘이 반대 방향으로 작용하기 때문이다. 그러나 위에서 아래로 작용하는 힘과 아래에서 위로 작용하는 힘은 다르다. 정육면체의 윗면보다 아랫면이 수심으로 따지자면 더 깊은 곳에 있기 때문에, 아래에서 위로 작용하는 힘이 조금 더 크다. 그러나 이 차이는 정육면체 때문에 밀려난 물의 무게와 같다. 그리고 바로 이것이 부력이다. 만약 부력이 정육면체의 무게보다 크면 위로 움직이고 물에 뜬다. 이것이 바로 아르키메데스의 원리가 의미하는 것이다. 물체의 밀도가 물의 밀도보다 작을 경우에 물체는 이렇게 물에 뜬다. 무거운 강철 배가 물 위에 뜨는 것도 이 원리 때문이다. 강철은 밀도가 높지만, 배는 물보다 훨씬 가벼운 공기를 훨씬 많이 품고 있기 때문에 평균적인 밀도는 물보다 작아지는 것이다.

잠수함의 물리학

● 물론 잠수함도 물에 뜰 수 있다. 또 수중으로 잠수를 할 수도 있다. 잠수함이 물에 뜨기 위해서는 물보다 평균밀도가 낮아야 하지만, 잠수할 때는 평균밀도가 훨씬 높아야 한다. 따라서 잠수함이 부상하고 잠수하기 위해서는 평균밀도를 변화시켜야 한다. 잠수함은 외부에 설치된 밸러스트 탱크를 이용해 평균밀도에 변화를 준다. 이 탱크를 공기로 가득 채우면 잠수함의 평균밀도는 물보다 낮아지기 때문에 잠수함이 물 위로 뜬다. 반면, 잠수하기 위해서는 작은 배기구로 공기를 배출하고 탱크에 물을 가득 채운다. 탱크에 물이 차면 잠수함의 밀도가 가라앉기 충분할 정도가 된다. 부상하기 위해서는 압축 공기 탱크로부터 밸러스트 탱크에 공기를 채운다. 탱크에 공기가 주입되면 물은 밖으로 배출된다.[2]

잠수와 부상 과정에는 수평타가 도움을 준다. 수평타는 잠수함 후미에 달려 있고, 항공기의 날개처럼 생겼다. 항공기가 이착륙할 때 방향타가 방향을 잡아주듯이 수평타는 잠수함이 잠수와 부상을 할 때 수평을 유지해준다. 또한 수중에서 수심이 바뀔 때마다 잠수함이 수평과 안정을 유지하는 역할을 한다. 잠수함이 수중에서 움직일 때에는 현실적으로 몇 가지 문제가 발행한다. 예를 들어, 수심이 깊어

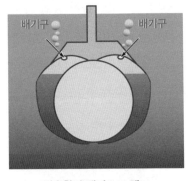

잠수함의 밸러스트 탱크

지면 해수의 밀도가 커지므로 수심과 비례해 부력도 커진다. 수온 역시 작지만 영향을 미친다. 이뿐만 아니라 다른 여러 문제가 있기 때문에 잠수함이 잠수한 상태에서는 끊임없이 보정을 해주지 않으면 전후좌우 어느 한쪽이 뜨거나 가라앉는 불안정한 평형 상태가 된다. 이렇게 계속적으로 보정해주는 작업을 메인테이닝 트림(maintaining trim)이라고 한다. 이 작업을 위해서 잠수함은 앞뒤에 설치된 작은 탱크를 이용한다. 펌프로 탱크 속 물을 앞뒤로 보내 하중 분배를 끊임없이 변화시켜준다. 이와 비슷한 시스템이 복원성 유지에도 쓰인다.[3]

프로펠러를
움직이는 힘

● 잠수함의 프로펠러를 돌리기 위해서는 동력이

필요한데, 이 동력은 오랫동안 계속 변해왔다. 초기 잠수함들은 사람의 힘으로 프로펠러를 돌렸다. 장정 여러 명이 손으로 크랭크를 돌린 것이다. 그러나 얼마 지나지 않아 엔진이 이 일을 대신하기 시작했다. 1900년대에 이르자 잠수함은 부상하면 휘발유 엔진을 쓰고 잠수하면 전기 모터를 쓰게 됐다. 그러나 휘발유 엔진은 곧 디젤 엔진으로 대체됐다. 이런 엔진 유형을 쓰던 초기 잠수함들은 클러치로 디젤 엔진과 전기 모터를 분리했기 때문에 프로펠러로 연결된 구동축을 공유했다. 따라서 휘발유 엔진이 작동하는 동안에는 전기 모터를 발전기처럼 써 배터리를 충전했다. 제1차 세계대전과 제2차 세계대전 당시 잠수함이 지닌 중대한 문제점은 배터리를 충전하기 위해 자주 부상해야 한다는 점이었다. 나중에는 스노클 장치가 개발돼 잠수 중에도 충전할 수 있게 됐지만, 이때도 수면에 아주 가까이 접근한 상태라야 했다.

잠수함의 형태와 잠망경

● 잠수함이 안고 있는 문제점 가운데 하나가 유체역학적인 저항이다. 저항은 자동차에도 문제가 되고, 따라서 저항을 최소화하는 형태로 디자인해야 한다. 잠수함은 수중에서 이동하므로, 공기 중에서 움직이는 자동차보다 훨씬 저항을 크게 받는다. 제1차 세계대전과 제2차 세계대전 때는 저항을 최소화하기 위해 잠

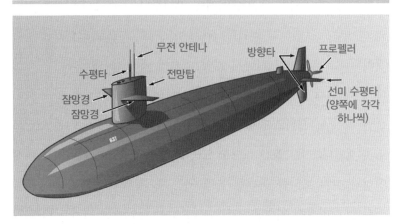

무전 안테나

수평타   전망탑

잠망경

잠망경

방향타   프로펠러

선미 수평타
(양쪽에 각각
하나씩)

잠수함의 잠망경, 전망탑, 방향타

수함의 앞부분을 물방울 모양으로 제작했다. 그러나 최근에는 물방울 형태를 유지하면서 표면적으로 약간 다른 형태로 설계한다.

잠수함 상부에 세운 사령탑에는 잠망경과 각종 전자 장치들, 무전기가 있다. 초기 잠수함 대부분이 이곳에 통제실을 갖추고 있었다. 요즘은 통제실이 잠수함 내부로 옮겨갔고, 이 탑은 전망탑이라 부른다. 잠망경은 잠수 중일 때 내부 관측자가 수면 위 상황을 파악하기 위해 사용한다. 거울과 렌즈로 이루어진 시스템으로, 이미지의 방향을 바꾸고 반사시켜 긴 관으로 전달한다. 신형 잠수함들의 포톤 마스트(photon mast)는 잠망경 기능을 뛰어넘는다. 포톤 마스트는 광섬유를 통해 대형 스크린으로 이미지를 보내는 고선명 컬러 카메라로 이루어져 있다.

잠수함의 항해

●   현대 잠수함들은 수면 위로 부상하면 GPS (global-positioning system)을 이용해 항해한다. 하지만 잠수 중일 때는 GPS를 쓸 수 없다. 신형 잠수함들은 수중 관성 유도 장치(inertial guidance systems)로 고정된 기준점으로부터 잠수함의 움직임을 기록함으로써 자기 위치를 추적한다. 이 시스템은 매우 복잡하며, 일반적으로 잠수함의 위치를 추적하는 데는 자이로스코프(gyroscope)를 이용한다. 미국 잠수함들은 SINS(ships inertial navigation system), 즉 선박 관성 항법 시스템을 이용한다. 이 시스템은 자이로스코프를 이용해 항로 변환을 따라감으로써 잠수함의 위치를 추적한다. 시스템에서 포착하는 숫자를 컴퓨터에 입력해 출발 좌표와 비교한다. 이 시스템으로 잠수함들은 언제든 자기 위치를 신속하게 파악할 수 있다.

수중에서는 자이로스코프도 그다지 유용하지 않지만, 어뢰를 목표물까지 유도하는 데에는 유용하게 쓰인다. 자이로스코프가 유용한 이유는 회전 관성이라 불리는 기초적인 성질을 보여주기 때문이다. 회전 관성은 공간에서 회전하는 물체에 강성(剛性)을 갖게 한다. 앞에서 보았듯이 이 성질은 뉴턴의 제1법칙, 즉 외부의 힘이 작용하지 않는 한 정지한 물체는 계속 정지해 있으려 하고 운동하는 물체는 계속해서 등속 운동을 하려고 한다는 내용이다. 자이로스코프를 일정한 방향으로 회전하게 해두면 그 방향을 바꾸기 위해서는 힘을 가해야 한다. 사실상 자이로스코프는 잠수함과 어뢰에만 쓰이는 것이 아니라 전쟁에서 매우 중요한 역할을 한다.

SONAR

● 　　　　　　　수중 항해에 또 중요한 것이 수중 음파탐지기 (SONAR)다. 잠수함이 잠수하면 일반적으로 주변으로부터 차단된다. 빛이 물속을 투과할 수 있는 거리는 매우 짧기 때문이다. 따라서 외부에 비디오카메라가 장착됐다 하더라도 그리 유용하지 못하다. 음파탐지기는 마이크로파 대신 소리를 이용한다는 것만 제외하면 레이더와 비슷하다. 앞 장에서 레이더 시스템은 전자기 펄스를 발신한 뒤 되돌아오는 메아리, 또는 반사파를 포착한다는 것을 설명했다. 주변 물체가 육안으로 보이지 않아도, 레이더 시스템이 이 메아리를 분석함으로써 주변에 무엇이 있는지를 파악한다. 마찬가지로, 음파탐지기도 잠수함 주변 수중에 무엇이 있는지를 파악한다.[4]

　잠수함에서는 능동형 탐지기와 수동형 탐지기, 두 가지 유형이 쓰인다. 능동형 탐지기는 반사파가 도착하기까지 걸리는 시간과 원래 신호의 주파수에서 일어난 변화를 함께 기록한다는 점에서 레이더와 유사하다. 능동형 탐지기의 신호 발신기, 또는 신호 발생기는 소리 펄스를 내보낸다. 이 펄스는 상대적으로 좁은 빔으로 응축돼 특정한 방향으로만 진행한다. 이 탐지기는 주로 다른 잠수함, 선박 또는 잠수함 주변 물체를 추적하는 데 쓰인다. 메아리를 분석하면 목표 물체의 거리와 방향, 움직이는 속도 정보를 얻을 수 있다. 목표 물체까지의 거리는 신호를 발생한 순간부터 메아리가 되돌아오기까지 걸린 시간을 측정하면 쉽게 계산할 수 있다. 물체의 속도는 도플러 효과로 계산한다.[5]

전시에 능동형 음파탐지기의 문제점은 근처에 있는 선박이나 다른 잠수함에서 탐지기의 신호를 쉽게 포착할 수 있다는 것이다. 따라서 적 함선에 잠수함의 위치가 발각될 수 있기 때문에 수동형 음파탐지기가 자주 쓰인다. 수동형 탐지기는 감도가 매우 높은 수중 마이크로, 잠수함 주변 수중에서 발생하는 아주 작은 소리까지 포착한다. 마이크가 포착한 소리들을 하나하나 식별해내는 것은 대부분 컴퓨터가 해결한다. 여러 다른 소리와 그 소리를 내는 주체에 대한 정보를 담은 막대한 데이터베이스가 컴퓨터에 저장된다. 특정한 소리가 포착되면 그 정체를 파악하기 위해 컴퓨터에 입력한다. 일반적으로 수동형 탐지기는 가청 범위가 아주 넓고 다른 선박이나 잠수함으로부터 추적이 불가능하다는 장점이 있다.

제2차 세계대전 때에는 대개 능동형 탐지기 사용을 최대한 억제하고 대신 잠수함 대부분이 수동형 탐지기에 의존했다. 그러나 현대 기술과 장치로 능동형 탐지기가 개선됐기 때문에 지금은 능동형 탐지기와 수동형 탐지기가 모두 광범위하게 쓰인다. 물론 이 두 가지 유형의 음파탐지기에 다른 문제점도 있다. 발신한 신호가 수심, 수온, 용해도에 따라 영향을 받는다는 것도 그중 하나다. 또 한 가지, 대양에는 수온약층(水溫躍層)이라는 것이 있다. 따뜻한 표층수와 차가운 심층수 사이의 경계면을 말한다. 이 경계면을 통과할 때 음파가 휘어지는 경향이 있어서 이 부분도 계산에 넣어야 한다.

음파탐지기는 잠수함에서만 사용하는 것은 아니다. 음파탐지부표(sonobuoy)는 제2차 세계대전 당시 매우 많이 쓰였고, 지금도 여전히 쓰이고 있다. 음파탐지부표는 길이 약 90센티미터, 폭 12.5센티미터 정도인 소형 시스템으로, 항공기나 선박에서 쉽게 투척하거나 발사할 수 있다. 이 부표는 수면에 뜬 상태에서 능동형이나 수동형 음파탐지기로 사용된다. 음파탐지부표의 신호를 주변 선박이나 항공기가 포착한다. 그러나 여기에도 제한이 있다. 배터리에 따라 수명과 가청 영역이 제한되지만 상당히 유용하다.

어뢰

●   로버트 풀턴은 최초로 잠수함에 어뢰를 탑재했다. 그의 잠수함 노틸러스 호는 적 함선 바로 밑에서 폭발하도록 설계된, 다이너마이트 상자보다 약간 큰 어뢰를 장착했다. 풀턴은 1801년에 프랑스에서 이 어뢰를 시험 발사해 작은 배를 침몰시켰다. 영국에서도 시험 발사했으나 프랑스나 영국 정부 어느 쪽에서도 관심을 끌지 못했다.[6]

어뢰는 남북전쟁에서 처음 실전에 등장했다. 특히 남군이 어뢰를 효과적으로 이용했는데, 당시에는 돛대 아래 활대에 어뢰를 장착하거나 잠수함 앞부분 활대에 어뢰를 장착해 적의 함선에 어뢰를 붙였다. 때로는 배에 부딪칠 때 충격으로 폭발되기도 했고, 때로는 시한장치가 쓰이기도 했다. 부동식(浮動式) 어뢰, 또는 오늘날 기뢰(mine)라 부르는 것들도 있었다. 북군 함선 22척이 남군의 어뢰에 격침된 반면, 북군이 어뢰로 격침한 남군 함선은 여섯에 불과했다. 가장 유명한 함선 침몰 사례는 남군 전함 H. L. 헌리 호였다. 1864년 2월 17일 밤, 헌리 호는 북군 함선 USS 후사토닉 호를 들이받아 침몰시켰다. 그러나 후사토닉 호를 침몰시킨 폭발이 워낙 강력해 헌리 호도 같이 침몰하고 말았다. 헌리 호에 탑승한 승무원도 모두 함께 수장됐다. 이후 2004년에야 헌리 호의 잔해가 발견돼 인양됐다.

1864년에는 어뢰 기술에 중대한 발전이 있었다. 오스트리아에서 일하던 영국인 로버트 화이트헤드(Robert Whitehead)가 어뢰에 관심을 갖고 모델을 제작해 수중에서 실험해보았다. 1866년 10월, 그는 이 모델을 완성품으로 발전시켰다. 실린더 두 개가 달린 압축 공기 엔진에 의해 움직이는 이 어뢰는 최고 속도가 시속 10~11킬로미터 정도였고, 사정거리는 약 180미터 정도였다. 오스트리아 관리들은 이 어뢰 시험 발사를 인상 깊게 보고 즉시 구매 계약을 체결했다. 화이트헤드는 다른 몇몇 나라에도 이 어뢰를 제조할 수 있는 권리를 팔았다. 그러나 이상하게도 미국 해군은 이 어뢰에 관심을 보이지 않았다.

어뢰 작동 원리

●   현대 어뢰는 자체 추진식 투사체다. 어뢰는 발사될 때까지 발사 구역에 저장된다. 발사되면 초기 속도가 주어지지만 수중에서 움직이는 동안 다른 힘을 많이 받게 된다. 중력은 어뢰를 아래로 잡아당기고 물의 저항력은 마찰력을 발생시켜 속도를 늦

춘다. 물의 저항력 때문에 발생하는 마찰은 상당히 크다. 공기 저항력의 1000배 수준이다. 설계에 따라 다른 힘도 작용하는데, 어뢰 자체의 부력도 그중 하나다. 이 모든 힘을 고려해 반영해야 한다.

초창기 어뢰들은 프로펠러를 돌리는 데 압축 공기를 사용했다. 몇 년 뒤에 압축 산소가 훨씬 효율적이라는 사실이 밝혀졌지만, 적으로부터 공격을 받을 경우 함내에 압축 공기를 갖고 있다가는 더 큰 위험을 자초할 수 있었다. 이 때문에 독일에서는 배터리로 돌아가는 작은 전기 모터를 사용했다. 배터리를 쓰면 어뢰가 적을 향해 돌진할 때 물방울이 일지 않는다는 장점이 있었다. 이전 어뢰에 비해 느리고 사정거리도 짧았지만, 생산비용이 훨씬 덜 들었다. 미국 또한 전기 모터를 도입한 어뢰 마크 18(Mark 18)을 도입했다.

어뢰는 대포와 똑같은 방법으로 목표물을 향해 발사할 수 있다. 이럴 경우 한번 발사돼 잠수함에서 떠난 어뢰는 더 이상 제어할 수 없다. 만약 목표물이 어뢰 공격을 눈치 채고 회피한다 해도 경로를 바꿀 수 없다. 이 때문에 유도 어뢰가 자주 사용된다. 때에 따라 소리나 음파탐지기를 이용해 어뢰를 유도한다. 이런 어뢰를 음향 어뢰라고 한다. 음향 어뢰는 제2차 세계대전 말기에 독일이 처음 사용했는데, 해상 선박이나 수중 잠수함 모두에 매우 효과적이었다.

음향 어뢰는 탄두에 음향 감지기와 발신기 장치가 있다. 따라서 목표물에서 나는 소리를 포착할 수도 있고 음파탐지기를 위해 신호를 발신할 수도 있다. 대개 어뢰는 수동형 음파탐지기를 쓰는 것으로 시작한다. 일단 수동형 음파탐지기로 적을 감지하면, 능동형 음파탐지기로 전환해 적의 위치를 더욱 정확하게 잡아낸 뒤 공격한다.

어뢰의 유용한 효과 가운데 또 한 가지는 초공동(超空洞) 현상이다. 어떤 물체가 수중에서 고속으로 움직이면 물체 뒤쪽 압력이 낮아지기 때문에 결과적으로 그 물체를 에워쌀 수 있는 커다란 공기방울이 생긴다. 이 공기방울은 어뢰에 특히 유용한데, 물이 매우 큰 저항력을 발생시키기 때문이다. 그러나 물체가 이런 공기방울 속에 들어가 있을 경우 저항력은 현저히 줄어든다. 따라서 어뢰들은 이러한 초공동 공기방울을 생성하도록 설계되고 있다.

제2차 세계대전의
잠수함

●   제2차 세계대전에서는 연합국과 주축 국가 모두 잠수함을 광범위하게 이용했다. 특히, 개전 초기 독일군에게 잠수함은 대단히 유용했고, 미국도 전쟁 막바지에 일본을 향해 잠수함을 집중적으로 이용했다. 잠수함은 속도나 잠항거리, 항속 시간 등에 제약이 많았지만, 수중에 있는 동안에는 감쪽같이 기습 공격을 감행하고 적에게 결정적인 피해를 줄 수 있었다. 따라서 잠수함은 매우 치명적인 무기였다. 초기 잠수함들도 기본적으로는 수중 작전을 위한 무기였지만, 많은 시간을 물 위에서 보내다가 적과 교전할 때만 잠수했다.[7]

제1차 세계대전을 종식시킨 베르사유 조약은 독일이 수상 선박도,

잠수함도 건조할 수 없도록 못 박았다. 그러나 독일은 다른 어떤 나라보다도 빠르게, 비밀리에 잠수함을 건조할 수 있다는 사실을 간파했다. 그리하여 독일 정부는 잠수함 건조에 집중했고, 제2차 세계대전 초반에는 지구상에서 가장 큰 잠수함 편대를 갖출 수 있었다. 더나아가 이들은 몇 가지 새로운 과학 기술을 보유하고 있었기 때문에 독일 잠수함은 영국이나 미국 잠수함보다 한발 앞서 있었다. 초기에 독일군 U-보트가 탄생한 것은 제1차 세계대전 당시 U-보트의 함장이던 카를 되니츠(Karl Doenitz) 덕분이었다. 되니츠는 잠수함 편대를 조직하고, 고도로 훈련받은 승무원으로 무장했다. 또한 그는 늑대 떼 전술을 개발했는데, 이 전술은 매우 효과적이었다. 이 전술을 쓰기 위해 독일의 U-보트들은 해상에서 넓은 영역을 훑으며 호위함을 찾아다닌다. 그러다가 호위함을 발견하면 이를 발견한 U-보트 함장이 다른 U-보트에 위치를 알리고, U-보트 여러 척이 해당 호위함의 예상 진로를 앞질러 포진한다. 당시 호위함은 모두 구축함이나 전함의 보호를 받았기 때문에, U-보트 함장은 이런 구축함이나 전함의 의표를 찔러야 했다. 따라서 최대한 혼란을 일으키기 위해 야간에 공격하곤 했다. 야간 공격은 독일 잠수함들이 전장을 더 쉽게 빠져나가게 해주었다. 이 전술이 처음 도입됐을 때 연합군은 엄청난 피해를 입고 함선을 많이 잃었다.

독일 U-보트의 주요 목표는 미국에서 영국으로 들어가는 물자를 차단하는 것이었다. U-보트는 수많은 상선을 침몰시키며 목표를 거의 이루는 듯했다. 그러나 문제가 있었다. 독일군 수뇌부, 특히 히틀러는 잠수함이 얼마나 효과적인 무기인지 이해하지 못하고 있었다. 히틀러는 지상전에만 몰두한 나머지, 잠수함에는 그다지 우선순위를 높게 두지 않았다. 되니츠가 U-보트를 더 많이 요구했을 때도 묵살했을 정도다.

결국 영국과 미국은 매우 효과적인 대잠수함 장치와 기술을 개발했다. 1943년에 늑대 떼 전술은 더 이상 힘을 쓰지 못했다. 연합군은 레이더, 음파탐지기와 함께 해상에서 특히 효과적인 허프 더프(Huff Duff) 탐지기를 사용했다. 허프 더프 탐지기는 삼각측량으로 전파의 근원지를 정확히 짚어냈다. 이뿐만 아니라 영국이 드디어 독일 U-보트 함장들이 사용하던 암호를 해독했다. 그 결과 영국군은 언제 어디서 공격이 시작될지 속속들이 파악하게 됐다. 1943년 5월, 되니츠는 단 3주 만에 U-보트 41척을 잃었고, 바다에서의 패권은 연합군 쪽으로 넘어갔다. 1942년 연말까지 독일이 잃은 잠수함은 14척에 불과했는데, 1943년부터는 경악스런 속도로 잠수함 손실이 늘어났다.

U-보트의 배터리를 충전하기 위해서는 여전히 수면 위로 부상해야 했다. 1943년부터는 수면 위로 부상하는 것이 전보다 더 위험해진 상황이었다. 레이더와 허프 더프 탐지기에 쉽게 포착될 수 있었고, 일단 포착되면 항공기 공격이 금방 따라왔다. 어쩔 수 없이 U-보트는 시간을 대부분 수중에서 보내야 했다. 마침내 독일은 수면 아래서 배터리를 충전할 수 있는 스노클을 개발했다. 그러나 결국 독일은 보유하고 있던 U-보트의 80퍼센트를 잃는 지경에 이르렀다. 게다가 영국의 잠수함이 독일 잠수함을 파괴하거나 침몰시키는 속도는 점

점 빨라졌다. 영국 잠수함에 침몰된 U-보트는 29척에 이르렀다.

잠수함은 또한 태평양에서 미국이 일본을 상대하는 데에도 매우 효과적인 무기였다. 미국은 일본의 진주만 기습에 대응해 제2차 세계대전에 개입했다. 일본으로부터 기습을 당한 미국은 단 두 시간 만에 2,400명의 사망자와 700명의 부상자를 냈다. 일본은 미국 함대를 박살내 버렸지만, 근처에 있던 잠수함 기지와 연료 및 탄약고는 건드리지 않았다. 또 미국 항공모함은 일본이 진주만을 기습하던 그 시각에 바다에 나가 있었다. 이런 이유로 항공모함과 잠수함 같은 미군의 주요 전투력은 위기를 모면할 수 있었다. 불행하게도 미국의 잠수함이나 어뢰는 일본과 독일 잠수함에 상대가 되지 못했다.

제2차 세계대전 개전 초에 미국 잠수함은 레이더도 갖추지 못했을 뿐만 아니라 탑재된 어뢰도 부실해 빗나가기 일쑤였다. 그럼에도 불구하고 미국은 가지고 있는 자원으로 즉시 반격을 개시했다. 진주만 기습이 있은 지 한 달 뒤, USS 폴록(USS Pollock)은 동경만 가까이에서 일본군 수송선을 침몰시켰다. 전쟁에 개입한 초기에 미군은 의미 있는 성과를 올렸다. 암호해독 전문가들이 일본의 전문을 해독한 것이다. 따라서 미군은 일본군이 어떤 계획을 세우고 있는지, 전략과 이동 경로까지 다 알고 있었다. 이 정보들은 물론 말할 수 없이 큰 도움이 됐다.

전쟁 초기에는 비록 미군 잠수함이 열세에 있었지만, 잠수함 개선을 위해 엄청난 노력을 투자한 결과 1942년 8월 무렵에는 미군 잠수함도 레이더 시스템을 탑재했다. 신형 가토(Gato) 급 잠수함들이 구형 잠수함들을 대체하기 시작했다. 어뢰 때문에 여러 번 황당한 일을 겪은 미군은 점진적으로 어뢰를 개선하면서 새로운 전술도 개발했다. 1943년, 미군은 독일의 늑대 떼 전술을 흉내 내기 시작했다. 그러나 일본군은 이 전술에 잘 걸려들지 않았다.

개전 초기에는 일본 잠수함이 훨씬 우세했지만, 일본은 그 상황을 적극적으로 활용하지 않았다. 잠수함을 거의 미국 전함에 대응하는 용도로만 썼는데, 사실 전함은 상선에 비해 훨씬 어려운 목표물이었다. 게다가 대개 여러 척이 연계해 작전에 투입됐다.

그러던 1943년 말, 미군 잠수함들이 일본군의 해상력에 심각한 타격을 주기 시작했다. 미군 잠수함 함대는 전체 해군력에서 고작 2퍼센트를 차지하는 정도였지만, 일본 해군력의 30퍼센트를 파괴했다. 그중에는 항공모함, 전함, 심지어 순양함까지 있었다. 또한 미군 잠수함은 일본 상선단의 60퍼센트를 파괴했고, 이는 일본 입장에서 정말 큰 문제가 됐다. 일본의 자원은 빠른 속도로 고갈되고 있었다.

잠수함은 1944년 6월에 있었던 필리핀 해전에서 특히 효과적이었다. 이 전투에서 일본 함대는 가장 큰 항공모함 두 척을 잃었다. 7월 19일 오전 8시가 조금 지난 시각, USS 알바코어(USS Albacore) 호가 일본 함대에서 가장 큰 최신식 항공모함 타이호(Taiho) 호를 발견했다. 알바코어 호 함장은 즉시 어뢰 공격을 시작했으나, 어뢰의 데이터 컴퓨터가 말썽을 일으키는 바람에 최대한 정확하게 조준하면서 수동으로 발사를 해야 했다. 어뢰 여섯 기를 발사했는데 그중 넷은 빗나갔고, 일본 조종사가 한 기를 발견해 어뢰가 항공모함에 닿기

전에 비행기로 충돌시켜 항공모함을 보호했다. 그러나 마지막 한 기가 항공모함의 우현에 명중, 항공유가 적재된 탱크들 가운데 두 개를 파괴했다. 처음에는 피격 손실이 심각해 보이지 않았으나 곧 엄청난 폭발 가스가 피어올랐다. 경험이 부족한 타이호 호의 피해 대책 담당 사관은 이 연기를 빼내기 위해 환기 시스템을 최고도로 가동했다. 그러나 오히려 상황은 악화됐고, 폭발 위험만 키웠다. 첫 어뢰에 피격된 지 한 시간이 지나, 여러 번에 걸쳐 커다란 폭발이 일어났다. 그리고 얼마 지나지 않아 항공모함은 바다 밑으로 가라앉았다.

몇 시간 뒤, 잠수함 USS 카발라(USS Cavalla) 호가 쇼카쿠(Shokaku) 호를 발견하고 어뢰 6기를 발사 해 3기를 명중시켰다. 그중 하나가 전방 항공유 탱크에 맞아 탱크가 폭발했다. 연속적으로 폭발이 이어졌고, 순식간에 항공모함 전체가 불길에 휩싸였다. 좌우로 심하게 요동치던 쇼카쿠 호는 파도 아래 잠기고 말았다.[8] 이 전투는 일본 해군이 치른 마지막 전투 가운데 하나였다. 일본군은 이날 심각한 손실을 입고 회복하지 못했다.

제2차 세계대전이 끝난 뒤로는 크게 개선된 새 잠수함, 즉 핵잠수함이 등장했다. 핵잠수함에 대해서는 다음 장에서 다루기로 한다.

16

제2차 세계대전

THE PHYSICS
OF WAR

16. 제2차 세계대전

제2차 세계대전은 인류 역사상 가장 맹렬하고 파괴적인 전쟁이었다. 전쟁에 참전한 나라는 양진영을 합해 50개국에 달했다. 물리학과 과학 전반에 이렇게 큰 영향을 준 전쟁은 일찍이 없었다. 이 전쟁이 진행된 6년 동안 수많은 무기가 개발되거나 개선됐고, 그 결과 물리학에도 중요한 혁신이 이어졌다.

- 레이더 기술 발전
- V-1과 V-2 등을 포함한 로켓
- 최초의 제트 엔진 항공기
- 암호 해독 컴퓨터와 ULTRA, ENIAC, COLOSSUS 등 컴퓨터 개발

- 근접 퓨즈(proximity fuse)와 유도 포탄 장치

물리학자는 물론이고 다른 과학자들도 제2차 세계대전 기간 동안 대대적으로 동원돼 주로 전쟁을 위한 대규모 연구 개발에 투입됐다. MIT의 방사능 연구소, 잉글랜드의 블레츨리 파크(Bletchley Park), 로스앨러모스(Los Alamos) 연구소, 맨해튼 프로젝트 등이 그중 큰 규모에 속했고, 독일 역시 여러 곳에 연구 시설을 운영했다.

물리학은 포술 무기의 정확도, 전략 폭격, 항공기 항법 시스템, 선박, 잠수함, 레이더 개발 등과 관련해 결정적인 과학 분야였다. 제2차 세계대전은 첨단기술 전쟁이었고, 많은 전투에서 새로운 기술이 동원됐다. 그중 상당수는 물리학으로부터 나온 것이었다.

전쟁 시작

역사학자 상당수는 제1차 세계대전이 끝나면서 독일에 지운 항복 조건이 제2차 세계대전의 불씨가 됐다는 데 동의한다. 그러나 제1차 세계대전 직후의 경제 상황도 큰 이유 가운데 하나였다. 독일에서 실업률은 치솟았고 가파른 물가상승률은 독일 화폐를 휴지조각으로 만들었다. 이러한 상황을 더욱 악화시킨 것은 1930년부터 불어닥친 경제공황이었다. 무역은 바닥을 쳤고, 전 세계에서 근로자 수백만 명이 일자리를 잃었다. 유럽의 경제 상황은 최악이었고, 사람들은 변화를 가져올 지도자를 찾았다. 사람들은 위안을

얻고 싶어 했다.[1]

이 시기에 독재자 여러 명이 등장해 권력을 잡았다. 무솔리니 (Mussolini)와 파시스트 당이 1922년에 이탈리아를 장악했고, 1930년대 초반 독일에서는 히틀러(Hitler)의 나치 당이 부상했다. 이뿐만 아니라 일본에서도 군부 지도자들이 정국을 지배하기 시작했다. 결과적으로 이 나라들은 어떠한 반대 세력도 용납하지 않는 전체주의 정부가 나라를 다스리게 됐다. 게다가 이 지도자들은 원대한 꿈을 제시했다. 국민들에게 자국이 다시 일어서 대대적인 반전을 이룰 것이라고 약속했다. 국민들은 지도자들을 믿었다.

거의 완전한 권력을 쥔 히틀러는 프랑스, 영국을 비롯해 다른 나라에게 복수를 할 계획을 세웠다. 그는 울분에 차올랐고, 역시 울분에 찬 추종자들이 그를 따랐다. 독일이 군대를 조직하거나 재무장하는 것을 금지한 베르사유 조약이 히틀러의 발목을 잡았다. 그러나 히틀러는 이 조약을 지킬 마음이 없었으므로 곧 러시아와 손을 잡았다. 러시아와 연합한 히틀러는 감시의 눈을 피해 러시아 내륙 깊숙한 곳에서 무기를 생산할 수 있었다. 이에 대한 보상으로 히틀러는 러시아 정부에 첨단 군사용 장치들의 비밀을 넘겨주었다. 러시아 영토 안에서 전차와 항공기를 생산하는 데서 그치지 않고 훈련 캠프까지 차려 조종사를 훈련시키는 것은 물론, 고도로 숙련된 새 군대를 양성해냈다. 이때 무기를 생산한 것은 주로 독일의 거대 철강 회사인 크루프 (Krupp)였다. 드디어 1935년, 히틀러는 비밀의 커튼을 걷어내고 독일에서 직접 무기를 생산하기 시작했다. 그는 영국과 프랑스를 향해

방해하지 말라고 경고에 가까운 선언을 했다.[2]

이 당시 영국과 프랑스는 경기 침체의 늪에 깊이 빠져 국방 예산을 쓸 여력이 없었다. 이들에게는 이 시기가 일종의 냉각기였지만, 서서히 독일에 대한 우려가 고개를 쳐들기 시작했다.

전쟁 준비

●   1930년대 말, 독일은 유럽 어떤 나라와도 대적할 수 있는 군사 강국으로 부활했다. 히틀러는 공군력에 특히 관심을 기울였다. 제1차 세계대전은 주로 참호전이었고, 교착 상태에 빠진 전선은 몇 년이나 꿈쩍하지 않았다. 히틀러는 이런 상황을 극복하기로 마음먹었고, 제1차 세계대전을 되풀이하지 않고자 했다. 따라서 새로운 전략과 기술이 필요했다. 그의 새로운 전략 중 중요한 부분은 고도로 효율적인 대규모 독일 공군(Luftwaffe)이었다. 1930년대 말, 독일은 유럽 어떤 나라도 따라올 수 없는 공군을 갖게 됐다. 독일 공군의 항공기가 영국과 프랑스 공군 항공기보다 우월했을 뿐만 아니라, 보유한 항공기 수 역시 비교가 되지 않았다. 독일군 전투기는 5,638대, 반면에 영국은 1,070대, 프랑스는 1,562대를 보유한 정도였다. 이뿐만 아니라 영국과 프랑스의 조종사들은 서툴고 미숙했지만 독일 조종사들은 고급 훈련을 받은 데다 1936년부터 1939년까지 스페인 내전에서 실전 경험을 쌓았다. 게다가 독일은 영국을 심각하게 위협하는 장거리 폭격기까지 대규모로 보유하고 있었다.

독일군의 전차(tank)는 프랑스 전차보다 크게 나을 것이 없었지만 수적으로 우세했고 무전기를 갖추고 있었다. 또한 전차 자체를 크게 강화해 독일군 전차에 대해서는 마땅한 방어책이 없었다. 대전차 무기가 존재하긴 했지만 쓸 만한 것이 거의 없어 도움이 되지 못했다. 전차는 총탄 대부분을 튕겨냈고, 전차를 멈추게 하는 데 총탄은 무용지물이었다. 당시 독일이 가진 최대 장점은 이른바 전격전(電擊戰)이라는 새로운 전략이었다. 이 전략은 신속하게 움직이는 군대와 함께 전차와 항공기를 집중적으로 투입하는, 빠른 속도를 기반으로 한 전략이었다. 이 전략의 기본 정신은 적의 방어나 맞대응 여부에 상관없이 공격을 계속하는 것이었다. 간단히 말해 어떤 상황에서도 멈추지 않는 것이었다. 이 전략은 아주 잘 먹혀들었다. 독일 전차는 다른 무기에 비해 이동이 빠르고 거의 손실을 입지 않는 데다 전면적인 공습 지원을 받았는데, 이때 공습은 주로 급강하 폭격기인 스투카(Stuka)가 수행했다. 스투카는 제2차 세계대전 초기에는 매우 효과적인 공격이었다. 목표물을 향해 급강하하면서 폭탄을 투하했기 때문에 명중률이 매우 높았다.

히틀러는 오스트리아 침공으로 전쟁을 시작했다. 오스트리아에서 태어난 그는 오스트리아를 늘 독일의 일부로 생각했고, 따라서 오스트리아와 독일을 합병하고 싶어 했다. 그러나 베르사유 조약은 두 나라의 연합을 가로막았다. 그럼에도 불구하고 히틀러는 1938년 3월에 오스트리아를 침공했고, 거의 아무런 저항 없이 오스트리아를 접수했다. 승리의 쾌감 속에서 입성하는 히틀러를 향해 대규모 군중이

환호하기까지 했다. 오스트리아는 독일 제국의 일부가 된 것이었다. 그다음은 체코슬로바키아를 침공하면서 독일의 북쪽 국경과 서쪽 국경에 접한 지역 합병이 시작됐다. 이 지역에는 독일인이 많이 거주했으므로, 히틀러는 체코슬로바키아 정부의 압제 아래 신음하는 독일인을 해방시키기 위해 이 지역을 점령했다고 변명했다. 1939년 3월, 히틀러는 아직 점령되지 않은 체코슬로바키아의 나머지 지역까지 군대를 투입했다. 이제 거의 저항할 힘조차 남지 않은 곳들이었다. 체코인들은 용감하게 싸웠지만 막강한 독일군을 막아낼 수 없었다. 체코슬로바키아는 곧 점령되고 말았다.

그다음으로 히틀러의 발걸음이 향한 곳은 폴란드였다. 하지만 여기에는 문제가 있었다. 폴란드는 프랑스, 영국과 조약을 체결한 나라였고 히틀러는 폴란드를 침공할 명분이 없었다. 폴란드는 이러한 침공에 대비해 무장한 상태이긴 했지만 독일군의 병력 규모나 전차, 항공기 같은 첨단 무기에 맞서 감당할 수가 없었다. 게다가 폴란드 침공 직전, 히틀러는 소련과 협정을 맺는 데 성공했다. 독일이 프랑스와 영국을 상대로 전쟁에 돌입한다 해도 소련은 중립을 지킨다는 것이었다. 이 협정에 대한 보상으로, 히틀러는 독일이 폴란드를 점령하면 영토를 소련과 나눈다는 데 동의했다.

폴란드 침공을 합리화하는 데 명분이 될 만한 사건이 몇 가지 있은 뒤, 히틀러는 폴란드 침공을 감행했다. 8월 31일 밤, 독일군은 자국 병사들을 폴란드군으로 위장시켜 국경 가까이 있는 라디오 방송국에 위장 공격을 가했다. 다음 날 아침, 히틀러는 선전포고도 없이 폴란드를 공격했다. 독일 공군은 폴란드의 작은 마을 비엘룬(Wieluń)을 공격해 1,200명의 목숨을 앗아가고 도시의 75퍼센트를 초토화시켰다. 사상자는 대부분 민간인이었다. 독일군은 신속하게 서·남·북쪽 국경을 공격했고, 공군은 폴란드 여러 도시에 연일 폭격을 가했다. 전격전 전술은 아주 효과적이었다. 폴란드군은 주둔지에서 밀려났고, 독일 공군은 공항을 비롯해 주요 기반 시설물을 폭격했다.

첫 공격이 있은 지 이틀 만에 영국과 프랑스가 독일에 전쟁을 선언했다. 폴란드는 곧 원조를 받을 수 있으리라는 희망을 가졌지만, 원조는 거의 오지 않았다. 폴란드군은 독일군을 상대로 2주일이나 버텼으나 9월 17일에 소련군이 폴란드 동부를 공격했다. 폴란드는 이제 두 전선에서 전투를 치러야 했는데 양쪽에서 공격해오는 적들 앞에서 할 수 있는 것이 거의 없었다. 10월 6일에 이르자 독일과 소련은 폴란드의 거의 대부분을 장악했다. 하지만 놀랍게도 폴란드는 공식적으로 항복을 하지 않았다. 폴란드인들은 곧 지하조직을 만들어 몇 년 동안이나 독일군을 상대로 싸움을 계속했다.

프랑스 전투와
됭케르크

● 　　　　　독일이 폴란드를 침공한 이후로 영국은 유럽 대륙, 주로 프랑스로 군대를 파견했지만 별다른 변화는 일어나지 않았다. 어느 쪽도 공격을 하지 않은 채 몇 달을 그저 기다리기만 했다.

훗날 영국에서는 이 시기를 '전투 없는 전쟁'(phony war)라고 불렀고, 독일에서는 '대기전'(sitting war)이라고 했다. 그러다가 1940년 4월, 독일이 덴마크와 노르웨이를 침공했다. 덴마크는 개전과 동시에 항복했고, 노르웨이는 2주 만에 정복당했다. 그러나 영국과 프랑스는 아무런 조치도 취하지 않았다. 이때 윈스턴 처칠이 영국 수상 자리에 올랐다.[3]

　1940년 5월 10일, 독일이 프랑스·벨기에·네덜란드·룩셈부르크를 침공하면서 교착 상태가 깨졌다. 이미 써본 전격 전술을 구사한 독일은 며칠 만에 네덜란드를 점령하고 몇 주 만에 벨기에를 장악했다. 프랑스는 훨씬 강한 상대였고, 영국으로부터 다른 나라에 비해 훨씬 큰 지원을 받고 있었으므로 독일의 공격을 막아낼 수 있을 것이라고 예상했다. 그러나 현실은 그렇지 않았다. 독일 육군은 물밀듯이 아르덴(Ardennes)을 밀고 들어와 쉬지 않고 서쪽으로 진군하더니, 이내 영국 해협을 향해 북쪽으로 진로를 바꾸었다. 드디어 5월 20일, 독일군은 영국 해협에 도달했다. 독일군은 해안에 진을 치고 영국군과 프랑스군의 연결고리를 차단해 버렸다. 독일군은 곧 덫을 놓고 영국군과 프랑스군을 격멸시킬 듯 보였다. 그러나 예상 외로 독일군은 그곳에서 진군을 멈춘 채 사흘간이나 꼼짝도 않고 부대를 재편성하며 다음 행보를 계획했다. 그동안 연합군은 영국 해협에서 철수할 시간을 벌 수 있었다. 준비된 선박에 비해 철수할 인원은 너무 많았다. 그러나 영국 해협 건너편 상황을 뉴스로 접한 영국 시민과 대규모 상선단, 어선, 유람선 등이 됭케르크를 향해 앞을 다퉈 바다를 건너갔다. 그 후 9일 동안 영국군과 프랑스군 380,226명이 구조돼 영국으로 돌아왔다. 배를 타고 해협을 건너는 동안 독일 공군으로부터 공격을 받았으나 구조 활동은 중단되지 않았다. 야음을 틈타 탈출하는 수밖에 없었지만, 진퇴양난에 처한 병사들 대부분이 안전하게 됭케르크를 탈출했다. 프랑스군 두 개 사단이 탈출하는 병력들을 보호하기 위해 뒤에 남았다. 이들은 독일군의 접근을 늦추기는 했으나 결국 독일군에 패배해 생포되고 말았다. 프랑스에 남아 있던 병력은 6월 3일에 항복했고, 독일군은 6월 14일에 파리에 입성했다. 6월 22일, 프랑스는 공식적으로 독일에 항복을 선언했다.

레이더 출현

● 제2차 세계대전이 발발할 즈음에는 양측 모두 레이더를 가지고 있었다. 그러나 레이더 기술에 있어서는 영국이 특히 앞섰다. 영국은 전쟁 초반부에 집중적으로 레이더를 개발했고, 독일에 비해 훨씬 효율적으로 레이더를 이용했다. 사실 독일은 레이더의 가능성을 과소평가해 그 중요성을 크게 보지 않았다. 그러나 영국을 공습하기 시작하면서 레이더 문제가 심각하다는 것을 깨달았다. 레이더는 독일이 영국을 공습했을 때 영국이 승리하는 데 결정적인 역할을 했다.[4]

과학자들이 처음 이 기술을 연구하기 시작했을 때는 아직 '레이더'라는 용어가 쓰이기 전이었다. 이 기술은 RDF(Range and Direction

Finding)이라고 불렀다. 초기 연구는 1935년 영국 항공연구위원회에서 주도했는데, 이 위원회의 의장은 헨리 티저드였다. 이 무렵 독일의 군사력 증강은 공공연한 비밀이었고, 영국에서도 많은 사람들이 우려하고 있었다. 독일 공군, 특히 폭격기를 감지하기 위해 시작된 연구 프로젝트는 로버트 왓슨-와트(Robert Watson-Watt)가 주도했다. 왓슨-와트의 연구진은 반사된 전파를 이용하면 약 27킬로미터 떨어진 거리에서도 항공기를 감지할 수 있다는 것을 보여주었다. 본격적으로 RDF 프로그램에 시동이 걸렸다.[5]

1936년, 이 프로그램은 서퍽(Suffolk)의 보지 연구 기지(Bawdsey Research Station)로 옮겨져 진행됐고, 왓슨-와트가 계속 소장을 맡았다. 그는 영국에서 손꼽히는 과학자와 엔지니어 들을 이끌어 이 기술을 크게 발전시켰다. 짧은 시간 만에 영국 남부와 동부 해안선을 따라 전파 기지가 연이어 건설됐다. 이 기지들은 체인 홈(Chain Home), 또는 CH 시스템이라 불렀다. 이 기지에서는 파장이 10~15미터에 이르는 전파(10~30MHz)를 썼기 때문에 수신되는 영상은 매우 흐릿했다. 당시에는 그 이미지를 보여주는 데 오실로스코프(oscilloscope)를 사용했다. 조악한 설비였지만, 오퍼레이터가 조작을 잘하면 다가오는 폭격기의 방향과 고도를 대충은 알아낼 수 있었다.

이 시스템으로 영국의 오퍼레이터들이 다가오는 독일 폭격기를 '보면', 전투기가 발진해 폭격기와 맞섰다. 이렇게 하면 필요할 때에만 전투기를 발진시킬 수 있어서 영국 해협을 정찰하느라 연료를 낭비할 필요가 없었다.[6]

독일군은 그리 오래지 않아 영국에서 독일 공군기를 미리 감지한다는 사실을 알아냈다. 이 때문에 독일군은 위치를 파악하는 전파탑을 폭격하려 했지만 성공을 거두지 못했다. 어느 한 곳을 폭격해 기능에 타격을 준다 해도 며칠 만에 다시 복구되곤 했다. 결국 독일은 전술을 바꾸었다. 독일군은 CH 스테이션의 시야에 걸리지 않도록 저고도로 비행하기로 했다. 그러나 영국은 체인 홈 로(CHL) 시스템이라는 또 다른 시스템을 가지고 있었다. 이는 해군의 포격 등 다른 용도로 개발된 것이었지만 접근해오는 독일 항공기도 충분히 감지할 수 있었다.

1941년 1월부터 훨씬 효과적이고 새로운 시스템이 운용에 들어갔다. 집단 제어 요격 시스템(Group Controlled Intercept System)이라 불리는 이 장치는 안테나가 회전하면서 오퍼레이터 주변 작전 공역을 2차원으로 보여주었다. 시야에 들어온 항공기는 요즘처럼 반짝이는 점으로 화면에 표시됐다. 플레인 포지티브 인디케이터(PPI)라 불리는 이 기계는 CH에서 쓰던 것에 비해 크게 발전된 형태였다. 이 시스템으로 항공기의 위치와 고도를 훨씬 빠르게 파악할 수 있었다.

1939년, 에드워드 보엔(Edward Bowen)과 그의 연구진은 항공기와 잠수함에 대항할 소형 레이더 시스템을 개발했다. 에어 인터셉션(air interception) 시스템이라 불린 이 시스템은 이내 영국군 항공기와 잠수함에 설치됐고, 접근하는 독일 항공기를 더욱 확실히 감지할 수 있었다. 독일군은 야간이나 기상 조건이 좋지 않을 때만 공습을 감행하는 방법으로 이 시스템을 피하고자 했다. 그러나 이 전술은 영국 공군기가 맞대응을 할 때 독일 공군기를 발견하기 힘들다는 것 외에는 레이더 시스템에 맞서는 데 큰 효과가 없었다.

그러나 1940년대 초, 존 랜들(John Randall)과 해리 부트(Harry Boot)가 공진형 마그네트론을 발명하면서 레이더에 혁명이 일어났다. 파장이 짧은 복사파를 레이더 시스템에 이용하면 이미지가 크게 개선되리라는 것은 오래전부터 알려져 있었다. 그러나 파장을 짧게 하면 시스템의 출력이 줄어들었다. 그런데 마그네트론이 등장하면서 상황이 바뀌었다. 마그네트론이 출현하면서 '센티미터' 파장 레이더가 가능해졌고, 새 장치의 출력은 전보다 훨씬 커졌다. 그러나 여전히 문제는 남아 있었다. 필요한 마그네트론의 숫자는 막대한 반면, 영국 정부는 이를 개발하거나 생산할 형편이 못 됐다. 앞에서도 보았듯이 이러한 상황 때문에 1940년 9월에 티저드 대표단이 방문했고, 그 결과 미국에서 마그네트론을 대량 생산해주었다.[7]

고품질 레이더 장치를 항공기, 선박, 잠수함 등에 탑재할 수 있게 되자 그 효율성은 극대화됐다. 고해상도 레이더는 잠수함의 잠망경 같이 아주 작은 물체도 감지해냈다. 그 덕분에 독일의 U-보트 프로그램의 효과는 빠른 속도로 감소했다. 많은 U-보트가 추적당한 끝에 격침됐고, 결국 독일은 U-보트 함대를 퇴진시켰다.

레이더 기술은 제2차 세계대전이 끝날 때까지 발전을 거듭했다. 1938년에는 연안 경비 시스템이 개발됐다. 이 시스템은 항공기에 탑재되는 레이더 장치가 아니었기 때문에 훨씬 더 강력해질 수 있었다.

전쟁 기간 동안 레이더에 대항할 방어 무기 몇 가지를 개발해 양측 모두 사용하기도 했다. 방해 전파 발신기(jammer)는 레이더와 주파수가 같은 전파 신호를 발신하는 장치였다. 방해 전파 발신기는 수신기에 집중적으로 전파를 쏘아 목표물을 제대로 감지할 수 없게 만들었다. 채프(chaff)도 쓰였다. 채프는 일정한 크기로 재단된 가벼운 금속편으로, 레이더의 전파 신호를 방해하기 위해 레이더의 목표물이 되는 항공기에서 흩뿌렸다. 채프가 방출되면 전파 수신기에는 커다란 구름 같은 형상만 잡혔다.

그러나 영국 입장에서는 천만다행으로 독일은 레이더 기술을 그다지 심각하게 받아들이지 않았고, 레이더를 개발하거나 레이더로부터 자국의 무기를 지키기 위해 많은 노력을 기울이지도 않았다.

영국 공습

● 　　　프랑스가 항복한 뒤 독일은 영국으로 눈길을 돌렸고, 그 후 몇 달간 이어진 전투는 제2차 세계대전에서 가장 유명한 전투가 됐다. 이 전투는 완전한 공중전이었다.

히틀러는 유럽을 완전히 장악하려면 결국 영국을 공격해야 한다는 사실을 알고 있었다. 특히 영국 해안에 대규모 지상군 병력을 상륙시켜야만 했다. 그러나 상륙 작전은 강력한 영국 해군과 공군의 공격을 무릅써야만 했다. 히틀러는 그 공격이 독일군의 전력을 크게 약화시킬 것을 예상했기 때문에, 영국 침공 작전의 암호명이던 바다사자 작전(Operation Sea Lion)을 시작하기 전에 영국 공군을 무력화시켜야

한다고 판단했다.[8]

독일 공군 사령관 헤르만 괴링(Hermann Göring)은 히틀러에게 독일의 공군력이면 나흘 안에 영국 남부에 주둔한 공군력을 무력화시킬 수 있고, 4주면 영국 공군 전체를 궤멸할 수 있다고 장담했다. 자신감에 과하게 취한 나머지 히틀러는 9월 15일을 바다사자 작전 개시일로 잡았다. 독일이 수적 우세를 과신한 것에 의심할 여지가 없다. 독일 공군은 항공기 4,000대를 보유한 반면, 영국 공군의 항공기는 고작 1,660대였다. 독일 공군력은 폭격기 1,400대, 전투기 800대, 급강하 폭격기 300대, 쌍발 전투폭격기 240대로 구성됐다. 이에 비해 영국 공군의 항공기는 대부분이 스핏파이어(Spitfire) 전투기나 허리케인 전투기였다.

전투는 1940년 7월 10일에 독일 공군의 영국 연안 항만 시설과 상선 호송단 폭격으로 시작됐다. 그러나 7월 말까지 영국 공군기의 공격으로 추락한 독일 공군기는 268대에 달한 반면, 영국이 입은 피해는 150대에 그쳤다. 결국 독일 공군은 비행장, 통제실, 레이더 기지 등을 공격하는 것으로 전술을 바꾸었다. 독일군은 특히 영국의 레이더 시스템을 파괴하려 했다. 급강하 폭격기인 스투카는 독일의 전격 공습 작전에 광범위하게 이용됐고, 폴란드와 프랑스, 벨기에 등 저항이 거의 없던 나라에서는 특히 효과적이었다. 그러나 스핏파이어 같은 전투기와 맞대응을 해본 적은 없었다. 스핏파이어는 최고 시속 560킬로미터에 달하는 반면 스투카의 최고 시속은 320킬로미터에 불과했다. 게다가 스투카는 기동력이 떨어졌다. 공중전에서는 스

영국의 커다란 강점(레이더를 제외하고)이던 스핏파이어.
독일 공군기에 비해 훨씬 빠르고 기동력이 좋았다.

투카의 급강하 능력도 별로 소용이 없었다. 8월 중순에 이르자 독일 공군의 스투카는 스핏파이어와 허리케인에 의해 거의 격추됐다. 괴링은 재빨리 얼마 남지 않은 스투카를 전투에서 퇴진시켰다.[9]

독일이 수적으로 우세했을지는 몰라도 영국 역시 다른 면에서 중요한 강점이 몇 가지 있었다. 독일군은 폭격기를 보호하는 데는 익숙했지만, 폭격이 끝난 폭격기는 영국 상공에서 기수를 돌려 독일로 돌아가야 했다. 그리고 바로 그 순간이 영국군의 공격에 노출되는 순간이었다. 결과적으로 많은 폭격기가 격추됐다. 더욱이 독일 전투기들은 적진 상공에서 탄약이 일찍 동나는 일이 많아 서둘러 귀환해야 했다. 반면에 영국 공군기들은 자국의 공군 기지에 착륙해 탄약을 다시 보급 받았다. 물론 영국군의 가장 큰 강점은 레이더 추적 시스템이었다. 따라서 영국 공군은 독일 폭격기와 전투기의 위치를 항상 꿰고 있었지만, 독일 공군 조종사들은 영국 공군기가 어디에 있는지 짐작만 할 뿐이었다.

8월 23일 이후, 독일 공군은 영국 항만과 레이더 기지 폭격을 중지하고 도시에 대한 야간 공습으로 작전을 바꾸었다. 특히 런던이 주요 공습 대상이었다. 그러나 독일 공군은 계속해서 항공기를 잃었다. 독일 공군의 항공기 피해는 1,000대, 영국 공군은 550대였으니 거의 두 배 차이였다. 9월 15일, 독일 공군은 단 하루 만에 항공기 60대를 잃었다. 이날 영국 공군은 28대를 잃었다. 이틀 뒤, 히틀러는 영국 침공을 무기한 연기했다. 그러나 대도시를 향한 무차별 폭격은 계속됐다. 종국에 가서는 양측 모두 엄청난 손실을 입었지만 독일의 손실이 훨씬 더 컸다. 결국 10월 중순부터는 아주 가끔씩 나타날 뿐, 독일 공군의 공습은 거의 중단됐다. 영국 공습 작전은 끝났고, 영국이 승리한 것이었다. 그러나 전쟁의 끝은 아직도 먼 일이었다.

미국 개입

● 　　　　　미국은 일본의 진주만 기습 작전 이후 제2차 세계대전에 개입했다. 그러나 1939년 이전에도 미국은 언젠가 유럽에서 진행 중인 전쟁에 개입하게 될 것임을 인식하고 있었다. 그 방아쇠를 당긴 날이 바로 1941년 12월 7일이었다. 일본 해군 항공모함 여섯 척에서 출진한 뇌격기, 전투기, 급강하 폭격기가 네 시간 동

안 진주만을 쑥대밭으로 만들었다. 그동안 미국과 일본 사이에 정치적 긴장이 계속 고조되었음을 감안한다면, 미국 군 수뇌부에서는 일본군의 공격을 어느 정도 예상하고 있었을지도 모른다. 그럼에도 불구하고 미국 군부는 완전히 방심하고 있었다. 그 결과 일본군 항공기에 의해 전함 8척과 소형 군함 10척, 항공기 230여 대가 파괴됐고 2,400명이 목숨을 잃었다.[10]

그다음 날, 미국은 일본을 향해 선전포고를 했다. 히틀러와 무솔리니는 일본과 조약을 체결했으므로 독일과 이탈리아는 미국을 향해 전쟁을 선언했다. 일본은 진주만 기습 이후 더 이상 미국 본토를 공격하지 않았지만 필리핀 마닐라 인근 미국 공군 기지를 공격했고, 일본 육군은 바탄(Bataan) 근처에 주둔한 미군과 필리핀군을 공격해 고립시킴으로써 미군과 필리핀군 수천 명이 죽어간 악명 높은 '바탄 죽음의 행군'(Bataan Death March)으로 이끌었다. 더글러스 맥아더(Douglas MacArthur) 장군은 호주로 탈출했지만 반드시 다시 돌아가겠다고 맹세했다. 일본군은 공격을 계속해 네덜란드령 동인도 제도를 점령하고, 이어서 툴라기(Tulagi), 과달카날(Guadalcanal) 그리고 솔로몬 제도(Solomon Islands)를 차례로 장악했다. 일본군은 거의 막을 수 없는 적 같았다.

미국 해군이 일본 해군과 처음 조우한 곳은 솔로몬 제도 근처의 산호해(Coral Sea)였다. 이틀간 벌어진 전투에서 일본은 소형 항공모함 1척, 구축함 1척, 소규모 군함 2~3척을 잃었지만 미군은 항공모함과 구축함 1척을 잃었으므로 전투 결과는 거의 백중세였다. 그러나 그 과정에서 미군은 뉴기니 섬을 지켜냈다. 만약 빼앗겼다면 일본이 호주를 공격하는 교두보가 될 뻔한 섬이었다. 또한 미군이 일본군의 전술에 대해 많은 걸 배웠다는 점에서도 중요한 전투였다. 이 전투의 교훈은 훗날 미군이 이 전쟁을 수행하는 데 많은 도움이 됐다.

　제2차 세계대전 가운데 중요한 해전 중 하나가 1942년 6월에 시작됐다. 일본 해군 제독 야마모토(Yamamoto)는 미드웨이(Midway) 섬 근처에서 대규모 공격을 준비하고 있었다. 그는 미군 함대 대부분을 덫에 몰아넣고 한꺼번에 몰살시킬 결정적인 전투를 계획하고 있었다. 그러나 미국 정보기관에서는 일본군이 주고받는 전문의 암호를 해독하는 데 성공했으므로 이 계획을 사전에 알고 있었다. 미군은 체스터 니미츠(Chester Nimitz) 제독을 내보내 유인 전술을 세우고 매복했다. 이 전투로 일본은 진주만 기습에 동원된 항공모함 4척과 항공기 전부를 잃었을 뿐만 아니라 조종사 다수를 잃고 말았다. 반면 미군의 손실은 항공모함 한 척뿐이었다. 이 전투는 일본의 중요한 패전 기록이 됐으며 태평양에서의 전세를 뒤집는 전환점이 됐다. 이로써 미국 해군은 일본 해군보다 분명하게 우위임을 확인할 수 있었다.

　1944년 10월에 필리핀에서 벌어진 레이테(Leyte) 만 전투는 역사상 가장 큰 해전 중 하나다. 이 전투 역시 미국 해군이 결정적으로 승리했고, 이 전투에 동원된 일본군 함대는 거의 대부분 침몰했다. 간신히 침몰을 면한 일본 해군 함정 몇 척은 서둘러 본국으로 퇴각했다.

　그 이전까지 몇 년 동안 일본은 남태평양 여러 섬을 점령하고 있었고, 미국은 아일랜드 호핑(island hopping)이라는 전략을 개시했다. 이 전략의 목표는 미군이 일본을 향해 점점 다가갈 수 있도록 활주로를 제공해줄 섬들이었다. 이와 동시에 미군은 가지고 있는 공군력을 동원해 여러 섬에 흩어진 일본군의 보급 경로를 차단했다. 그러나 일본군은 땅굴을 파고 들어갔고, 많은 수가 벙커나 동굴에 은신했다. 게다가 일본군은 차라리 끝까지 싸우다 죽을지언정 포로가 되지는 않겠다는 정신을 가지고 있었다. 미군 해병대도 이러한 상황을 곧 파악했고, 그만큼 일본과의 전투는 쉽지 않았다.

과달카날, 툴라기, 마셜(Marshall) 제도, 이오(硫黃) 섬, 오키나와(沖繩)까지 계속 백병전이 이어졌다. 대부분 일본군 병사 마지막 한 명이 목숨을 잃을 때까지 전투가 계속됐다. 이뿐만 아니라 일본 조종사들은 가미카제(神風)라 알려진 임무를 수행했다. 항공기를 타고 출진한 뒤 미군 군함에 곧장 달려드는 자살 공격 임무였다. 이런 작전으로 미국은 군함 38척을 잃었고 그 밖에도 많은 군함이 손실됐다.

이 때문에 미군 수뇌부는 일본이 끝까지 포기하지 않고 항전을 고집하는 한 일본 본토를 침공하려면 너무 많은 병력 손실을 감수해야 할 것이라고 판단했다. 결국 트루먼 대통령은 1945년 8월, 히로시마(廣島)와 나가사키(長崎)에 원자폭탄 투하를 명령했다. 원자폭탄 폭격을 당한 일본은 곧 항복하고 말았다. 이 부분에 대해서는 다음 장에서 더 자세히 다루기로 한다.

이제 유럽으로 눈을 돌려보자. 미군이 유럽에서 벌인 첫 작전은 1942년 11월, 미군과 영국군의 북아프리카 상륙 작전이었다. 이들은 독일이 튀니지에 진군하는 것을 막고 1943년 5월에 독일군을 패퇴시키면서 포로 275,000명을 사로잡았다. 이어서 미군과 영국군은 독일군과 이탈리아의 방어 전략에서 가장 약한 고리라 믿는 지역으로 눈길을 돌렸다. 바로 시칠리아였다. 1943년 7월, 육군과 해군 합동 작전이 개시됐고, 시칠리아는 한 달 남짓 만에 연합군의 통제 아래 놓이게 됐다. 연합군의 관심은 이제 이탈리아 본토로 향했다. 9월에 미군이 이탈리아 본토에 진군하자마자 이탈리아군은 항복을 선언했지만, 이때 이탈리아에 주둔한 대규모 독일 병력은 겨우내 미군에 맞서 싸웠다. 그러나 1944년 6월에 로마가 함락됐고, 연합군은 이탈리아 전체를 장악했다.

한편 영국군은 사상 최대의 육·해군 연합 작전을 구상하고 있었다. 1944년 6월에 시작된 이 작전에는 선박 4,600척과 병력 100만 명 이상이 투입됐다. 드와이트 아이젠하워(Dwight Eisenhower) 장군의 지휘 아래, 연합군은 영국 해협을 건너 독일 치하의 프랑스 해안에 상륙 거점을 확보하고자 했다. 독일군도 연합군의 공격을 예상하고 있었지만 정확히 어느 지점에 상륙할지는 알지 못했다. 작전 개시 두 달 전부터 영국 기지에서 발진한 항공기들이 프랑스 전역의 비행장과 교량, 철도를 폭격했다. 그리고 상륙 작전이 시작되기 전날 밤, 해군 함포가 해안선을 따라 여러 시설물을 조준해 폭격하는 동안 낙하산 부대원들이 내륙에 침투했다. 여러 상륙 지점에 암호명이 주어졌다. 영국군과 캐나다군은 골드 비치(Gold Beach), 주노(Juno) 비치, 소드(Sword) 비치에 상륙했고, 미군은 유타(Utah) 비치, 오마하(Omaha) 비치에 상륙했다. 캐나다군과 영국군의 상륙 작전은 거의 저항이 없이 순탄하게 진행됐지만, 미군은 중화기를 앞세운 독일군의 저항에 사상자를 많이 냈다. 그러나 5일 동안 연합군 부대 16개가 노르망디로 들어왔고, 유럽 해방 작전은 빠르게 진행됐다. 8월 25일, 연합군은 파리를 수복하고 계속해서 베를린을 향해 진격했다.

독일의 침공을 막아낸 동쪽의 소련도 베를린을 향해 진격했다. 독일의 패망은 기정사실이 됐으나 독일은 쉽게 포기하려 하지 않았다. 그리고 1944년 12월에 아르덴 숲에서 대대적인 반격 작전을 감행, 방심한 연합군의 허를 찔렀다. 이 전투는 '벌지(Bulge) 전투'라고 불리게 됐는데, 이 전투로 말미암아 연합군의 전선에 크게 불룩해진 부분이 생겼기 때문이다. 그러나 1월 말 무렵, 대규모 연합군 증원군이 전선에 투입되면서 독일군의 반격도 멈추었다. 3월에 연합군은 라인강을 건너 베를린을 향해 마지막 진격을 했다. 남아 있던 독일군은 동쪽과 서쪽 모두로부터 압박을 받게 됐고, 결국 1945년 5월 2일에 항복을 선언했다.

항공학의 발전

● 이제 잠시 뒤를 돌아보며 이 전쟁 중에 이루어진 중요한 발전들을 되새겨 보자. 그중 상당수는 물리학에 기반을 둔 것이었다. 특히 항공기 설계에 큰 발전이 있었는데, 가장 중요한 것은 최초로 제트기를 만들었다는 것이었다. 그러나 최초의 제트기 외에 기존 항공기에도 중요한 발전이 있었다. 전쟁에서 중요한 역할을

한 항공기들과 그 성능을 먼저 살펴보자. 영국의 스핏파이어는 의심할 바 없이 최고였다. 스핏파이어는 영국 대공습 작전에 맞서 독일 공군과 전투를 벌였고 이는 성공적이었다. 최고 속도가 시속 563킬로미터에 달했고, 상승하면서도 뛰어난 전투력을 보여주었다. 또한 상대적으로 조종이 쉬웠다. 영국의 허리케인 역시 탁월한 항공기였으며, 영국 대공습 당시 뛰어난 전과를 거두었다.[11]

독일군 전투기 메서슈미트(Messerschmitt) 109는 독일에서 유일하게 스핏파이어에 필적할 만했다. 최고 속도가 스핏파이어보다 약간 낮고 기동성도 약했지만 급강하에는 훨씬 능했다.

일본의 미쓰비시 제로(Mitsubishi Zero)는 원래 일본 해군 항공기였다. 진주만 기습 때는 물론 태평양 전쟁에서 줄곧 활약했다. 전쟁 초기에는 미국 공군기 기종 대부분과 싸워볼 만했으나 전쟁 후반부터는 미국 공군기에 대적할 수 없었다.

P-51 머스탱(P-51 Mustang)은 미군 항공기 중 최고였다. 최고 속도가 시속 595킬로미터에 달했고 조종사들이 가장 선호하는 기종이었다. 많은 사람이 이 항공기를 제2차 세계대전에서 가장 뛰어난 전투기로 기억한다. 속도, 기동성, 항속거리 등 모든 면에서 탁월한 항공기였다. 록히드 P-38 라이트닝(P-38 Lightning)도 미군기 중에서 가장 뛰어난 기종 가운데 하나였다. 제2차 세계대전에 활약한 미군 전투기 중에서 일본군 항공기를 가장 많이 격추시킨 전투기로 알려져 있다. 최고 속도는 666킬로미터였다. 또 뛰어난 미군 항공기 F4U 콜세어(F4U Corsair)는 미국 해군과 해병대 조종사들이 조종하던 항공기

였다. 콜세어는 처음으로 일본의 미쓰비시 제로보다 우위를 점한 항공기였다. 미쓰비시 제로에 비해 속도도 빠르고 회전비율도 나았다. 최고 속도는 시속 700킬로미터에 달했다.

그러나 제2차 세계대전을 통틀어 가장 빠르고 흥미로운 항공기는 세계 최초의 제트기인 메서슈미트 Me 262였다. 이 항공기의 최고 속도는 시속 852킬로미터로, 연합군의 가장 빠른 항공기보다 시속 150킬로미터가 더 빨랐다. 연합군에게는 천만다행으로 이 항공기는 늦게 전투에 투입됐을 뿐만 아니라 소수였기 때문에 전황에 큰 영향을 주지는 못했다. 그럼에도 불구하고 메서슈미트 Me 262의 조종사들은 연합군 항공기를 대략 540대 격추시켰고, 속도가 너무 빠른 탓에 조준 사격을 하기가 매우 어려웠다. 이 항공기는 속도가 너무나 빨라서, 독일 조종사들은 이 항공기로 전투에 임하려면 새로 전술을 배워야 할 정도였다. 연합군 조종사들은 이 항공기를 상대하려면 이들이 지상에 있을 때, 또는 이착륙 중일 때 공격해야 한다는 점을 깨달았다. 때문에 제트기 기지로 알려진 독일 영토 내 비행장들은 심하게 폭격을 당했다. Me 262에도 몇 가지 약점이 있었다. 이 항공기는 기존 항공기에 비해 연료를 두 배 소모했는데, 전쟁이 막바지로 치달을 무렵 독일군에겐 연료가 거의 남아 있지 않았다. 게다가 엔진에도 문제가 제기됐다.

이 항공기의 제트 엔진은 동시대를 산 발명가 두 사람이 만들었다. 바로 한스 폰 오하인(Hans von Ohain)과 프랭크 휘틀(Frank Whittle)이다. 프랭크 휘틀은 터보제트 엔진의 발명특허를 처음으로 획득했다.

그의 특허는 오하인보다 6년이나 앞선 1930년에 승인됐다. 그러나 두 과학자는 서로 상대방의 연구에 대해 아무것도 알지 못했다. 최초로 가동성 제트기를 제작한 쪽은 오하인이었다.

휘틀은 조종사인 동시에 영국의 항공 엔지니어로, 1928년에 영국 공군에 입대했다. 스물두 살에 항공기의 동력원으로 제트 터빈을 사용한다는 아이디어를 냈고, 1935년부터 제트 엔진을 제작하기 시작했다. 1937년에 이 엔진을 시험한 뒤 이를 탑재한 항공기가 처음으로 비행에 성공한 것은 1941년이었다.

휘틀처럼 오하인도 겨우 스물두 살에 제트 추진 항공기를 착안했다. 그의 설계는 휘틀의 항공기와 비슷했지만 내부의 부품 정렬이 달랐다. 오하인의 설계에 따른 항공기가 처음으로 비행한 것은 1939년이었다. 따라서 독일과 영국 모두 실질적으로 전쟁이 시작되기 전에 제트 엔진을 보유한 셈이다. 그러나 전쟁이 끝나기 전에 이 기술을

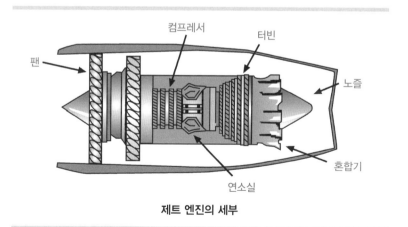

제트 엔진의 세부

이용해 새로운 유형의 전투기를 만든 쪽은 독일이었다.

제트 엔진은 '모든 작용에는 반대 방향의 반작용이 있다'는 뉴턴의 제3법칙에 따른다. 이 반작용이 제트기를 앞으로 나아가게 밀어주는 힘이다. 이 힘을 직접 체험해보는 제일 좋은 방법은 고무풍선에 바람을 넣었다가 놓아주는 것이다. 그러면 풍선에서 공기가 빠지면서 풍선이 제멋대로 공중곡예를 하듯 허공을 돌거나 앞으로 날아간다. 고무풍선 안에 있던 공기가 빠져나가면서 그 힘이 풍선을 반대 방향으로 밀어주는 것이다. 제트 엔진의 작용은 기본적으로 이와 같다.

지금은 제트 엔진에도 몇 가지 유형이 존재하지만 우리는 터보제트로 좁혀 살펴보고자 한다. 터보제트의 앞부분에는 공기가 들어가는 흡입구가 있다. 엔진 내부로 들어간 공기는 그 공기를 훨씬 작은 공간으로 몰아넣는 날개에 의해 압축되고, 이 작은 공간에서 연소실로 강제 주입된다. 압력이 상승하면서 공기의 온도는 수백 도로 올라간다. 이때 연소실 내부의 공기 중으로 연료가 분사되면 연료와 공기의 혼합물이 점화된다. 일단 점화되면 열은 훨씬 더 높이 치솟고, 연소실 또는 연소기에서 떠날 때는 온도가 섭씨 1650도까지 올라간다. 이렇게 가열된 기체는 사방으로 큰 힘을 내뿜지만, 기체가 엔진 뒤쪽으로만 방출되기 때문에 항공기는 앞을 향해 엄청난 추진력을 받는 것이다. 이 기체는 엔진을 빠져나가면서 터빈을 이루는 스크루 날개여러 장을 지나가면서 터빈 축을 돌리게 된다. 터빈 축은 다시 새로운 공기를 유입시키는 압축기를 돌린다. 추력은 밖으로 빠져나가는 기체에 연료를 다시 분사시켜줌으로써 추가적인 추력을 만들어내는 재연소장치를 통해 추력을 증강시킨다.

제2차 세계대전에
처음 등장한 로켓

● 　　　　　제2차 세계대전에서 처음 등장한 무기는 제트기뿐만이 아니다. 대형 탄도 로켓 역시 이때 처음 등장했다. 그러나 이 기술은 거의 대부분 물리학자 로버트 고더드(Robert Goddard)가 이미 개발한 뒤였다. 고더드는 현대적인 로켓 추진의 아버지라고 불리며, 메릴랜드 주에 있는 미국 국립항공우주국(National Aeronautics and Space Administration; NASA)의 고더드 우주 센터는 그의 이름을 딴 것이다. 그는 대부분 물리학과장으로 재직한 매사추세츠 주 우스터(Worcester)의 클라크 대학교(Clark University)에서 연구했다. 1926년에 고더드는 최초로 액체 연료 로켓을 만들어 발사했다. 그보다 몇 년 앞선 1914년, 고더드는 액체 로켓 연료와 고체 로켓 연료의 특허를 땄다. 그는 로켓 과학에 여러 가지로 중요한 공헌을 했는데, 자이로스코프 제어, 동력 구동 연료 펌프, 로켓의 유도를 도와주는 외부 날개 등이 그의 연구에서 나온 것이었다. 또한 로켓은 진공 상태에서도 작동하며 로켓을 앞으로 추진하는 데에는 공기가 필요 없다는 것을 처음 보여주었다.

제2차 세계대전 초기에 독일은 로켓을 무기로 활용할 가능성에 관심을 가지고 있었다. 포병 대위 발터 도른베르거(Walter Dornberger)

베르너 폰 브라운

에게 로켓이 얼마나 효과적인지에 대한 연구를 맡겼다. 마침 이 문제를 깊이 파고들던 젊은 공학자 베르너 폰 브라운(Wernher von Braun)이 도른베르거의 눈에 띄었다. 도른베르거는 폰 브라운을 로켓 포병대의 지휘자로 임명했다. 1934년, 폰 브라운은 공학자 80명을 이끌었는데, 이 연구진은 발트해 연안의 피에네뮌데(Peenemünde)로 옮겨 연구를 계속했고, 이 무렵부터 히틀러도 이들의 프로젝트에 관심을 갖기 시작했다.

폰 브라운과 연구진에겐 극복해야 할 문제가 많았다. 로켓은 오히려 쉬웠다. 그러나 과학의 여러 분야, 특히 물리학 연구가 제대로 풀려야 로켓을 제대로 작동시킬 수 있었다. 폰 브라운이 개발한 V-2 로켓은 거의 110킬로미터 높이까지 올라갔고, 이 정도 고도에는 공기가 거의 존재하지 않았다. 그리고 로켓 연료가 연소되려면 산소가 엄청나게 많이 필요했다. 이것은 곧 추진제 안에 산소를 포함시켜야 한다는 것을 의미했다. V-2는 75퍼센트짜리 에탄올과 물 혼합물을 연료로, 액체 산소를 산화제로 사용했다.[12]

로켓은 제트 엔진과 추진 원리가 같다. 로켓 역시 뉴턴의 제3법칙을 따르며, 로켓의 추력을 만들어내는 것은 반작용의 힘이다. 로켓 비행에는 몇 가지 단계가 있다는 것도 중요하다. 발사, 추진, 순항 그리고 추락 단계다. 첫 단계인 발사는 로켓이 발사대에 고정된 단계이므로 이때 로켓은 움직이지 않는다. 이 시점에는 두 가지 힘이 로켓에 작용한다. 로켓을 아래로 잡아당기는 무게, 그리고 발사대에서 반대로 작용하는 힘이다. 두 힘은 크기가 같고 방향이 반대다.

추진 단계는 로켓의 엔진이 점화될 때 시작된다. 이 단계에는 로켓에 세 가지 힘이 작용한다. 로켓 무게, 엔진의 추진력, 그리고 공기 저항으로 인한 저항력이다. 이제 뉴턴의 제2법칙(힘은 질량과 가속도의 곱이다)을 적용하면, $F_{추진력} - F_{저항력} - wt. = ma$(m은 질량, a는 가속도, wt.는 로켓 무게)가 된다. 그러나 여기에도 문제가 있다. 로켓이 상향 운동을 하는 동안 로켓 무게는 줄어든다. 연료가 연소되기 때문이다. 그러나 이 문제는 초기 공학자들이 쉽게 해결했다.

엔진 분사는 어느 시점에 이르면 결국 중단된다. 이후에는 더 이상 로켓을 위로 치솟게 만드는 추진력이 존재하지 않고 진행하던 방향으로 나아갈 뿐이다. 엔진이 꺼진 뒤에도 그때까지 지닌 속도가 있기 때문에 로켓은 한동안 계속 올라가지만, 결국은 다시 지면을 향

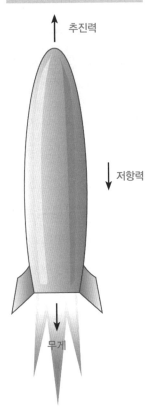

로켓의 추진력과 저항력, 무게

해 추락한다. 또 중력 때문에 공식 $a=wt.-F_{저항력}$에 따라 가속된다. 물론 실제로는 로켓이 수직으로 상승했다가 다시 수직으로 추락하지 않는다. 어느 정도는 수평 운동을 하므로 로켓의 궤적은 대개 포탄 궤적과 비슷하다.

액체 연료 로켓일 경우, 추진제와 산화제는 연소실로 유입되기 전에 다른 탱크에 저장된다. 산소가 연료와 혼합되면서 연소실 안으로 분사된다. 점화 기체는 로켓 하단 노즐을 통해 방출되면서 추진력을 낸다. 이 기체는 온도가 매우 높기 때문에 노즐을 냉각시켜야 한다. 초기 로켓들은 알코올과 물을 냉각제로 썼다.

로켓은 또한 비행을 시작하면 안정시켜야 한다. 그렇지 않으면 로켓이 심하게 요동을 친다. 로켓 안정화 시스템에는 능동형 시스템과 수동형 시스템 두 가지 유형이 있다. 능동형 시스템은 가동식이고 수동형 시스템은 고정식이다. 로켓 안정에 가장 중요한 것은 로켓의 무게중심이다. 사실 무게중심은 로켓뿐만 아니라 어떤 물체에나 중요한 요소다. 어떤 물체든 무게중심을 중심으로 요동치기 때문이다. 무게중심은 어떤 물체의 무게가 집중된다고 간주되는 지점이다.

비행하는 로켓은 세 가지 축을 중심으로 요동친다. 옆놀이 축, 키놀이 축, 빗놀이 축이다. 옆놀이 축을 중심으로 한 회전은 문제가 되지 않는다. 그러나 나머지 두 축을 중심으로 한 요동은 피해야 한다. 이 때문에 자이로스코프에 의지하게 되고, 자이로스코프는 로켓 유도에도 도움을 준다. 로켓 하단 날개도 로켓을 안정시키는 데 기여한다.

히틀러에게 V-2는 복수의 무기였다. 1944년 9월 초, 히틀러가 V-2 공격 개시를 선언했다. 목표는 런던이었다. 그 후 몇 달 동안 V-2 로켓 1,400기가 런던을 향해 날아갔다. 그러나 명중률이 형편없어 중요한 목표물을 타격하지는 못했다. V-2는 정확성보다는 공포심을 조장하는 무기였고, 그 의도대로 영국 상공을 가르면서 엄청난 공포를 불러일으켰다. V-2 로켓의 속도(시속 약 3,540킬로미터)도 속도지만 워낙 높은 고도에서 날아오기 때문에 요격은 거의 불가능했다. 결국 V-2 로켓 공격으로 런던에서 2,250명이 사망했고 6,500명이 부상을 입었다.

독일은 V-2와 비슷한 로켓 V-1도 제작했는데, 이 로켓은 버즈 폭탄(buzz bomb)이라 불렸다. 길이가 14미터에 달한 V-2보다 작아 약 8미터 정도였고, 비행 속도도 훨씬 느렸다. 이 로켓의 엔진은 흡입구로 공기가 들어가 연료와 혼합되고 스파크 플러그로 점화되는 펄스제트 엔진이었다. 로켓 후미에 초당 50회 개폐를 반복하는 셔터가 있어서 윙윙거리는 소리를 냈기 때문에 버즈 폭탄이라는 별명이 붙었다.

V-1은 V-2와 같은 시기에 피에네뮌데에서 개발됐다. 이 로켓은 탄도 로켓이 아니라 발사대와 사출장치로 발사되는 방식이었다. 따라서 순항 미사일에 속했다. V-1 로켓을 활용한 첫 공격은 1944년 6월 중순, V-2 로켓 공격이 시작되기 직전에 개시됐는데, 목표는 역시 런던이었다. V-2와 마찬가지로 V-1 역시 목표물을 구체적으로 타격하지는 못했다. 따라서 주로 공포를 조성하는 무기로 쓰였다. 그러나 V-2와 달리 V-1는 어느 정도 방어가 가능했다. 속도가 가장 빠른 항공기를 출격시켜 격추시킬 수도 있었고, 특히 해안포에 약했다. 실제로 1944년 8월 말까지 런던을 향해 발사된 V-1 로켓의 70퍼센트를 해안포가 파괴했다. V-1 로켓 총 1만 기가 영국을 향해 발사됐지만, 그중 런던까지 도달한 것은 2,420기에 불과했다. 그러나 이 공격으로 6,180명이 사망하고 17,780명이 부상을 당했다.

다른 무기들과
소형 화기들

● 전차는 제2차 세계대전에서 커다란 역할을 했다. 독일군의 전격 작전이 펼쳐지는 동안 전차는 감히 대적할 수 없는 무기처럼 보였고, 연합군은 독일군 전차에 맞설 무기를 궁리해야 했다. 몇 년에 걸쳐 전차의 장갑(裝甲)을 뚫을 탄두를 여러 유형으로 개발했는데, 이들 모두가 중요한 물리학 원칙을 응용한 것이었다. 이

들은 포탄의 에너지에 초점을 두고 폭발을 일으키는 성형작약탄(成形炸藥彈; shaped charge)에서 아이디어를 착안했다. 성형작약탄은 미국의 화학자 찰스 먼로(Charles Munroe)가 발견한 '먼로 효과'를 기반으로 한다. 먼로는 장약의 탄두부에 빈 공간을 만들면 훨씬 강력한 충격파가 발생해 장약의 축을 따라 폭발이 집중된다는 것을 보여주었다. 폭발로 인한 충격파가 더욱 강화되기 때문이다.

전차전에 응용할 때 이러한 탄두를 HEAT(high-explosive, anti-tank warheads)라고 부른다. 이 탄두는 매우 빠른 속도로 전차의 두꺼운 장갑을 뚫고 들어간다. 이 탄두의 관통 속도는 실제로 음속의 25배에 가깝다. HEAT 탄두는 회전을 하면 효과가 떨어지기 때문에 날개로 안정을 잡아준다.

HEAT가 최초로 실전에 도입되자 전차전의 양상이 크게 바뀌었다. 병사 한 명이 손에 든 무기로 전차를 파괴할 수 있게 된 것이다. 그러자 이 탄두로부터 전차를 보호하려는 연구가 즉시 시작됐고, 독일군은 장갑 형태, 또는 철망 형태의 보강재로 전차를 보호하기 시작했다. 이 보강재는 HEAT 탄두를 일찍 폭발시켜 파괴력을 약화시키는 효과가 있었다.

전차전에 매우 효과적인 포탄이 또 있었다. HESH(high-explosive squashed head) 탄두라 불린 이 대전차 포탄은 원래 콘크리트 빌딩을 침투하기 위해 개발됐지만 전차전에도 효과적이었다. 이 포탄은 목표물에 닿으면 폭발 물질이 으깨지면서 더 넓은 영역으로 퍼져나간다. 바로 이때 폭발 신관이 터지면서 강력한 충격파가 더 넓게 퍼져나가는 것이다. 충격파는 금속을 관통해 내부로 침투하기 때문에 전차 내부에서 금속 파편들이 고속으로 흩어진다. 이 금속 파편이 전차병을 살상하거나 전차 내부의 폭약, 또는 연료에 불을 붙인다.

HESH 탄두나 HEAT 탄두 모두 바주카포로 장갑 무기에 발사한다. 바주카포는 로켓의 힘을 이용한 무반동 무기로, 원래 로버트 고더드가 로켓 추진을 연구할 때 개발한 것이었다. 고더드와 그의 동료 클레런스 히크먼(Clarence Hickman)은 1918년 11월에 메릴랜드에 있는 애버딘 무기 성능 시험장(Aberdeen Proving Ground)에서 바주카포의 성능을 시험했다. 그러나 당시에는 성형작약탄을 사용하지 않았다. 바주카포와 성형작약탄이 짝을 이룬 것은 1942년이었고, 북아프리카 전선에서 최초로 사용됐다. 또 그와 같은 시기에 러시아군도 동부 전선에서 바주카포와 성형작약탄을 사용했다. 초기 모델들은 그다지 신뢰할 수 없었다. 게다가 독일군에게 일부를 탈취당하기까지 했다. 독일군은 재빨리 이 무기를 복제했는데, 당혹스럽게도 연합군의 바주카포보다 훨씬 더 강력하고 장갑 침투력도 훨씬 강했다.

물리학이 기여한 중요 발전 가운데 또 한 가지는 근접 신관이었다. 제2차 세계대전 초기 탄두들은 목표물을 타격하는 순간 폭발이 일어나거나 타이머를 맞추어 폭발 시점을 지연시켰다. 이 두 가지 모두에 단점이 있었기 때문에, 폭탄 대부분이 제 기능을 완전히 발휘할 수 없었다. 근접 신관은 목표물과 투사체 사이의 거리가 사전에 정해진 값보다 가까워지면 자동으로 폭발하게 하는 장치였다. 따라서 포탄이 땅에 떨어지기 전에, 특히 적군의 머리 위에서 폭발시킬 수 있었으므로 효과가 훨씬 컸다.

이 신관은 전자기 원리에 기반을 둔 것이었다. 근접 신관 안에는 진동자가 들어 있고, 이 진동자는 발신기와 수신기 역할을 모두 수행하는 안테나와 연결됐다. 포탄이 목표물에 접근하면 안테나를 떠나 다시 되돌아온 신호를 분석해 포탄과 목표물 사이의 거리를 판단할 수 있었다. 이 신관은 독일군의 V-1 버즈 폭탄이 영국을 공습할 때와 벌지 전투에서 역할을 톡톡히 해냈다. 태평양에서도 일본군의 가미카제 공격을 막아내는 데 큰 도움이 됐다.

전파유도 미사일도 제2차 세계대전에서 처음 사용됐다. 독일군은 프리츠 X(Fritz X)라는 대함 유도 폭탄을 개발했다. 이 폭탄은 항공기에 탑재한 뒤 이 항공기에서 전파로 제어했다. 항공기가 보낸 신호를 미사일이 갖고 있는 수신기가 포착했다. 그러나 프리츠 X는 그다지 성공적인 미사일이 아니었다. 이와 비슷한 유도 폭탄이 영국에서도 개발됐다. GB-1이라 불린 이 폭탄은 독일 쾰른에 투하됐다. 독일은 크라우스 X-1(Kraus X-1)라는 유도 폭탄도 보유하고 있었다. 연합군 군함 여러 척이 이 폭탄에 맞아 큰 손실을 입기도 했다. V-1과 V-2 역시 전파 유도 로켓이었다.

노르던(Norden) 폭격 조준기도 제2차 세계대전이 만들어낸 독창적인 장치였다.[13] 제2차 세계대전 초기 문제점 가운데 하나가 고고도 폭격의 정확성이었다. 1943년에 고고도에서 투하한 폭탄의 CEP(circular error probability: 원형 공산 오차)는 360미터로, 목표물을 정확히 타격할 확률이 매우 낮았다. 폭탄의 명중률이 어찌나 낮았는지, 공군이나 해군 모두 목표물을 정확하게 폭격하는 것을 포기했을 정도다. 그러나 네덜란드 출신으로 미국으로 이민 온 공학자 칼 노르던(Carl Norden)은 몇 년에 걸쳐 폭격 조준기를 연구하고 있었다. 폭격 조준기를 사용할 때 문제점은 조준기가 똑바로 아래를 내려다보도록 항공기의 수평을 유지해야 한다는 점이었다. 바람 역시 심각한 문젯거리였다. 노르던의 조준기는 주어진 목표물을 타격하기 위해 정확한 시각에 폭탄을 투하하게 해주었다. 이 장치는 자이로스코프, 모터, 기어, 거울, 수준기와 망원경으로 이루어진 아날로그 컴퓨터를 이용했다. 폭격수가 대기(對氣) 속도, 풍속, 방향, 고도 등 데이터를 조준기에 입력하면 컴퓨터가 목표물을 타격하기 위해 필요한 탄도를 계산한다. 항공기가 목표물에 접근하면 조종사는 항공기를 자동 조종으로 전환해 정확하게 폭탄 투하 지점을 비행하게 한다. 폭격 조준기를 이용하면 8,500미터 상공에서 목표물 주변 반경 30미터 이내에 폭탄을 투하할 수 있었다고 한다.

노르던 폭격 조준기는 제2차 세계대전의 극비사항 가운데 하나였다. 이 장치의 존재는 전쟁 기간 내내 비밀에 부쳐졌다. 전쟁 후반기에 독일을 폭격할 때 이 장치는 특히 더 효과적이었다.

마지막으로 보병이 사용하던 소형 화기를 살펴보자. 보병들의 소형 화기는 제1차 세계대전에 비해 훨씬 강력하고 정확해진 것은 물론, 살상력 역시 크게 높아졌다. 그러나 전쟁 초반부에는 제1차 세계대전 때 사용되던 무기가 그대로 쓰이기도 했다. 제1차 세계대전의 무기였던 수동식 노리쇠 라이플은 제2차 세계대전 초기에도 쓰였다.

나중에는 저격용 라이플로 쓰였는데, 사거리가 길고 명중률이 높기 때문이었다. 수동식 노리쇠 라이플에 망원 조준기를 달면 저격용 무기로는 탁월했지만, 근접전에서는 훨씬 속도 빠른 사격이 필요했다. 그리고 바로 그 이유 때문에 반자동 소총이 개발됐다. 미군이 보유한 최고의 반자동 소총 중 하나가 M1 개런드(M1 Garand)였는데, 개발되자마자 제2차 세계대전에서 미군의 표준 소총이 됐다.

반자동 총기는 이 전쟁에서 큰 역할을 했다. 반자동 총기는 기관총보다 크기도 작고 무게도 가벼웠다. 그러나 탄약은 훨씬 작고 가벼웠기 때문에 사정거리가 상대적으로 짧았고, 명중률 역시 기관총만큼 높지 않았다. 그러나 근접전에서는 효과가 매우 높았다. 독일군 역시 반자동 소총을 광범위하게 사용했다. 독일군의 가장 유명한 반자동 소총은 MP-18이었다. 이에 맞서는 미군의 반자동 소총은 톰슨(Thompson)이었다.

반자동 총이 가진 가장 큰 문제는 명중률이 떨어진다는 것과 사정거리가 짧다는 것이었다. 전투에서 병사들은 속사(速射)는 물론이고 먼 거리에서도 정확하게 사격해야 했다. 리-엔필드나 스프링필드 같은 수동식 소총만큼 명중률이 높지는 않아도 반자동 총의 기본적인 사거리보다는 훨씬 사거리가 길어야 했다. 이 때문에 돌격 소총(assault rifle)이 개발됐다. 돌격 소총을 먼저 투입한 쪽은 독일군이었다. 독일군의 MP-43은 1943년부터 실전에 투입됐는데, 분명 우위에 있는 무기였다. 제2차 세계대전 후 개발된 미군의 M-16과 러시아의 AK-47가 바로 이 소총을 기반으로 한 것이었다.

기본적인 기관총은 제1차 세계대전처럼 제2차 세계대전에서도 여전히 사용됐다. 하지만 이제 훨씬 가벼워져서 병사 한 사람이 충분히 다룰 수 있을 정도였다. 그러나 대체로 사격을 할 때에는 두 번째 병사가 탄약을 들어주고 기관총을 설치해줘야 했다. 마지막으로 수류탄, 화염방사기, 여러 가지 경박격포(light mortar) 같은 무기들도 여전히 사용됐다. 또한 기술 발전으로 이 모든 무기가 제1차 세계대전 때보다는 훨씬 살상력이 커졌다.

컴퓨터와 정보전

●   전쟁의 여파로 엄청난 발전을 이룬 또 다른 분야가 바로 컴퓨터였다. 제1차 세계대전은 아마도 처음으로 대량 정보를 최대한 빨리 이동시켜야만 한 전쟁이었을 것이다. 또한 이 때문에 튼튼하고 신속한 통신 시스템이 필요했다. 물론 이 필요성은 제2차 세계대전에 와서 더욱 커졌다. 여러 부대, 함대의 이동과 방향에 관한 통신도 필요했지만, 이러한 정보가 적에게 누설되지 않도록 기밀을 지키는 것도 그에 못지않게 중요했다. 따라서 정보 암호화가 중요했고, 암호 작성자와 암호 해독가 사이에 불꽃 튀는 경쟁이 시작됐다. 암호는 점점 더 복잡해졌고, 결국은 컴퓨터를 동원해야 풀 수 있게 됐다. 컴퓨터 개발은 제2차 세계대전이 시작되기 전부터 독일에서 먼저 시작됐다. 독일의 공학자 콘라트 추제(Konrad Zuse)가 1936년에 간단한 컴퓨터 Z1을 만들었다. 추제는 제2차 세계대전 중에도

연구를 계속해 크게 발전시켰다. Z1과 비슷한 마크 I(Mark I)이 미국에서 개발됐다.[14] 제2차 세계대전 자체도 그렇지만, 적의 암호를 해독해야 한다는 필요성 때문에 컴퓨터는 더욱 크고 빨라야 했다. 독일군은 에니그마(Enigma)라는 암호기를 이용했다. 에니그마는 오퍼레이터가 전문을 입력하면 알파벳 낱자와 함께 새김눈이 새겨진 바퀴, 또는 회전자를 이용해 전문을 마구 뒤섞어 놓는다. 바퀴 양쪽에는 알파벳 각 글자에 상응하는 전기 접점 스물여섯 개가 있었다. 전문을 입력하면 그 전문은 전기 접점을 통해 두 번째 바퀴로 보내지지만, 두 번째 바퀴에서는 그 접점의 위치가 달라지기 때문에 주어진 글자가 달라졌다. 예를 들면 C에 Z가 주어지는 식이었다. 접점은 두 번째 바퀴에서 세 번째 바퀴로 전달되는데, 여기서도 위치가 바뀐다. 제일 초기 모델에서는 바퀴가 세 개였지만, 점점 바퀴가 더해져 암호는 그만큼 복잡해졌다. 이러한 방식으로 전문을 암호화했기 때문에 해독은 거의 불가능했다. 게다가 암호화는 기계마다 다르게 이루어졌다. 그러나 전문을 받은 사람이 암호를 푸는 과정은 아주 간단했다. 수신자의 기계를 발신자의 기계와 똑같은 방식으로 설정해놓으면 되는 것이다.

독일 스파이의 도움과 복잡한 수학을 이용한 폴란드 정보기관에서 1932년에 가장 먼저 암호를 풀었고, 1939년까지 계속해서 독일군의 암호전문을 해독했다. 그러나 전쟁이 터지면서 독일군은 그 전보다 10배나 복잡한 암호 시스템으로 보안을 강화했다. 이쯤 되자 폴란드 정보기관에서도 더 이상 손을 쓰지 못하고 아는 것을 전부 영국 암호 해독가에게 넘겨주었다. 영국의 암호 해독 부대[암호명 울트라(Ultra)]는 서식스(Sussex) 주의 블레츨리 파크에 자리 잡고 있었다.

영국은 에니그마 해독 작업에 착수했지만 앨런 튜링(Alan Turing)이 합류하기 전까지 큰 진전을 보지 못하고 있었다. 튜링은 박사학위를 취득한 프린스턴 대학에서 수학과 암호학을 공부했고 에니그마의 암호를 풀 준비가 잘된 사람이었다. 그는 곧 봄(bombe)이라 이름 붙인 기계를 만들어 에니그마 해독에 나섰다. 봄은 전문을 보낸 에니그마의 올바른 설정 가능성을 찾아나갔다. 설정 가능성은 수십억 개에 달했지만 튜링의 기계는 매우 빨라서 '가능성'이 있는 설정을 넘어 '정확한' 설정 범위를 확실히 좁혀주었다. 그러나 여기에 문제가 있었다. 튜링과 그의 부대가 제작할 수 있는 해독기는 고작 몇 대에

앨런 튜링

불과했다. 그러나 독일군에게서 가로챈 전문을 해독하려면 해독기가 많이 필요했다. 튜링과 동료 고든 웰치맨(Gordon Welchman)은 답답한 마음에 어찌할 바를 몰랐다. 결국 이들은 규칙을 어기고 곧장 윈스턴 처칠에게 편지를 썼다. 처칠은 즉시 답장을 보내 이들의 요구를 해결해주었다. 그 후 몇 년 동안 봄 200대가 생산돼 작전을 수행했다.[15]

에니그마는 독일의 해군, 육군, 공군이 모두 사용했지만, 독일군 수뇌부는 훨씬 더 복잡한 암호기 로렌츠(Lorentz)를 썼다. 이 암호기는 1941년에 도입됐는데 바퀴 열두 개를 이용했다. 이 암호기의 암호를 푸는 유일한 방법은 매우 큰 컴퓨터, 당시까지 제작된 그 어떤 컴퓨터보다도 더 큰 컴퓨터를 쓰는 수밖에 없었다. 그런 컴퓨터를 만드는 것은 엄청난 난제였지만, 그런 컴퓨터가 제공해줄 정보의 가치도 실로 막대했다. 디자인 공학자 토미 플라워스(Tommy Flowers)가 1943년 12월에 콜로서스 마크 I(Colossus Mark I)이라는 원형을 만들었고, 1944년부터 사용되기 시작했다.

콜로서스는 로렌츠 머신이 송신한 전문을 해독했고, 몇 달 동안 엄청난 양의 독일군 정보를 가로채 해독했다. 튜링의 봄에 이어 콜로서스가 전쟁을 조기에 종식시키는 데 크게 공헌했음은 두말 할 나위가 없다.

17

원자폭탄

THE PHYSICS
OF WAR

17. 원자폭탄

지금까지 물리학이 제2차 세계대전에서 얼마나 핵심적인 요인이 됐는지 살펴보았다. 그러나 물리학은 원자폭탄이라는 가장 강력한 무기 탄생에 그보다 훨씬 큰 역할을 했다. 원자폭탄은 기본적인 물리학 개념을 이해한 뒤에야 가능해진 것이니, 물리학은 원자폭탄 완성에 가장 중심적인 역할을 한 셈이다. 원자핵을 구성하는 아원자 입자들은 결합 에너지라 불리는 힘에 의해 결합되는데, 원자폭탄이 만들어지는 것도 바로 이 결합 에너지 덕분이다.

원자폭탄 개발이 인류 역사상 가장 충격적이고 놀라운 사건임에는 의심할 여지가 없다. 원자폭탄을 완성하기까지는 천재적인 학자들의 노력뿐만 아니라 수천 명에 이르는 사람들의 수고가 필요했다. 이 사람들은 거의 불가능해 보이던 목표를 달성했을 뿐만 아니라, 충분한

동기와 결단력, 그리고 창의력이 인간 능력의 한계를 어디까지 연장시킬 수 있는지를 보여주었다.

시작

● 원자폭탄이 어디서부터 시작됐는지 정확히 말하기는 힘들지만, 영국 케임브리지 대학의 제임스 채드윅(James Chadwick)이 결정적인 역할을 한 것은 분명하다. 채드윅은 이렌 졸리오퀴리(Irene Joliot-Curie) 부인과 남편 장 프레데리크 졸리오퀴리(Jean Frederic Joliot-Curie)가 한 실험을 반복했다. 낯선 입자가 파라핀의 양성자를 방출시킨 실험이었다. 졸리오퀴리 부부는 이 낯선 입자가 감마선(gamma ray)일 것이라고 생각했다. 채드윅은 이 입자가 중성을 띤다는 것을 보여주고 그 이름을 중성자(neutron)라 지었다.[1] 이 중성 입자는 양성자와 함께 원자의 핵을 이루고 있었다. 실험 결과, 중성자는 양성자와 질량이 같았다. 원자 안에서 양성자의 원자량과 중성자의 원자량을 더하면 그 원자의 원자량(A로 표시)과 거의 같다. 또한 원자핵 안에 들어 있는 양성자의 총수를 원자번호라 하고, Z라 표시한다. 이 두 숫자로 우리는 원자핵 안에 들어 있는 중성자의 숫자를 쉽게 알아낼 수 있다. 이를 간단히 A-Z로 나타낸다. 예를 들어 수소 원자를 생각해보자. 수소는 양성자 하나로 이루어진 원자핵을 가지고 있다. 따라서 A=1이고, Z=1, 그러므로 A-Z=0, 즉 중성자를 가지고 있지 않다. 이런 식으로 헬륨 원자를 계산해보면 헬륨의

원자량 A=4, 그리고 양성자 두 개를 가지고 있으므로 Z=2, 따라서 A-Z=2, 즉 중성자 2개를 가지고 있다. 모든 원소를 이와 같이 계산할 수 있다.

중성자는 전기적으로 중성이기 때문에 연구에 특히 중요한 입자다. 초기 물리학자들은 고속 입자와 충돌할 때 원자핵에 어떤 변화가 일어나는지 연구하고자 했다. 그러나 당시까지 알려진 입자는 양성자와 전자뿐이었는데, 전자는 원자핵에 영향을 미치기에 너무 가벼웠고 양성자는 원자핵과 마찬가지로 양전하를 띠어 양성자와 원자핵 사이에는 척력(斥力)이 작용했다. 따라서 양성자 역시 원자핵 충돌 실험에는 소용이 없었다. 그러나 중성자는 전자나 원자핵과 전기적인 척력이 작용하지 않았다. 따라서 중성자야말로 가장 이상적인 투사체였다. 하지만 이 실험을 더 자세히 들여다보기 전에 아인슈타인이 원자폭탄에 어떻게 기여했는지 살펴보기로 하자.

아인슈타인의 역할

● 　　　　　　　아인슈타인은 종종 '원자폭탄의 아버지'라고 불린다. 그가 끔찍하게 여긴 별명이기도 하다. 그러나 아인슈타인이 크게 기여하기는 했지만 그는 원자폭탄과 직접적으로는 연관이 없다. 1905년, 특수 상대성을 다룬 유명한 논문을 발표한 직후 그는 짧은 논문을 하나 더 냈다. 여기서 아인슈타인은 에너지와 질량이 서로 연관됨을 보여주었다. 이 논문의 제목은 〈물체의 관성은 그 자체

의 에너지 양에 의존하는가〉였다. 고작 세 쪽 분량인 짧은 논문이었지만 인류 역사상 가장 중요한 논문이 된 글이었다. 1년 뒤에 출판된 또 다른 논문과 함께, 이 논문에서 아인슈타인은 질량과 에너지의 등가성을 보여주었다. 특히 여기서 $E=mc^2$이라는 공식이 등장했다. 주어진 질량(m)이 가진 에너지(E)는 그 질량과 빛의 속도(c)의 제곱을 곱한 값과 같다는 것이다. 빛의 속도는 초속 30만 킬로미터이므로, 이것을 제곱하면 어마어마한 숫자가 나온다. 즉 아주 작은 질량이라도 막대한 에너지가 숨어 있다는 뜻이 된다. 다행스럽게도 질량을 곧바로 에너지로 전환시키기는 매우 어렵다. 하지만 원자폭탄의 폭발력은 바로 여기에서 나오는 것이었다.[2]

이탈리아 연구진의
새로운 발견

● 물리학자들은 대부분 실험가이거나 이론가이다. 그러나 로마 대학에서 학생들을 가르치던 엔리코 페르미(Enrico Fermi)는 두 분야 모두 뛰어난 극소수 물리학자 가운데 한 사람이었다. 페르미는 이론에도 기여했지만 동시에 일류 실험가였다. 1932년에 중성자가 발견되자 페르미는 곧장 이것이 이상적인 투사체임을 눈치 챘다. 중성자는 원자핵이 밀어내지도 않았고, 주변 전자들이 중성자에 아무 영향을 미치지 못할 만큼 빠른 속도로 발사할 수도 있었다. 문제는 좋은 중성자 공급원을 찾아내는 일이었다. 그는 곧 중

엔리코 페르미

성자 빔을 만들어낼 장치를 고안해냈다.[3]

　당시 가장 관심이 쏠리던 물리학 분야는 방사성 붕괴였다. 알파선, 베타선, 감마선 등 여러 복사 에너지를 방출하는 몇몇 원소들의 자연 붕괴는 이미 알려져 있었다. 마리 퀴리(Marie Curie)를 비롯해 몇몇 과학자들이 이 분야에서 공을 세우고 있었다. 그러나 1934년, 졸리오 퀴리 부부가 인공적으로 방사능을 유도하는 데 성공했다. 다시 말하자면 이 두 물리학자는 안정된 원소를 방사성 원소로 만든 것이었다. 이들은 알루미늄 원자핵에 알파 입자를 충돌시켜 방사능을 띠게 만드는 데 성공했다. 또한 붕소 원자핵에 알파선을 쏘았을 때에도 똑같은 반응이 일어난다는 것도 알아냈다.

　페르미는 이 결과에 흥미를 느끼고 실험을 한 단계 더 발전시킬 수 있다고 확신했다.[4] 알파 입자는 크고 무거울 뿐만 아니라 종잇장 같은 장애물로도 쉽게 차단시킬 수 있었다. 더욱이 알파 입자는 전하를 띠고 있었다. 중성자라면 훨씬 더 좋은 투사체였고, 페르미에게는 중성자를 만들 수 있는 장치가 있었다. 게다가 그는 몇 년 전에 발명된 가이거 계수기(Geiger Counter)라는 장치를 개선시키고 있었다. 가이거 계수기는 발생된 복사선을 측정하는 데 쓰였다. 페르미와 그의 연구진은 졸리오퀴리 부부의 실험을 반복하는 것으로 시작해 재빨리 결과를 검증했다. 이들은 좀 더 무거운 원소로 관심을 돌렸다. 실험 결과 여러 가지 원소가 방사성을 띠었지만, 대체로 그 방사능은 수명이 매우 짧았다. 일부 원소들의 반감기(방사성 물질의 질량이 원래의 값의 반으로 감소하는 데 걸리는 시간)는 1분이 채 되지 않았다.[5]

페르미 연구진은 주기율표에 있는 거의 모든 원소를 이런 방식으로 실험해나가다가, 당시 알려진 원소 가운데 가장 무거운 우라늄에 이르렀다. 우라늄은 특히 페르미의 관심을 끌었다. 당시 주기율표에서 우라늄보다 무거운 원소는 없었으므로, 만약 우라늄의 원자핵에 중성자를 충돌시켜 그 중성자가 우라늄의 원자핵에 흡수된다면 어떻게 될까 몹시 궁금했다. 과연 새로운 원소가 만들어질까? 우라늄의 원자량(원자핵 내부 양성자와 중성자 수의 총합)은 238이었다. 만약 이 원소가 중성자 하나를 흡수한다면 우라늄-239가 되는 것이었다. 그러나 여기서 새로운 문제가 발생했다. 우라늄-239를 어떻게 검출하느냐 하는 것이었다. 이는 좌절감을 느낄 만큼 어려운 문제였다. 그러나 결국 페르미 연구진은 약간 더 무거운 원소를 분리해냈다. 페르미는 기뻐서 어쩔 줄을 몰랐다. 그가 우라늄-238을 뛰어넘는 원소를 창조한 것이다. 이것으로 그는 실험을 마무리했다. 그러나 그렇게 마무리해 버림으로써 그는 역사상 가장 위대한 발견을 할 기회를 놓치고 말았다.

페르미가 실험에 몰두한 동안 세상은 점점 더 격심한 소용돌이 속으로 빠져들고 있었다. 히틀러가 독일의 권력을 장악했고, 무솔리니는 히틀러와 협정을 맺었다. 히틀러의 전쟁은 이미 시작됐고, 히틀러는 무솔리니에게도 협력을 요구했다. 따라서 이탈리아의 유대인들은 법적으로 새로운 제약을 받게 됐다. 페르미는 위험할 것이 없었지만 아내 로라가 유대인이었으므로 페르미는 아내가 언젠가 당국의 검거를 피할 수 없으리라는 걸 알고 있었다. 페르미는 망설였다. 정부는 아내를 데리고 해외로 나가는 것을 허락할 것 같지 않았다. 그 전에 미국 여러 대학으로부터 교수로 와달라는 제안이 있었지만, 그 제안을 모두 거부한 것이 후회스러웠다. 페르미는 접촉이 있던 여러 대학에 편지를 보내 아직도 자기에게 관심이 있는지 물었다. 결국 그는 컬럼비아 대학교로부터 제안을 받았다. 그러나 의심을 사지 않고 이탈리아를 떠날 수 있느냐가 문제였다.

숨죽이며 기다린 기회가 1938년에 찾아왔다. 코펜하겐에서 열린 물리학회에서 페르미는 오게 보어(Aage Bohr)와 따로 만났다. 보어는 페르미가 그해에 수여하는 노벨 물리학상 수상자 후보로 아주 유력하다는 사실을 알려주었다. 페르미는 크게 기뻤지만 단지 노벨상을 받는다는 것 때문만은 아니었다. 노벨상 수상은 그가 이탈리아를 벗어날 수 있는 절호의 기회였기 때문이다. 몇 주 뒤, 페르미는 노벨 물리학상 수상자로 결정됐다는 연락을 받았다. 그는 스웨덴 스톡홀름에서 열릴 시상식에 참석해야 했고, 가족 모두 스웨덴으로 초청을 받았다. 노벨상 시상식 직후 페르미는 아내와 아이들을 모두 데리고 영국으로 가는 비행기를 탔다. 그리고 영국에서 다시 뉴욕으로 가는 배를 탔다.

한, 마이트너 그리고 슈트라스만

● 　　　　　리제 마이트너(Lise Meitner)는 1878년에 오스트리아 빈의 유대인 가정에서 태어났다. 마이트너는 아주 어린 시절부터 물리학에 흥미를 느꼈지만 당시에는 여성이 과학 분야에서 직업을 갖기가 매우 어려웠다. 그럼에도 불구하고 마이트너는 비엔나 대학교에서 물리학으로 박사학위를 받았다. 이후 마이트너는 베를린의 카이저 빌헬름 연구소에서 화학자인 오토 한(Otto Hahn)의 조수로 일하기 시작했다.[6] 처음에는 무급으로 일했지만, 결국에는 화학 분야의 책임자가 됐다. 마이트너는 한과 30년 동안 함께 일하며 여러 가지 중요한 발견을 했다.[7]

1933년, 히틀러가 권좌에 올랐을 때 마이트너는 화학연구소에서 소장 대리로 일하고 있었다. 유대인이긴 했지만 어린 시절에 기독교로 개종했고, 성인이 된 뒤로는 스스로 루터교인이라고 밝힌 바 있었다. 게다가 독일이 아니라 오스트리아 태생이었으므로 처음에는 히틀러의 반유대인 정책에 대해 크게 걱정하지 않았다. 마이트너는 오로지 일에만 파묻혀 지냈다. 파리의 졸리오퀴리 부부를 포함해 여러 과학자들이 우라늄처럼 무거운 원소에 중성자 입자를 충돌시키는 페르미의 실험을 따라했다.

그러나 마이트너가 막 실험을 시작했을 무렵, 히틀러가 오스트리아를 합병하고는 모든 유대인에게 선전포고를 했다. 오스트리아 태생 유대인도 예외는 아니었다. 스스로 유대인이라 여기지 않았지만, 그렇다고 나치가 마이트너를 다르게 대우해줄 리는 없었다. 마이트너는 가능한 한 빨리 독일의 영향이 미치는 곳에서 벗어나야 했다. 그러나 문제가 있었다. 비자 기간이 만료된 것이었다. 새로 비자를 신청하면 당국의 의심을 살 것이 분명했다. 그녀는 어떻게 할지 막막해진 나머지 코펜하겐에 있는 닐스 보어에게 편지를 썼다. 보어는 마이트너가 비자 없이 코펜하겐으로 올 수 있도록 조치를 취해주었다. 그러나 국경에서 나치 순찰대를 피하는 것이 또 다른 난관이었다. 결국 그녀가 걱정한 대로 국경에서 나치 순찰대의 검문을 받았다. 순찰대는 그녀에게 비자를 보여달라고 요구했고, 마이트너는 비자 기간이 끝난 여권을 보여주었다. 몇 분 뒤, 순찰대는 아무 말 없이 여권을 돌려주었다. 그리고 다시 몇 분 뒤, 마이트너는 안전하게 네덜란드 땅에 들어서서 안도의 한숨을 내쉬었다.

보어가 스톡홀름에서 일자리를 찾아주었지만 경제적인 수입이 거의 없는 자리여서 마이트너는 곧 불안해지기 시작했다. 게다가 한과 그의 조수 프리츠 슈트라스만(Fritz Strassmann)은 마이트너와 함께 시작한 실험을 계속 진행하고 있었다. 페르미는 우라늄이 중성자의 폭격을 맞으면 더 무거운 초우라늄 원소가 될 것이라고 추측했으나, 추측에 그쳤을 뿐 증명하지 못하고 있었다. 그러나 한과 슈트라스만은 실제로 실험을 해본 뒤 완전히 혼란에 빠지고 말았다. 이들은 페르미의 결과를 검증하지도 못했을 뿐만 아니라, 원자량이 우라늄의 절반 밖에 안 되는 원소 바륨이 만들어진 것이다. 이 결과는 이론과 전혀 맞지 않았다. 한이 여러 번 실험을 반복했음에도 불구하고 결과는 매한가지였다. 핵물리학에 대해서는 마이트너가 한 수 위라는 것을 인정한 한은 그녀에게 편지를 써서 어떻게 된 일인지 물어보았다.

1938년 크리스마스

● 마이트너는 한과 슈트라스만의 실험 결과에 놀라면서도 한편으로는 혼란스러웠다. 설명할 길은 없으나 한이 실수를 했을 리는 없다고 확신했다. 한이 충돌 실험 뒤에 바륨이 생겼다고 말했다면 그건 사실이었다. 하지만 바륨은 어디서 나온 걸까? 크리스마스가 가까워왔지만 마이트너는 이 이상한 실험 결과에 몰두했다.

마이트너에게는 오토 프리슈(Otto Frisch)라는 조카가 있었다. 프리슈는 코펜하겐에서 보어의 조수로 일하고 있었다. 프리슈도 미혼이었으므로, 마이트너는 그에게 크리스마스를 함께 보내는 게 어떻겠느냐고 물었다. 프리슈는 마이트너의 청을 흔쾌히 받아들였다. 프리슈는 원자핵의 자기적 성질과 관련해 흥미로운 프로젝트를 진행하는 중이었고, 이 실험에 대해 마이트너와 토론을 하고 싶던 참이었다.[8]

그러나 마이트너를 만난 프리슈는 약간 실망스러웠다. 마이트너는 만나자마자 한이 보내온 편지 이야기를 꺼내더니, 나중에는 그 편지를 직접 보여주었다. 프리슈는 한의 실험 결과는 재료가 오염됐거나 해서 벌어진 실수일 거라고 말했다. 그러나 마이트너는 최고의 화학자인 한이 그랬을 리 없다고 반박했다. 둘은 한동안 이 문제를 토론했다.

일반적으로 핵반응에서는 전자, 중성자, 알파 입자처럼 아주 작은 입자들만 관찰됐다. 원자핵보다 무겁거나 더 가벼운 입자가 만들어질 수는 있겠지만, 우라늄 원자량의 절반에 이르는 원자핵이 생성될 수는 없었다. 그런 입자가 만들어질 방법은 우라늄의 원자핵이 반으로 쪼개지는 것 외에는 없었다. 그러나 불가능했다. 그런 반응을 일으키려면 엄청나게 큰 에너지가 필요한데, 원자핵을 타격한 중성자가 가질 수 있는 에너지는 극히 작았다.

프리슈가 마이트너의 집에 머무는 동안 두 사람은 스키를 타러 나갔다. 프리슈는 스키를 타고 마이트너는 눈밭을 걸었다. 두 사람은 원자핵의 두 가지 모델에 대해 의견을 나누었다. 어니스트 러더퍼드(Ernest Rutherford)는 원자핵이 작고 단단한 공 모양이라고 주장했지만, 보어는 상당한 논쟁거리가 된 새 형태를 제시했다. 그는 원자핵이 비교적 말랑말랑하고 유연성 있는, 이를테면 물방울 같은 형태라고 주장했다.

러더퍼드의 주장대로라면 원자핵이 원래 크기의 절반으로 쪼개지는 것이 불가능했다. 그러나 보어의 이론으로는 가능했다. 두 사람은 운동을 멈추고 길가에 쓰러진 나무에 걸터앉았다. 마이트너는 주머니에서 종이 한 장과 연필을 꺼냈다. 그녀는 우라늄 원자핵이 구 형태라고 가정하고 그림을 그렸다. 중성자가 이 원자핵을 때린다면 어떻게 될까? 만약 우라늄의 원자핵이 물방울과 비슷하다면 모양이 살짝 변할 것이다. 어쩌면 양옆으로 길게 늘어날 수도 있다. 마이트너는 이 물방울에 가해지는 힘을 계산하기 시작했다. 원자핵의 결합력은 이 물방울을 붙잡아준다. 따라서 물방울을 쪼개려면 결합력보다 강한 힘이 작용해야 한다. 결합력은 물방울의 표면장력과 관계가 있었다.

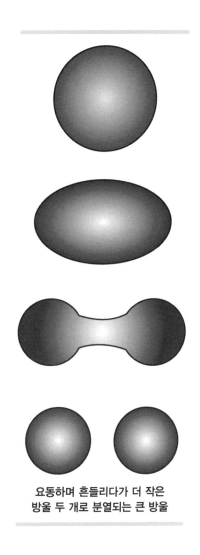

요동하며 흔들리다가 더 작은
방울 두 개로 분열되는 큰 방울

결합력을 능가하는 그 힘은 원자핵의 전하로부터 나와야 했다. 실제로 커다랗고 불안정한 우라늄 원자핵은 흔들리며 요동칠 수도 있었다. 만약 그렇다면, 이 우라늄의 원자핵은 처음에는 길쭉해졌다가, 계속 진동을 하면서 마치 아령 모양으로 변할 수도 있었다. 만약 정말 그렇게 된다면, 아령 양쪽 끝에 매달린 두 질량은 같은 전하를 가졌기 때문에 서로 밀어낼지도 몰랐다.[9]

마이트너는 이런 현상이 일어나기 위해 얼마나 큰 힘이 필요할지 계산해보았다. 그녀는 2억 전자볼트라는 결과가 나오자 깜짝 놀랐다 (전자볼트는 전자 하나가 전압 차이 1볼트를 통과할 때 얻는 에너지다). 이 정도는 큰 힘이 아니었지만, 쪼개지는 원자핵의 숫자를 감안한다면 엄청난 에너지일 수 있었다. 하지만 그 힘이 어디서 나온다는 말인가? 마이트너는 몇 년 전에 들은 아인슈타인의 강의가 떠올랐다. 질량과 에너지의 관계식에 대한 내용이었다. 그녀는 생성된 원자핵 두 개의 질량을 더한 값과 우라늄의 질량을 비교해보았다. 그리고 두 값의 차를 아인슈타인의 공식에 대입했다. 놀랍게도 똑같이 2억 전자볼트라는 같은 결과가 나왔다. 이 계산 결과가 우연일 수는 없었다. 우라늄 원자핵이 반으로 쪼개진 것이었다. 이것이 사실이라면 정말 놀라운 발견이었다. 두 사람은 이 결과를 최대한 빨리 발표하기로 했다.

프리슈는 서둘러 코펜하겐으로 돌아갔다. 그는 보어에게 이야기하고 싶어 안달이 났다. 하지만 보어는 미국 여행 준비로 바빠 프리슈와 시간을 보낼 수 없는 상황이었다. 그럼에도 불구하고 보어는 프리슈로부터 소식을 듣고 기뻐하면서, 마이트너와 함께 서둘러 논문을 발표하라고 격려했다. 프리슈는 논문을 쓰기 시작했으나, 원자핵이 쪼개지는 것을 어떤 용어로 기술하느냐 하는 문제에 부딪쳤다. 마침 어느 친구가 생물학에서 간단한 세포가 분리되는 현상, 즉 분열(fission)과 비슷하다고 이야기해주었다. 핵분열(nuclear fission)이라는 용어를 떠올린 프리슈는 논문에 그대로 사용했다. 이들의 논문은 5주 뒤, 과학 학술지인 《네이처》(Nature)에 실렸다.

그 무렵 한도 실험 결과를 발표했다. 마이트너는 프리슈와 함께 얻은 해석에 대해 한에게 말하지 않았고, 따라서 한의 논문에는 분열에 대한 언급이 없었다. 사실 마이트너는 한에게 말하기 전에 한동안 망설였다. 프리슈와 함께 쓴 논문이 가장 먼저 발표되기를 바랐기 때문이다. 여기에 묘한 아이러니가 있었다. 한은 핵분열을 발견한 공로로 1944년에 노벨상을 수상했다. 그러나 한의 실험 결과를 핵분열이라고 해석한 사람이 바로 마이트너였음에도 불구하고, 그의 논문에는 마이트너에 대한 언급이 없었다.

연쇄반응

● 　　　　　보어는 미국으로 건너가는 동안 새로운 발견에 대한 흥분을 감추지 못했다. 동료인 레온 로젠(Leon Rosen)과 함께, 보어는 우라늄 핵분열 과정의 세부적인 현상을 규명하기 위해 노력했다. 그 과정에서 어마어마한 에너지가 발생한다는 데에는 의심의 여지가 없었다. 그렇다면 그 에너지로 폭탄을 만들 수 있을까? 그

가능성이 계속 걱정스러웠다. 프리슈와 마이트너가 결과를 발표할 때까지 비밀을 지키기로 프리슈와 약속했지만, 그는 로젠에게 이 일을 귀띔하면서 비밀을 지켜야 한다는 말을 깜빡 잊고 말았다.

보어와 로젠, 그리고 이들의 연구진은 뉴욕에서 페르미와 그의 아내, 그리고 보어의 제자 존 휠러(John Wheeler)를 만났다. 보어는 프리슈와 마이트너의 발견에 대해 말하지 않았지만, 얼마 지나지 않아 그 사실을 모두 아는 것 같은 느낌이 들었다. 그제야 그는 로젠에게 비밀을 지켜야 한다는 말을 하지 않았다는 사실을 깨달았다. 이미 비밀이 공개돼 버린 터에, 그는 며칠 뒤 참석할 워싱턴의 이론물리학회에서 그 결과를 발표하기로 마음먹었다. 한스 베테(Hans Bethe), 에드워드 텔러(Edward Teller), 조지 가모브(George Gamow), 해럴드 유리(Harold Urey), 이지도어 아이작 라비(Isidor Isaac Rabi), 오토 슈테른(Otto Stern), 그레고리 브라이트(Gregory Breit) 등 세계 각국의 일류 물리학자들이 모이는 학회였다. 새로운 소식이 발표되자 예상대로 모두가 깜짝 놀랐다. 특히 핵분열을 이용해 초강력 폭탄을 만들 수 있을지 모른다는 보어의 말에 더더욱 놀랐다.

이 발표를 들은 페르미는 뒤늦게 그 발견에 얼마나 가까이 갔었는지를 깨닫고 속이 상했다. 그러나 동시에 그 발견이 엄청난 것이며 최대한 빨리 쫓아가는 것이 중요하다고 생각했다. 그는 즉시 컬럼비아 대학교에서 아주 간단한 실험에 착수했다. 그리고 그 결과가 의심할 바 없다는 데 크게 기뻐했다. 우라늄 원자핵이 정말로 분열을 일으킨 것이다.

모든 사람이 새로운 발견에 대해 이야기했고, 보어, 휠러, 페르미 그리고 레오 실라르드(Leo Szilard)는 학회 다음 날 저녁 식사를 함께 하면서도 여러 가지 의견을 주고받았다. 그중 가장 흥미로운 것 가운데 하나는 보어가 별 생각 없이 던진 한마디였다. 보어는 만약 우라늄 원자핵이 가벼운 핵 두 개로 쪼개졌다면, 아마도 중성자 몇 개는 남았을 것이라고 말했다. 확신할 수는 없지만 만약 그렇다면, 이 중성자들이 각각 2차 핵분열을 일으킬 수도 있다는 것이었다. 이 아이디어는 주인이 머슴에게 첫날 일당으로 1센트를 주되, 다음 날부터는 전날 받은 일당의 두 배를 쳐주겠노라고 제안했다는 옛날이야기와 비슷했다. 주인의 제안을 거절한 뒤에야 머슴은 한 달 만에 백만장자가 될 수 있었다는 것을 깨닫는다. 이 이야기의 핵심은 아주 적게 출발하더라도 계속 곱절을 하다 보면 얼마 안 가 매우 큰 숫자가 된다는 것이었다. 또한 분열하는 시간이 극히 짧기 때문에, 그 에너지는 어마어마한 속도로 상상할 수 없을 만큼 커질 수 있었다.[10]

그 가능성만으로도 몹시 흥분한 보어는 휠러에게 어디까지 가능한지 알아보는 연구에 동참하지 않겠느냐고 물었다. 휠러는 제안을 받아들였다. 그러나 이들은 곧 새로운 실험 결과가 필요하다는 것을 깨달았고, 프린스턴 대학교에서 실험 준비에 들어갔다. 이번 실험은 충돌하는 중성자의 속도나 에너지가 핵분열 속도에 어떤 영향을 주는지 알아보려는 것이었다. 특히 이들은 느린중성자와 빠른중성자 사이에 의미 있는 차이가 있는지 알고 싶었고, 우라늄에 초고에너지 중성자를 충돌시켰다. 예상대로 중성자의 에너지가 크면 클수록 핵분

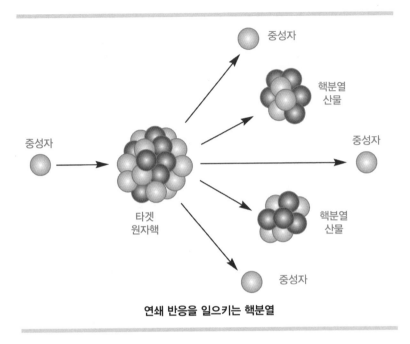

연쇄 반응을 일으키는 핵분열

열 속도도 빨라졌다. 하지만 예상치 못한 결과도 얻었다. 에너지가 아주 낮은 중성자가 충돌했을 때도 분열 속도가 증가한 것이다. 핵심을 정리하자면, 핵분열 속도는 고속 중성자가 충돌할 때뿐만 아니라 저속 중성자가 충돌할 때도 높았다. 이러한 결과는 전혀 이치에 맞지 않는 것처럼 보였다. 보어와 휠러는 고민에 빠졌다. 이 문제는 실험에 사용한 우라늄과 관련 있다고밖에 생각할 수가 없었다. 이들이 사용한 우라늄은 땅에서 캐낸 천연 우라늄이었다.

실험에 사용한 우라늄이 왜 중요한지 이해하려면 원소가 어떻게 이루어졌는지를 자세히 들여다볼 필요가 있다. 앞에서도 보았듯이 원소는 일정 수의 양성자와 중성자를 원자핵 안에 지니고 있다(이 논의에 전자는 상관없기 때문에 전자는 무시하기로 한다). 또한 각 원소는 질량수 A(원자량과 밀접한 관계가 있다)와 원자번호 Z로 식별한다. 질량수는 양성자 수와 중성자 수의 합과 같은 반면, Z는 원자핵 안에 있는 양성자 수를 나타내고, 이 숫자가 바로 각각 원소를 정의하는 숫자다. 예를 들면 탄소 원자핵은 양성자 여섯 개를 가지고 있지만, 중성자는 일곱 개를 가질 수도 있고 여덟 개를 가질 수도 있다. 중성자 수 차이만으로 새로운 원소를 정의할 수는 없다. 우라늄에는 중성자 수가 다른 동위원소 두 개가 있다. 이 두 우라늄 동위원소를 U-238과 U-235로 일컫는다. 천연 우라늄에는 이 두 동위원소가 혼합돼 있다.

보어와 휠러는 느린중성자 때문에 갑자기 핵분열 속도가 빨라진 것이 U-235 때문이라는 것을 깨달았다. 빠른중성자를 충돌시켰을 때 속도가 빨라지는 것은 U-238 때문이었다. 이것은 U-235 핵분열에 필요한 에너지가 U-238 핵분열에 필요한 에너지보다 작다는 의미였다. 따라서 폭탄 제조에는 U-235가 더 적합했다. 특히 2차 중성자의 속도가 매우 늦기 때문에 더 그랬다. 문제는 천연 우라늄이 대부분 U-238로 이루어져 있다는 것이었다. U-235는 천연 우라늄의 0.7퍼센트에 불과했다. 설상가상으로 두 동위원소는 화학적인 성질이 같기 때문에 U-238로부터 U-235를 화학적으로 분리하는 방법도 없었다. 몇 가지 물리학적인 방법, 예를 들면 확산을 이용할 수도 있겠지만, 이 방법 역시 실제로 실행하기에는 매우 어려웠다.

당시에는 보어와 휠러가 인식하지 못했지만, 이들 외에도 많은 학자들이 비슷한 생각을 하고 있었다. 파리의 졸리오퀴리 부부도 핵분열을 이용해 폭탄을 만들 수 있다는 것을 간파하고 있었다. 게다가 아직 나치 치하 독일에 있던 오토 한 역시 같은 결론에 도달한 것이 분명했다. 이뿐만 아니라 세계에서 가장 영리하고 유명한 물리학자 베르너 하이젠베르크(Werner Heisenberg) 역시 일류 물리학자 여러 명과 함께 독일에 머물고 있었다. 핵분열을 이용한 폭탄의 의미에 가장 크게 우려한 사람은 레오 실라르드였다.

루스벨트에게 보낸 편지

● 레오 실라르드는 그보다 몇 년 앞서 독일에서 미국으로 떠나온 물리학자였다. 유대인인 그는 히틀러가 권력을 잡자 독일에서 안전하게 보낼 날이 얼마 남지 않았다는 것을 알았다. 1933년, 실라르드는 영국을 경유해 미국으로 이주했다. 흥미로운 것은 그가 이미 그때 슈퍼 폭탄의 가능성에 대해 생각하고 있었다는 것이다. 실라르드는 우려하는 점을 페르미에게 이야기했지만 페르미는 심각하게 받아들이지 않았다. 그 당시 페르미는 슈퍼 폭탄이 실제로 가능한지 아직 확신하지 못한 상태였다. 페르미의 반응에 실망한 실라르드는 혼자서라도 직접 나서야겠다고 마음먹었다.[11] 실라르드는 지구상에서 우라늄이 가장 많이 매장된 곳이 벨기에령 콩고라는 것을 알고 있었다. 독일 물리학자들은 우라늄의 중요성을 파악하자마자 우라늄을 최대한 많이 사들이려고 서둘렀다. 실라르드는 이들

을 막아야 했다. 그는 아인슈타인이 벨기에 여왕과 친구라는 점을 떠올렸다. 그는 즉시 프린스턴 첨단 연구소에 있던 아인슈타인에게 전화를 걸었지만, 아인슈타인은 여름철 별장이 있는 롱아일랜드에 있어서 통화할 수 없었다.

실라르드는 아인슈타인의 주소를 알아냈으나 또 문제가 있었다. 한 번도 운전을 해본 적이 없었기 때문에 친구인 이지도어 아이작 라비에게 운전을 부탁해야 했다. 여러 난관을 겪은 뒤에야 두 사람은 드디어 목적지에 도착했고, 반갑게 맞아주는 아인슈타인을 만났다. 실라르드가 새로운 소식을 전하자 아인슈타인은 깜짝 놀랐다. 그는 새로운 발견에 대해 아직 들은 바가 없었지만, 이 이야기를 듣자마자 걱정하기 시작했다. 아인슈타인은 만약 독일이 슈퍼 폭탄을 만드는 데 성공하기만 한다면 거리낌 없이 이 폭탄을 쓰려 할 것이라고 생각했다. 실라르드는 벨기에령 콩고의 우라늄 매장량에 대해 이야기한 뒤, 벨기에의 엘리자베스 여왕에게 편지를 써달라고 부탁했다. 아인슈타인은 여왕을 귀찮게 하는 것이 썩 내키지 않았기 때문에 대신 벨기에 내각에 있는 친구 앞으로 편지를 써주었다.

그들은 달리 할 수 있는 일이 없을까 계속 이야기했다. 그러다가 백악관에 편지를 써보는 건 어떨까 하는 제안이 나왔다. 실라르드는 자기가 서명한 편지는 하찮게 보일지 몰라도 아인슈타인이 서명한다면 중요하게 받아들일 거라고 생각했다. 아인슈타인은 실라르드가 쓴 편지에 기꺼이 서명하겠노라고 동의했다. 다음 문제는 어떻게 루스벨트 대통령에게 그 편지를 전달하느냐였다. 편지를 쓴 목적을 달성하려면 어떻게든 직접 대통령에게 편지가 전달돼야 했다. 실라르드는 지인 알렉산더 색스(Alexander Sachs)를 기억해냈다. 대통령을 때때로 방문하는 사람이었다. 실라르드는 1939년 8월 15일에 편지를 색스에게 건넸고, 색스는 편지를 전해주기로 약속했다.

그러나 당시는 독일이 폴란드를 침공하기 직전이었기 때문에 루스벨트 대통령은 정신없이 바빴다. 색스는 여러 번 대통령을 만나려고 시도했지만 도저히 약속을 잡을 수 없었다. 그러다가 1939년 10월에야 가까스로 기회를 잡았다. 루스벨트 대통령은 어떤 조치가 필요하다는 점에 동감하며 우라늄에 대한 자문위원회를 구성하도록 승인했다. 이 위원회의 첫 모임이 10월 21일에 열렸고, 여기서 중성자 실험을 위한 예산으로 6,000달러가 책정됐다. 너무나 적은 액수에 실라르드는 실망했지만, 적어도 첫 발은 떼었다는 데 만족했다.

그러나 폭탄을 제조하기까지는 넘어야 할 산이 여럿 있었다. 첫째, 우라늄을 정제해야 했다. 당시까지 우라늄은 거의 쓸모없는 광물이어서 채광량이 극히 적었고, 그나마 채광된 우라늄은 불순물이 많았다. 게다가 보어와 페르미는 U-235가 훨씬 흥미로운 원소라는 것을 보여주었지만, 천연 우라늄에서 U-235 함량은 너무 적었다. U-235를 분리할 필요가 있었다. 또 관심을 쏟아야 할 것이 있었다. 핵분열 과정을 조절할 수 있도록 속도를 늦출 장치를 만들 필요가 있었다. 폭탄 제조가 가능한지 판단하려면 이 장치가 필요했다. 이 장치는 원자로(nuclear reactor)라고 불리게 됐다. 핵반응을 제어하기 위해 감속제(핵반응에서 생성되는 중성자의 일부를 흡수하는 물질)가 필요할 수도 있었다. 감속제로는 두 가지가 고려됐다. 중수와 흑연이었다. 중수는 비쌌으므로 흑연이 더 나아 보였다.

전쟁의 시작

● 　　　　　　1939년 9월, 독일이 폴란드를 침공한 것을 기점으로 제2차 세계대전이 시작됐다. 히틀러의 반유대인 정책 때문에 많은 유대인이 독일을 떠났다. 일류 물리학자들도 예외는 아니었으며, 그중에는 알베르트 아인슈타인도 있었다. 그러나 그전 해에 노벨상을 받은 베르너 하이젠베르크는 유대인이 아니었으므로 독일을 떠날 생각이 없었다. 하이젠베르크는 미국의 여러 대학으로부터 교수 자리를 제안받았지만 모두 거절했다. 그는 독일인으로서 자기를 필요로 하는 조국에 봉사해야 한다고 느꼈다. 전쟁이 시작될 무렵, 나치 정부는 슈퍼 폭탄 가능성에 대해 듣고 있었다. 독일에 남아 있던 과학자들은 실제로 우라늄 핵분열을 연구하기 위해 차출되기도 했다. 이 연구진들을 우라늄 클럽(Uranverein)이라 불렀고, 이들 가운데 가장 유명한 인물이 바로 핵분열을 발견한 오토 한이었다.[12] 처음에 우라늄 클럽 회원들은 하이젠베르크 영입을 꺼렸다. 그는 이론물리학자인데 폭탄을 제조하기 위해서는 실험물리학자가 필요했기 때문이었다. 게다가 하이젠베르크는 아인슈타인을 포함해 유대인 물리학자들과 친분이 있었으므로 그를 끌어들이는 것은 바람직하지 않아보였다. 흥미롭게도, 한은 이 클럽에서 가장 소극적인 회원이었고 끝까지 그는 이

클럽에 아무 기여도 하지 않았다. 한은 계속해서 이 프로젝트를 반대했다. 그는 슈퍼 폭탄은 불가능하다고 확신했다. 우라늄 클럽은 결국 1939년 9월 말에 하이젠베르크를 영입해 해결할 수 없을 듯하던 문제를 풀고자 했다. 그는 곧 이 클럽의 지도자가 됐다.

하이젠베르크는 가장 먼저 할 일이 원자로, 즉 속도를 지연시킨 폭탄을 만드는 것이라고 생각했다. 가장 좋은 감속제는 중수(중수소)였다. 그러나 독일에서는 중수를 충분히 구할 수 없었고, 노르웨이의 베모르크(Vemork)에서 중수가 생산되고 있었다. 이때는 아직 독일이 노르웨이를 침공하기 전이었으므로 필요한 만큼 중수를 사들여야 했다. 베모르크 공장은 노르웨이의 수도 오슬로에서 240킬로미터나 떨어진 오지였고, 게다가 피요르드 위 높은 곳에 자리 잡고 있었다.

독일 정부는 베모르크 공장 소유자에게 접근해 보유하고 있는 중수를 모두 사들이겠다고 제안했다. 주인은 그 제안에 깜짝 놀라, 독일이 그 많은 중수를 원하는 이유가 무엇인지 물었다. 독일 정부에서 대답을 하지 않자 공장 주인은 거절했다. 바로 그 무렵, 파리의 졸리오퀴리 부부도 독일과 미국 과학자들과 같은 결론에 도달했다. 폭탄을 만들기 위해서는 원자로가 필요하고, 감속제로 중수가 필요하다는 것이었다. 프랑스 정부는 베모르크 공장에 대리인을 파견했고, 그로부터 중수의 용도를 들은 노르웨이 관료들은 아무 대가 없이 필요한 중수를 제공하겠다고 약속했다.

1940년 4월, 독일이 노르웨이를 침공하자 상황이 바뀌었다. 독일 육군은 즉시 공장을 접수했지만, 이미 모든 중수는 프랑스로 실려간 뒤였다. 이 사실을 안 독일은 크게 실망했다. 독일은 즉시 생산을 서두르라고 명령하고, 남은 중수를 모두 베를린으로 수송했다.

1940년 6월 초, 독일은 프랑스를 침공했다. 6월 14일에 파리가 함락되자 우라늄 클럽 물리학자들은 중수와 우라늄에 대한 기대를 안고 졸리오퀴리 연구소로 달려갔다. 졸리오퀴리는 중수와 우라늄을 실은 배가 침몰했다고 설명했고, 독일 정부는 그 말을 믿었다. 그러나 사실은 배가 영국에 무사히 도착한 뒤였다.

이즈음 독일은 슈퍼 폭탄 제조에 상당히 진전을 보고 있었다. 우라늄 클럽의 한 과학자가 핵반응에 쓰기 전에 우라늄을 농축시켜 U-238보다 U-235가 70퍼센트 더 많게 만들어야 한다는 계산을 내놓았다. U-238이 중성자 하나를 포획하면 U-239가 되는데, U-239는 불안정해서 23분 만에 방사성이 붕괴됐다. 우라늄 클럽 일원이던 카를 프리드리히 폰 바이츠제커(Carl Friedrich von Weizsäcker)에 따르면, 아직 이름이 정해지지 않은 이 원소도 핵분열을 일으킬 가능성이 있었다. 즉, 일단 원자로를 만들기만 하면 폭탄에 쓰일 수 있는 또 다른 원소를 만들어낼 방법이 생길 수 있다는 뜻이었다.

1940년 여름, 베를린에 있는 카이저 빌헬름 연구소의 새로운 건물이 우라늄 클럽 전용 공간이 됐다. 이 건물은 물리학 연구소 바로 옆 건물로, 바이러스 하우스(Virus House)라 불렸다. 독일은 이제 우라늄 공급원과 중수를 충분히 확보했을 뿐만 아니라 졸리오퀴리 연구소가 발견한 중요 정보까지 가지고 있었다. 그러나 우라늄 클럽 과학자들은 얼마 안 가 천연 우라늄으로부터 U-235를 분리하는 문제에 가로막히고 말았다.

한편 영국에서는

●　　　　　　　　한편, 오토 프리슈도 가만히 손 놓고 있지는 않았다. 그는 영국으로 이민 와 버밍엄 대학교에서 루돌프 파이얼스 (Rudolf Peierls)와 일하고 있었다. 파이얼스는 로마 대학에서 페르미의 조수로 일하던 학자였다. 프리슈와 파이얼스는 폭탄 하나를 만드는 데 U-235가 얼마나 필요한지 계산하는 데 함께 매달렸다. 훗날 이 양을 임계크기(critical size)라고 부르게 됐다. 이들의 계산에 따르면 U-235는 놀라울 만큼 많이 필요했다. 예상치 못한 좌절이 있었지만, 이들의 계산은 어쨌든 슈퍼 폭탄 제조가 가능하다는 것은 보여주었다. 두 사람은 슈퍼 폭탄 제조에 필요한 것은 임계크기보다 작은 U-235 조각 두 개라는 결론을 내렸다. 우라늄 두 조각이 있으면 즉시 폭발을 일으킬 수 있었지만, 임계크기보다 작은 크기를 유지하는 한 안전하게 다룰 수 있었다. 이들의 연구를 바탕으로 영국 정부는 1941년 초부터 원자력 연구를 위해 MAUD 위원회를 조직했다.

　MAUD라는 명칭이 정확히 어디서 비롯됐는지는 아는 사람이 없었다. 머리글자를 딴 것은 아니고, 마이트너가 영국의 친구에게 보낸 편지에서 나온 것으로 보였다. 마이트너는 Maud라는 이름과 함께 편지글을 마무리 지었는데, 한동안 사람들은 이것이 암호일 것이라고 생각했다. 그러나 사실은 그렇지 않았다.

1941년 7월, MAUD 위원회는 두 가지 보고서를 제출했다.[13] 첫 번째는 농축 우라늄이 대략 11.5킬로그램 있으면 슈퍼 폭탄을 만들 수 있다는 것이 결론이며, 두 번째는 그 파괴력이 TNT 1,800톤과 맞먹는다는 것이었다. 이 보고서는 즉시 작업을 시작할 것과 미국의 협조를 이끌어내는 것이 바람직하다고 주장했다. 당시 미국은 이런 폭탄을 제조하는 데 있어 영국에 비해 자원을 훨씬 많이 갖고 있었다. 게다가 핵무기를 더 깊이 연구하기 위해 튜브 얼로이스(Tube Alloys)라는 암호명으로 일컬어지던 새 위원회를 캐나다와 합동으로 설치하던 참이었다.

1941년 7월, 미국 국가방어연구위원회 의장인 버니바 부시(Vannevar Bush)에게 MAUD의 보고서가 전달됐다. 루스벨트 대통령도 이 보고서의 결과를 보고받았고, 폭탄 제조 가능성에 대해 상당히 심도 깊은 논의가 있었다. 하지만 구체적인 행동으로 옮겨진 것은 거의 없었다.

이렇게 시간만 보내던 가운데 드디어 1941년 8월, MAUD 위원회 의장 마크 올리펀트(Mark Oliphant)는 직접 미국으로 날아가 문제가 무엇인지 알아보기로 마음먹었다. 올리펀트는 부시가 MAUD의 보고서를 가지고 거의 아무것도 하지 않았다는 것을 알고 크게 실망했다. 보고서는 금고 안에 얌전히 보관된 채였다. 올리펀트는 즉시 미국 우라늄위원회 인사 몇몇을 만나 행동에 나서야 하는 이유를 강조했다. 그는 9월 21일에 어니스트 로런스(Ernest Lawrence)를 만났고, 곧 로버트 오펜하이머(Robert Oppenheimer)와도 접촉했다. 오펜하이머는 슈퍼 폭탄과 관련해 영국이 어디까지 나아갔는지 알고는 깜짝 놀랐다.

오펜하이머와 로런스 모두 확고한 의지를 갖고 슈퍼 폭탄 개발에 동참했다. 이들은 시카고 대학교의 아서 콤프턴(Arthur Compton)과 만났고, 곧 평가위원회가 조직됐다. U-235에 대해서는 여전히 비관적인 의견이 있었지만, 그러는 동안 캘리포니아 대학의 글렌 시보그(Glenn Seaborg)는 94번 원소 플루토늄을 만들어내는 데 성공했다. 그리고 5월 18일에는 플루토늄의 핵반응 속도가 U-235의 두 배나 된다는 것을 보여주었다. 따라서 플루토늄도 슈퍼 폭탄에 적합한 원소였으니, 이것은 반가운 소식이었다. 원자로를 만들 수만 있다면 이 새로운 원소를 비교적 쉽게 생산할 수 있었다.

한편, MAUD 위원회는 미국에 새로운 보고서를 보냈다. 두 번째와 세 번째 보고서는 1941년 10월에 제출했고, 이전 보고서들보다 훨씬 다급한 내용을 담고 있었다. 위원회는 임계점을 넘기 위해 필요한 것은 우라늄 12킬로그램이라고 보고했다.

그런데 1941년 12월 7일, 일본군 항공모함 여러 척이 진주만에 나타나 미국 함대를 기습 공격했다. 그다음 날, 루스벨트 대통령은 일본에 선전포고를 했고 미국은 곧 독일과 이탈리아와도 전쟁에 돌입했다.

하이젠베르크와 보어

●　　　　　　1940년 12월, 하이젠베르크의 연구팀은 최초

로 원자로를 만들었다. 이 원자로는 간단한 장치였는데, 연쇄반응을 일으키는 데에는 실패했다. 이와 비슷한 실험들이 하이델베르크와 라이프치히에서도 진행되는 중이었다. 라이프치히의 실험에서는 파라핀 왁스를 감속제로 사용했고, 하이델베르크에서는 중수를 사용했다. 두 실험 모두 실패했다. 문제는 우라늄 때문인 것으로 결론 났다. 이들이 실험에 사용한 우라늄은 U-235를 충분히 농축시키지 않은 것이다. 이즈음에는 독일 정부도 94번 원소를 원자로 안에서 생성시킬 수 있다면, 이 물질 역시 훌륭한 슈퍼 폭탄 재료가 되리라는 것을 알고 있었다. 따라서 이 프로젝트에 더욱 박차를 가했고, 그만큼 중수도 더 많이 필요했다. 게다가 독일 정부는 영국과 미국이 어느 정도까지 나아갔는지 걱정스러웠다. 하이젠베르크는 독일 연구진이 미국과 영국 연구진보다 훨씬 앞서 있다고 장담했으나 확인이 필요했다.[14]

독일은 1940년 4월에 덴마크를 점령했지만, 보어는 코펜하겐의 이론물리 연구소에 남기로 했다. 그의 조상은 유대인이었지만 덴마크 정부는 독일에 대한 항복 조건으로 덴마크 국내 유대인들에게 위해를 가하지 말 것을 요구했다. 하이젠베르크는 보어가 영국과 미국의 프로젝트에서 무엇이 진행되고 있는지 알고 있으리라고 짐작했다. 하지만 하이젠베르크는 보어에게 물어볼 방법이 없었다. 두 사람 모두 엄한 감시 속에 있었기 때문이다.

덴마크를 점령한 독일은 코펜하겐에 독일문화원을 세웠다. 독일 외교부는 이론물리학회를 주관하면서 하이젠베르크와 보어를 초청했다. 세미나 일정은 1941년 9월 중순으로 잡혔다. 하이젠베르크는 보어와 이야기를 나누고 싶어 조바심이 났지만, 막상 이야기를 꺼냈을 때 보어가 어떤 반응을 보일지 걱정했다. 보어와 하이젠베르크는 함께 일한 적도 있고 오랫동안 친분을 유지해왔지만 이제는 사정이 달라진 터였다. 보어는 이 세미나에 꼭 참석할 마음이 없었기 때문에 세미나 대부분에 불참했다. 하지만 독일이 원자폭탄 개발에 얼마나 다가갔는지에 대해서는 보어도 궁금했다. 그리고 하이젠베르크가 그 프로그램에 참여하고 있다는 것도 알고 있었다.

하이젠베르크는 보어의 연구소를 방문해 두 번이나 점심 식사를 함께 했다. 그러나 보어는 하이젠베르크의 태도를 보고 이내 입을 다물었다. 하이젠베르크는 보어에게 동유럽의 발전을 위해서라도 독일이 전쟁에서 이기는 것이 절대적으로 중요하다고 역설했다. 보어는 동의할 수 없었다. 두 번째 만남에서 보어는 독일이 원자폭탄 개발에 얼마나 다가갔는지 물어보았다. 하이젠베르크는 나치 독일의 비밀경찰인 게슈타포가 일거수일투족 감시하고 있다는 것을 알고 있었으므로, 보어의 서재로 가자고 제안했다.

보어는 하이젠베르크가 독일이 원자폭탄을 개발하도록 할 수 있는 한 모든 것을 다 하고 있다는 것을 분명하게 깨달았다. 보어는 충격을 받았다. 하이젠베르크는 보어에게 스케치를 그려 보여주었다. 보어는 그가 원자폭탄을 그리는 것이라 여기고 더 이상 그리지 못하게 막았다. 그러나 그것은 원자로 스케치였다. 이윽고 하이젠베르크 쪽에서도 영국과 미국이 어느 단계까지 나아갔는지 캐묻기 시작했다. 보어는 하이젠베르크가 비밀을 캐내려 한다고 의심했다. 보어는 중요한 이야기는 거의 하지 않았고, 이들의 만남은 두 사람 모두에게 재앙이 됐다.

맨해튼 프로젝트

● 　　　　　　1941년 10월 9일, 루스벨트는 원자폭탄 개발을 승인했다. 그리고 12월 6일에 진주만 기습이 있기 하루 전날에는 맨해튼 프로젝트라 불리게 된 계획을 승인했다. 미국 전역에서 여러 프로젝트가 꾸려졌지만 서로 협조가 되지 않았고, 여기 동원된 사람들은 진전이 더뎌 분통을 터뜨렸다. 어떤 조치가 필요했다.

과학연구개발부 수장이던 버니바 부시는 책임자 한 사람을 정하고, 프로젝트 전체는 육군 공병단이 감독하도록 하자고 제안했다. 과학자들에게 이 제안은 떨떠름한 소식이었다. 군 관료의 지휘를 받는다는 것은 바람직한 생각이 아니었다. 부시는 레슬리 그로브스(Leslie Groves) 대령을 선택했다. 그로브스 중령은 상식적이고 수많은 군 공사 프로젝트를 지휘한 경력이 있었으므로, 군 지휘관으로서 맨해튼 프로젝트를 지휘하기에 적합한 인물이었다. 그로브스는 처음에 이 프로젝트를 떠맡는 것이 내키지 않았다.[15] 그는 물리학에 대해 아는 바도 없을 뿐만 아니라, 슈퍼 폭탄이니 원자폭탄이니 하는 것을 그다지 신뢰하지도 않았다. 게다가 무뚝뚝하고 퉁명스럽기 때문에 그 밑에서 일하던 사람들 사이에 별 인기가 없었다. 하지만 추진력만큼은 모두가 인정했다. 그러나 나중에 가서는 그가 맨해튼 프로젝트의 책임자로 가장 이상적이었다는 것을 누구나 인정하게 됐다.

새로운 보직에 임명되자마자 몇 주 만에 그는 준장으로 승진해 맨해튼 프로젝트와 관련 있는 미국 전역의 다양한 시설을 순시했다. 컬럼비아 대학교에서 천연 우라늄으로부터 U-235를 분리하는 일을 맡은 해럴드 유리를 만난 다음에는 시카고 대학교로 가 페르미를 만났다. 페르미는 최초로 원자로 만드는 일을 하고 있었다. 그다음 간 곳은 버클리의 캘리포니아 대학교로, 여기서는 사이클로트론이라는 대형 입자 가속기를 만드는 로런스를 만났다. 순시 과정을 통해 본 몇 가지에 대해 깊은 인상을 받았지만, 이 프로젝트의 나머지 부분에는 크게 실망하고 말았다. 실질적인 조직이나 협력 관계가 없다는 것, 그리고 아무도 서두르지 않는다는 것이 가장 근본적인 문제로 보였다.

버클리에서는 오펜하이머와 이야기를 나누었는데, 그를 처음 본 순간부터 그로브스는 깊은 인상을 받았다. 오펜하이머는 원자폭탄 제조라는 목적을 달성하기 위해 어떤 단계를 거쳐야 하는지 포괄적인 밑그림을 가지고 있었고, 그 목적을 달성할 수 있다는 자신감도 상당했다. 그의 열정과 자신감이 그로브스의 호감을 샀다. 그로브스는 이 프로젝트의 과학 쪽 책임자로 원래 로런스를 마음에 두고 있었으나 오펜하이머를 만나고 마음을 바꾸었다. 그는 이제 오펜하이머가 적임자라고 마음을 굳혔고, 군사정책위원회에 이 생각을 알렸다.[16] 그러나 몇 가지 사전 조사가 있은 뒤에 문제가 불거졌다. 오펜하이머가 일류 과학자라는 데에는 이견이 없었으나, 그가 사람들을 감독하는 데는 아무 경험이 없다는 것이 문제였다. 이뿐만 아니라 FBI에서는 그의 형을 비롯해 그와 가까운 사람들 가운데 일부가 공산당과 관련 있다는 점을 들어 보안상 문제가 생길 수 있다고 지적했다. FBI에서는 그로브스에게 다른 사람을 찾으라고 통보했다. 그로브스는 원점으로 돌아가 다른 인물들을 검토했지만, 역시 이 일에 가장 걸맞은 적임자는 오펜하이머라고 결론 내렸다. 그로브스는 우직스럽게 다시 오펜하이머의 이름을 들이밀었고, 여러 차례 논쟁 끝에 결국 오펜하이머가 낙점됐다.

그로브스는 문제점들에 어떻게 접근하는지를 두고 오펜하이머와 의견을 나누었다. 오펜하이머는 모든 과학자가 실험단지 한 군데 모여야 한다고 주장했다. 그로브스도 그런 생각을 하고 있었다. 그러자면 사람들의 관심을 끌지 않을 고립된 장소가 필요했다. 오펜하이머는 어린 시절 자주 찾던 뉴멕시코 북부를 떠올렸다. 그곳이라면 필요한 요건을 모두 갖추고 있었다. 그는 산타페에서 북쪽으로 50킬로미터쯤 떨어진 제메스 스프링스(Jemez Springs) 근처를 기억해냈다. 1928년에 결핵 치료차 요양한 곳으로, 이상적인 장소라고 생각했다. 여기에는 파산 위기에 처한 로스앨러모스 랜치 스쿨이라는 학교가 있었다. 그로브스는 이 지역을 방문한 뒤 오펜하이머의 의견에 동의했다. 그는 이 학교와 주변 지역을 즉시 매입했다.

그러나 초기에는 프로젝트가 원활하게 진행되지 않았다. 오펜하이머는 과학자 30명 정도면 충분하다고 생각했고, 그 정도 인원이면 감독하는 데에도 무리가 없다고 보았다. 로스앨러모스 랜치 스쿨을 사들이자마자 오펜하이머와 로런스는 전국을 돌며 새 연구소에 영입할 최고의 과학자들을 찾아다녔다. 너무나 고립되고 동떨어진 지역에서 비밀 연구를 수행해야 한다는 점 때문에 망설이는 과학자도 있었다. 게다가 군에서 모든 것을 지휘했고, 특히 연구소와 연구소 주변에 필요한 건물 건설도 군에서 맡아 작업하고 있었다. 또 한 가지 이들을 불안하게 만드는 것은 그로브스가 조직을 구획화하기를 원한다는 것이었다. 간단히 말해 각 조직이 폭탄과 관련해 직접 관련된 부분에 대해서는 모두 알아야 하지만, 다른 조직이 담당하는 부분은 전혀 모르거나 극소수만 알아야 한다는 것이었다. 이 프로젝트 전체를 아는 사람이 적으면 적을수록 좋다는 것이 그로브스의 생각이었다. 비밀 유지가 최고 덕목이었다. 이 프로젝트에서 발견된 것들은 발표가 금지됐다. 과학자들에게는 익숙한 방식이 아니었다.

이 모든 것이 오펜하이머에게는 골칫거리였고, 처음에 그가 생각한 과학자 집단 30명은 100명으로 불더니, 결국은 1,500명이 됐다. 처음 몇 달 동안 연구소는 거의 통제 불능이었다. 각종 건물, 실험실, 도로, 기타 시설 들이 건설 중이었고 눈이 녹고 언 땅이 풀리자 사방이 질척거리는 진흙구덩이였다. 모든 이를 행복하게 받쳐주는 것이 오펜하이머의 일이었다. 그는 세계 최고의 물리학자들을 불러 모았다. 에드워드 텔러, 한스 베테, 펠릭스 블로흐(Felix Bloch), 리처드 파인먼(Richard Feynman), 로버트 서버(Robert Serber) 등이 여기 모였고, 이미 중요한 전쟁 프로젝트에 참여하고 있던 엔리코 페르미와 이지도어 아이작 라비를 고문으로 위촉했다.

그들 앞에 놓인 문제는 아주 분명했다. U-235 함유율이 높은 농축 우라늄을 임계질량을 넘어설 만큼 확보하고, 미임계질량 우라늄 덩어리 두 개로 연쇄 반응을 일으키는데 필요한 시간을 계산하는 것이었다. 처음 계산돼 나온 임계질량은 그다지 희망적이지 못했다. 비행기로 수송할 수 있는 폭탄을 만들기에는 질량이 너무 컸다. 그러나 크게 발전해 폭발로 생성된 중성자가 차폐막에 의해 폭발 내부로 되돌아가도록 만들 수 있게 됐다. 임계질량은 U-235 15킬로그램으로 줄어들었다. 이와 동시에 플루토늄으로도 폭탄을 만들 수 있다는 것이 증명됐고, 플루토늄의 임계질량은 5킬로그램에 지나지 않았다. 물론 플루토늄을 얻기 위해서는 원자로를 만들어야 했다. 그러므로 가장 큰 주안점은 여전히 U-235였다.

현실적으로는 여러 가지 문제들 때문에 임계질량보다 질량이 약간 더 큰 U-235가 필요했다. 이 질량을 대개 초임계질량이라 일컬었다. 초임계질량 이하인 우라늄 U-235 두 개가 있으면, TNT 2만 톤과 맞먹는 폭발력을 만들어낼 수 있었다. 그러나 심각한 문제가 있었다. 이 두 질량을 아주 빠른 속도로 충돌시켜야 했다. 속도가 너무 느리면 질량 일부가 융합하면서 폭발을 일으키고, 이 폭발은 다른 질량 일부가 융합에 들어가기 전에 폭발시킬 수 있었다. 계산에 의하면 초속 990미터로 두 질량을 충돌시켜야 했다. 그러나 이는 당시 폭발 기술로 만들어낼 수 있는 최고 속도를 능가하는 속도였다. 당시까지 가능한 폭탄의 최고 속도는 초속 930미터였다.

또 다른 문제도 있었다. 이 문제는 융합으로 튀어나오는 중성자와 관계가 있었다. 연쇄 반응은 중성자 하나만 있으면 가능했다. 그러나 반쪽짜리 두 개가 하나가 되는 바로 그 순간 전달돼야 했다. 문제는 사방에 중성자 천지라는 것이었다. 특히, 우주에서 입사되는 우주선(cosmic ray)에 의해 생성되는 중성자는 쉬지 않고 지구와 충돌했다. 실제로 우주선은 광선이나 복사선이 아니었다. 우주선은 대개 다양한 유형의 입자들인데, 여러 원소의 원자핵과 양성자, 전하 등으로 이루어져 있었다. 그러나 우주선이 지구 대기와 충돌하면서 중성자를 생성시켰고, 이 중성자는 우라늄(또는 플루토늄)에 너무 일찍 핵반응을 일으킬 수도 있었다. 따라서 원자폭탄을 이러한 우주선으로부터 가려야 했다.

원자폭탄이 성공하려면 필요한 순간에 정확하게 중성자를 안정적으로 공급해줄 적당한 공급원이 필요했다. 그래서 임계질량 이하인 우라늄과 중성자를 동시에 충돌시켜줄 총이 설계됐다. 그러나 이 디자인은 너무 많은 문제점을 안고 있었다. 따라서 내파를 이용하는 또 다른 대안이 등장했다. 이 아이디어는 우라늄 뒤쪽에 있는 기존 폭발물을 우라늄 점화(點火) 플러그로 쓸 수 있도록 장치한 별도의 구(球)를 만드는 것이었다. 모든 요소는 조각들이 동시에 모였을 때 폭발이 일어나게 하기 위해서였다. 하지만 문제는 여기서 끝나지 않았다. 가장 큰 문제는 아직까지도 기초적인 원자로조차 만들지 못했다는 것이었다.

첫 원자로

●   첫 원자로는 1942년 10월에 만들기 시작했다. 원자로는 폭발 속도를 크게 줄인 원자폭탄이라 할 수 있다. 원자핵의 연쇄 반응이 실제로 일어난다는 것을 검증하고, 또한 원자폭탄을 만드는 것이 가능하다는 것을 보여주기 위해 필요한 장치였다. 중성자와 중성자 충돌에 대해서는 세계에서 가장 뛰어난 전문가 엔리코 페르미가 프로젝트의 책임자 역할을 했다. 원자로는 시카고 대학교 풋볼 경기장의 관중석 지하에 만들었다. 흑연 벽돌 57층으로 만들었는데, 벽돌 하나의 크기는 가로, 세로 각 10센티미터, 길이 30센티미터였다. 이렇게 벽돌을 차곡차곡 쌓아 만들었기 때문에 원자로를 파일(pile)이라 부르기도 했다. 원자로의 높이가 점점 올라가면서 위쪽 벽돌에 잘 닿게 하기 위해 비계(飛階)가 설치됐다. 원자로는 순수한 흑연 벽돌 두 층, 일반 우라늄이 들어 있는 벽돌 두 층을 번갈아 쌓아 만들었다. 원자로에는 카드뮴 봉을 끼워 넣을 수 있었다. 카드뮴 봉은 강한 중성자 흡수제로, 원자로 안에서 어떤 원자핵 반응이 일어나더라도 제어할 수 있었다. 카드뮴 봉은 쉽게 깊이 끼워 넣었다가 빼낼 수 있었다.[17]

과학자 두 사람이 페르미의 곁에서 도왔다. 허버트 앤더슨(Herbert Anderson)과 월터 진(Walter Zinn)이었다. 두 사람은 각각 12시간 맞교대로 돌아가는 두 조직을 이끌었다. 따라서 작업은 24시간 내내 쉼 없이 돌아갔다. 원자로를 지은 이후에는 방출되는 중성자 수를 조심스럽게, 꼼꼼히 모니터했다. 중성자 수를 세기 위해 원자로 안에 계수기를 달았다. 원자로 안에서 생성되는 중성자 수를 측정하기 위해 k라 불리는 인자가 사용됐다. k가 1.0이면 핵분열 반응이 자족적으로 일어나는 임계점이었다. 페르미는 k값이 1.0을 살짝 넘어서기를 바랐지만 너무 커져서는 곤란했다. 만약 k값이 너무 커지면 모든 것을 통제할 수 없게 되고 폭발이 일어날 수 있었다.

1942년 12월 1일 늦은 오후, k값이 1.0에 근접했고 다음 날이면 임계점에 도달할 듯 보였다. 다음 날 아침, 수많은 군중이 발코니에 모여 원자로를 내려다보았다. 페르미는 조수에게 카드뮴 봉 하나를 원자로에서 천천히 빼라고 전달했다. 조수가 카드뮴 봉을 잡아당기자, 중성자 계수기에서 나는 소리가 크게 잦아졌다. 이 과정이 진행

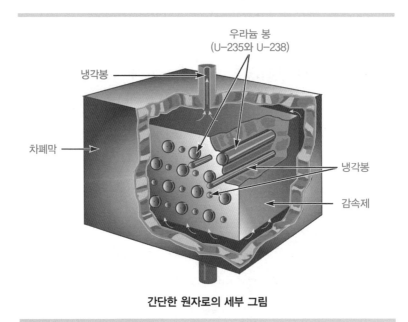

간단한 원자로의 세부 그림

되는 동안 페르미는 작은 계산자를 이용해 재빨리 계산했다. 그러더니 조수에게 카드뮴 봉을 조금 더 빼라고 지시했다. 그러자 계수기의 소리는 더욱 빨라졌다.

모두가 기대에 부풀어 기다렸다. 그런데 놀랍게도 페르미는 점심 식사를 하러 가자며 실험을 중단시켰다. 점심 식사 뒤에 이들은 다시 모였고, 페르미는 조수에게 카드뮴 봉을 더 길게 빼라고 지시했다. 갑자기 계수기가 미친 듯이 울려댔다. 원자로가 임계점에 다다른 것이었다. 페르미는 몇 분 동안 더 기다리며 미친 듯이 울려대는 계수기 소리를 듣더니 조수에게 카드뮴 봉을 다시 밀어 넣어 반응을 중단시키라고 지시했다.

과학자들은 대부분 이제 원자 시대가 열린 것으로 간주했다. 최초의 원자로가 제대로 작동한 것이었다. 그럼에도 불구하고 아직 원자폭탄 제조까지는 갈 길이 멀었다. 그러나 적어도 원자폭탄을 만들 수 있다는 것은 분명해졌다.

계속되는
맨해튼 프로젝트

● 　　　　　　맨해튼 프로젝트는 이미 시작됐다. 가장 큰 문제는 천연 우라늄에서 U-235를 분리하는 일이었다. 우라늄 원자핵은 너무 크고 불안정하기 때문에 분열을 일으키고 쉽게 절반으로 쪼개지는 경향이 있었다. 우라늄의 두 동위원소는 양성자를 92개 가지

고 있지만, 중성자 수는 각각 달라서 U-238은 136개, 핵분열 반응이 쉽게 일어나는 U-235는 143개를 가지고 있었다. U-235를 향해 중성자 하나를 발사하면 U-235는 바륨(원소기호 Ba, 원소번호 56)과 크립톤(원소기호 Kr, 원소번호 36)으로 분열되고, 가장 중요한 것은 그렇게 분열되면서 다른 중성자들을 내놓아 또 다른 원자핵을 분열시킨다는 것이었다. 문제는 천연 우라늄에서 U-235 함유율은 1퍼센트도 미치지 못한다는 것이었다. 폭탄을 만들기 위해서는 U-235, 또는 적어도 대부분이 U-235로 이루어진 농축 우라늄이 필요했다.[18]

우라늄을 분리하거나 농축하는 데는 세 가지 방법이 있었다. 기체 확산법, 열확산법과 전자기법이었다. 기체확산법은 천연 우라늄을 일정한 형태의 다공성 매체를 통과시키는 방법이다. 이렇게 하면 무거운 U-238의 핵은 차츰 뒤로 떨어져 남고 결과적으로 U-235 농도가 높아진다. 이 방법에서 우라늄을 플루오르(원소기호 F, 원소번호 9)와 결합시켜 플루오르화 기체로 만든다. 당시 확산 기술로는 100만분의 1그램 단위인 농축 우라늄을 분리할 수 있을 뿐이었다. 따라서 적당한 기간 안에 폭탄을 제조할 정도로 농축 우라늄을 만들기 위해서는 대단위로 작업이 이루어져야 했다. 1943년에 테네시 주의 오크리지(Oak Ridge)에 공장이 설립됐는데, 이 공장의 암호명은 K-25였다. 이곳에서 일하는 근로자 어느 누구도 무엇을 위한 시설인지 알지 못했다. 모든 것이 비밀이었다. 크라이슬러가 여기 필요한 대형 확산기를 만들었는데, 곧 또 다른 문제가 나타났다. 확산기를 니켈로 만들어야 했던 것이다. 니켈은 공급이 부족한 금속이었으나 크라이슬러는 곧 이 문제를 우회해 돌아갈 방법을 찾아냈다.

공장의 전체 규모는 어마어마하게 커서, 바닥 면적이 96,000제곱 미터(길이 800미터, 폭 120미터)에 달했다. 기체를 총 길이 1,610킬로미 터나 되는 튜브를 통과시켜야만 농축 우라늄을 폭탄을 만들 만큼 얻 을 수 있었다. 천연 우라늄 광석 1톤에서 농축 우라늄 약 6.5킬로그 램이 나왔다.

우라늄을 농축 시키는 두 번째 방법은 전자기법이었다. 이 방법은 캘리포니아 대학교 버클리 분교의 로런스 연구진이 발견했는데, 당시 로런스가 막 제작을 마친 신형 사이클로트론(cyclotron), 또는 입자 가 속기(atom smasher)가 필요했다. 그로브스는 이 방법 역시 농축 우라 늄을 100만 분의 1그램 단위로만 만들어낼 수 있었으므로 우라늄을 농축하는 데 별로 자신감을 갖지 못했다. 그럼에도 불구하고 기체확 산법이 실패할 경우를 대비해 이 방법도 추진하도록 승인했다. 전자 기 농축 우라늄 공장도 오크리지에 세웠는데, 암호명은 Y-12였다. 이 공장 역시 기체 확산 우라늄 농축 공장 못지않게 어마어마한 규모였 다. 또한 이 공장 노동자들도 무엇을 위해 일하는지 알지 못했다.

그러나 두 프로그램을 동시에 가동하는데도 불구하고 그로브스에 게는 모든 과정이 너무나 더뎠다. 그는 오크리지에 열확산 공장도 짓 기로 했다. 놀랍게도 공장은 단 69일 만에 완공됐다. 이 공장에서도 농축 우라늄을 많이 생산하지는 못했지만, 전자기법 공장에서 만든 우라늄을 이 공장에서 처리하면 공정 효율이 훨씬 올라간다는 사실 이 곧 밝혀졌다.

모든 프로그램을 진행하는 한편, 그로브스는 또 한 가지 대비책을 강구해두었다. 1942년 말, 페르미는 원자로를 지을 수 있다는 것을 보여주었다. 또한 플루토늄이 U-238 원자로에서 생산될 수 있다는 것은 잘 알려져 있었다. 여기서 생산된 플루토늄의 원자핵도 핵분열을 일으킬 수 있는 원자핵이었다. 게다가 비교적 순수한 플루토늄을 U-235 원자로보다 훨씬 더 많이 생산했다. 따라서 그로브스는 워싱턴 주 핸퍼드(Hanford)에 원자로 3기를 건설하라고 지시했다. 이 원자로의 암호명은 X-10이었다. 이 단계에서 문제점은 비교적 크기가 작은 원자로가 하나밖에 없다는 것이었다. 그리고 핸퍼드에 지을 원자로는 그보다 훨씬 커야 했으므로 원자로를 크게 만드는 기술도 서둘러 개발해야 했다. 원자로는 길버트 처치(Gilbert Church) 감독 아래 건설됐는데, 그는 이 건물이 어떤 용도인지 전혀 아는 바가 없었다. 그는 미국 전역에서 노동자 4만 5,000명을 고용했고, 만드는 장치가 무엇인지, 어떤 용도인지에 대해서는 알지 못한 채 일했다.

드디어 1945년 초부터 속도가 붙기 시작했다. 농축 우라늄과 함께 플루토늄 상당량이 생산됐다. 몇 달 안에 폭탄 하나를 만들기 충분한 우라늄과 폭탄 여러 개를 만들 만한 플루토늄이 생산될 예정이었다.

이런 과정이 진행되는 동안, 로스앨러모스에서도 일이 계속 진행됐다. 여러 가지 문제가 있었지만 하나하나 극복해나갔다. 임계질량에 이르기 위해서는 우라늄이나 플루토늄이 얼마나 필요한지 이제 확실히 알고 있었다. 임계질량 이하인 우라늄이나 플루토늄 두 조각을 서로 만나게 하기 위해 디자인 연구에 집중했다. 이에 따라 총기식 장치와 내파식 장치가 고안됐다. 그러나 총기식 장치는 플루토늄에 효과가 없었다. U-235에서도 총기식 장치는 내파식 장치에 비해 효과적으로 보이지 않았다. 계산에 의하면 내파식 장치는 초임계질량 없이도 두 질량을 초임계밀도까지 압착시킬 수 있었다. 게다가 기존 폭발 장치로도 임계 이하 질량인 점화전을 결합시키는 데 이용할 수 있었다.

팻 맨(Fat Man; FM)과 리틀 보이(Little Boy; LB)라 불리는 두 폭탄이 개발됐다. 리틀 보이는 농축 우라늄으로, 팻 맨은 플루토늄으로 만든 것이었다. 당시에는 우라늄보다 플루토늄이 구하기 쉬웠기 때문에 첫 시험은 플루토늄 폭탄으로 실시했다.

트리니티

● 　　　1945년 4월에 접어들면서 상황이 이상하게 돌아가기 시작했다. 원자폭탄 개발을 강력하게 후원하던 프랭클린 루스벨트 대통령이 4월 12일에 사망하고, 해리 트루먼(Harry Truman)이 미국 제33대 대통령으로 취임했다. 어찌된 일인지 루스벨트는 트루먼에게 원자폭탄에 대해 알려준 것이 거의 없었다. 트루먼도 맨해튼 프로젝트의 존재에 대해서는 알고 있었지만 어떻게 나올지 아무도 예측할 수 없었다. 그러나 트루먼도 이 프로젝트를 찬성하는 입장이었다. 독일에서 벌어진 전쟁은 몇 주 만에 끝났으므로 유럽에서 원자폭탄을 쓸 필요는 사라졌다. 그러나 일본이 끈질기게 버티

고 있었으므로, 일본과는 장기전이 될 공산이 컸다.

우선 원자폭탄을 실제로 쓸 것이냐 말 것이냐를 결정하기 전에 먼저 실제 위력이 얼마나 되는지 시험해야 했다. 시험 장소는 뉴멕시코주 앨라모고도(Alamogordo)에서 북서쪽으로 약 100킬로미터 떨어진 사막, 트리니티라는 곳이었다. 실제 폭발 장소인 포인트 제로에 높이 33미터인 탑이 세워졌다. 폭탄이 이 탑의 꼭대기에 놓일 예정이었다. 콘크리트로 지은 사령실은 탑으로부터 약 1킬로미터 떨어진 곳에 있었다. 이 밖에 벙커도 여러 개 지었다. 폭발 충격을 측정하기 위해 곳곳에 여러 장치도 설치했다.[19]

시험에 사용된 폭탄에는 약 5킬로그램의 플로토늄이 사용됐다. 플루토늄 공의 크기는 작은 오렌지만 했다. 시험 일시는 원래 7월 4일로 잡혔으나, 몇 가지 문제점이 나타나 7월 16일로 조정됐다. 오펜하이머는 시험 전에 드라이 런(실제 폭발은 없는 시험 폭발)을 해야 한다고 주장했다. 드라이 런 날짜는 7월 14일로 잡혔는데, 오펜하이머가 걱정한 대로 문제점이 노출됐다. 폭발 장치 상자가 금이 가면서 움푹 들어가 버린 것이다. 오펜하이머는 이 때문에 더 큰 불상사가 생기지 않을지 걱정했으나, 어렵사리 다시 잡은 일정을 또 연기할 수가 없었다. 한스 베테는 모든 장치에 아무 문제가 없도록 곳곳을 다시 확인했다. 그러나 불확실한 것이 한두 가지가 아니었다. 그중 가장 큰 것은 폭발로 인해 생겨날 에너지의 크기였다. 얼마나 큰 에너지가 뿜어나올지 아무도 확실히 예측하지 못했다. 대략 계산한 결과로는 TNT 1,000~4만 5,000톤의 폭발력과 맞먹을 것이라고 예측됐다.

7월 16일 오전 5시 30분, 폭발이 일어났다. 폭발 시험이 실시되기 몇 시간 전에 시험 장소에는 천둥과 번개가 치고 비가 내리기 시작했다. 그러나 다행히 비가 그치고 하늘은 맑아졌다. 그대로 폭발 실험을 진행해도 될 듯했다. 모든 참관인이 눈을 보호하기 위해 용접용 보안경을 착용했다. 5시 30분 직전, 카운트다운이 시작됐다. 카운트다운이 제로에 이르자 모두 숨을 멈추고 기다렸다. 갑자기 지평선 가까이에 작고 밝은 점이 생기더니 몇 초 만에 실로 놀라운 장면이 펼쳐졌다. 빛 덩어리는 눈을 뜨고 바라볼 수 없을 정도로 밝고 붉고 거대했다. 모두가 할 말을 잃었다. 이윽고 길게 끌며 울리는 폭발음이 이어졌다. 처음에는 아무도 숨소리조차 내지 못했으나, 이윽고 여기저기서 안도의 한숨이 터져나왔다. 시험은 성공적이었다. 페르미는 조용히 간단한 실험을 하느라 바빴다. 그는 종이 몇 조각을 떨어뜨려 그 종이들이 충격파에 의해 어디까지 날아가는지를 관찰했다. 이 시험은 폭발로 발생한 에너지의 크기를 대략적으로나마 알려주었다. 페르미는 곧 그 에너지가 TNT 1만 톤과 맞먹는다는 것을 보여주었다. 소식은 즉시 트루먼 대통령에게 전해졌다.

독일의 폭탄

●   이제 의심의 여지가 없었다. 미국 정부는 영국 정부의 도움을 받아 원자폭탄 경쟁에서 독일을 이겼다. 하지만 독일의 프로젝트는 어떻게 됐을까? 히틀러가 원자폭탄을 비롯해 슈퍼 무

기를 원한 것은 분명했다. 히틀러는 이런 무기들을 자랑삼아 떠벌리곤 했지만, 독일은 전쟁에서 지고 있었다. 그는 모든 무기를 최대한 빨리 만들어내기를 바랐다. V-2 로켓은 원자폭탄보다 훨씬 빨리 생산할 수 있을 것 같았으므로 그의 관심은 로켓 개발에 더 크게 쏠려 있었다. 히틀러는 결국 원자폭탄 프로젝트에 관심을 잃기 시작했고, 따라서 이 프로젝트에 쓸 자금은 많지 않았다. 그럼에도 불구하고 전쟁이 끝날 무렵까지 프로그램은 활발하게 진행됐다. 1943년, 연합군의 베를린 공습이 가파르게 증가했고, 원자폭탄 프로젝트의 주요 시설은 독일 남서부로 옮겨가야 했다.

그러나 미국과 영국은 여전히 독일의 프로젝트가 어디까지 갔는지 우려했다. 어쨌든 베를린에서 핵분열 현상이 발견된 만큼 독일은 시작부터 앞서 있었다. 이 때문에 그로브스는 1943년에 과학자와 군 장교로 이루어진 조직을 구성하고 알소스 미션(Alsos Mission)이라 이름 붙였다. 이들의 목표는 이탈리아, 프랑스, 독일로 이동하는 연합군을 따라가며 독일의 원자폭탄 프로젝트나 이와 비슷한 프로젝트들을 최대한 많이 찾아내는 것이었다. 이 조직은 과학자 33명과 장교 70명으로 구성됐다. 지휘관은 보리스 패시(Boris Pash) 대령, 과학자들을 이끄는 지도자는 새뮤얼 굿스미트(Samuel Goudsmit) 박사였다. 이들은 독일의 핵심 과학자들을 체포하고 독일이 숨겼을지 모를 우라늄을 찾아다녔다.

대체로 이들은 전방 전선에 최대한 가까이 따라다녔지만, 최전선을 추월하는 경우도 적지 않았다. 이들은 우라늄 광석 1,000톤이 독일로 선적됐다는 것과 이 광석이 독일 여러 곳의 연구소와 점령지 프랑스의 연구소에 배분됐다는 것을 알아냈다. 또한 스트라스부르 대학교에서 독일 남서부의 하이거로흐(Haigerloch), 헤힝겐(Hechingen), 타일핑겐(Tailfingen)에 원자폭탄 프로젝트와 관련된 실험실이 있다는 정보를 입수했다. 그러나 문제가 있었다. 소련군이 동쪽에서 독일로 들어오고 있었고, 이제는 프랑스군도 독일 남서부로 진군해오고 있었다. 그로브스와 군 수뇌부는 핵 관련 시설이나 연구 시설이 소련은 물론 프랑스 수중에 들어가는 것을 원치 않았다.

패시 대령은 미군 최고위층 장성들에게 남서쪽을 더 압박하라고 요청했다. 그러나 돌아온 답변은 프랑스와 이미 협상을 끝냈다는 것이었다. 프랑스군이 이 지역을 점령할 것이므로 들어가기 위해서는 패시 대령이 프랑스군의 승인을 얻어야 했다. 패시 대령은 마땅치 않았지만 헤힝겐으로 출발했고, 몇 번이나 프랑스군 초소를 만났지만 허풍과 협박으로 간신히 초소를 통과할 수 있었다. 하지만 헤힝겐에 도착하기 전에 길을 멈추어야 했다. 그곳을 지키던 프랑스군 장교와 설전을 벌여야 했기 때문이다. 그러나 결국 이 지역을 통과했다.

4월 24일 아침, 패시 대령 일행은 드디어 헤힝겐에 도착했다. 아직 독일군이 남아 있는 것을 보고 깜짝 놀란 그는 한 시간가량 교전을 치르기도 했다. 결국 작은 마을에 들어간 이들은 원자폭탄 실험실을 찾기 시작했다. 하이젠베르크의 연구실과 사무실을 찾아낸 패시 대령 일행은 중요한 과학자 몇 명을 체포하는 데 성공했지만, 하이젠베르크는 이미 그곳을 떠난 뒤였다. 그러나 하이젠베르크의 원자로는 몇 마일 떨어진 하이거로흐 근처 동굴에서 발견됐다. 어느 교회 지하였다. 하이젠베르크의 원자로는 원통형으로, 흑연 벽돌로 지은 것이었다. 그러나 우라늄과 중수는 찾을 수 없었다. 머지않아 얼마 떨어지지 않은 밭에서 중수 세 드럼과 우라늄 원석 1.5톤을 발견했다.

하이젠베르크의 행방은 오리무중이었다. 계속 수색하던 패시 일행은 자기 집에서 이들을 기다리던 하이젠베르크를 찾아냈다. 패시 일행은 동굴로 돌아가 가져갈 것을 모두 빼낸 다음 동굴을 폭파시키려 했다. 그러나 교회 관계자들이 찾아와 동굴이 폭파되면 그 위에 있는 교회와 옛 성까지 모두 파괴될 테니, 제발 폭발만은 하지 말아달라고 사정하는 바람에 동굴을 그대로 남겨두었다.

독일군은 원자폭탄 제조에 별다른 진전을 보지 못하고 있었다는 사실이 곧 드러났다. 하이젠베르크는 아직 원자로를 가동시키지 못한 상태였고, 원자로 없이는 원자폭탄도 불가능했다.

일본에 원자폭탄을 투하하기로 결정하다

● 트리니티 실험은 원자폭탄의 가능성을 증명했다. 그러나 독일과의 전쟁은 이미 끝났으므로 유럽에서는 원자폭탄이 필요치 않았다. 하지만 일본과의 전쟁은 그렇지 않았다. 미군은 계속 승전하고 있었고, 결국 일본이 무릎을 꿇을 것이 자명해보이긴 했지만 언제 끝날지는 장담할 수 없었다. 그러므로 문제는 미국이 원

자폭탄을 쓸 것이냐 말 것이냐, 그리고 만약 쓴다면 목표 도시는 어디냐였다. 예상대로 찬반 양측이 격론을 벌였다. 진주만 기습, 오키나와와 이오 섬은 물론이고 그 밖에 여러 전투에서 격렬하게 저항한 것을 보면 일본군에게 '항복'이라는 단어는 없는 것처럼 보였다. 마지막 병사가 전사할 때까지 싸우는 것이 일본의 군인정신이었다. 게다가 도쿄는 거의 잊힌 도시일 정도로 폭격당했음에도 불구하고 이들은 항전을 멈추지 않았다. 유일한 대안은 본토를 침공하는 것뿐이었으나, 그러자면 미군도 엄청난 인명 피해를 감수해야 했다. 따라서 이 방법을 원하는 사람은 거의 없었다.[20]

그러나 많은 사람들이 원자폭탄 투하 결과를 우려했다. 실라르드는 가장 적극적으로 우려를 표시한 사람이었다. 그는 트루먼 대통령을 직접 만나기 위해 필사적으로 노력했다. 과학자 53명이 서명한 탄원서를 제출하기까지 했다. 실라르드는 트루먼 대통령에게 실제 폭탄 투하에 앞서 일본인들에게 폭탄의 위력을 보여주기만 하라고 했다. 트루먼 대통령은 얼핏 보기에 양측 의견을 면밀히 검토한 듯했지만 결국 폭탄을 투하하기로 결정했다. 사실상 TNT 2만 톤에 해당하는 재래식 폭탄으로 폭격당한 일본은 피폐해질 대로 피폐한 상황이었다. 그 정도 폭탄은 원자폭탄 한 개의 위력과 비슷했다. 그럼에도 불구하고 일본은 여전히 결사항전을 외치고 있었다.

그리하여 원자폭탄 두 개가 일본으로 떠났다. 하나는 1945년 8월 6일 히로시마에, 나머지 하나는 8월 9일 나가사키에 투하됐다. 며칠 뒤 일본은 결국 항복했다.

18

수소폭탄:
대륙간 미사일, 레이저
그리고 미래

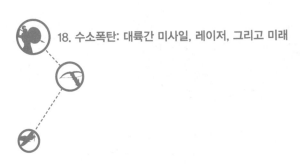

18. 수소폭탄: 대륙간 미사일, 레이저, 그리고 미래

원자폭탄이 개발된 뒤 전쟁의 양상은 극적으로 달라졌다. 먼저 원자폭탄보다 훨씬 강력한 폭탄, 즉 수소폭탄이 개발됐다. 수소폭탄은 원자폭탄보다 수천 배나 강력하다. 둘째, 대륙간 미사일 개발로 단추 하나만 누르면 수소폭탄을 바다 건너 수천 킬로미터 떨어진 목표 지점까지 운반하게 됐다. 마지막으로 첨단 전자장치, 레이저, 위성 등으로 전쟁은 점점 더 물리학과 과학 전반에 의존하게 됐다.

수소폭탄 개발

● 　　　　　　　　앞 장에서 보았듯이 원자폭탄은 우라늄처럼 무겁고 불안정한 원자핵이 가볍고 안정적인 원자핵 두 개로 쉽게 쪼

개지는 사실을 발견하면서 등장했다. 그러나 쪼개져서 생겨난 가벼운 원자핵 두 개의 질량을 더하면 원래 원자핵 하나의 질량에 미치지 못했다. 질량 일부분이 사라진 것인데, 이렇게 사라진 질량이 에너지로 전환된다는 것이 곧 밝혀졌다. 우라늄과 플루토늄에서 이 과정은 핵분열이다. 그러나 이와 비슷하게 질량이 에너지로 전환되는 또 다른 과정이 있다. 바로 이 과정이 우리 우주를 존재하게 하는 원동력이다. 우리 태양을 비롯해 모든 별이 이 과정으로부터 에너지를 얻으며, 태양은 지구상에 존재하는 모든 생명체를 책임지고 있다. 이 과정을 핵융합이라 부른다. 핵융합에서는 원자핵들이 서로 합쳐질 때, 또는 융합할 때 에너지가 만들어진다.[1]

그러나 무거운 원소에서는 핵융합이 일어나지 않는다. 아주 가벼운 원소에서만 일어난다. 예를 들어 태양에서는 수소 원자(사실은 수소의 원자핵) 네 개가 합해지고 융합해 헬륨이 만들어지는데, 이때 엄청난 에너지를 만들어낸다. 이 과정이 어떻게 일어나는가에 대해서는 1935~38년에 한스 베테가 발표했다. 베테가 태양의 에너지 생성 과정을 설명한 지 얼마 되지 않은 때부터 과학자들은 이 원리를 바탕으로 폭탄을 만들 수 있지 않을까 생각하기 시작했다.

그러나 태양에서 진행되는 과정으로는 폭탄을 만들 수 없다는 것이 곧 분명해졌다. 이 과정은 속도가 너무나 느리고, 태양에서 엄청난 에너지를 만드는 이유는 수소가 그만큼 충분하기 때문이다. 하지만 자연에서는 그 밖에도 여러 형태의 핵융합 반응이 일어난다. 이를 이해하기 위해서는 수소의 동위원소부터 보아야 한다. 가장 단순한 형태의 수소는 원자핵 안에 양성자가 한 개 있고, 그 주변을 도는 전자 하나로 이루어져 있다. 그러나 이 양성자에 중성자를 결합시킬 수 있다. 중성자를 결합시킨다고 해도 원소가 변하지는 않는다. 이 원소는 여전히 수소지만, 중성자를 더한 새로운 형태는 수소의 동위원소가 된다. 중성자 하나가 양성자 하나와 결합된 동위원소를 중수소(deuterium)이라 하고, 중성자 두 개가 결합된 동위원소를 삼중수소(tritium)이라고 한다.

알다시피 자연에서 물은 수소와 산소로 이루어진다. 우리가 늘 먹거나 사용하는 물속에는 세 가지 동위원소가 모두 포함되지만, 중수소는 원자 5,000개 중 하나, 삼중수소는 10억 개 중 하나 꼴로 들어 있다. 따라서 중수소는 상당히 희귀하고 삼중수소는 극히 희귀하다. 과학자들은 가장 반응력이 좋은 수소폭탄은 중수소(D)와 삼중수소(T)로 이루어진 것이라고 결론 내렸다. 이 두 가지 동위원소가 태양에서 일어나는 헬륨 융합보다 훨씬 속도가 빠르다. 두 동위원소 융합은 100만 분의 1초보다도 짧은 시간 안에 일어난다. 그러나 이 동위원소들을 쓰려면 물에서 D와 T를 분리해야 하는데 이 과정이 몹시 어렵다. 그럼에도 불구하고 D와 T를 이용하면 폭탄을 만들 수 있을 것으로 보였다.

가장 먼저 핵융합 에너지를 이용해 폭탄을 만들 수 있다고 인식한 사람은 엔리코 페르미였다. 그는 1941년에 에드워드 텔러에게 그 가능성을 이야기했다. 맨해튼 프로젝트가 조직되기 전이었다. 텔러는 헝가리 출신으로 1930년대에 미국으로 이주한 물리학자였다. 그는 수소폭탄 제조에 여러 모로 공헌했고, 나중에는 수소폭탄의 아버지로 알려졌다.

맨해튼 프로젝트는 오펜하이머가 책임자로 원자폭탄 제조를 목표로 조직됐는데, 텔러도 여기 참여할 과학자로 선정돼 로스앨러모스에서 일했다. 오펜하이머는 텔러에게 긴 연산이 필요한 여러 가지 작업을 맡겼지만, 텔러는 아직 원자폭탄도 완전하게 개발되지 않았음에도 불구하고 수소폭탄의 가능성에 강한 호기심을 느낀 나머지 자기가 할 일을 대부분 조교 클라우스 푹스(Klaus Fuchs)에게 맡겼다(푹스는 훗날 소련의 스파이로 밝혀졌다).

텔러는 수소폭탄 개발을 위해 별도로 프로젝트를 시작하라고 오펜하이머를 종용했지만, 오펜하이머는 이를 거부했고 텔러는 마음이 상했다. 그러나 결국 오펜하이머가 양보해 텔러에게 수소폭탄의 가능성을 판단해볼 여지를 주었다. 텔러는 제2차 세계대전이 끝날 때까지 이 일에 매달렸고, 순조롭게 진행되는 듯했지만 사실상 진전은 거의 없었다. 그러나 텔러는 수소와 핵융합을 이용한 폭탄이 가능하리라는 결론을 내렸다. 드디어 1946년 4월, 뉴멕시코에서 수소폭탄의 가능성에 대한 컨퍼런스가 열렸다. 소련이 독자적으로 원자폭탄을 개발 중이라는 사실이 널리 알려진 상황이었으므로, 이제는 수소폭탄에 관심이 고조되고 있었다. 소련이 수소폭탄을 만들 욕심까지 갖고 있을 가능성도 있었다.

1946년 8월, 트루먼 대통령은 원자에너지위원회 설립 법안에 서명했는데, 이 위원회는 전쟁 무기뿐만 아니라 평화시에도 이용할 원자 과학과 기술의 가능성을 알아보려는 것이었다. 그 뒤로 몇 년 만에 클라우스 푹스가 수소폭탄 개발과 관련된 극비사항을 소련에 팔아넘겼다는 사실이 드러났고, 소련도 곧 수소폭탄 개발에 나서리라는 것이 분명해졌다. 군사 전문가들이 우려하면서 1950년 1월, 트루먼 대통령은 수소폭탄 제조가 매우 중요하다는 취지로 발언했다. 그러나 이 프로젝트에 참여한 과학자들 사이에 커다란 의견 차이가 있었다. 텔러는 강력한 찬성론자였고, 어니스트 로런스를 비롯해 몇몇 과학자도 같은 생각이었다. 그러나 오펜하이머는 신중하게 경고했다. 그는 베테를 비롯해 몇몇 과학자와 함께 이 무기가 불러올 부작용에 대해 우려했다.

그럼에도 불구하고, 당시에 '슈퍼'라고 불리던 것을 개발하기 위해 '긴급 계획'이 추진됐다. 맨해튼 프로젝트에 동원된 과학자 대부분이 다시 로스앨러모스로 불려왔다.

울람-텔러의 발견

●   이 무렵 텔러는 이미 현실적으로 가능한 원형을 고안하는 데 몇 년을 보낸 상황이었다. 그러나 그다지 진전을 이루지 못하고 있었다. 그가 상상하는 무기는 불가능해 보였다. 이 프로젝트에 새로 참여한 과학자 중에 1935년에 미국으로 이주한 폴란드 출신 수학자 스타니슬라브 울람(Stanislaw Ulam)이 있었다. 그는 한때 프린스턴 대학교 첨단 연구소에서 일했고, 1943년에 맨해튼 프

로젝트에 합류할 당시에는 존 폰 노이만(John von Neumann)과 일하고 있었다. 1946년부터 그는 로스앨러모스로 들어가 수소폭탄 개발과 연구에 참여했다.

울람이 할 일은 D-D 반응, 또는 D-T 반응 가운데 어떤 것이 수소폭탄에 필요한 융합 반응의 기폭제로서 가능성 있는가, 또한 여기 적합한 설계는 어떤 것인가를 판단하는 것이었다. 여러 가지로 설계해 보았지만 실제적으로 효과를 본 것은 없었다. 당시 알려진 것은 핵융합 반응을 촉발시키려면 엄청나게 높은 온도(2,000만~3,000만 도)가 필요하다는 것과, 그러한 고온을 발생시키려면 원자폭탄을 써야 한다는 정도였다. 그러나 울람이 시도한 방법들은 모두 문제가 있었다. 그러다가 1950년에 우연히 성공이 거의 확실한 아이디어가 떠올랐다. 기본적으로, 폭탄 안에 압축된 수소를 10의 수 제곱 배로 압축하는 기술이 필요했다. 수소를 압축하기 위해 원자폭탄을 써 내부 폭발을 일으킬 있지만, 단순한 폭발만으로는 충분하지 않았다. 울람은 폭발이 여러 번 필요하다는 결론을 내렸다. 기본적으로는 첫 번째 폭탄이 두 번째 폭발을 유도하고, 두 번째 폭탄은 세 번째 폭탄에 기폭제 역할을 하는 구조였다. 이런 구조를 스테이징(staging: 다단식 로켓 분리)이라고 했다. 울람은 이를 실현할 수 있다고 확신하고도 더 완벽하게 다듬기 전까지는 누구에게도 발설하지 않았다.[2]

울람은 텔러와 관계가 좋지도 않았고, 텔러가 어떤 반응을 보일지에 대해서도 걱정이 없지 않았다. 하지만 결국은 텔러에게 이 아이디어를 이야기했다. 텔러는 현실성에 대해 바로 답을 하지는 않았으나,

연구를 계속해본 결과 중요한 전진이 가능하다는 것을 깨달았다. 울람은 수소를 충분히 압축할 내부 폭발을 일으키는 데 유체역학적 쇼크(hydrodynamic shock), 또는 핵분열 폭발에서 나온 중성자를 사용할 수 있을지 모른다고 제안했다. 한동안 그 가능성을 연구한 뒤 텔러는 X선이 충격파나 중성자가 나타나기 전에 수소에 도달할 수 있고, 또한 열핵폭발을 촉발시키는 데 필요한 내부 폭발을 일으키는 데 쓰일 수 있다는 것을 깨달았다. 이 방법은 최선의 해결 방안으로 보였다. 텔러와 울람은 공동으로 논문을 발표했고, 이들의 아이디어는 '울람-텔러 설계'로 알려지게 됐다. 그러나 몇 년 동안 텔러가 울람의 공적을 깎아내리려고 하면서 결국 두 사람 사이에는 상당한 갈등이 일어났다.[3]

첫 번째 시험: 마이크

● 다음 단계는 울람-텔러 설계에 따라 만든 폭탄의 실제 위력을 알아보는 것이었다. 사실 이 프로젝트에 대한 연구는 상당히 일찍부터 시작됐다. 현실적으로 보면 첫 번째 폭탄은 우리가 아는 폭탄이 아니었다. 이 폭탄은 항공기로 운반하기에 너무 컸다. 이 장치의 기본적인 부분은 미국에서 제작한 뒤 하와이에서 3,000마일이나 떨어진 태평양의 오지로 운반됐다. '아이비 마이크'(Ivy Mike)라는 암호명으로 불린 이 실험은 작은 섬 40개가 직경 16킬로미터, 둘레 64킬로미터로 둥글게 고리를 이룬 에네웨타크

(Enewetak) 산호섬에서 이루어졌다.[4]

수소폭탄 개발과 실험을 관장하기 위해 판다 위원회(Panda Committee)가 구성됐다. 아직도 해결할 난제가 많았지만, 이 위원회 인사들이 수소폭탄을 설계하고 완성하는 데는 시간이 1년밖에 없었다. D-D나 D-T 중에서 어떤 융합 반응을 이용할 것인지 결정하는 것도 중요한 문제였다. 위원회에서는 D-D 융합 반응이 더 쉽고 경제적이라는 결론을 내렸다. 그러나 중수소를 어떻게 저장할지가 문제였다. 중수소의 끓는점은 영하 250도이므로 액화상태를 유지하려면 극히 낮은 온도를 유지해야 했다. 따라서 중수소를 온도가 매우 낮은 극저온 시스템[대형 듀어(Dewar) 또는 진공 플라스크] 속에 보관해야 했다. 이뿐만 아니라 수소 융합을 유도하기 위해서는 이 장치에 핵분열 폭탄이 필요했는데, 당시 핵분열 폭탄은 크기가 대단히 컸다. 이 폭발에서 나오는 복사선을 액체 삼중수소가 든 2차 폭탄에 집중시켜야 했다. 폭탄은 원통형으로, 중심에 넣은 플루토늄 막대가 융합 반응을 점화할 스파크 플러그 역할을 했다.

이 시스템은 공식적으로 '마이크'라는 이름으로 1952년 9월에 조립되기 시작됐다. 폭탄 자체는 여러 산호섬 중 한 곳에 두고, 이 폭탄의 폭발 출력을 측정하기 위해 여러 곳에 관측 기지를 설치했다. 이뿐만 아니라 다양한 측정 장치를 갖춘 선박 여러 척과 항공기를 산호섬 주변에 배치했다. 폭발 지점을 중심으로 과학 측정 기지 총 400여 곳이 다양한 장비를 갖추고 대기했다.

9월 25일, 모든 준비가 끝났다. 제로 아워는 11월 1일 오전 7시 15

분. 발사실은 발사 지점으로부터 16킬로미터 떨어진 선박 에스테스 (Estes) 호에 세웠다. 폭탄의 폭발 위력은 모든 사람을 놀라게 했다. 트리니티 때 그랬던 것처럼, 이번에도 폭발 위력은 정확하게 측정할 수 없었다. 하지만 시험 결과 그 위력은 예상보다 훨씬 더 강력했다. 폭발과 거의 동시에 눈을 뜰 수 없을 정도로 밝고 하얗고 뜨거운 불덩어리가 수평선에 생겨났다. 불덩어리는 지름이 5킬로미터에 이르렀다. 히로시마에 투하된 원자폭탄 구름은 지름이 고작 160미터에 불과했다. 폭발의 충격으로 형성된 구름은 2분 30초 만에 3,000미터 상공까지 치솟았고, 굽이치듯 계속 퍼져나가더니 직경이 48킬로미터에 이르는 거대한 지붕을 이루었다. 이 폭발로 마이크가 놓였던 섬 자체가 말 그대로 증발했고, 남은 것은 깊이 60미터, 폭 1.6킬로미터에 이르는 거대한 분화구뿐이었다. 폭발 에너지는 TNT 폭탄 10.4메가톤과 맞먹는 것으로 계산됐다. 이때까지 지구상에서 인간이 만들어낸 모든 폭발 가운데 가장 강력한 것이었다.

수소폭탄의 물리학

● 이제 수소폭탄이 어떻게 그렇게 큰 위력을 갖는지 살펴보자. 여러 측면에서 수소폭탄은 원자폭탄보다 훨씬 복잡하다. 그러나 원자폭탄이 없으면 수소폭탄도 제 역할을 하지 못한다. 따라서 원자폭탄이 먼저 존재해야 했다. 위에서 보았듯이, 원자폭탄은 수소폭탄이 내부 핵폭발로 융합하는 데 필요한 온도(약 5,000만

도)를 만들어냈다.

융합 반응을 이끌어내기 위해서는 중수소나 삼중수소가 필요한데, 이미 언급했듯이 두 동위원소는 매우 희귀하고 자연의 물로부터 분리해야 한다. 중수소를 쓰는 핵융합이나 삼중수소를 쓰는 핵융합 모두 폭탄에 이용할 수 있지만, 삼중수소는 생산비가 훨씬 비싸기 때문에 과학자들은 직접 삼중수소를 쓰는 것을 피하려 했다. 그러나 중수소가 삼중수소에 비해 자연에 훨씬 더 많이 존재한다고 해도 저장하기는 매우 어려웠고, 마이크의 경우처럼 극저온에서 액체 상태를 유지해야 했다. 이 문제는 중수소를 리튬과 결합시켜 중수소리튬(lithium deuteride)으로 만들어 해결할 수 있었다. 중수소리튬은 중수소에 비해 다루기 쉬운 안정된 고체다. 현대의 모든 수소폭탄에는 중수소리튬을 쓴다.

본질적으로 수소폭탄에 필요한 것은 융합 반응이 일어날 정도로 밀도 높은 융합 연료를 압축해줄 어마어마한 내부 폭발 에너지다. 핵융합 반응에 필요한 밀도는 그 연료의 정상적인 밀도보다 최소한 1,000배는 높아야 한다.

가장 단순한 수소폭탄도 2단계 장치로 이루어지는데, 여기서는 이 유형만 다루기로 한다. 3단계까지 가기도 하지만 폭탄은 대부분 2단계 구조로 만들어진다. 소련은 3단계 장치를 만들었다고 하는데 알려진 바가 별로 없다. 앞에서 보았듯이, 울람-텔러 설계는 압축에 X선을 썼는데, 그 이유는 1차 폭탄(원자폭탄)이 점화된 뒤 X선이 빛의 속도로 이동하기 때문이다. 충격파와 중성자 역시 이 폭발에서 방출되기는 하지만, 수소폭탄의 작용 과정에 이용하기에는 너무 느리다.

수소폭탄의 가장 중요한 특징 가운데 하나는 각 단계가 정확하게 순서대로 나뉜다는 것이다. 어느 하나라도 순서에서 엇나가면 폭탄이 터지지 않는다. 따라서 시간이 가장 중요하다. 폭탄은 전체적으로 원통 모양이고, 나중에는 타원형에 가까워졌다. 1차 폭탄(방아쇠)이 한쪽 끝에 있고, 그 반대쪽에 2차 폭탄(핵융합 장치)이 있다. 2차 폭탄도 원통형인데, 외부 실린더보다 크기가 작다. 따라서 두 원통 사이에는 공간이 있다. 이 공간을 복사 에너지의 통로라고 한다. 2차 폭탄은 융합 연료, 즉 중수소리튬이 대부분을 차지한다. 2차 폭탄의 외피는 U-238로 만드는데, 이것을 추진재, 또는 반사재라 한다. 1차 폭탄이 폭발하면 그 에너지는 2차 폭탄의 연료를 향해 안으로 밀려들어간다. 2차 폭탄 중심부에는 축을 따라 내려가면서 직경이 2.5센티미터인 봉이 자리한다. 이 봉은 플루토늄-239, 또는 U-238로 만드는데 이것이 점화 플러그다.[5]

2차 폭탄과 외부 실린더 사이 공간에는 플라스틱 폼을 충전한다. 그리고 2차 폭탄의 전면부에는 융합 연료의 조기 점화를 막기 위해 곡면 형태로 차단막을 둔다. 1차 폭탄(원자폭탄)이 폭발하면 여기서 방출된 X선이 복사 에너지의 통로를 채운다. 이 공간에 채운 플라스틱 폼은 1차 폭발이 일어난 뒤 이온화되면서 폭발을 제어하는 데 도움을 준다. 2차 폭탄 겉면의 추진재(반사재)가 균일하게, 너무 급하게 가열되지 않게 하는 것이 중요하다. 전체 공간에 에너지가 고르게 분산되도록 평형 상태를 유지할 필요가 있다.

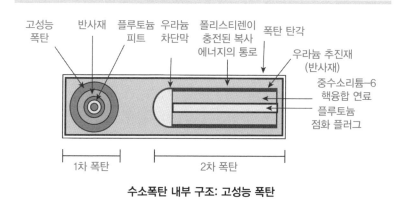

고성능 폭탄　반사재　플루토늄 피트　우라늄 차단막　폴리스티렌이 충전된 복사 에너지의 통로　폭탄 탄각　우라늄 추진재 (반사재)　중수소리튬-6 핵융합 연료　플루토늄 점화 플러그

1차 폭탄　　2차 폭탄

수소폭탄 내부 구조: 고성능 폭탄

　폭발이 진행되면 2차 폭탄의 바깥층을 이루는 우라늄이 분열하면서 내부 폭발이 일어난다. 이 내부 폭발이 융합 연료를 압축하는 과정에서 중성자가 방출된다. 이 중성자가 2차 폭탄 중앙에 있는 우라늄(플루토늄) 폭발을 유도한다. 이렇게 폭발한 결과, 핵융합 연료가 위아래에서 압축된다. 따라서 온도가 급속히 올라가면서 융합 반응이 일어난다. 이 시점에서 핵융합 연료의 농도는 정상적인 온도의 1,000배에 달하게 된다. 융합 반응에서 삼중수소가 일부 생성되므로, 실질적으로는 D-D와 D-T 반응이 동시에 일어나는 것이다.

　이렇게 놓고 보면, 수소폭탄의 에너지 또는 폭발력은 핵융합뿐만 아니라 핵분열에서도 나타난다는 것을 알 수 있다. 따라서 전체적인 폭발 과정에는 핵분열과 핵융합이 모두 포함된다. 그다지 중요하지 않게 여겨질 수도 있지만, 두 폭발 과정에는 현격한 차이가 있다. 폭탄이 폭발한 뒤 확산되는 방사능은 핵분열 폭발의 결과인 반면, 핵융합 폭발은 이런 면에서는 깨끗하다. 따라서 누군가가 방사능 없는 깨끗한 폭탄을 말한다면, 그것은 아마도 소형 핵융합 폭발만을 말하는 것이다. 사실 비교적 깨끗한 핵폭탄을 만드는 것은 불가능한 일이 아니다.

미국의 수소폭탄 중에서 위력이 가장 큰 것은 TNT 50메가톤 급 위력을 가졌다. 소련에서는 이보다 훨씬 위력이 큰 수소폭탄을 실제로 폭발시킨 일도 있었다. 사실 수소폭탄은 단계를 추가하면 훨씬 강력한 위력을 낼 수 있다. 앞에서도 언급했지만 소련은 3단계 수소폭탄을 만든 것이 거의 확실하다. 수소폭탄과 관련해 특히 중요한 것은, 이론상 수소폭탄의 위력에는 한계가 없다는 것이다. 원자폭탄의 위력에는 한계가 있다.

장거리 미사일

● 　　　　수소폭탄이 개발되자 이 폭탄을 운반할 수단을 개선해야 했다. 처음에는 장거리 폭격기를 이용했는데, 당시 장거리 폭격기는 미국이 월등하게 앞서 있었다. 그러나 로켓이 점점 정교해지고 사정거리가 늘어나자 탄두 운반 시스템으로 로켓이 더 적합하다는 것이 명백해졌다.

앞에서 보았듯이 독일은 제2차 세계대전이 끝나갈 무렵에 최초로 탄도 미사일을 개발했다. 가장 성공적인 모델은 V-2로, 베르너 폰 브라운과 그의 연구진이 개발한 것이었다. 전쟁이 끝난 뒤에는 대중의 관심권에서 사라졌지만, 폰 브라운은 여전히 미국을 타격할 수 있는 미사일을 개발하고 있었다. 이 프로젝트의 이름은 '프로젝트 아메리카'였다. 전에 비해 순항거리가 훨씬 연장됐으므로 히틀러는 이 미사일을 이용해 미국 중심부를 타격하겠다는 희망을 품었다. 이 미사일은 개발이 완료되지 않아 실제로 쓰이지 못했다.

전쟁이 끝난 뒤, 폰 브라운을 포함해 독일의 로켓 과학자 여럿이 미국으로 이주했고 일부는 소련으로 갔다. 전쟁 직후 냉전이 시작됐고, 미·소 양국은 핵무기 다량과 이 탄두를 실어 나를 장거리 미사일을 쌓기 시작했다. 이때 여러 프로젝트가 진행됐다. 처음에는 단순하게 독일의 V-2 프로그램을 계속했지만 빠른 속도로 개선되면서 소련은 곧 상당히 진전을 이뤘다. 1957년 8월, 소련은 R-7이라는 대륙간 탄도 미사일을 처음으로 발사했다. 그리고 얼마 뒤, 최초의 궤도 위성 스푸트니크(Sputnik) 호를 발사했다. 미국인들에게는 말할 수 없이 충격적인 사건이었다. 그리고 곧이어 첫 우주인이 탄생했다. 유리 가가린(Yurii Gagarin)이었다.

미국은 소련의 독주를 따라잡기 위해 즉각 긴급 계획을 수립했다. 1953년에 소련에서 최초로 수소폭탄 실험을 하자 미국은 더욱 다급해졌다. 아틀라스 로켓 개발 계획은 1954년에 시작됐지만, 1958년까지 발사에 성공하지 못하고 있었다.

곧 두 가지 프로그램이 시작됐다. 하나는 핵탄두를 실어 나를 대륙간 탄도미사일(ICBM) 개발을 위한 것이었다.[6] 나머지 하나는 ICBM 개발 계획과 거의 동시에 케네디 대통령이 추진한 것으로, 새턴 로켓을 이용한 아폴로 프로그램이었다. 아폴로 프로그램의 목표는 사람을 달에 착륙시키는 것이었다. 아틀라스, 레드스톤, 타이탄 같은 이전 로켓 대부분이 아폴로 프로그램과 ICBM 프로그램의 바탕이 됐다.

ICBM은 순항거리 5,600킬로미터가 넘는 탄도 미사일로, 대부분 핵탄두를 운반할 목적으로 설계됐다. 지금은 순항거리가 최고 19,000킬로미터를 넘는 미사일도 많다. 현대 ICBM은 다탄두 각개 유도 미사일(multiple independent re-entry vehicle; MIRV)을 갖추어, 각각의 미사일이 핵탄두를 운반한다. 이 시스템은 ICBM 하나가 동시에 여러 목표를 타격하게 해주므로 훨씬 효과적이고 치명적이다. MIRV가 가능해진 것은 핵탄두(수소폭탄)가 해를 거듭할수록 작아졌기 때문이다. 또한 로켓 자체도 몸집이 작아진 반면 순항거리는 확연히 길어졌다.

초기 ICBM은 모두 지상에 고정해 적의 공격에 노출되기 쉬운 장소에서 발사됐다. 이 상황은 냉전이 계속되면서 크게 바뀌었다. ICBM은 대부분 보호 장치를 갖춰 사일로 안으로 들어갔고, 또한 대부분 북부에 집중됐다. 또한 ICBM 자체 크기가 매우 작아졌기 때문에 대형 트럭이나 철도 차량에서도 발사할 수 있고, 따라서 기동성이 매우 좋아졌다. 가장 효과적인 발사 장소는 핵잠수함이었다. 원자로가 완벽하게 개발되자 곧 잠수함에 쓰이기 시작했고, 잠수함에서 특히 효과적이라는 것도 금방 증명됐다. 초기 디젤-전기 잠수함은 수면 위로 자주 부상해야 했으나, 핵잠수함은 몇 달이라도 수중에 잠수한 채 지낼 수 있었다. 연료를 다시 공급할 필요가 거의 없기 때문이다. 핵잠수함 원자로에 연료를 채우면 거의 30년간 쓸 수 있었다. 경우에 따라서는 이 원자로가 전기를 생산해 프로펠러를 돌리고, 또 다른 경우에는 터빈을 돌릴 증기를 만들어낸다. 그러나 핵잠수함은 생산비가 막대하기 때문에 이를 보유한 나라는 극소수에 불과하다.

미국의 모든 핵잠수함은 대륙과 대륙 사이를 오갈 수 있는 탄도 미사일을 탑재하고 있다. 그러나 핵잠수함의 가장 큰 장점은 기동성과 감지가 상당히 어렵다는 점(물론 음향탐지기로 감지할 수 있지만), 그리고 MIRV 여러 기를 동시에 탑재할 수 있다는 점이다.

탄두를 장착한 ICBM이 개발된 직후, 여러 나라가 이 미사일에 대한 대응 방안을 고민하기 시작했다. 특히 날아오는 ICBM을 중간에 요격할 미사일이 핵심이었다. 이러한 시스템은 탄도탄 요격 미사일(anti-ballistic missile) 시스템이라 불린다. 이 시스템은 제2차 세계대전 후반기에 벨 연구소에서 연구하기 시작했다. V-1 로켓과 V-2 로켓 폭격에 시달리던 영국에게는 방어 수단이 필요했다. V-1은 탄도 미사일이 아니기 때문에 영국 공군 폭격기가 발진해 격추하거나 지상 포사격으로 격추시킬 수 있었다. 그러나 탄도 미사일 V-2가 등장하자 속도와 고도 때문에 어떠한 방어 수단도 소용이 없었다. 벨 연구소는 V-2 로켓을 요격하는 것이 불가능하다는 결론에 도달했다. 그러나 이는 고속 컴퓨터가 등장하기 전이었다. 1950년대 중반에 이르자 여러 나라에서 ABM 시스템 가능성을 가늠하기 시작했다.

현재 이 시스템은 ICBM을 향한 것과 소형 로켓을 향한 것, 두 가지로 나뉜다. 오늘날 ICBM을 요격할 수 있는 시스템은 두 가지인데, ICBM은 소형 로켓에 비해 요격하기가 훨씬 어렵기 때문이다. 미국은 지상 발사 중간 단계 미사일 방어 체계(GMD)라고 불리는 시스템을 개발했다. 이 시스템은 날아오는 ICBM을 감지하는 레이더와 요격 미사일로 이루어진다. 수년 동안 실패와 성공을 반복하며 집중적인 시험을 여러 차례 거쳤다. 이 시스템은 지금도 계속 연구 중이다. 미국은 현재 훨씬 효과적인 단거리 소형 전술 시스템을 여러 가지 가지고 있다.

다른 무기들:
레이저

●　　　　　현대적인 무기 가운데 중요한 것으로 레이저가 있다. 1960년대에 처음 개발될 당시, 레이저는 총을 대신할 수도 있으리라는 기대와 함께 매우 중요한 장비로 여겨졌다. 만화 주인공인 버크 로저스(Buck Rogers)를 비롯해 초기 공상과학소설과 만화의 등장인물들이 광선총을 사용했는데, 그런 광선총이 곧 현실이 될 것이라고 믿은 것이다. 그러나 레이저가 기존 총을 대신하지는 못했다. 다만 최근 들어 레이저는 드론을 격추시키거나 소형 선박을 무력화시키는 데 쓰이고 있다. 레이저는 목표물을 표시하거나 사정거리를 파악하는 데 사용되기도 한다.[7]

지금까지 전쟁 무기로 쓰기에는 성능이 제한적이라는 것이 확인됐음에도 불구하고, 레이저는 무기로서 상당한 가능성을 가지고 있을 뿐만 아니라 일상생활에도 폭넓게 쓰이고 있다. 레이저는 DVD 플레이어와 프린터에도 들어 있고, 상점에서는 바코드 스캐너에 쓰이며, 외과 수술에 사용되면서 의학 분야에 혁신을 이루었다. 이뿐만 아니라 레이저는 절단이나 용접에 쓰이면서 산업 분야에서도 큰 역할을 한다.

레이저의 기원은 아인슈타인의 초기 논문으로 거슬러 올라간다. 그보다 앞서서는 덴마크의 닐스 보어가 각각의 에너지 준위에 따라 원자핵(양성자)을 중심으로 불연속적인 궤도를 도는 전자가 있는 원자 형태를 제시했다. 보어는 전자가 이런 에너지 준위 사이를 오갈 가능성을 언급했는데, 이 이론에 확고한 바탕을 세운 것이 아인슈타인이었다.

다이어그램을 보면 에너지 준위가 여러 개 있고, 여러 전자가 그 에너지 준위의 일부를 차지한다. 전자가 광자를 흡수하면 더 높은 준

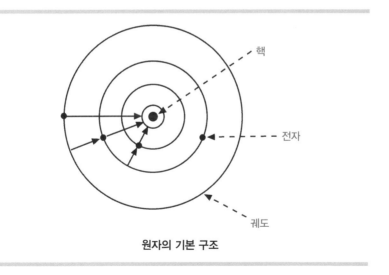

원자의 기본 구조

위, 즉 들뜬 상태가 된다. 핵으로부터 더 먼 궤도로 나아가는 것이다. 대개 들뜬 상태가 된 전자는 아주 짧은 시간 동안 높은 에너지 준위에 머물다가 원래 준위(바닥상태)로 떨어진다. 이렇게 들뜬 상태에서 낮은 에너지 준위로 내려갈 때에는 광자를 방출한다. 이 현상을 자연 방출이라고 한다. 아인슈타인은 또한 유도 방출 개념을 도입했다. 이 경우 전자는 이미 들뜬 상태에 있다. 만약 이 전자에 광자를 충돌시키면 전자를 낮은 에너지 준위로 떨어지도록 유도할 수 있지만, 이 전자가 광자를 흡수하지는 않는다. 오히려 다른 광자를 배출하면서 더 낮은 에너지 준위로 떨어져 이 과정에서 광자 두 개가 나온다. 여기서 특히 중요한 것은 두 광자가 똑같은 파장을 가지고 있어서 위상이 같아진다는 것이다.

유도 방출은 분명히 흥미로운 현상이었음에도 불구하고 몇 해가 지나도록 아무도 관심을 보이지 않았다. 그러나 제2차 세계대전 중

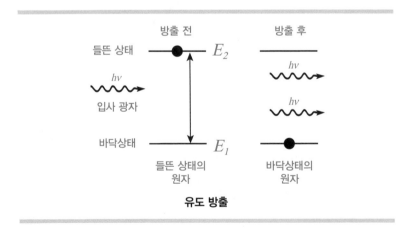

유도 방출

에 레이더가 개발되고 광범위하게 사용되면서 전쟁 뒤에는 레이더 개발에 관심이 고조됐다. 관심을 끄는 분야 중 하나가 마이크로파 증폭기였다. 메릴랜드 대학교의 조지프 웨버(Joseph Weber)는 이 장치에 특히 관심을 보였다. 유도 방출을 세밀하게 연구한 웨버는 유도 방출 현상을 이용하면 마이크로파를 증폭하는 장치를 만들 수 있다고 결론 내렸다. 그러나 이 과정에서 상태밀도 반전이라 불리는 현상이 필요할 수 있다고 지적했다. 어떤 원자가 낮은 에너지 준위보다 높은 에너지 준위에 더 많은 전자를 가지고 있을 때를 상태밀도 반전이라고 일컫는다. 이는 정상적인 상태가 아니다. 원자 속 전자는 일반적으로 낮은 에너지 준위에 더 많이 분포하고 높은 에너지 준위에는 적게 분포한다.

상태밀도 반전은 어떻게 일어날까? 전자를 높은 에너지 준위로 보내려면 에너지원이 필요할 터였다. 이때 적합한 에너지원은 곧 밝혀졌다. 이것을 우리는 펌프(pump)라 부르기로 한다.

웨버는 마이크로파 증폭기를 설계했지만 만들지는 않았다. 이 작업은 컬럼비아 대학교의 찰스 타운스(Charles Townes)에게 넘어갔다. 타운스도 마이크로파를 연구하면서 증폭기를 탐색하고 있었다. 그는 공진 공동(共振 空胴; resonant cavity)이라 불리는 것을 이용해 상태밀도 반전을 일으키기로 했다. 공진 공동은 반사벽으로 이루어진 작은 상자였다. 타운스는 이 공진 공동 안에서 전자를 펌핑해 들뜬 상태로 끌어올리는 방법을 생각해냈는데, 이 방법으로 상태밀도 반전을 만드는 데 성공했다. 또한 전자가 갑자기 바닥상태로 떨어지게 만드는

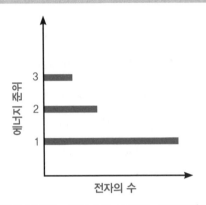

각 에너지 준위에 분포하는 전자 수를 보여주는 전형적인 에너지 다이어그램

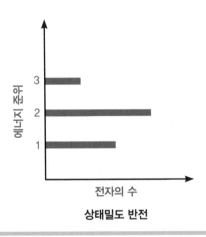

상태밀도 반전

방법도 고안했다. 전자의 에너지 준위가 갑자기 떨어지면서 방출되는 복사선은 가간섭성 마이크로파 복사(coherent microwave radiation)였다. 다시 말해 파장이 모두 같아져 위상과 주파수가 같아지는 것이다. 이 과정에서 그는 메이저(maser: 레이저는 가시광선을 쓰지만 메이저는 마이크로파를 사용한다)라고 부르는 것을 만들어냈다.

메이저를 만든 직후 타운스는 광학적 파동, 또는 가시광선을 이용해 비슷한 장치를 만들 수 있지 않을까 생각했다. 하지만 이를 증명하는 과정은 쉽지 않았다. 광학적 광자는 마이크로파의 광자와 전혀 달랐다. 타운스는 몇 년이나 실패를 거듭한 끝에 겨우 장치를 만드는 데 성공했다. 새로운 장치는 레이저(Light Amplification by Stimulated Emission of Radiation; LASER)라고 불리게 됐으며, 현대 사회에서 용도가 훨씬 광범위하기 때문에 메이저를 압도하게 됐다.

레이저의 기본 원리는 메이저와 같다. 레이저는 모든 광자가 간섭성을 가진 광선을 만들어낸다. 보통 광선에서는 광자들의 파장이 각기 다르다. 백색광은 모든 색 광선이 합쳐져 만들어지는 것으로, 색

찰스 타운스

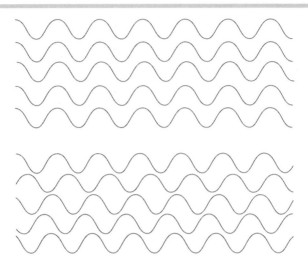

위: 가간섭성 광선/아래: 비간섭성 광선

을 내는 광선들은 서로 파장이 다르다. 결과적으로 한 색깔 빛이 다른 색 빛을 무력화시키기 때문에 초점이 분명하게 맞지 않는다. 레이저 광선은 광자(또는 파동)에 간섭성이 있고 주파수도 같기 때문에 초점을 선명하게 맞출 수 있다.

마이크로파처럼 레이저 장치에도 공진 공동이 필요하다. 그러나 레이저는 대개 공진 공동이 아니라 광학 공동이라고 부른다. 이 공동 내부의 매질을 이득 매질이라 한다. 이득 매질은 유도 방출로 빛을 증폭시키는 데 필요한 성질을 가지고 있다. 이 증폭에도 펌프가 필요하다. 여기서 펌프는 대개 전기회로, 또는 플래시 램프가 쓰인다. 광학 공동 내부의 양쪽 끝에는 거울이 있는데, 각각 일정 부분이 투명해서 빛이 그대로 통과한다. 공동 내부의 빛은 매질을 통해 왔다 갔다 하며 반사되는데, 거울을 통과할 때마다 증폭된다. 이 매질은 외부 에너지원에 의해 들떠 있는 원자 집단이다. 이 매질은 액체, 기체, 고체, 또는 플라즈마인 경우도 있다.

이득 매질은 들뜬 상태로 펌핑된다. 다시 말해 펌핑을 하면 그 안에 든 원자가 들뜬 상태가 되는 것이다. 결국 낮은 에너지 준위보다 높은 에너지 준위에서 전자 밀도가 높아지는 상태밀도 반전이 일어난다. 반사된 광선은 강도가 점점 높아지다가 나중에는 부분 반사 거울을 뚫고 나갈 정도로 강력해진다. 이때 나오는 것이 간섭성 레이저 빔이다.

타운스는 제자인 아서 숄로(Arthur Schawlow)와 함께 처음으로 사용 가능한 레이저 장치를 설계했지만 만들어내지는 못했다. 그러나 이 장치에 대해 논문을 써 1958년에 특허를 출원했다. TRG 주식회사 연구원이던 고든 굴드(Gordon Gould)도 이와 유사한 장치를 연구했다. 굴드는 1959년 4월에 이 장치 특허를 신청했는데, 타운스와 숄로가 특허를 신청하기 이전에 레이저 장치의 구조를 묘사한 도면을 제시했음에도 불구하고 그의 신청은 거부당했다. 여러 법원에서 소송이 잇따랐고, 이 소송들을 해결하는 데 몇 년이 걸렸다.[8] 두 당사자들은 레이저 장치를 각기 독자적으로 발명한 것으로 인정받고 있다.

그러나 실제로 작동되는 레이저 장치를 처음 만든 사람은 캘리포니아 휴즈 연구소의 시어도어 메이먼(Theodore Maiman)이었다. 그의 장치는 타운스나 숄로, 그리고 굴드의 장치와 달랐다. 세 사람의 장치는 이득 매질로 기체를 사용했지만, 메인먼은 펌프 역할을 하는 플래시 램프가 나선형으로 감고 있는 루비 막대를 사용했다.

그다음 단계는 당연히 레이저를 무기로 사용하는 것이었다. 광선총처럼 레이저와 유사한 장치가 소설과 영화에 등장한 것은 오래전부터다. 그러나 실제로 레이저 무기를 만들기란 예상보다 훨씬 어려웠다. 가까운 미래에 레이저가 기존 무기를 대체할 가능성은 거의 없다. 핵심적인 문제점은 레이저가 용량이 매우 큰 에너지원을 필요로 한다는 것이다. 이 때문에 공학적으로도 심각한 문제점들이 생긴다. 물론 레이저 무기도 가능하긴 하다. 해군은 최근에 적국 선박을 무력화시키고 드론을 추락시키는 레이저 무기를 개발했다. 이 레이저 무기의 가장 큰 장점은 값비싼 탄약이 필요하지 않다는 점이다. 그러나 레이저 자체의 비용도 상당히 크다.

여러 레이저 중에서 가능성이 상당히 큰 것이 바로 X선 레이저다. 이 레이저는 광학적 광선이 아니라 X선의 가간섭성 광선을 만들어 낸다. 따라서 에너지가 훨씬 크다. 이 레이저는 1983년에 제안된 전략 방위 계획(스타워즈 계획)의 일부였다. 이런 레이저들은 핵폭발에서 에너지를 얻는다. 그러나 시험 결과, 실제로 사용할 수 없다는 것이 밝혀졌다.

트랜지스터 · 마이크로칩 · 컴퓨터

● 　　　　　　　과학 발전이 무기 개발에 중대한 역할을 한 경우가 많지만, 트랜지스터 발명에 버금갈 만한 것은 드물다. 현재 사용되는 모든 전자 장치에는 어떤 형태로든 트랜지스터가 쓰인다. 그리고 어떤 방식으로는 전자 장치가 쓰이지 않는 무기는 찾기 힘들다. 20세기 초, 진공관 발명과 함께 전자 시대가 도래했다. 3극 진공관과 함께 레이더를 비롯한 수많은 전자 장치들이 탄생했다. 그러나 이 장치는 매우 약한 데다 덩치도 컸다. 1947년, 벨 연구소의 존 바딘(John Bardeen), 월터 브래튼(Walter Brattain), 윌리엄 쇼클리(William Shockley)가 트랜지스터를 개발하면서 전자 시대는 혁명을 맞았다. 소형 라디오, 전자계산기, 강력한 컴퓨터가 줄줄이 뒤를 이었다. 오늘날 트랜지스터는 대부분 집적회로, 또는 흔히 불리는 대로 마이크로칩에 쓰인다. 트랜지스터 발명이야말로 혁명의 시작이었다.[9]

트랜지스터는 들어오는 전기 신호를 증폭하거나 개폐시키는 역할도 한다. 트랜지스터를 개발한 것은 고체물리학을 연구하는 물리학자들이었다. 이름이 말하듯이 고체물리학은 고체를 다룬다. 고체는 다양한 형태로 존재한다. 고체 중에는 전기 전도체도 있지만 절연체(비전도체)도 있으며, 그 사이에 반도체도 있다. 반도체가 특히 중요한 이유는 트랜지스터를 가능하게 했기 때문이다.

트랜지스터와 반도체에 대해 이해하기 위해 금속과 반도체의 원자 구조를 들여다볼 필요가 있다. 우선 기체부터 시작하기로 하자. 기체 원자에는 핵이 있다. 이 핵 주변에는 다양한 에너지 준위의 전자 여러 개가 돈다. 기체에 압력을 가하거나 온도를 낮춘다고 가정해보자. 어떤 현상이 일어날까? 원자가 가까이 밀착되다가 결국 기체는 액체가 된다. 이 단계에서는 아직 원자의 다양한 에너지 준위가 완전히 분리돼 있지만, 압력을 계속 가하면(또는 온도를 계속 낮추면) 액체는 고체가 되고, 각 원자의 에너지 준위는 중첩된다. 여기서 에너지띠가 생겨나는데, 이 에너지띠는 연속된 에너지의 영역이다.

에너지띠가 형성되는 세부 과정은 압축되거나 냉각되는 물질이 무엇이냐에 따라 달라진다. 이 에너지 준위를 자세히 보면, 그중 일부에는 전자가 포함돼 있지만 다른 일부는 비어 있다는 것을 알 수 있다. 이 띠 사이에는 간격도 존재한다. 금속과 반도체에는 대부분 띠가 두 개 있고 그 사이에 간격이 있다. 두 띠는 원자가 전자대(valence band)와 전도대(conduction band)라고 일컫는다. 두 띠 사이의 간격이 그 물질이 금속인지, 반도체인지, 절연체인지를 결정한다.

앞에서 보았듯이 전류는 금속, 또는 반도체 원자에 의해 만들어진 격자를 통과해 움직이는 전자 집단이다. 사실상 전자는 원자 하나에서 다른 원자로 도약한다. 그러나 격자를 통과해 이동하기 위해서는 간격 에너지(gap energy)를 극복할 만한 에너지를 지녀야 한다. 다시 말해 원자가 전자대에서 전도대로 도약하려면 도약에 필요한 에너지를 어디에선가 확보해야 한다. 반도체는 이 에너지 간격이 상대적으로 작기 때문에, 원자가 전자대에서 전도대로 도약하기 위해 전자가 에너지를 많이 확보하지 않아도 된다. 한편 구리 같은 전도체는

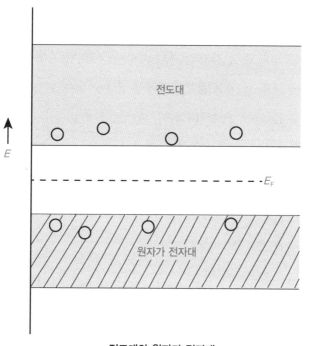

전도대

E

E_F

원자가 전자대

전도대와 원자가 전자대
두 띠 사이 간격에 주목하자. E_F는 페르미 준위라고 한다.

그 간격이 아주 작거나 없어서 전압을 아주 작게 걸어도 전자가 자유롭게 이동한다.

전자 시스템에 관한 한 가장 중요한 반도체 두 가지는 게르마늄과 실리콘이다. 이 반도체들을 특히 가치 있게 만드는 것은 붕소나 인 같은 불순물 원자를 혼입시킬 수 있다는 점이다. 불순물 원자는 다른 원소의 전기적 전도성에 관여하는 원자가 전자가 모자라거나 넘친다. 불순물 혼입은 불순물을 집어넣는 과정인데, 이 과정은 에너지

틈에서 전도대 바로 아래나 원자가 전자대 바로 위에 새로운 에너지 준위를 만든다. 전도대 바로 아래 있는 에너지 준위는 불순물 공여 원자에 의해 생기고, 원자가 전자대 바로 위 에너지 준위는 불순물 수용 원자에 의해 생긴다. 반도체 중에서 불순물 공여 원자가 혼입되는 반도체를 n-타입 반도체라 한다. 반대로 불순물 수용 원자가 혼입되는 반도체를 p-타입이라 한다. 전자가 수용 준위로 도약하면 원자가 전자대에는 정공(hole)이 생기는데, 이 정공은 마치 양전자처럼

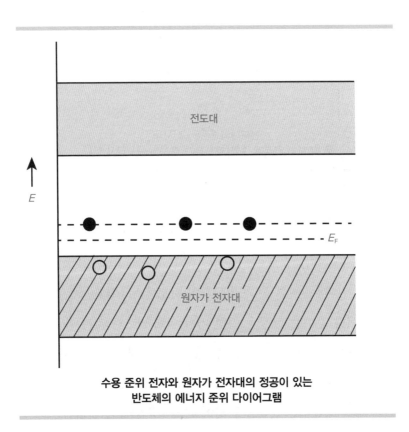

**수용 준위 전자와 원자가 전자대의 정공이 있는
반도체의 에너지 준위 다이어그램**

행동한다.[10]

이 정보를 알아낸 바딘과 브래튼은 반도체를 전자공학에 이용할 수 있는지 알아보았다. 당시 여러 전자 장치 가운데 가장 단순한 것으로 정류기(rectifier: 전류가 한 방향으로만 흐르게 해주는 장치)가 있었다. 반도체를 이용한 정류기를 연구하면서 이들은 훨씬 흥미로운 것을 발견했다. 아주 단순한 형태의 증폭이었다. 증폭은 신호를 증가시키는 것이다. 전류, 전압 또는 에너지 증가일 수도 있다. 바딘과 브래튼은 실험을 통해 전류와 전력은 증폭시킬 수 있었지만 전압은 증폭시키지 못했다. 이들이 처음 만든 장치는 반도체 표면의 점접촉에 쓰였다.

바딘과 브래튼은 이 장치를 개선하는 데 계속 노력을 기울였다. 하지만 접촉침 부분에 문제가 있었다. 가장 중요한 것은 이 문제를 일으키는 것으로 보이는 반도체 표면에 층이 있다는 것이었다. 지도자였던 쇼클리는 이 시기에 이 연구에 더욱 깊이 관여하고 있었다. 쇼클리는 3층 구조 반도체도 충분히 성능을 다할 것이며 더 단순할 수도 있다는 의견을 내놓았다. 기본적으로 보면 p-n 접합점 두 개가 연결돼 p-n-p, 또는 n-p-n 장치가 되는 것인데, 이것이 바로 트랜지스터라고 부르는 장치다.

트랜지스터 하나에는 연결점이 여러 개 있을 수 있는데, 대개 연결점 두 개를 통해 들어간 입력 신호가 증폭되고, 합성력이나 출력은 다른 연결점 두 개를 통과한다. 해를 거듭하면서 트랜지스터의 크기는 현격하게 줄어들었고, 그 결과 지금은 다양한 초소형 회로에 들어가게 됐다. 트랜지스터는 곧 컴퓨터의 중추 장치가 됐고, 기술이 발전하면서 점점 더 작아졌다. 그리하여 컴퓨터 자체도 초소형으로 변화했다.

마침내는 트랜지스터 대부분이 마이크로칩이라 불리는 초소형 회로에 집적됐다. 아주 작은 회로판에 트랜지스터 수백 개가 들어가더니, 그다음에는 수천 개, 심지어는 수십만 개가 들어가게 됐다. 그 밖에 다른 전자 부품도 마찬가지였다. 놀랍게도 마이크로칩은 점점 작아지면서 동시에 신뢰도가 높아졌다. 오늘날에는 문자 그대로 수십억 개가 초소형 마이크로칩에 들어갈 수 있다. 그 결과 오늘날 다양한 컴퓨터들이 우리 주변을 둘러싼 장치들 속에 믿을 수 없으리만치 많이 들어가게 됐다. 컴퓨터는 무기에도 혁명을 일으켰다. 탱크, 비행기, 유도 미사일, 로켓, 여러 총기류, 그리고 거의 모든 폭탄에 컴퓨터가 내장된다.

인공위성과 드론

● 사람들은 일반적으로 인공위성을 무기로 생각하지 않는다. 이론상으로는 레이저, 광선 무기 심지어 미사일까지 탑재할 수 있지만, 지금까지 인공위성은 직접 교전에 쓰인 적이 없다. 앞에서 이야기했듯이 소련은 1957년에 스푸트니크 호를 발사했다. 미국 최초의 인공위성 익스플로러 1호는 그 이듬해 발사됐지만, 우주 기술에 관한 한 몇 년 동안이나 미국은 소련에 뒤처져 있었다.

인공위성은 대륙 횡단 텔레비전 방송, 장거리 전화 통신, 일기 예보, GPS 내비게이션 등 상업적 목적으로도 다양하게 쓰이지만, 첩보도 중요한 목적 가운데 하나다. 여기서는 첩보 위성에 초점을 맞추기로 한다.

스푸트니크 호 발사 이후 몇 년 만에 미국과 소련은 각각 첩보 위성을 발사했다. 초기 첩보 위성은 데이터를 기록한 뒤 양철통에 담아 방출해 회수하는 방식으로 쓰였다. 그러나 얼마 지나지 않아 정보 회수에 무선 전파가 쓰이기 시작했다. 미국이 발사한 첫 번째 첩보 위성 시리즈는 1959년의 코로나였다. 그때부터 첩보 임무가 대량으로 시작됐고, 첩보 기술은 점점 정교하고 치밀해졌다. 이스라엘, 영국, 프랑스, 독일, 인도 등 다른 나라들도 독자적으로 첩보 위성을 띄워 올렸다.

하늘은 이제 첩보 위성으로 가득 찼다. 대부분 고도 160~320킬로미터 상공에서 궤도를 돈다. 첩보 위성은 대략 시속 28,000킬로미터로 선회하면서 군과 정보기관에서 관심을 갖는 장소를 수백만 장씩 사진 찍어 보낸다. 첩보 위성은 지구를 향한 거대한 디지털 카메라나 다름없다. 많은 사람들이 허블 우주망원경이 거대한 거울을 동원해 발견한 놀라운 과학적 현상에 대해 알고 있다. 그런데 미국은 허블 우주망원경 못지않게 큰 망원경을 위성에 탑재했으며, 그 망원경은 우주가 아닌 지구를 향하고 있다. 이런 위성들을 키홀(Keyhole-class; KH) 급 첩보 위성이라 하는데, 이 위성들의 망원경은 지상에 있는 12~15센티미터짜리 물체까지 식별케 하는 고선명 이미지를 제

공한다.[11]

　이들이 가진 놀라운 성능은 고선명 이미지에 그치지 않는다. 신형 위성들은 이제 스테레오 이미지(약간 다른 각도에서 나란히 촬영한 이미지)를 촬영하기 때문에, 이 이미지를 컴퓨터로 처리하면 3차원 이미지를 만들 수 있다. 이뿐만 아니라 무선전파 이미지와 적외선 이미지도 얻을 수 있다. 적외선 이미지는 구름이 짙거나 해가 진 뒤에도 볼 수 있기 때문에 특히 유용하다. 게다가 요즘에는 무전기 하나, 휴대전화 하나까지 정확하게 짚어내 몇 분 안에 주인을 찾아낼 정도로 정보 수집이 빠르고 정확해졌다.

　위성에는 대부분 몇 분의 1초 만에 엄청난 데이터를 처리할 정도로 강력하고 성능 좋은 컴퓨터가 탑재된다. 이 데이터들은 신속하게 지상 통제 센터로 전송된다.

　위성 외에 지금은 무인 항공기도 광범위하게 이용한다. 무인 항공기는 대개 드론으로 통칭한다. 드론은 이라크 전쟁과 아프가니스탄 전쟁에 집중적으로 쓰였다. 미국의 주요 모델은 MQ-1 프레데터(MQ-1 Predator)와 MQ-9 리퍼(MQ-9 Reaper)이고 다른 것들도 사용된다. 드론의 정식 명칭은 무인 항공기, UAV(unmanned aerial vehicle), 또는 RPV, 즉 원격 조종 항공기(remotely piloted vehicle)다. 드론이 현대 공중전은 물론이고 전투 양상을 전반적으로 바꿔놓았다는 것은 부인할 수 없다. 드론의 또 다른 주요 강점은 기존 폭격기에 비해 비용이 훨씬 적게 든다는 것이다. 프레데터는 길이가 고작 8.1미터에 불과하다.[12]

드론 조종사는 대개 수천 킬로미터나 떨어진 곳에 있다. 이라크, 파키스탄, 아프가니스탄에서 사용된 드론은 조종사가 미국 본토 군사 기지에 있었다. 여기서 보통 조종사가 보는 것과 똑같이 시야를 보여주는 스크린 앞에서 드론을 조종했다. 게다가 조종사는 드론이 비행하는 지역의 지상에 있는 병력과 통신할 수도 있다. 특히 드론 조종사는 지상 병력에게 적의 위치와 규모 등 정보를 줄 수 있다.

드론은 대부분 전투기보다 훨씬 작고, 전투기만큼 장비가 잘 갖추어져 있지는 않다. 프레데터 드론은 일반적으로 첩보용으로만 쓰이

프레데터 드론

기 때문에 무기가 탑재되지 않는다. 그러나 리퍼에는 미사일이 있다. 영국에서 개발 중인 태러니스(Taranis)는 전투기 크기로 제작될 것으로 보인다. 태러니스에는 여러 유형의 무기가 탑재돼 다른 항공기로부터 방어할 능력도 지닌다. 이스라엘 공군 역시 헤르메스 450s(Hermes 450s)라는 드론을 운용하는데, 이 드론에는 미사일이 탑재돼 있다. 드론을 가진 나라들은 대부분 프랑스에서 생산된 스페르웨르(Sperwer)를 사용한다. 이 드론은 12시간 동안 항속 가능하며, 적외선과 레이저 센서처럼 여러 전기광학 장치와 함께 미사일과 대전차 무기까지 탑재하고 있다.

미래의 전쟁 무기

● 　　　　　미래의 무기들을 보고 싶다면 공상과학소설이나 영화를 보면 될지 모른다. 하지만 그런 무기들이 어떻게 현실적으로 가능할까? 그 무기들 가운데는 머지않아 전쟁에 실제로 쓰일 것으로 보이는 것도 있지만 대부분은 그렇지 않다. 언젠가는 설계도에 그치지 않고 실제로 무기가 될 것으로 보이는 것들을 살펴보자.

우선 전자폭탄(e-bomb)이 매우 흥미롭다. 이 무기는 요즘처럼 문명화된 시대를 사는 사람들에게는 끔찍한 재앙이지만, 사실은 사람을 죽이지 않는다. 전자폭탄 아이디어는 수소폭탄이 처음 폭발된 1960년대에 등장했다. 수소폭탄이 폭발했을 때 관측된 여러 현상 가운데 하나가 폭발로 발생한 강력한 전자기파였다. 아주 먼 곳에 있는 과학자들도 이 파동을 느꼈다. 폭발 지점으로부터 1,500킬로미터나 떨어진 곳에서도 느낄 정도였다. 게다가 이 폭발로 수 킬로미터 떨어진 곳을 지나가던 항공기의 장치들이 오작동하는 현상이 발생했다.[13]

과학자들은 수소폭탄 폭발로 인한 전자기파가 어떤 위험성을 내포하는지 처음에는 파악하지 못했다. 그러나 그 전자기파가 어떻게 발생했는지는 궁금했다. 그리고 곧 원인을 찾아냈다. 핵폭발이 일어나면 감마선이 엄청나게 방출된다. 그리고 이 감마선은 고속 전자를 만들어내는데, 그중 일부는 지구 자기장 안에 갇히게 된다. 이렇게 갇힌 전자들이 강력한 전기장과 자기장을 만들고, 이것들이 전자 장치나 전기 장치에 극히 강한 전류와 전압을 일으키는 것이었다. 이 파동으로 모든 전자장치를 무력화시킬 수도 있다. 컴퓨터, 통신 장치, 전화기는 물론이고 자동차나 비행기에 내장된 전기 시스템도 예외가 아니다. 이런 현상이 벌어지면 사회 전체가 완전히 멈추고 경제적으로도 수십억 달러의 손실이 발생하게 된다.[14]

군에서는 짧지만 강력한 전자기파를 발생시킬 방법을 찾고 있었다. 핵폭탄을 터뜨려야만 그런 전자기파를 발생시킬 수 있다면 무용지물일 테지만, 폭발을 일으키지 않고도 가능하다. 커다란 구리 코일 내부에 압축된 폭약이면 충분하다. 폭발하는 순간 콘덴서 뱅크로 코일에 에너지를 주면 자기장이 생성된다. 폭발은 전류 단락을 일으키고, 단락은 자기장을 압축시킨다. 그 결과 순식간에 이 장치로부터 강력한 전기파가 생성돼 퍼져나간다.

이 장치에서 퍼져나가는 전기파는 미국 전역 상당 부분을 마비시킬 수 있다. 캔자스 주 같은 국토 중앙부 상공 400킬로미터 고도에서 이런 장치가 폭발하면, 미국 전역의 전기 전자장을 무력하게 만들 수 있다.

이러한 시스템으로부터 방어할 수 있는 수단이 있을까? 전기 시스템을 지키기 위해 방어막을 구축할 수는 있지만 비용이 매우 크기도 하려니와, 가까운 미래에는 현실적으로 가능성이 낮다.

다른 시스템은 어떨까? 앞에서 X선 레이저와 그 장치를 개발하기 위해 어떻게 노력했는지 이야기했다. 그러나 광학 레이저나 전자파 레이저에 비해 X선 레이저는 개념상 심각한 문제를 가지고 있다. X선 레이저로 생성되는 들뜬 전자는 수명이 매우 짧고, 또한 X선을 반사하는 거울을 만들기도 매우 어렵다. 이런 문제 때문에 일반적으로 X선 레이저는 가간섭성이 떨어지고, 이 문제를 해결하기가 어렵다. 최적의 대안은 활성 매질로 고이온화 플라즈마를 쓰는 것이다. 이는 어느 정도 가능성이 있다고 증명됐지만, X선 레이저를 이용한 효과적인 무기는 아직 만들어지지 않았다.

또 비슷한 접근 방법은 고에너지 원자 빔, 또는 아원자 입자를 무기로 사용하는 것이다. 이런 빔은 세계 곳곳에서 매일 만들고 있다. 여러 가지 가속기, 이를테면 사이클로트론이나 선형가속기에서도 만든다. 입자가속기와 관련된 기술은 이미 널리 알려져 있다. 일반적으로 가속되는 입자는 주로 전자, 중성자, 양전자(positron), 양성자, 이온화된 원자 등이다. 전하를 띤 입자는 초점을 맞춰 가느다란 광선 형태를 유지하기 어렵다. 서로 척력이 작용하기 때문이다. 따라서 무기로 개발하기에 가장 좋은 입자는 중성자다. 이러한 입자를 이용한 광선에는 장점이 여러 가지 있다. 첫째, 입자들이 빛의 속도에 가깝게 빨리 움직인다. 둘째, 매우 높은 에너지로 생산될 수 있다. 이 광선에 대한 연구는 커클런드 공군 기지의 이온 광선 연구소 등 여러 곳에서 진행되고 있다.

덜 생소한 무기로는 매우 정교한 수류탄 발사기가 개발 중이다. XM25 수류탄 발사기는 레이저 조준기와 컴퓨터가 내장돼 있다. XM25는 레이저 광선을 이용해 수류탄을 목표물까지 유도하게끔 설계됐다. 수류탄은 목표물 바로 위 공중에서 폭발한다.[15] 스마트 탄환도 개발 중이다. 이 탄환은 유도 시스템을 이용해 비행 중에 조작이 가능하다. 움직이는 목표물에 이 탄환이 특히 효과적이다.[16]

로봇도 오랫동안 무기로 사용될 가능성을 보여왔다. 지뢰를 제거하는 데는 이미 유용성이 증명된 바 있다. 키네틱 노스 아메리카(QinetiQ North America)가 마케팅을 하는 모듈식 첨단 장갑 로봇 시스템(Modular Advanced Armed Robotic System; MAARS)은 원격으로 작동하는 무인 지상 수송체다. 이 시스템에는 카메라, 동작 감지기, 마이크 등 여러 장치가 내장되고, 전차의 무한궤도처럼 연속 트랙을 이용해 움직인다. 정찰, 감시, 목표물 획득 활동 등에 이용할 수 있다. 무기도 수송할 수 있다.[17]

마지막으로, 아직 실현되려면 시일이 상당히 걸릴 것으로 보이지만 언급할 만한 가치가 있는 무기가 또 있다. 앞에서 우리는 드론과 위성이 첩보를 비롯해 다양하게 사용된다는 것을 이야기했다. 이상하게 들릴 수도 있지만, 인간의 뇌에서 나오는 전자기파를 해독하는 감지기도 개발 중이다. 미래 언젠가는 이 장치를 탑재한 위성이나 드론이 전장에서 적군의 마음을 읽는 날이 올지도 모른다.

미래에 나타날지 모르는 무기들은 순전히 상상의 산물처럼 보일 수도 있지만, 30년 전쟁 때 사용된 머스켓을 처음 본 페르시아의 전사가 얼마나 경이로워 했을지 상상해보라. 나폴레옹의 병사들이 제1차 세계대전 당시 무장 항공기나 잠수함을 봤다면 어땠을까? 원자폭탄이 갑자기 등장한 1945년 8월까지는 나가사키와 히로시마 시민들도 원자폭탄이라는 것을 신기하게 여겼을 것이다. 자연에 숨은 물리학 법칙들을 이해하면서, 인간은 파괴력이 큰 무기를 점점 많이 만들고 있다. 물리학 지식의 한계가 넓어질수록 무기도 점점 발전할 것이 틀림없다. 오늘 이후 간절한 소망은, 점점 넓고 깊게 물리학을 이해함으로써 전쟁 같은 대량 학살이나 이미 흔한 일이 돼 버린 살육 무기가 아니라, 인간에게 해를 입히지 않으면서 갈등을 궁극적으로 해결할 수 있는 무기를 개발하는 일일 것이다.

1. 들어가며

1. Wikipedia, 'Battle of Megiddo'.
http://en.wikipedia.org/wiki/Battle_of_Megiddo_(15th_century_BC)
; Tour Egypt, 'Battle of Megiddo'.
http://www.touregypt.net/featurestories/megiddo.htm
2. About.com, 'Pharaoh Thutmose III'.
http://ancienthistory.about.com/od/egyptmilitary/qt/070607Megiddo.htm

2. 고대의 전쟁과 물리학의 탄생

1. Historynet.com, 'Military History'.
http://www.historynet.com/battle-of-kadesh.htm
2. 어니스트 볼크먼, 《전쟁과 과학, 그 야합의 역사》, 석기용 옮김, 이마고, 2003(원서 p.17.).
3. 같은 책(원서 p. 20.).
4. Robert O'Connell, "*Of Arms and Men*", NY: Oxford University Press, 1989, p.39.
5. Ancient Greece, 'Aristotle'.
http://www.ancientgreece.com/s/People/Aristotle
6. Middle Ages, 'Ballista'.
http://www.middle-ages.org.uk/ballista.htm
7. Middle Ages, 'Trebuchet'.
http://www.middle-ages.org.uk/trebuchet.htm
8. W. W. Tarn, "*Philip of Macedon, Alexander the Great*", Boston: Beacon Press, 1972.
9. 어니스트 볼크먼, 같은 책(원서 p.30.).
10. E. J. Dijksterhuis, "*Archimedes*", NJ: Princeton University Press, 1983.

3. 기초 물리학을 응용한 고대의 무기

1. 아이작 아시모프, 《아시모프의 물리학》, 웅진문화, 1993(원서 p.13.).
2. 같은 책(원서 p.26.).
3. 같은 책(원서 p.65.).
4. 같은 책(원서 p.84).
5. Barry Parker, "*Science 101: Physics*", NY: Collins—Smithsonian, 2007, p.24.
6. ibid, p.26.
7. Fizzix, 'The Physics of Archery'.
    http://www.mrfizzix.com/archery
8. The Real World Physics Problems, 'The Physics of Archery'.
    http://www.real—world—physics—problems.com/physics—of—archery.html

4. 로마 제국의 흥망과 영불 전쟁의 시작

1. 어니스트 볼크먼, 《전쟁과 과학, 그 야합의 역사》, 석기용 옮김, 이마고, 2003(원서 p.35.).
2. Robert O'Connell, "*Of Arms and Me*n", NY: Oxford University Press, 1989, p.69.
3. Illustrated History of the Roman Empire, 'The Battle of Adrianople'.
    http://www.roman—empire.net/army/adrianople.html
4. Britain Express, 'The Battle of Hastings'.
    http://www.britain http"//express.com/History/battles/hastings.htm
5. About.com, 'Hundred Years' War: Battle of Crécy'.
    http://www.militaryhistory.about.com/od/battleswars12011400/p/crecy.htm
6. 어니스트 볼크먼, 같은 책(원서 p.38.).
7. BritishBattles.com, 'The Battle of Agincourt'.
    http://www.britishbattles.com/100—years—war/agincourt.htm
8. Robert Hardy, "*Longbow: A Social and Military History*", NY: Lyons and Burford, 1993.
9. Fizzix, 'The Physics of Archery'.
    http://www.mrfizzix.com/archery
10. The Real World Physics Problems, 'The Physics of Archery'.
    http://www.real—world—physics—problems.com/physics—of—archery.html

5. 화약과 대포: 전쟁과 세상을 바꾼 발견

1. Jack Kelly, "*Gunpowder*", NY: Basic Books, 2004, p.12.
2. ibid. p.17.

3. J. R. Partington, "*A History of Greek Fire and Gunpowder*", Baltimore: Johns Hopkins University Press, 1999, p.22.
4. Jack Kelly, ibid. p.23
   ; J. R. Partington, ibid, p.69.
5. Robert O'Connell, "Of Arms and Men", NY: Oxford University Press, 1989, p.108
   ; Jack Kelly, ibid. p.41.
6. J. R. Partington, ibid, p.91.
7. Wikipedia, 'Huolongjing'.
   http://en.wikipedia.org/wiki/Huolongjing
8. 어니스트 볼크먼, 《전쟁과 과학, 그 야합의 역사》, 석기용 옮김, 이마고, 2003(원서 p.49.).
   ; Jack Kelly, ibid. p.49.
9. 어니스트 볼크먼, 같은 책(원서 p.55.).
   ; Jack Kelly, ibid. p.55.
10. History Learning Site, 'Charles VIII'.
    http://www.historylearningsite.co.uk/c8.htm

6. 시대를 앞서간 세 사람 다빈치 · 타르탈리아 · 갈릴레오

1. Wikipedia, 'Leonardo da Vinci'.
   http://en.wikipedia.org/wiki/leonardo_da_vinci
2. HowStuffWorks.com, 'Top 10 Leonardo da Vinci Inventions'.
   http://www.howstuffworks.com/innovations/famous—inventors/
3. Wikipedia, 'Science and Inventions of Leonardo da Vinci'.
   http://en.wikipedia.org/Science_and_inventions_of_Leonardo_da_Vinci
4. 어니스트 볼크먼, 《전쟁과 과학, 그 야합의 역사》, 석기용 옮김, 이마고, 2003(원서 p.77.).
5. MacTutor History of Mathematics, 'Tartaglia Biography'.
   http://www—history.mcs.st—and.ac.uk/Biographies/Tartaglia.html
6. J. Bronowski, "*The Ascent of Man*", Boston: Little, Brown and Company, 1973, p.198.
7. About.com, 'Galileo Galilei'.
   http://www.inventors.about.com/od/gstartinventors/a/Galileo_Galilei.htm
   ; Wikipedia, 'Galileo Galilei'.
   http://en.wikipedia.org/wiki/Galileo_Galilei
8. 이 실험은 몇 년 뒤에 수행된 것이 분명하다..

7. 초기 총에서 대량 파괴까지

1. J. R. Partington, "*A History of Greek Fire and Gunpowder*", Baltimore: Johns Hopkins University Press, 1999, p.97.
2. Jack Kelly, "*Gunpowder*", NY: Basic Books, 2004, p.70.
; Wikipedia, 'Matchlock'.
http://en.wikipedia.org/wiki/matchlock
3. Jack Kelly, ibid. p.76.
4. Wikipedia, 'Wheelock'.
http://en.wikipedia.org/wiki/wheellock
5. 어니스트 볼크먼, 《전쟁과 과학, 그 야합의 역사》, 석기용 옮김, 이마고, 2003(원서 p.91.).
; About.com, 'Prince Henry the Navigator'.
http://www.geography.about.com/od/historyofgeography/a/princehenry.htm
6. 어니스트 볼크먼, 같은 책(원서 p.99.).
; Catholic Encyclopedia, 'Paolo dal Pozzo Toscanelli'.
http://www.newadvent.org/cathen/14786a.htm
7. Encyclopedia Britannica, 'King Henry VIII'.
http://www.britannia.com/history/monarchs/mon41.html
8. About.com, 'William Gibert'.
http://www.inventors.about.com/library/inventors/bl_william_gilbert.htm
9. 어니스트 볼크먼, 같은 책(원서 p.104.).
10. 데이바 소벨 · 윌리엄 앤드루스 지음, 《경도 : 해상시계 발명 이야기》, 김진준 옮김, 생각의나무, 2002.
11. Jack Kelly, ibid. p.132.
12. Robert O'Connell, "*Of Arms and Men*", NY: Oxford University Press, 1989, p.141.
13. Answers.com, 'Gustavus Adolphus of Sweden'.
http://www.answers.com/topic/gustav-ii-adolph-of-sweden
14. Barry Parker, "*Science 101: Physics*", NY: Collins-Smithsonian, 2007, p.8.
; Jacob Bronowski, "*The Ascent of Man*", Boston: Little, Brown and Company, 1973, p.221.

8. 산업혁명의 충격

1. 어니스트 볼크먼, 《전쟁과 과학, 그 야합의 역사》, 석기용 옮김, 이마고, 2003(원서 p.116.).
2. Bio, 'Louis XIV Biography'.
http://www.biography.com/people/louis-xiv-9386885
3. Jacob Bronowski, "*The Ascent of Man*", Boston: Little, Brown and Company, 1973, p.259.

4. About.com, 'James Watt—nventor of the Modern Steam Engine'.
http://inventors.about.com/od/wstartinventors/a/james_watt.htm
; Michigan State University College of Engineering, 'Biography of James Watt'.
http://www.egr.msu.edu/~lira/supp/steam/wattbio.html
5. Jacob Bronowski, ibid. p.274.
6. 어니스트 볼크먼, 같은 책(원서 p.126.).
; MacTutor History of Mathematics Archive, 'Benjamin Robins'.
http://www-history.mcs.st-andrews.ac.uk/Biographies/Robins.html
7. Wikipedia, 'Flintlock'.
http://en.wikipedia.org/wiki/flintlock
8. C. D. Andriesse, "*Huygens: The Man behind the Principle*", Cambridge: Cambridge University Press, 2011.
9. Wikipedia, 'Christiaan Huygens'.
http://en.wikipedia.org/wiki/Christiaan_Huygens

9. 나폴레옹의 무기와 물리학의 새로운 발전

1. 어니스트 볼크먼, 《전쟁과 과학, 그 야합의 역사》, 석기용 옮김, 이마고, 2003(원서 p. 136.).
2. Jacob Bronowski, "*The Ascent of Man*", Boston: Little, Brown and Company, 1973, p.148.
3. Wikipedia, 'Antoine Lavoisier'.
http://en.wikipedia.org/wiki/Antoine_Lavoisier
4. Engines of Our Ingenuity, 'No. 728: Death of Lavoisier'.
http://www.uh.edu/engines/epi728.htm
5. About.com, 'Napoleon Bonaparte'.
http://europeanhistory.about.com/od/bonapartenapoleon/a/bionapoleon.htm
6. Wikipedia, 'Napoleonic Weaponry and Warfare'.
http://en.wikipedia.org/wiki/napoleonic_weaponry_and_warfare
7. Wikipedia, 'French Invasion of Russia'.
http://en.wikipedia.org/wiki/French_invasion_of_Russia
8. Middlesex Canal, 'Count Rumford'.
http://www.middlesexcanal.org/docs/rumford.htm
9. Barry Parker, "*Science 101: Physics*", NY: Collins-Smithsonian, 2007, p.110.
10. ibid, p.112.
11. ibid, p.116.
12. ibid, p.118.

1. Jack Kelly, "*Gunpowder*", NY: Basic Books, 2004, p.180.
2. Robert O'Connell, "*Of Arms and Men*", NY: Oxford University Press, 1989, p.191.
3. Jack Kelly, ibid. p.182.
4. ibid. p.188
   ; Robert O'Connell, ibid, p.191.
5. Jack Kelly, ibid. p.213
   ; Robert O'Connell, ibid, p.196.
6. Wikipedia, 'American Civil War'.
   http://en.wikipedia.org/wiki/american_civil_war
7. The History Place, 'Battle of Gettysburg'.
   http://www.historyplace.com/civilwar/battle.htm
8. Learning—Online, 'The Telegraph in the War Room'.
   http://www.alincolnlearning.us/Civilwartelegraphing.html
9. About.com, 'Introduction to Joseph Henry'.
   http://inventors.about.com/od/hstartinventors/a/Joseph_Henry.htm
10. Barry Parker, "*Science 101: Physics*", NY: Collins—Smithsonian, 2007, p.118.
11. Wikipedia, 'Gatling Gun'.
    http://en.wikipedia.org/wiki/gatling_gun
12. Jack Kelly, ibid. p.191.
13. CivilWar Trust, 'Damn the Torpedoes! The Battle of Mobile Bay'.
    http://www.civilwar.org/battlefields/mobilebay/mobile—bay—history—articles/damn—the—torpedoes—the.html
14. AmericanCivilWar.com, 'Civil War Submarines'.
    http://americancivilwar.com/tcwn/civil_war/naval_submarine.html
15. CivilWar.com, 'Balloons in the American Civil War'.
    http://www.civilwar.com/weapons/observation_balloons.html

1. Wikipedia, 'Internal Ballistics'.
   http://en.wikipedia.org/wiki/internal_ballistics
2. Chemistry 101 Class Notes, 'Elementary Gas Laws: Charles Law'.
   http://www.iun.edu/~cpanhd/C101webnotes/gases/charleslaw.html
3. Wikipedia, 'Recoil'.
   http://en.wikipedia.org/wiki/recoil
4. Federation of American Scientists, 'Introduction to Ballistics'.
   http://www.fas.org/man/dod—101/navy/docs/swos/gunno/INFO6.html
5. Wikipedia, 'External Ballistics'.

http://en.wikipedia.org/wiki/external_ballistics
6. Wikipedia, 'Terminal Ballistics'.
    http://en.wikipedia.org/wiki/terminal_ballistics

12. 저것 좀 봐! 하늘을 날아!: 공기역학과 최초의 비행기

1. 아이작 아시모프, 《아시모프의 물리학》, 웅진문화, 1993(원서 p.133.).
2. Welcome to the Wright House, 'Wright Brothers History: First Airplane Flight'.
    http://www.wright-house.com/wright-brothers/wrights/1903.html
3. About.com, 'Visual Timeline: The Lives of the Wright Brothers and Their Invention of the Airplane'.
    http://inventors.about.com/od/wstartinventors/a/TheWrightBrothers.htm
4. Quentin Reynolds, "*The Wright Brothers: Pioneers of American Aviation*", NY: Random House, 1981.
5. Fred Howard, "*Wilbur and Orville: A Biography of the Wright Brothers*", NY: Ballantine Books, 1988, p.72.
6. Allstar Network, 'That Makes an Airplane Fly—Level 1'.
    http://www.allstar.fiu.edu/aero/fltmidfly.htm
7. About.com, 'The Dynamics of Airplane Flight'.
    http://inventors.about.com/library/inventors/blairplanedynamics.htm
8. National Aeronautics and Space Administration, 'That Is Drag?'.
    http://www.grc.nasa.gov/WWW/k-12/airplane/drag1.html
9. Eye Witness to History, 'The Birth of the Fighter Plane, 1915'.
    http://www.eyewitnesstohistory.com/fokker.html
10. Wikipedia, 'Aviation in World War I'.
    http://en.wikipedia.org/wiki/Aviation_in_World_War_I
    ; Robert O'Connell, "*Of Arms and Men*", NY: Oxford University Press, 1989, p.262.

13. 기관총 전쟁: 제1차 세계대전

1. 어니스트 볼크먼, 《전쟁과 과학, 그 야합의 역사》, 석기용 옮김, 이마고, 2003(원서 p.151.).
    ; Robert O'Connell, "*Of Arms and Men*", NY: Oxford University Press, 1989, p.233.
2. firstworldwar.com, 'Weapons of War—Machine Guns'.
    http://www.firstworldwar.com/weaponry/machineguns.htm
3. History on the Net, 'World War I—Weapons'.
    http://www.historyonthenet.com/WW1/weapons.htm

4.　firstworldwar.com, 'How It Began—Introduction'.
　　http://www.firstworldwar.com/origins/
　　; About.com, 'World War I'.
　　http://history1900s.about.com/od/worldwari/p/World—War—I.htm
5.　Robert O'Connell, ibid, p.262.
6.　Acepilots.com, 'Legendary Aviators and Aircraft of World War One'.
　　http://acepilots.com/wwi/
7.　firstworldwar.com, 'The War in the Air—Air Aces of World War One'.
　　http://www.firstworldwar.com/features/aces.htm
8.　This Day in History, 'Jan. 31, 1917: Germans Unleash U—Boats'.
　　http://www.history.com/this—day—in—history/germans—unleash—u—boats
　　; HistoryJournal.org, 'U—Boats in World War'.
　　http://historyjournal.org/2012/08/28/u—boats—in—world—war—i/
9.　Wikipedia, 'The Sinking of the RMS Lusitania'.
　　http://en.wikipedia.org/wiki/Sinking_of_the_RMS_Lusitania
　　10. History Learning Site, 'Poison Gas and World War One'.
　　http://www.historylearningsite.co.uk/poison_gas_and_world_war_one.htm
11.　firstworldwar.com, 'Weapons of War—Poison Gas'.
　　http://www.firstworldwar.com/weaponry/gas.htm
12.　Wikipedia, 'Chemical Weapons in World War I'.
　　http://en.wikipedia.org/wiki/Chemical_weapons_in_World_War_I
13.　History Learning Site, 'Tanks and World War One'.
　　http://www.historylearningsite.co.uk/tanks_and_world_war_I
14.　firstworldwar.com, 'Weapons of War—Tanks'.
　　http://www.firstworldwar.com/weaponry/tanks.htm
15.　This Day in History, 'Apr. 6, 1917: America Enters World War I'.
　　http://www.history.com/this—day—in—history/america—enters—world—war—i

14. 보이지 않는 광선: 무전기와 레이더 개발

1.　Barry Parker, "*Science 101: Physics*", NY: Collins—Smithsonian, 2007, p.129.
2.　ibid, p.122.
3.　ibid, p.121.
　　; Wikipedia, 'Guglielmo Marconi'.
　　http://en.wikipedia.org/wiki/Guglielmo_Marconi
4.　Barry Parker, ibid, p.132.
5.　Australian Government Bureau of Meteorology, 'Learn about Australian
　　Weather Watch Radar'.
　　http://www.bom.gov.au/australia/radar/about
6.　Robert Buderi, "*The Invention That Changed the World*", NY: Simon and
　　Schuster, 1996, p.103.

7.   Louis Brown, "*A Radar History of World War II*", Philadelphia: Institute of Physics Publishing, 1999, p.84.
8.   Robert Buderi, ibid.

15. 수중 음파탐지기기와 잠수함

1.   아이작 아시모프, 《아시모프의 물리학》, 웅진문화, 1993(원서 p.124.).
2.   Nathan Earls, "The Physics of Submarines", University of Alaska Fairbanks. http://ffden-2.phys.uaf.edu/212_fall2003.web.dir/nathan_earls/intro_slide.html
3.   How Stuff Works, 'How Submarines Work'. http://science.howstuffworks.com/transport/engines-equipment/submarine
4.   Wikipedia, 'Sonar'. http://en.wikipedia.org/wiki/sonar
5.   About.com, 'The History of Sonar'. http://inventors.about.com/od/sstartinventions/a/sonar_history.htm
6.   Wikipedia, 'Torpedo'. http://en.wikipedia.org/wiki/torpedo
7.   uboat.net, 'The German U-Boats'. http://www.uboat.net/boats.htm
8.   Wikipedia, 'Battle of the Philippine Sea'. http://en.wikipedia.org/wiki/Battle_of_the_Philippine_Sea

16. 제2차 세계대전

1.   About.com, 'World War II Starts'. http://history1900s.about.com/od/worldwarii/a/wwiistarts.htm ; History on the Net.com, 'World War Two—Causes'. http://www.historyonthenet.com/WW2/causes.htm
2.   How Stuff Works, 'Start of World War II: September 1939 – March 1940'. http://history.howstuffworks.com/world-war-ii/start-world-war-2.htm
3.   Kuro5hin, '1940: The Battle of France'. http://www.kuro5hin.org/story/2002/5/14/55627/2665
4.   Louis Brown, "A Radar History of World War II", Philadelphia: Institute of Physics Publishing, 1999.
5.   Robert Buderi, "The Invention That Changed the World", NY: Simon and Schuster, 1996, p.79.
6.   Louis Brown, ibid. p.107.
7.   Robert Buderi, ibid. p.89.
8.   BBC, 'The Battle of Britain'.

http://www.bbc.co.uk/history/battle_of_britain
9. Wikipedia, 'Junkers Ju 87'.
    http://en.wikipedia.org/wiki/Junkers_Ju_87
10. Hubpages, 'Reasons for America's Entry into WWII'.
    http://jdf78.hubpages.com/hub/Reasons—for—American—Entry—Into—WWII
11. Wikipedia, 'Air Warfare of World War II'.
    http://en.wikipedia.org/wiki/Air_warfare_of_World_War_II
12. Wikipedia, 'V—2 Rocket'.
    http://en.wikipedia.org/wiki/V—2_rocket
    ; About.com, 'World War II: V—2 Rocket'.
    http://militaryhistory.about.com/od/artillerysiegeweapons/p/v2rocket.htm
13. Wikipedia, 'Norden Bombsight'.
    http://en.wikipedia.org/wiki/Norden_bombsight
14. History, 'World War 2 Code Breaking: 1939 – 1945'.
    http://www.history.co.uk/explore—history/ww2/code—breaking.html
15. BBC, 'More Information About: Alan Turing'.
    http://www.bbc.co.uk/history/people/alan_turing

17. 원자폭탄

1. 아이작 아시모프, 《아시모프의 물리학》, 웅진문화, 1993(원서 p.598.).
2. Amir Aczel, "*Uranium Wars*", NY: MacMillan, 2009, p.179.
3. ibid, p.74.
4. ibid, p.88.
5. 리처드 로즈, 《원자폭탄 만들기》, 문신행 옮김, 사이언스 북스, 2003년(원서 p.204.).
6. Amir Aczel, ibid, p.79.
7. ibid, p.61.
8. ibid, p.104.
9. 로즈, 같은 책(원서 p. 256.).
10. Barry Parker, "*Science 101: Physics*", NY: Collins—Smithsonian, 2007, p.217.
11. ibid, p.213.
12. Amir Aczel, ibid, p.132.
13. Jim Baggott, "*The First War of Physics*", NY: Pegasus, 2010, p.100.
14. ibid, p.89.
    ; Amir Aczel, ibid, p.146.
15. Jim Baggott, ibid, p.232.
16. 로즈, 같은 책(p.447.).
17. Amir Aczel, ibid, p.157.
18. Jim Baggott, ibid, p.279.
19. ibid, p.299.
20. Amir Aczel, ibid, p.178.

1. Wikipedia, 'Thermonuclear Weapon'.
http://en.wikipedia.org/wiki/Thermonuclear_weapon
2. Richard Rhodes, "Dark Sun", NY: Simon and Schuster, 1995, p.466.
; atomicarchive.com, 'Cold War: A Brief History of the Atomic Bomb'.
http://www.atomicarchive.com/history/coldwar/page04.htm
3. Richard Rhodes, ibid, p.468.
4. ibid, p.482.
5. ibid, p.506.
6. Wikipedia, 'Intercontinental Ballistic Missile'.
http://en.wikipedia.org/wiki/intercontinental_ballistic_missile
7. Barry Parker, "*Science 101: Physics*", NY: Collins—Smithsonian, 2007, p.159.
8. Wikipedia, 'Gordon Gould'.
http://en.wikipedia.org/wiki/Gordon_Gould
9. Barry Parker, ibid, p.179.
10. Wikipedia, 'Extrinsic Semiconductor'.
http://en.wikipedia.org/wiki/Extrinsic_semiconductor
11. How Stuff Works, 'That Is the Keyhole Satellite and What Can It Really Spy On?'.
http://science.howstuffworks.com/question529.htm
12. Wikipedia, 'Unmanned Aerial Vehicle'.
http://en.wikipedia.org/wiki/Unmanned_aerial_vehicle
13. Joe Haldeman · Martin Greenberg, "Future Weapons of War", Joe Haldeman · Martin Greenberg, NY: Baen, 2008.
14. How Stuff Works, 'How E—Bombs Work'.
http://science.howstuffworks.com/e—bomb3.htm
15. About.com, 'M25—Future Grenade Launcher'.
http://usmilitary.about.com/od/weapons/a/xm25grenadelaunch.htm
16. Wikipedia, 'Smart Bullet'.
http://en.wikipedia.org/wiki/Smart_bullet
17. Qinetiq North America, 'AARS'.
https://www.qinetiq-na.com/products/unmanned—systems/maars/

A. M. Snodgrass, *"Arms and Armor of the Greeks"*, Baltimore: Johns Hopkins University Press, 1998.

Amir Aczel, *"Uranium Wars"*, NY: MacMillan, 2009.

Andrew Hodges, *"Alan Turing: The Enigma"*, Princeton NJ: Princeton University Press, 2012.

B. P. Hughes, *"Firepower: Weapon Effectiveness on the Battlefield, 1630–1850"*, NY: Da Capo, 1997.

Barry Parker, *"Science 101: Physics"*, NY: Collins–Smithsonian, 2007.

Basil Collier, *"The Battle of Britain"*, NY: MacMillan, 1962.

E. W. Maraden, *"Greek and Roman Artillery"*, NY: Oxford, 1969.

Ernest Volkman, *"Science Goes To War"*, NY: John Wiley and Sons, 2002.
(한국어판: 어니스트 볼크먼, 《전쟁과 과학, 그 야합의 역사》, 석기용 옮김, 이마고, 2003.)

George Sarton, *"Ancient Scienece through the Golden Age of Greece"*, Mineola, NY: Dover Publications, 2011.

Gregory Kennedy, *"germany's V–2 Rocket"*, Atglen, PA: Schiffer, 2006.

Hugh Sebah–Montefiore, *"Enigma: The Battle of the Code"*, NY: Wiley, 2004.

Isaac Asimov, *"The History of Physics"*, NY: Walker, 1966.
(한국어판: 아이작 아시모프, 《아시모프의 물리학》, 웅진문화, 1993.)

J. Bronowski, *"The Ascent of Man"*, Boston: Little, Brown and Company, 1973.

J. R. Partington, *"A History of Greek Fire and Gunpowder"*, Baltimore: Johns Hopkins University Press, 1999.

Jac Weller, *"Weapons and Tactics"*, Boulder, CO: Paladin Press, 2007.

Jack Kelly, *"Gunpowder"*, NY: Basic Books, 2004.

Jim Baggott, *"The First War of Physics"*, NY: Pegasus, 2010.

John Guilmartin, "*Gunpowder and Galleys*", Cambridge: Cambridge University Press, 1964.

John Keegen, "*A History of Warfare*", NY: Vintage, 1994.

Louis Brown, "*A Radar History of World War II*", Philadelphia: Institute of Physics Publishing, 1999.

Michael Guillen, "*Five Equations That Changed the World*", NY: Hyperion, 1996.

Paddy Griffith, "*Battle Tactics of the Civil War*" New Haven, CT: Yale University Press, 1987.

Peter Padfield, "*Robert Oppenheimer: A Life*", NY: Oxford University Press, 2006.

R. V. Jones, "*Most Secret War*" NY: Penguin, 2009.

Richard Rhodes, "*Dark Sun*", NY: Simon and Schuster, 1995.
(한국어판: 리처드 로즈, 《원자폭탄 만들기》, 문신행 옮김, 사이언스 북스, 2003년.)

Richard Rhodes, "*The Making of the Atomic Bomb*", NY: Simon and Schuster, 1986.

Robert Buderi, "*The Invention That Changed the World*", NY: Simon and Schuster, 1996.

Robert Hardy, "*Longbow: A Social and Military History*", NY: Lyons and Burford, 1993.

Robert O'Connell, "*Of Arms and Men*", NY: Oxford, 1989.

ㅍ

ㅎ